白描画
仏像知識事典

◀ 阿修羅（奈良県・興福寺蔵）

香取良夫 画・著

遊子館

はじめに

元来、仏像は御釈迦様《おしゃかさま》の姿、形を基本としています。御釈迦様とは、二十九歳で生老病死《しょうろうびょうし》の解脱法を求めて出家し、三十五歳で菩提樹下で悟りを得、八十歳で入滅された、釈迦牟尼《しゃかむに》とも呼ばれる人物です。わが国では釈尊《しゃくそん》という尊称で呼ぶこともあります。

仏像は、わが国では最初、印度《いんど》（天竺《てんじく》）風の姿で造られたものが中国から朝鮮半島を経て、仏教とともにもたらされました。そのため中国の影響を受け、仏像は生身《しょうじん》の釈迦（生きた御釈迦様）であるとして、その仏像の胎内に五臓六腑《ごぞうろっぷ》（内臓の型）や印仏《いんぶつ》を納めたり、衆生《しゅじょう》の声が聴こえる仕組みとして耳の穴の中には水晶玉を入れたりしました。歴史的に見ると、わが国において仏教は大和国の飛鳥《あすか》（明日香）・斑鳩《いかるが》に根づき、平城京を中心に華と栄えて、都が平安京に移ってからも脈脈と伝えられ、鎌倉時代にはますます隆盛《りゅうせい》していきました。特に平安末期から鎌倉期には生身の釈迦の信仰が盛んになり、多くの模刻の釈迦如来立像が造られていきました。

京都府・清凉寺《せいりょうじ》の国宝釈迦像は印度伝来の沐浴《もくよく》後の姿を表現するもので、釈尊の生存中の肖像ともいわれています。この像は、中国北宋時代（九八五年頃）、渡宋《とそう》した東大寺の僧奝然《ちょうねん》（九三八～一〇一六）が、宋の張延皎《ちょうえんこう》・張延襲《ちょうえんしゅう》に依頼して模刻させ、わが国に持ち帰ったもので、胎内には五臓六腑が納められていることから「三国伝来、生身の釈迦」と呼ばれています。この釈迦如来立像は赤栴檀《しゃくせんだん》に似た魏氏櫻桃《ぎしおうとう》という中国産の材質を使っており、わが国の寄木造《よせぎづくり》とは一風《いっぷう》変わった特徴の彫刻技法で前後左右から寄せる流水文様の衣文《えもん》でおおわれ、装飾的で美しく、印度伝来像の模像といわれています。この御釈迦様を近くで観察すると、体の表面に小さな無数の傷がついていることがわかりますが、これは庶民たちが投げた御賽銭《おさいせん》が当たった痕跡であり、この釈迦像が生きておられる証《あかし》とされました。そのため、この仏像がわが国の仏師に与えた影響は大きく、その模刻は全国に百以上あるといわれます。

仏像の後光をあらわす光背《こうはい》は、仏様《ほとけさま》がどのような世界にいるのかをあらわしており、蓮華台《れんげだい》といわれる台座は蓮《はす》の花を象《かたど》っていますが、これは古来より吉祥花《きっしょうばな》とされ、蓮池から伸びた清らかな蓮の花に仏様が立っていることをあらわしています。そして、仏様はどこに存在するのかというと、蓮華蔵《れんげぞう》や曼荼羅《まんだら》や如《にょ》の世界観から、私なりに思っている仏様の世界を述べますと、大海があってその中心から海と同じほどの大きな蓮華が広がり、その中には塩海がいっぱいに満ちています。そこには無数の小蓮華が咲きほこり、その中の東西南北の須弥《しゅみ》四洲に衆生がいます。塩海の中心には須弥山《しゅみせん》が聳《そび》え立ち、麓《ふもと》には二大龍王が立ち塞《ふさ》がり、その上界には夜叉神《やしゃしん》、そのまた上界には四天王《してんのう》、さらにその上界には天部衆がいて須弥山を防御しており、須弥山の頂上には忉利天《とうりてん》があり、梵釈《ぼんしゃく》が守護しています。須弥山の天空には明王・菩薩・観音・如来の仏たちが二十五界の天上におられ、その最上界には小釈迦が集まって小千世界をなし、そこに大釈迦が坐《ざ》しておられます。そしてそのまた上空に、法身仏《ほっしんぶつ》の毘盧遮那仏《びるしゃなぶつ》が坐しておられます。須弥山の天空の仏たち各々の肉髻《にっけい》珠《しゅ》からは化仏《けぶつ》が噴出し、この広大な宇宙は仏《ほとけ》で満ち溢れているというわけなのであります。

仏像の美をただ鑑賞するだけではなく、千二百年も前に造られた仏像であっても今日までずっと私たち衆生を見守ってくれた仏様であることを思い、仏教の世界観や仏像への理解を少しでも深め、さまざまな仏像に素直な気持ちで向き合って合掌し、耳を澄ませば、仏様からの語りかけも良くわかるようになるでしょう。

白描画像《はくびょうが》には、そこに彩色が施されていなくとも、図像を通してあらわれてくる美しさがあると思います。また、墨線のみで描くため、本格的な仏画とは趣《おもむき》が異なりますが、立体的な彫刻仏像を白描画として描くことにより、それぞれの仏像の特徴をより的確に表現できます。仏像を理解するためにふさわしい「独特な仏画」といえるかもしれません。貴重な遺物である仏画や仏像を描くことはなかなかに困難なことでありますが、約五十年にわたり、各分野の学者や研究者の方たちによる御指導のもと、挿絵師として、また仏像画の研究者として従事してきた者として、白描画像の特徴ともいえる素描的性格と、それに伴う軽妙な描線によって、本格的な仏画とは異なる意義や美しさをもたらすことができればと願っています。

本書の刊行にあたっては、遊子館社長の遠藤茂氏、編集・デザイン担当の中村豪志氏、中尾眞樹さん、濱田美智子さんにご尽力をいただきました。あらためて感謝いたします。本書が仏像に対する理解を深めるための手助けとなり、少しでも多くの方にとって仏像に親しむきっかけとなることができれば幸いです。

香取良夫

白描画

仏像知識事典

目次

如来

観　音

菩薩

明王

天

その他の諸尊

附録

◉ひとこと解説

●仏語の手引き

本書の見方

◎本書は、挿絵師および仏像画研究者として、長きにわたり仏像などを描いてきた著者が、各分野の学者・研究者による指導のもと積み重ねてきた知識および各種文献をもとに、仏像を理解していただくための案内書として編纂したものである。

◎本編では、百八の尊像を取り上げ、如来《にょらい》・観音《かんのん》・菩薩《ぼさつ》・明王《みょうおう》・天《てん》・その他の諸尊に分類した上で、それぞれの尊について解説し、それぞれの像を描き上げた。各尊について、また各像についてであるが、宗派や寺社の教法は口伝《くでん》によりさまざまな深義が存在すると思われる。しかしながら、本書においてすべてを網羅することは難しく、その一部のみを取り上げざるを得なかったことをご理解いただきたい。

◎本編解説の中に〈ひとこと解説〉、また〈仏語《ぶつご》の手引き〉として関連する事項を解説した。

◎本書収録の白描画は、『図像抄 十巻』などの歴史的図像集や仏像、仏画の模本をもとに、仏尊の相好《そうごう》三十二相や、手を組み合せる印相《いんぞう》を考慮に入れ、描き起こしたものである。

◎原画とした図像のなかには湿気などによる磨耗《まもう》や虫蝕《ちゅうしょく》などによる劣化が激しいものも多く、もととした彫像も欠落や彩色の剝《は》げなど劣悪な状態のものも見られたが、そのような場合も想像を避け、仏像を数多く鑑賞し、仏像の典拠ともなる経軌《きょうき》（経《きょう》典《てん》・儀軌《ぎき》）・義疏《ぎそ》を参考にすることにより、写実的に表現した。

◎本書は、一般の読者に読みやすい仏像事典であることを心がけており、難読の用語にはできるかぎり振り仮名を付した。宗派や寺社により、また仏語としての発音により、その振り仮名には異議もあると思われるが、読み方の一例として示していることをご理解いただきたい。

◎尊をあらわす種字《しゅじ》の梵字《ぼんじ》は経軌によっても一致せず、特に守護神とされている天部の諸尊は、バラモン教や神話などの神々であることからも諸説が多い。異議もあると思われるが、本書ではできるかぎりその尊の口伝とその発声音から近いと思われる梵字を示した。

◎尊像が携帯する持物《じもつ》に関しては、欠落しているものも多く、また経典や儀軌によって必ずしも一致してはいないが、本書においては、著者が研究の対象とした経軌をもとに表現した。

◎附録には、仏像への理解を深める際に参考となるように、仏語の解説および仏像に関連する図版を収録した。

◎本書のために白描画を描き起こすにあたり、参考とした図像集は次のとおりである。

図像抄《ずぞうしょう》 十巻《じっかん》（十巻抄《じっかんしょう》とも）
覚禅鈔《かくぜんしょう》 百二十巻（東密《とうみつ》系図像集とも）
阿娑縛抄《あさばくしょう》 二百二十八巻（台密《たいみつ》系図像集とも）
別尊雑記《べっそんざつき》 五十七巻（別尊曼荼羅《まんだら》も含む）
諸尊曼荼羅集《しょそんまんだらしゅう》 四巻（図像集七巻も含む）
白宝口鈔《びゃくほっくしょう》 百六十七巻（口訣《こうけつ》集・古記《こき》集・章疏《しょうそ》集）

如　来

如来《にょらい》とは、実在の人物である釈迦《しゃか》をさす語であるが、釈迦のみに限った尊称ではなく、悟りを開いた者という意味で用いられる。如来は仏陀《ぶっだ》とも呼ばれる。

大乗仏教の流れのなかで、過去・現世・未来にはそれぞれ千仏が存在し、三千仏の仏陀がいるという考えがあり、身をもって真理を体現し、衆生《しゅじょう》を救済する者を如来と呼ぶようになった。

如来は出家《しゅっけ》成道《じょうどう》後の姿であらわされ、法衣《ほうえ》は衲衣《のうえ》の袈《け》裟《さ》と呼ばれ、袈裟のなかでも最も長い大衣《だいえ》を着る。頭部は螺髪《らほつ》という巻貝状の粒になっている髪でおおわれ、頭頂部には肉髻《にっけい》と呼ばれる隆起があるのが特徴的である。

釈迦如来

しゃかにょらい

釈迦《しゃか》は「釈迦牟尼《むに》」ともいわれ、わが国では釈尊《しゃくそん》と呼ぶことも多い。釈尊は紀元前六〜五世紀頃、三十五歳のときに仏陀《ぶつだ》（悟りを開いた者）となった。この仏陀を造形したものを仏像というが、釈尊は実在した人物であることから、その誕生から入滅《にゅうめつ》までの仏伝《ぶつでん》「釈迦八相《はっそう》」を表現するさまざまな像がつくられている。特に多いのは誕生仏（灌仏《かんぶつ》）・苦行像・出山《しゅつさん》像・降魔成道《ごうまじょうどう》像・説法像（転法輪《てんぼうりん》像）・涅槃《ねはん》像（入滅像）で、仏像、図像、彫刻に遺例が多くある。さらに、釈迦の生涯を仏像絵巻の形式で三十五像に描いて物語る『釈迦尊像絵詞伝《そんぞうえことばでん》』もある。

仏教の教主としての釈迦如来《にょらい》は、出家のときにすべてを捨てたので、大衣《だいえ》という衲衣《のうえ》の袈裟《けさ》を着用し、持物《じもつ》も持たず、手は施無畏印《せむいいん》・与願印《よがんいん》を示し、結跏趺坐《けっかふざ》の簡素な姿で造形されている。左の絵の本尊は、袈裟の下に下着らしきものを着けているのがみられる。このほかにも、釈迦が多宝《たほう》如来と並坐《へいざ》してあらわされている釈迦多宝二仏《にぶつ》並坐像が、奈良県・長谷寺《はせでら》の「銅板法華説相図《ほっけせっそうず》」にみられる。

釈迦三尊像では、左脇侍《わきじ》（釈迦の左側に侍する者。つまり向かって右）に薬王菩薩《やくおうぼさつ》、右脇侍（釈迦の右側に侍する者。つまり向かって左）に薬上《やくじょう》菩薩が配されるものもあるが、それ以前は左脇侍に帝釈天《たいしゃくてん》、右脇侍に梵天《ぼんてん》を配する例もあり、後には左脇侍に文殊《もんじゅ》菩薩、右脇侍に普賢《ふげん》菩薩を配することが多くなった。

また釈迦如来の眷属《けんぞく》として、十六羅漢《らかん》が配されることもある。十六羅漢とは、修行者として敬われ、仏法を護持する十六人の尊者である。その第一である賓頭盧尊者《びんずるそんじゃ》は、釈迦が説法をした後に斎会《さいえ》の食事を供養したという故事から、独尊として庫裏《くり》（寺の台所）に安置されているところもある。病苦のところをさすると治るとも伝えられ、病気平癒《へいゆ》のために諸寺の外陣に安置されることも多い。また、釈尊に教化《きょうけ》された外道《げどう》の神、天龍八部衆《てんりゅうはちぶしゅう》も釈尊の眷属として仏法を守護している。

ひとこと解説

十大弟子

釈尊の弟子十万人のうち、最も優れた高弟十人を、十大弟子と呼んだ。名称と知徳は次のとおりである。

大迦葉《だいかしょう》（迦葉）は頭陀《ずだ》第一　阿那律《あなりつ》は天眼《てんげん》第一
目犍連《もくけんれん》（目連）は神通《じんつう》第一　富楼那《ふるな》は説法《せっぽう》第一
阿難陀《あなんだ》（阿難）は多聞《たもん》第一　迦旃延《かせんえん》は論議《ろんぎ》第一
優婆離《うばり》は戒律《かいりつ》第一　羅睺羅《らごら》は戒行《かいぎょう》第一
舎利弗《しゃりほつ》は智慧《ちえ》第一　須菩提《すぼたい》は解空《げくう》第一

釈迦三尊像　鞍作止利《くらつくりのとり》仏師作［奈良県・法隆寺金堂《こんどう》］による

阿弥陀如来

あみだにょらい

◎如来

阿弥陀如来《あみだにょらい》を略して阿弥陀仏《あみだぶつ》、さらに略して弥陀《みだ》ともいう。限りなく寿命のあるものの意から無量寿《むりょうじゅ》如来とも、限りなく光明のあるものの意から無量光《むりょうこう》如来とも呼ぶ。弥陀はそのむかし、世自在王仏《せじざいおうぶつ》の感化によって出家し、法蔵菩薩《ほうぞうぼさつ》（比丘《びく》）と称して十劫《こう》ともいわれる長い間に思惟《しゅい》し仏となり、衆生救済《しゅじょうきゅうさい》のために「四十八願《しじゅうはちがん》」を立てたのち、さらに修行して本願《ほんがん》を成就《じょうじゅ》したとして、阿弥陀如来と呼ばれるようになり、西方の十万億仏土《ぶつど》とも呼ばれる極楽浄土《じょうど》の教主として、今でも説法《せっぽう》し続けているという。

平安時代、仏教が廃《すた》れ、浄土信仰が盛んになり、末法思想《まっぽうしそう》と相まって、この世で幸福になれないならあの世の極楽にて往生《おうじょう》したいと願う人々が「南無阿弥陀仏《なむあみだぶつ》」と唱え、浄土願望が高ぶった当時の貴族たちが阿弥陀像を造形した。特に左頁の京都府・平等院鳳凰堂《ほうおう》の阿弥陀坐像は、仏像の手本と称賛されている。

阿弥陀三尊《さんぞん》として祀られる場合は、左脇侍《わきじ》には観世音《かんぜおん》菩薩が宝冠《ほうかん》に阿弥陀の化仏《けぶつ》をつけ、右脇侍には勢至《せいし》菩薩が宝瓶《ほうびょう》を持つ。

阿弥陀像にはさまざまな形式のものがみられる。長い瞑想《めいそう》のため髪が長く伸び、帽子のように大きな螺髪《らほつ》となったとされる奈良県・東大寺の五劫思惟《ごこうしゆい》阿弥陀坐像、斜めに後ろを振り返る京都府・永観堂の見返り阿弥陀立像《りゅうぞう》、ひとつの光背《こうはい》の前に三尊がそろって並び立つ長野県・善光寺《ぜんこうじ》の秘仏阿弥陀三尊像（一光三尊像《いっこうさんぞんぞう》）などがある。

ひとこと解説

九品往生相《くほんおうじょうそう》

阿弥陀如来の特徴的な印相《いんぞう》（手で結ぶ印）をいう。阿弥陀定《じょう》印《いん》・来迎印《らいごういん》・説法印《せっぽういん》（転法輪印《てんぽうりんいん》）の三種と、生前の所業《しょぎょう》を組み合わせ、九段階であらわされた「九品往生相」を左に記す。

品《ぼん》／生《しょう》	上品《じょうぼん》（大指《おおゆび》・食指《しょくし》）	中品《ちゅうぼん》（大指・中指《なかゆび》）	下品《げぼん》（大指・無名指《むめいし》）
上生《じょうしょう》（阿弥陀定印《あみだじょういん》）	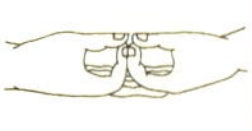 上品上生	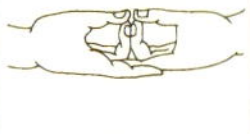 中品上生	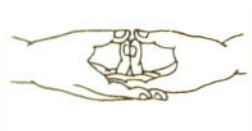 下品上生
中生《ちゅうしょう》（説法印《せっぽういん》）	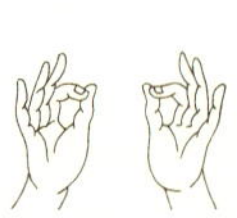 上品中生	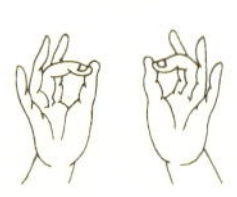 中品中生	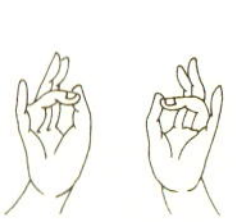 下品中生
下生《げしょう》（来迎印《らいごういん》）	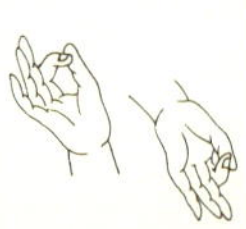 上品下生	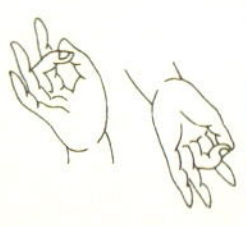 中品下生	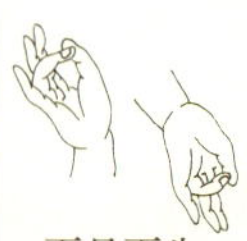 下品下生

注）大指：親指　食指：人差指　無名指：薬指

阿弥陀如来坐像

阿弥陀如来坐像　仏師定朝《じょうちょう》作［京都府・平等院鳳凰堂］による

薬師如来

やくしにょらい

薬師《やくし》は、如来《にょらい》になる前のまだ菩薩《ぼさつ》であった時代に、世のため、人のために修行し、「十二の大願《だいがん》」（相好具足《そうごうぐそく》・光明照被《こうみょうしょうひ》・所求《しょぐ》満足《まんぞく》・安立大乗《あんりゅうだいじょう》・持戒清浄《じかいしょうじょう》・諸根完具《しょこんかんぐ》・除病安楽《じょびょうあんらく》・転女成《てんにょじょう》男《なん》・去邪趣正《こじゃしゅしょう》・息災離苦《そくさいりく》・飢渇飽満《きかつほうまん》・荘具豊満《しょうぐほうまん》）を誓願した。そしてこれを成就《じょうじゅ》したので仏陀《ぶつだ》となり、薬師如来、または薬師瑠璃《るり》光《こう》如来とも呼ばれ、東方浄瑠璃《とうほうじょうるり》世界の教主となった。薬師如来が修行中に立てた十二の大願は、現世《げんぜ》での利益《りやく》を求めるものであるところが特徴的で、とりわけ医薬を得られず、病気平癒《へいゆ》、特に眼病平癒を願う人々の信仰を集めた。

わが国では仏教伝来とほぼ時を同じくして薬師像が造られるようになり、当初は右手の印相《いんぞう》は施無畏印《せむいいん》、左手の印相は与願印《よがんいん》を結ぶ仏像が多かった。平安時代以後、与願印相の左手に薬壺《やっこ》を持つ坐像《ざぞう》や立像《りゅうぞう》が多く造られ、さらには形状の似る宝珠《ほうじゅ》を持つものもあらわれた。如来像は元来、持物《じもつ》を持つことはないが、薬師如来だけは薬壺を持っていることが特徴であり、医王《いおう》如来という異称もある。

薬師三尊《さんぞん》での造像では、左脇侍《わきじ》に円形の日輪《にちりん》を持つ日光《にっこう》菩薩、右脇侍に三日月形の月輪《がちりん》を持つ月光《がっこう》菩薩を従える。また薬師如来は、十二神将《しんしょう》を眷属《けんぞく》として率いている。十二神将は「十二の大願」に対応してあらわれる薬師如来の分身であり、甲冑《かっちゅう》を着装した武将の姿をしているが、その前身は鬼神形《きしんぎょう》の武将で、十二薬叉《やくしゃ》（夜叉《やしゃ》）大将と呼ばれていた。それぞれが十二支に対応しているといわれるが、その名称や持物、十二支との対応にはさまざまな説があり、一定していない。しかし、薬師如来に従って東方の世界を守護する神尊《しんそん》であることには変わりない。

さらに薬師信仰の隆盛とともに、薬師如来の分身（別仏ともいわれる）とされる七仏《しちぶつ》薬師が造形されるようになった。七仏薬師のそれぞれの国土名称、分身名、印相は次のように説かれる。

東方光勝《とうほうこうしょう》世界　―善名称吉祥王《ぜんみょうしょうきちじょうおう》如来／無威印
東方妙宝《みょうほう》世界　―宝月智厳音自在王《ほうげつちごんおんじざいおう》如来／施妙印
東方円満香積《えんまんこうしゃく》世界　―金色宝光妙行成就王《こんじきほうこうみょうぎょうじょうじゅおう》如来／説法印
東方無憂《むゆう》世界　―無憂最勝吉祥王《むゆうさいしょうきちじょうおう》如来／三昧《ざんまい》印
東方法幢《ほうどう》世界　―法海雷音《ほうかいらいおん》如来／説法印
東方善住法海《ぜんじゅうほうかい》世界　―法海勝慧遊戯神通《ほうかいしょうえゆうげじんつう》如来／説法印
東方浄瑠璃世界　―薬師瑠璃光如来／施妙印

『覚禅鈔』『薬師瑠璃光七仏本願功徳経』には、七仏の本師は釈《しゃ》迦牟尼仏《かむにぶつ》と記される。

薬師如来図像

施無畏印《せむいいん》
衆生《しゅじょう》に掌《てのひら》を向けて畏《おそ》れを取り払う印相《いんぞう》
肉髻《にっけい》
頭頂部の肉が隆起した部分。如来像の特徴のひとつ。智慧が詰まっているので盛り上がっているとされる
肉髻珠《にっけいしゅ》
ここから智慧《ちえ》の光明や化身仏が放たれる
頭光《ずこう》
頭部から発する光明
耳朶《じだ》
衆生の声を聞くため、耳たぶが肩には触れない程に長く描かれる
身光《しんこう》
身体から発する光明
挙身形光背《きょしんぎょうこうはい》
頭光と身光とを合わせた光明をあらわす後光《ごこう》をかたどって、尊を荘厳《しょうごん》する
結跏趺坐《けっかふざ》
両足を反対の太ももにのせた坐り方。最上位の仏の坐り方とされる。右足を内にして組む坐り方を降魔坐《ごうまざ》という
薬壺《やっこ》
万病に効くとされる薬が入っている。尽きることはないという
衲衣の袈裟《のうえのけさ》
偏袒右肩《へんたんうけん》に着る大衣《だいえ》

大日如来（金剛界）

だいにちにょらい（こんごうかい）

大日如来《だいにちにょらい》は、梵名《ぼんみょう》を音訳して摩訶毘盧遮那《まかびるしゃな》如来とも大毘盧遮那《だいびるしゃな》如来ともいう。真言密教《しんごんみっきょう》の根本仏《こんぽんぶつ》（中心となる本尊）として絶対的な存在であり、最上位の仏である。

「大日」の「日」は太陽を意味し、「大」はその太陽をはるかに上回ることをあらわしている。その智慧《ちえ》の光明は、日中しか照らすことができない太陽を上回り、昼夜を問わず照り輝き、あらゆる人々にその力（教え）を与えるという。すなわち、無限宇宙の真理の象徴であり、そのようなことから大日如来は大光明遍照《だいこうみょうへんじょう》の意味を持つ。

また、人々の太陽神信仰により、わが国の神話に登場する天《あま》照大神《てらすおおみかみ》と習合し、神道《しんとう》の推進力にもなった。

大日如来は宇宙を治めるとされるが、その「智《ち》」を主としたものが『金剛頂経《こんごうちょうぎょう》』の中で密教の主尊であると説かれている金剛界の大日如来であり、「理《ことわり》」を主としたものが『大日経《だいにちきょう》』で説かれる胎蔵界《たいぞうかい》の大日如来である。金剛界《こんごうかい》の金剛とは武器の意であったが、広義には仏の智慧をあらわすこととなった。金剛界は智の仏尊《ぶっそん》の集合体ともいわれる。

基本的に如来は、衲衣《のうえ》の袈裟《けさ》をまとった出家後の姿であらわされるが、この大日如来だけは出家前の菩薩《ぼさつ》のような姿であらわされる。髪は結い上げ、宝冠《ほうかん》をかぶり、左肩から条帛《じょうはく》を斜めに垂らし、瓔珞《ようらく》や臂釧《ひせん》、腕釧《わんせん》などの装身具で荘厳《しょうごん》し、腰には裳《も》（裙《くん》）を巻きつけている。これは密教の最上仏尊としての証《あかし》である。しかし菩薩形《ぎょう》にみられる立像《りゅうぞう》は一切みることはなく、結跏趺坐《けっかふざ》で坐る姿勢をとり、印相《いんぞう》は、立てた左手の人差し指を右手で握る智拳印《ちけんいん》を胸の前で結ぶ。智拳印は、智慧の深さを意味し、力（教え）をこの手に集中させているとされる。

如来でありながらも宝冠をかぶる像は、大日如来以外にも、宝冠釈迦如来像、宝冠阿弥陀如来像など、いくつかみられなくはない。

大日如来を中心とする密教の宇宙世界観は、両界曼荼羅《りょうかいまんだら》と呼ばれる絵画にてあらわされる。わが国へは、空海《くうかい》（七七四〜八三五）が唐から請来《しょうらい》した。両界のうちのひとつである金剛界曼荼羅は、真言宗寺院において金堂《こんどう》の西方に配される。八十一尊を九区分に分けて描かれている金剛界曼荼羅は九会《くえ》曼荼羅とも呼ばれる。また、両界曼荼羅は「現図《げんず》両界曼荼羅」と呼ぶのが正確であるとされている。これは、胎蔵図像《ずぞう》・胎蔵旧図様《きゅうずよう》・五部心観《ごぶしんかん》などの他の諸本と区別するためである。

大日如来図像（金剛界）

五智《ごち》宝冠
五智五仏をあらわした宝玉で装飾されている
髻《もとどり》
頭頂部に結い上げた髪
白毫《びゃくごう》
眉間に右回りに生えた白毛。ここから光明を放つ
天冠台《てんかんだい》
宝冠をのせるための台
瓔珞《ようらく》
胸飾《きょうしょく》とする
臂釧《ひせん》
三道《さんどう》
首のふくよかな様をあらわした三本の筋《すじ》
智拳印《ちけんいん》
左の人差し指を立て、これを右手で握る。金剛界の大日如来の印相《いんぞう》とされる
裳《も》（裙《くん》）
腰から下半身にまとう布
結跏趺坐《けっかふざ》
両足を反対の太ももにのせた坐り方。最上位の仏の坐り方とされる。左足を内にして組む坐り方を吉祥坐《きっしょうざ》という
蓮弁《れんべん》
腕釧《わんせん》
手首の輪飾。環珞《かんらく》のひとつ

阿閦如来

あしゅくにょらい

阿閦如来《あしゅくにょらい》は、真言宗《しんごんしゅう》で尊《たっと》び信仰される金剛界《こんごうかい》の五智《ごち》如来(五仏)のひとつである。

金剛界曼荼羅《まんだら》では、仏の智《ち》をあらわす大日《だいにち》如来を中心に、四方に四如来が安置される。

大日如来の東方に位置し、大円鏡智《だいえんきょうち》（鏡のようにすべてを映す智慧《ちえ》）を示すのは阿閦如来で、胎蔵界《たいぞうかい》曼荼羅の東方に位置する宝幢《ほうどう》如来と同体とされる。阿閦如来の無垢《むく》の菩提心《ぼだいしん》（悟《さと》りを求めて仏法を行おうとする心）は金剛に等しいほど堅固であるとされる。東方の阿比羅提国《あひらだいこく》（妙喜国《みょうきこく》とも）で、大日如来の教えを受けて発心《ほっしん》、修行し、一切の怒りを断ち切って仏となったため、不動《ふどう》如来・無怒《むぬ》如来・無動業《むどうごう》如来とも呼ばれ、大日如来と同一体となり、現在も阿比羅提国で説法をしているとされる。

左手は金剛拳にして衲衣《のうえ》の袈裟《けさ》の端角《はしかど》を握り、それを胸に当てる。胸部（心）から青光《しょうこう》を放ち、東方の無量世界を照らすといわれる。右手は指を伸ばし掌《てのひら》を右膝の上に伏せて置き、その指の先で大地に触れる阿閦触地印《あしゅくしょくちいん》を結ぶ。『阿閦仏国経《あしゅくぶっこくきょう》』には、この印相《いんぞう》は不動降魔印《ふどうごうまいん》を示すとも説かれている。広く信仰対象とはならず、阿弥陀信仰に取って代わられた。

空海《くうかい》が建立《こんりゅう》した和歌山県・金剛峯寺《こんごうぶじ》の本尊を阿閦如来としているが、隠遁者《いんとんしゃ》の道場として知られる寺である。京都府・安祥寺《あんじょうじ》の木造五智如来五躯《ごく》像の中にみられる阿閦如来像は著名である。

仏語の手引き

如来相好尊《にょらいそうごうそん》

「三十二相八十種好《しゅごう》」では如来の仏身《ぶっしん》の容貌《ようぼう》の特徴が説かれるが、『秘蔵記』には、如来の相好を人格化した尊が菩薩名で記される。

如来舌菩薩《にょらいぜつ》（如来の舌相《ぜっそう》を人格化した尊）
如来愍《みん》菩薩（如来の哀徳《あいとく》を人格化した尊）
如来悲《ひ》菩薩（如来の悲徳を人格化した尊）
如来慈《じ》菩薩（如来の慈徳を人格化した尊）
如来笑《しょう》菩薩（如来の笑相を人格化した尊）
如来宝《ほう》菩薩（如来の宝珠三昧《ほうじゅさんまい》を人格化した尊）
如来語《ご》菩薩（如来の言語の相を人格化した尊）
如来牙《げ》菩薩（如来の歯相《しそう》を人格化した尊）
如来捨《しゃ》菩薩（如来の捨徳《しゃとく》を人格化した尊）
如来喜《き》菩薩（如来の喜徳を人格化した尊）
如来毫《ごう》相菩薩（如来の白毫《びゃくごう》の相を人格化した尊）
如来鑠乞底《しゃきち》菩薩（如来の外護の勢力《せいりき》を人格化した尊）

阿閦如来図像　［図像抄　十巻］による

阿閦如来図像

宝生如来

ほうしょうにょらい

密教における金剛界《こんごうかい》の五智如来《ごちにょらい》（五仏）のひとつであり、金剛界曼荼羅《かいまんだら》においては、法界体性智《ほっかいたいしょうち》を司る大日《だいにち》如来の南方に住して、五智のひとつ平等《びょうどう》性智(すべてを平等にみる智慧《ちえ》)を司る。よって宝生《ほうしょう》如来は、平等金剛とも称される。金剛宝菩薩《ほうぼさつ》、金剛光《こう》菩薩、金剛幢《どう》菩薩、金剛笑《しょう》菩薩が、宝生如来の四親近《ししんごん》菩薩であり、眷属《けんぞく》とされる。

万法能生《まんぽうのうしょう》の徳をも司り、衆生《しゅじょう》の福徳を満たすため、菩提心《ぼだいしん》から衆生に大悲《だいひ》万行の功徳《くどく》を施願《せがん》する相をしているといわれる。

『摂真実経《せっしんじっきょう》』によると、掌《てのひら》を外に向け、膝のあたりに置いている右手の五指の間より、如意宝珠《にょいほうじゅ》を降らし、その如意宝珠からは天衣《てんね》、天妙甘露天《てんみょうかんろてん》・音楽天・宝宮殿《ほうぐうでん》が生じ、衆生の所楽を円満せしむると説かれている。左手は拳《こぶし》にして衲衣《のうえ》の袈裟《けさ》の端角《はしかど》を持って臍《へそ》の横に出す姿であらわされる。仏の理《ことわり》をあらわす胎蔵界《たいぞうかい》曼荼羅の南方に位置する開敷華王《かいふけおう》如来と同体とされ、宝勝如来・多宝如来とも称される。

単独の遺像は少なく、和歌山県・青岸渡寺《せいがんとじ》が銅造坐像《ざぞう》を、大阪府・観心寺《かんしんじ》と奈良県・西大寺《さいだいじ》が木造坐像を、奈良県・唐招提寺《とうしょうだいじ》が木造立像《りゅうぞう》を蔵《ぞう》している。

仏語の手引き

五輪塔《ごりんとう》

五輪塔はもともとは仏舎利《ぶっしゃり》を奉安《ほうあん》する仏塔であったが、平安中期以降、仏教の信仰に基づいて墓石塔《ぼせきとう》として供養に用いられるようになった。五輪とは大日如来の三昧耶形《さんまやぎょう》である地輪・水輪・火輪・風輪・空輪をあらわしている。

下石から方形、円形、三角形、半月形、宝珠形の石を積み上げ、それぞれに梵字《ぼんじ》（種字《しゅじ》）を刻印した。また細い板の上部を五輪形にしたものを卒塔婆《そとば》（都婆《とば》）というが、法界塔・五輪塔婆とも呼ばれ、墓などに安置され広く建立されている。

卒塔婆

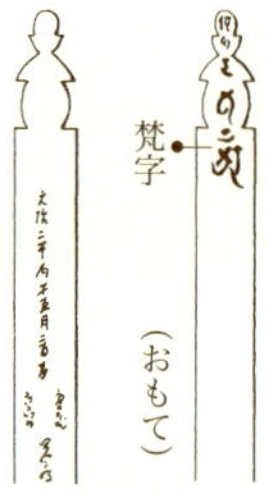
梵字
（おもて）
（うら）

五輪塔

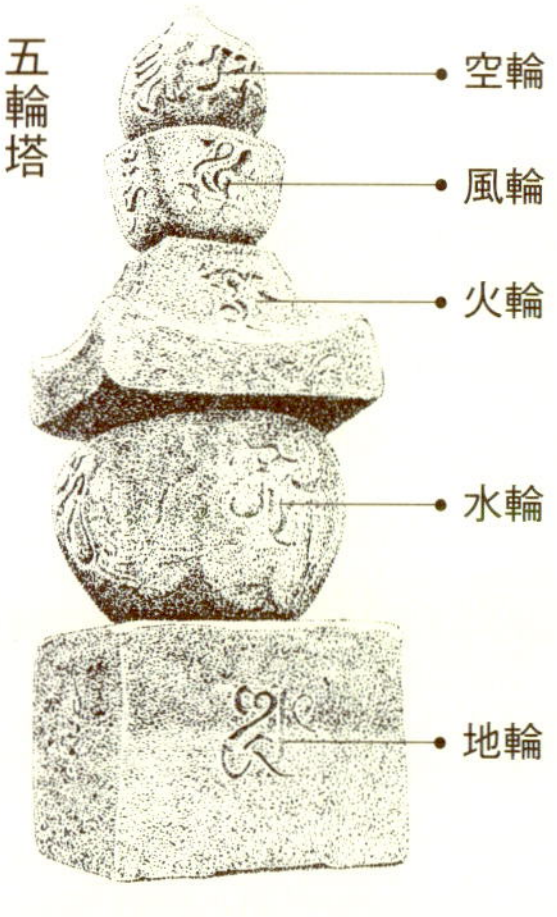
空輪
風輪
火輪
水輪
地輪

宝生如来図像

頭光《ずこう》
頭部からの光明
白毫《びゃくごう》
眉間《みけん》にある白い毛で、光を放つといわれる
肉髻《にっけい》
頭頂の盛り上がった部分をさす
挙身形光背《きょしんぎょうこうはい》
挙身光ともいう。頭光と身光とを合わせた後光《ごこう》をかたどった光背
三道《さんどう》
仏の首のふくよかさをあらわす三本の筋《すじ》
身光《しんこう》
身体からの光明をあらわし、荘厳《しょうごん》とする
大衣《だいえ》
衲衣《のうえ》の袈裟《けさ》のうち最も長いもの。偏袒右《へんたんう》肩《けん》に着用
印相《いんぞう》
大衣の端を握り、衆生の願いを受け取ったことをあらわす印
触地印《しょくちいん》
降魔印《ごうまいん》とも破魔《はま》印《いん》ともいう
臍輪形《せいりんぎょう》
袈裟《けさ》の端を横にして輪宝《りんぼう》に見立て、それに乗って救済に向かうことをあらわしている
蓮弁《れんべん》
蓮肉《れんにく》
結跏趺坐《けっかふざ》
両足を交差させて、両足を太ももにのせた安定感のある坐り方。左足を内にして交差させる坐り方を吉祥坐《きっしょうざ》という

不空成就如来

ふくうじょうじゅにょらい

一切の煩悩《ぼんのう》を断滅して衆生《しゅじょう》を教化《きょうけ》する妙業すべてが円満成就して空《むな》しからず（空しくない）という意味から、不空成就如来《ふくうじょうじゅにょらい》と名づけられた。五智《ごち》如来（五仏）のひとつであり、金剛界曼荼羅《こんごうかいまんだら》においては、大日《だいにち》如来の北方に位置する。胎蔵界《たいぞうかい》の北方の主尊である天鼓雷音《てんくらいおん》如来と同体とされ、釈迦仏と同体ともいわれる。また密号では悉地《しっち》金剛とも成就金剛とも称される。成所作智《じょうしょさち》（なすべきことを成就させる智慧《ちえ》）の徳を司るゆえに羯磨智《かつまち》ともいわれる。

その尊容《そんよう》は左手で衣《え》の端角《はしかど》をとり、右手は五指を立てて胸の前で外に向ける施無畏印《せむいいん》（不空成就如来印）をなし、円満の相である。金剛界八十一尊曼荼羅では、迦楼羅座《かるらざ》に坐る姿が描かれる。

遺例としては、五智如来としての彫像が京都府・東寺《とうじ》講堂などに数種みられる。

東寺講堂内には、光背を背にして、宝冠《ほうかん》を戴き、胸飾《きょうしょく》、腕釧《わんせん》、臂釧《ひせん》などの豪華な装飾を着け、智拳印《ちけんいん》を結ぶ、真言密教《しんごんみっきょう》の教主である大日如来像を中心に、五智如来像が安置される。太陽のごとく智慧と慈悲の光で万物を照らす大日如来、そして四智如来、五大菩薩、五大明王《みょうおう》、四天王、梵天《ぼんてん》、帝釈天《たいしゃくてん》の尊像で埋めつくされるさまは、まさに曼荼羅であり、驚愕させられる。その配置を下段に示す。

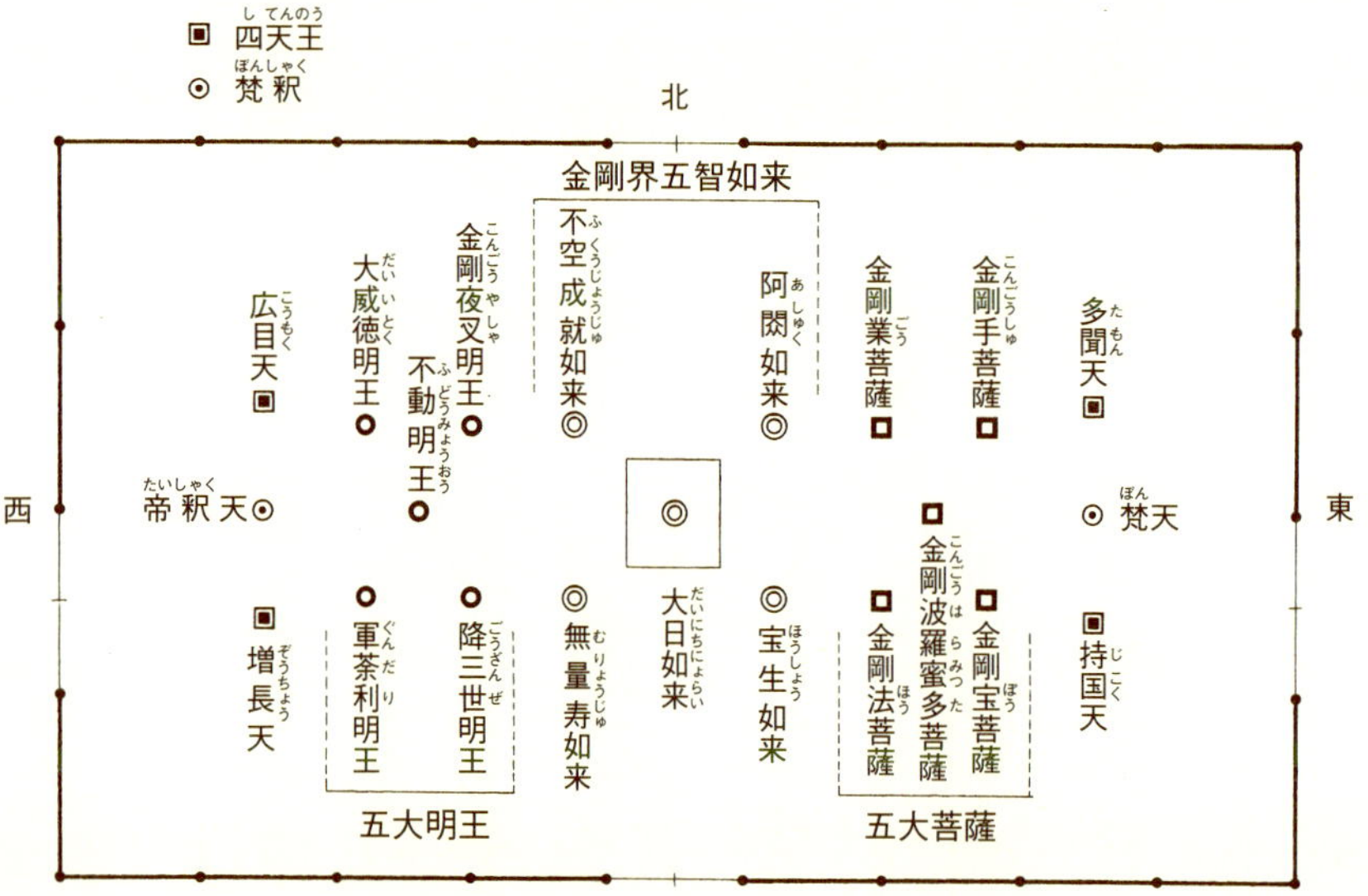

東寺講堂の須弥壇《しゅみだん》上の二十一の尊像

不空成就如来図像

不空成就如来図像　［図像抄　十巻］による

大日如来（胎蔵界）

だいにちにょらい（たいぞうかい）

大日如来《だいにちにょらい》は、あまねくすべてを照らす太陽神であり、宇宙の中心にあって宇宙そのものであるとされ、さまざまな仏尊の教えに応じて衆生《しゅじょう》を救済するといわれている。大日如来の前身は毘盧遮那仏《びるしゃなぶつ》とされるが、大日如来は真言密教《しんごんみっきょう》の根本仏《こんぽんぶつ》であり、すべての仏は大日如来の化身仏とされる。無限宇宙のすべては大日如来のあらわれであるという考えから、人々は大日如来と同じようになりえるとされる。煩悩《ぼんのう》を砕破《さいは》する大日如来の「智《ち》」のあらわれである金剛界《こんごうかい》と、菩提（悟り）を求める大日如来の「理《ことわり》」のあらわれである胎蔵界《たいぞうかい》というふたつの世界があると考えられている。

理法身《ことわりほっしん》である胎蔵界の大日如来は、結跏趺坐《けっかふざ》の足の上に、臍《へそ》のやや下で両掌《てのひら》を上向きで重ね、親指と親指の先を接した法界《ほっかい》定印《じょういん》（禅定印《ぜんじょういん》）を結び、悟りや慈悲をあらわしている。法界定印を結ぶ胎蔵界の大日如来像は、京都府・広隆寺《こうりゅうじ》、山口県・龍蔵寺《りゅうぞうじ》などにみられる。

和歌山県・高野山《こうやさん》には、胎蔵界の大日如来坐像を中心に、金剛界の四仏も祀《まつ》られ、十六本ある柱には十六種の菩薩《ぼさつ》像が描かれ、まさに曼荼羅《まんだら》の世界の再現となっている。胎蔵界と金剛界の像をいっしょに祀るのはまれだが、両界不二、すなわち「理《ことわり》」は「智《ち》」によって、「智」は「理」によってあらわされ、「理」と「智」の二徳は不即不離《ふそくふり》（または密接不離《みっせつふり》）であることをあらわしている。まさに、密教世界にはふたつの世界があるが、それらを治める根本仏は大日如来のみであることを意味している。

不変的な世界をあらわした金剛界曼荼羅に対して、日常的な世界をあらわしたのが胎蔵界曼荼羅であり、『大日経《だいにちきょう》』を原典としている。その胎蔵界曼荼羅は十三大院に分けられるとされ、胎蔵界の大日如来は、中心に配される中台八葉院《ちゅうだいはちよういん》に位置する。金剛界曼荼羅が西方に掛けられるのに対し、胎蔵界曼荼羅は東方に掛けられる。

また岩手県・中尊寺《ちゅうそんじ》には一字金輪仏頂尊《いちじきんりんぶっちょうそん》とされる像がある。仏頂尊とは、如来の肉髻《にっけい》（頭頂部の盛り上がった部分）を仏としたものであり、そのひとつである一字金輪仏頂尊は、一字金輪王、一字頂輪王、金輪仏頂尊などともいわれ、一字金輪仏頂尊には、七宝（金輪宝・如意珠宝・女宝・馬宝・象宝・主蔵宝・主兵宝）がかならず付随している。仏頂尊の中でも、大日如来の仏頂尊は、「理」の胎蔵界にあって「智」をあらわす智拳印《ちけんいん》を結び、金剛界と胎蔵界の両界の徳を持つとされ、最勝最尊《さいしょうさいそん》の仏頂尊とされる。中尊寺の彫像は大日の一字金輪仏頂尊であるといわれている。

大日如来図像（胎蔵界）［図像抄 十巻］による

大日如来図像（胎蔵界）

髻《もとどり》
頭頂部に結い上げた髪
五仏宝冠《ごぶつほうかん》
大日如来《だいにちにょらい》の五仏の理《ことわり》をあらわした冠《かんむり》
挙身形光背《きょしんぎょうこうはい》
仏の背後をつつむようにあらわされる光明。挙身光ともいう
頭光《ずこう》
頭から発する光明
宝冠台
宝冠をのせるための台
身光《しんこう》
身体から発する光明
胸飾《きょうしょく》
瓔珞《ようらく》ともいう
臂釧《ひせん》
環珞《かんらく》のひとつ
腕釧《わんせん》
結跏趺坐《けつかふざ》
最上位の坐り方で左足を内にして組む坐り方を吉祥坐《きっしょうざ》という
条帛《じょうはく》
細長い布のこと。左肩から右脇へ斜めに掛けて、さらに背面へまわし、再度肩に掛ける
蓮肉《れんにく》
蓮《はす》の実を台座として表現している
蓮弁《れんべん》
蓮の花びらで台座を荘厳《しょうごん》している
法界定印《ほっかいじょういん》
禅《ぜん》定印ともいわれ、慈悲の心をあらわす印相《いんぞう》
裳《も》（裙《くん》）
腰から下半身にまとう布

宝幢如来

ほうどうにょらい

大日如来《だいにちにょらい》の智徳を具現した胎蔵界《たいぞうかい》の五仏のひとつである。仏の「理《ことわり》」の世界である胎蔵界曼荼羅《まんだら》の中心には大日如来を配し、中《ちゅう》台八葉院《だいはちよういん》の東方に列されるのが宝幢《ほうどう》如来であり、金剛界《こんごうかい》曼荼羅の阿閦《あしゅく》如来と同体とされる。宝蓮華座《ほうれんげざ》に結跏趺坐《けっかふざ》し、右臂《ひじ》を曲げ、掌《てのひら》を上に向け、指頭《しとう》を右に向けて与願印《よがんいん》をとる。左手は大衣《だいえ》の端角《はしかど》をとって胸に当てているのが特徴的である。これは胸部から智徳を受け、四魔《しま》を降伏《ごうぶく》させ、衆生《しゅじょう》を救済することをあらわす印《いん》相《ぞう》であり、臍《へそ》に当てている印相とは別の意味をなす。

『大日経疏《だいにちきょうしょ》』によると、東方に仏があらわれ、朝日が昇ると赤《しゃく》白相輝《びゃくあいかがや》く色《じき》の菩提心《ぼだいしん》（悟りを求める心）を発したという。軍将が幢旗《どうき》をもって兵をひとつに統率し、強敵を破り、功名《こうみょう》を成すように、この尊は一切の願いを幢旗となし、菩提樹《ぼだいじゅ》の下において四魔軍の軍衆を降伏させ、修行の最初の大地を東方とし、宝幢如来と呼ばれるようになった。

香川県・善通寺《ぜんつうじ》の総欅造《そうけやきつくり》の東院の五重塔には、最上層に大日如来が坐し、胎蔵界・金剛界の各四仏が、象・馬・孔雀《くじゃく》・迦楼羅《かるら》の座に乗り、金色漆箔《こんじきしっぱく》で安置されている。

仏語の手引き

仏の三十二相《そう》（その一）

※以下、四回に分け『大智度論《だいちどろん》』による三十二相（仏が備える容貌の特徴）を挙げる。

① 足下安平立相《そくげあんぴょうりゅうそう》
〈足の裏が平らで、大地に密着している〉

② 足下二輪相《そくげにりんそう》（千輻輪相《せんぷくりんそう》）
〈足の裏に千の輻《や》を持つ宝輪のような模様がある〉

③ 長指相《ちょうしそう》
〈手と足の指が長くしなやかである〉

④ 足跟広平相《そくげんこうびょうそう》
〈踵《かかと》が広く平らで十分に満ち足りている〉

⑤ 手足指縵網相《しゅそくしまんもうそう》
〈手足の指の間に水掻《みずか》き状の膜があるとされるがみることはない〉

⑥ 手足柔軟相《しゅそくにゅうなんそう》
〈手足が柔かく、高貴の相をなしている〉

⑦ 足趺高満相《そくふこうまんそう》
〈足の甲が高く盛り上がって、亀の甲に似る〉

⑧ 伊尼延膝相《いにえんしつそう》（伊尼延鹿王相《いにえんろくおうそう》）
〈膝《ひざ》が伊尼延鹿《いにえんじか》のように細くしなやかでまるい〉

宝幢如来図像

印相《いんぞう》
願いを叶える与願印《よがんいん》と畏れを取り払う施無畏印《せむいいん》の両方をあらわす。施願施無畏印《せがんせむいいん》ともいわれる
白毫《びゃくごう》
眉間《みけん》の右巻きの白毛。長さは一丈五尺とされ、慈悲の光を放つ
肉髻珠《にっけいしゅ》
智慧《ちえ》の光明を放つ
印相
大衣《だいえ》の端を胸に当て、四魔《しま》を降伏《ごうぶく》させ、衆生《しゅじょう》を救済する印
頭光《ずこう》
身光《しんこう》
挙身形光背《きょしんぎょうこうはい》
頭光と身光とを合わせた、後光《ごこう》をかたどった光背をいう
結跏趺坐《けつかふざ》
両足を太ももの上にのせた最上位の坐り方。左足を内にして右足を外に組む坐り方を吉祥坐《きっしょうざ》という
宝蓮華座《ほうれんげざ》
仏を神聖化する蓮華をかたどった台座
大衣《だいえ》
如来の袈裟で最も長い衣。偏袒右肩《へんたんうけん》の着付け方

無量寿如来

むりょうじゅにょらい

仏の理《ことわり》の世界である胎蔵界《たいぞうかい》の西方に住ずるのが無《む》量寿如来《りょうじゅにょらい》であり、阿弥陀《あみだ》如来の別称とされている。時間的に無限の寿命のあるものを無量寿如来といい、空間的に無限の光明のあるものは無《む》量光《りょうこう》如来といわれ、両義を含めた仏尊が阿弥陀如来本尊である。『諸仏境界摂真実経《しょぶつきょうかいせつしんじつきょう》』によると、妙観察智《みょうかんざっち》の徳を司り、すべての衆生《しゅじょう》の煩悩《ぼんのう》、疑念《ぎねん》を断ち、その願いを摂取し、蓮華三昧形《れんげさんまいぎょう》に入り、背上から紅蓮華の色光を放って西方の無量世界を照らすと説かれている。

阿弥陀如来（無量寿如来）

［図像抄　十巻］による

仏語の手引き

仏の三十二相《そう》（その二）

※（その一）の続きを挙げる。『大智度論《だいちどろん》』による。

⑨ 正立手摩膝相《しょうりゅうしゅましっそう》（手過膝相《てかしっそう》）
〔直立したとき、手の先が膝をなでられるくらいに長い〕

⑩ 陰蔵相《おんぞうそう》（陰馬蔵相《いんばぞうそう》）
〔馬王・象王のように陰相が隠されている〕

⑪ 身広長等相《しんこうちょうとうそう》（円身相《えんしんそう》）
〔身長と、両手を広げた長さとが等長である〕

⑫ 毛上向相《もうじょうこうそう》
〔体のすべての毛が上向きになびいている〕

⑬ 一一孔一毛生相《いちいちくいちもうしょうそう》
〔すべての毛孔《もうく》（毛穴《けあな》のこと）に一本ずつ青い毛が生えている〕

⑭ 身金色相《しんこんじきそう》
〔全身が微妙な金色の輝きを放っている〕

⑮ 丈光相《じょうこうそう》
〔体から周囲へ一丈（約三メートル）の長さの光明を放ち輝いている〕

⑯ 細薄皮相《さいはくひそう》
〔皮膚はなめらかで、一切の塵も汚《けが》れもつかない〕

無量寿如来図像

三道《さんどう》
ふくよかな首をあらわす三本の筋《すじ》
螺髪《らほつ》
小さな巻貝状にした髪の粒で頭部をおおう髪形
阿弥陀定印《あみだじょういん》
瞑想に入る時の印相《いんぞう》とされる
頭光《ずこう》
頭から発する光明
白毫《びゃくごう》
身光《しんこう》
身体から発する光明
挙身形光背《きょしんぎょうこうはい》
袈裟《けさ》
偏袒右肩《へんたんうけん》の着付け方。長い一枚の布で、衲衣《のうえ》のうち最も長いものを大衣《だいえ》という
結跏趺坐《けっかふざ》
両足を太ももの上にのせて組んだ安定感のある坐り方。左足を内にして右足を外に組む坐り方を吉祥坐《きっしょうざ》という
蓮華座《れんげざ》
仏の功徳をあらわす蓮華を象徴した台座。胎蔵界では蓮台《れんだい》ともいう
裳《も》（裙《くん》）
腰に巻きつけ、まとう布

開敷華王如来

かいふけおうにょらい

『大日経疏《だいにちきょうしょ》』によると、菩提心《ぼだいしん》の種字《しゅじ》から、大悲万行《だいひまんぎょう》（修行）を長養《ちょうよう》し、功徳《くどく》の花を開敷《かいふ》（満開）させた娑羅樹王《はらじゅおう》の華開敷仏《けかいふぶつ》を、開敷華王如来《かいふけおうにょらい》という名で呼ぶようになった。金剛界《こんごうかい》南方の主尊である宝生《ほうしょう》如来と同体とされる。大日如来の平等性智《びょうどうしょうち》の徳を司り、修行と福聚《ふくしゅう》を担当するものと記されている。離苦《りく》（苦悩から離れること）三昧《さんまい》に住する尊でもある。

この尊像は胎蔵界曼荼羅《たいぞうかいまんだら》において中台八葉院《ちゅうだいはちよういん》の南方にあらわされる。偏袒右肩《へんたんうけん》の最敬礼を表した作務《さむ》の姿で、左手で衣《え》の端角《はしかど》をとって臍輪《せいりん》に置き、右手は胸前で掌《てのひら》を仰《あお》げて外に向け、指先を垂らし、施無畏印《せむいいん》を結んで、宝蓮華座《ほうれんげざ》に坐す。印相は虚心合掌《きょしんがっしょう》をも思わせる。そのため、これを虚心印とも合掌印ともいう。

その尊容は、『大日経疏』『秘蔵記』によると、身相《しんそう》は金色《こんじき》で、光明を放つと黄金色の如しとある。大悲万行の華はよく菩提の果実を生育し、開敷華王如来は離苦三昧に住するとされる。修行の徳を司る尊であり、密号は平等性智を助成するところから、平等《びょうどう》金剛《こんごう》とも称されるが、中台八葉院にしかみることはなく、独尊像は存在しないようである。

仏語の手引き

仏の三十二相《そう》（その三）

※（その二）に続き、『大智度論《だいちどろん》』による三十二相を挙げる。

⑰七処隆満相《しちしょりゅうまんそう》
（両手・両足・両肩・頸筋《くびすじ》の肉がやわらかく盛り上がる）

⑱両腋下隆満《りょうやくげりゅうまん》相
（腋の下にも肉がついていて、くぼみがみられない）

⑲上身師子《じょうしんしし》相（上身如獅子《じょうしんにょしし》相）
（威容端厳《いようたんげん》な上半身のさまは師子のようである）

⑳大直身《だいじきしん》相（身広端正相《しんこうたんせいそう》）
（身体が広大で端正無二である）

㉑肩円好《けんえんこう》相
（両肩は丸く豊かなありさまである）

㉒四十歯《しじゅうし》相
（常人の三十二歯よりも多くて清く美しい）

㉓歯斉《しさい》相
（歯の大きさが同じで隙間《すきま》なく、並びが美しい）

㉔牙白《げびゃく》相
（上下各二本の犬歯《けんし》が白く、美しく鋭利である）

開敷華王如来図像

開敷華王如来図像　［図像抄 十巻］による

耳朶《じだ》
大きな耳たぶで、衆生《しゅじょう》の声をすべて聞きとるといわれる
肉髻《にっけい》
瘤《こぶ》のようにうずたかく盛り上がった頭頂部分。智慧《ちえ》が詰まっているとされる
施無畏印《せむいいん》
虚心印《きょしんいん》とも合掌印《がっしょういん》ともいう印相《いんぞう》
頭光《ずこう》
身光《しんこう》
挙身形光背《きょしんぎょうこうはい》
頭光と身光を合わせた光背。仏身から発する後光《ごこう》をかたどり、尊像の背後につける。挙身光《きょしんこう》ともいう
臍輪形《せいりんぎょう》
袈裟の端を輪《りん》とし、遊行《ゆぎょう》に行くため、臍《へそ》に力を入れる印相ともいわれる
結跏趺坐《けっかふざ》
両足を交差させ、両足を両太ももの上にのせる。最も安定した最上位の坐り方とされる
宝蓮華座《ほうれんげざ》
蓮華の形につくった仏の台座で、蓮座《れんざ》とも蓮台《れんだい》ともいう
印相《いんぞう》
大衣《だいえ》の端を握り、衆生の願いを受け取ったことをあらわす印

天鼓雷音如来

てんくらいおんにょらい

その名を鼓音如来《くおんにょらい》とも称されると説く『大日経疏《だいにちきょうしょ》』によると、その尊は熱を逃れながら清涼《しょうりょう》にして静寂に住し、天鼓《てんく》（打たなくても妙音を発する鼓《つづみ》）がなくとも法音を説き、衆生《しゅじょう》を慧悟《けいご》するという。天鼓のような説法教化が春雷に似ることから、天鼓雷音《てんくらいおん》仏とされ、胎蔵界曼荼羅《たいぞうかいまんだら》の中台八葉院《ちゅうだいはちよういん》の北方に住している。不生《ふしょう》不滅《ふめつ》の涅槃《ねはん》の徳を司ることから密号を不動金剛《ふどうこんごう》とされる。金剛界曼荼羅の北方不空成就《ふくうじょうじゅ》如来と同体・同本誓であり、成所作智《じょうしょさち》を担当する如来である。

その尊容《そんよう》は『秘蔵記《ひぞうき》』によると「北方の天鼓雷音如来は赤金色にして初めて出づる色なり」とある。右手は伏せて膝に置き、指先が地面に触れる触地印《しょくちいん》であるが、これは降魔《ごうま》の印《いん》でもある。左手は掌《てのひら》を上に向けて臍《へそ》の下に置き、衣《え》の端を持たない握りこぶしの拳印《けんいん》とされ、宝蓮華座に結跏趺坐に坐している。しかし『胎蔵《たいぞう》旧図様《きゅうずよう》』では、左手で衣の端を持って臍の前に置く姿である。

一般的に、胎蔵界・金剛界の四仏についての記述はあまりなく、先の『秘蔵記』や『大日経疏』によるほかはない。また胎蔵界・金剛界の各方の四仏を守護する八方天が種字《しゅじ》で彫り込まれている尊像もある。以上『大正新脩大蔵経図像集 全四巻』『諸尊曼荼羅集』も参考にして記述した。

仏語の手引き

仏の三十二相《そう》（その四）

※（その三）に続き、『大智度論《だいちどろん》』による三十二相を挙げる。

㉕ 師子頰相《ししきょうそう》（獅子頰相《ししきょうそう》）
〔師子のように両頰が膨《ふく》らんでいる〕

㉖ 味中得上味相《みちゅうとくじょうみそう》
〔口は何を食べても最上の味を味わう〕

㉗ 大舌相《だいぜつそう》（広長舌相《こうちょうぜつそう》）
〔舌は広くて長く、出すと顔全体を覆う〕

㉘ 梵声相《ぼんじょうそう》（梵音可愛相《ぼんおんかあいそう》）
〔梵天《ぼんてん》のような美しい声で、聞くものは感嘆する〕

㉙ 真青眼相《しんしょうげんそう》
〔青《しょう》蓮華のような紺青色の眼睛《ひとみ》の眼である〕

㉚ 牛眼睫相《ぎゅうげんしょうそう》
〔牛のように睫毛《まつげ》が長く美しく乱れがない〕

㉛ 頂髻相《ちょうけいそう》（頂上内髻相《ちょうじょうないけいそう》）
〔頭頂の肉が盛り上がり、その形が髻《もとどり》のようである〕

㉜ 白毫相《びゃくごうそう》（白毛相《びゃくげそう》）
〔眉間に長さ一丈五尺（約四・五メートル）の白毛が右巻きに生える〕

天鼓雷音如来図像　［図像抄　十巻］による

天鼓雷音如来図像

触　地印《しょく ち いん》
大地に指が触れるような印相《いんぞう》で、衆生《しゅじょう》に応えている印ともいわれている
身光《しんこう》
身体から発する光明をあらわす
頭光《ずこう》
頭部から発する光明をあらわす
三道《さんどう》
ふくよかな首筋を三本であらわす
挙身形光背《きょしんぎょうこうはい》
頭光と身光を合わせた光背。仏身からの後光《ごこう》を背後にあらわす
宝蓮華座《ほうれんげざ》
蓮華《れんげ》
衲衣《のうえ》の袈裟《けさ》
偏袒右肩《へんたんうけん》の着付け方の大衣《だいえ》
結跏趺坐《けっかふざ》
両足を反対の太ももにのせた坐り方。とりわけ左足を内に右足を外に組む坐り方を吉祥坐《きっしょうざ》という
拳印《けんいん》
何でも持つという意の印相で、握りこぶしにしている

大勝金剛

だいしょうこんごう

『瑜祇経《ゆぎきょう》』によると古来より秘仏《ひぶつ》と伝えられるが、この大勝金剛《だいしょうこんごう》は数多くの異説がある。大勝金剛は大日如来《だいにちにょらい》自《みずか》らの所変仏《しょへんぶつ》の菩薩形《ぼさつぎょう》であるとする説があり、また、愛染明王《あいぜんみょうおう》の三昧《さんまい》を説く十二臂金剛薩埵《ひこんごうさった》所変であり愛染明王の一徳をあらわしているとする説が『別尊雑記』に記されている。さらに、大勝金剛を最勝最尊の仏頂尊《ぶっちょうそん》とする説もあるが、仏頂尊の位置づけからさらに異説が多い。以上のことから、大勝金剛については大きく菩薩部・明王部・仏頂部の三説が説かれるといえる。

この大勝金剛は一切衆生《しゅじょう》の根本無明に対し、浄菩提心《じょうぼだいしん》をあらわして金剛薩埵の菩薩形となったり、左右の第一手が大日如来の智《ち》拳印《けんいん》を結ぶことで如来仏とされたりする。左右それぞれのその他の五手には金剛薩埵・聖観音《しょうかんのん》・弥勒《みろく》菩薩・文殊《もんじゅ》菩薩・虚空蔵《こくうぞう》菩薩の五仏をあらわし、十の持物《じもつ》を具し、宝冠《ほうかん》をつけ、五髻《ごけい》から光明を放つ姿であらわされている。左頁の絵は、まさに如来像をあらわしている。

仏語の手引き

仏眼仏母《ぶつげんぶつも》

仏眼尊《ぶつげんそん》・遍知眼《へんちげん》・仏母身《ぶつもしん》・仏母尊《ぶつもそん》の名称もあるが、一切仏眼大金剛吉祥一切仏母を略して仏眼仏母《ぶつげんぶつも》と呼ばれる。如来の法界普遍《ほっかいふへん》の眼相を人格化して尊となった仏で、眼には本来智《ち》を生む無限の功徳《くどく》があり絶大であることから、諸仏能生の母であるとされ、仏眼仏母（仏母《ぶつも》）という。この尊は虚空眼《こくうげん》と称されることも多い。仏眼とは仏の智徳を、仏母は諸仏尊を生じる徳を示す。この仏眼仏母と一字金輪仏頂《いちじきんりんぶっちょう》とを相対させて一具《いちぐ》の尊像とする説もある。『大日経疏《だいにちきょうしょ》』によれば、金剛界大日如来が胎蔵界の日輪三昧《にちりんさんまい》に住するのが一字金輪仏頂で、胎蔵界大日如来が金剛界の月輪《がちりん》三昧に住するのが仏眼仏母であるとされ、この考え方から金輪仏頂曼荼羅《きんりんぶっちょうまんだら》には仏眼仏母が配されている。また『仏眼曼荼羅』では、一字金輪仏頂尊は、金襴衣《きんらんえ》（金縷衣《きんるえ》）の袈裟を着用して、金輪法を修めるとされる。

『瑜祇経』によれば、大日如来所変《しょへん》の仏眼仏母では菩薩形《ぼさつぎょう》をとり、金剛薩埵所変の尊では法界定印《ほっかいじょういん》を結び、釈迦如来所変の尊では端厳《たんげん》無比《むひ》の如来形をとるなど、三種の仏母があると説く。

『仏眼曼荼羅』では、大白蓮に住し、身は白一色の白月光《びゃくがっこう》の如く輝く仏眼仏母を中心に、一切の仏頂尊の他、四十五尊が配される。これは仏眼法に用いられる。

大勝金剛図像

大勝金剛図像 [図像抄 十巻] による

- **三叉戟**（さんさげき）
  三鈷鉤（さんここう）ともいう
- **三宝珠**（さんほうじゅ）
- **頭光**（ずこう）
  頭部から発する光明
- **五髻**（ごけい）
  髻（もとどり）を五つに結い上げる
- **蓮華台**（れんげだい）
- **羯磨杵**（かつましょ）
  三鈷杵（さんこしょ）を十字に組み合わせた持物（じもつ）
- **宝剣**（ほうけん）
  （三鈷剣）
- **宝鎖**（ほうさ）
- **羂索**（けんさく）
- **三鈷杵**（さんこしょ）
- **輪宝**（りんぼう）
- **身光**（しんこう）
  身体から発する光明
- **三鈷鈴**（さんこれい）
- **結跏趺坐**（けっかふざ）
  左足を内にして組む坐り方を吉祥坐（きっしょうざ）という
- **智拳印**（ちけんいん）
  無明（むみょう）を除き、光明から智慧（ちえ）を司る印相

金剛王

こんごうおう

大日如来《だいにちにょらい》の仏母《ぶつも》として、また金剛《こんごう》諸尊の部母《ぶも》として、密教の教理でも尊崇《そんすう》された如来形《にょらいぎょう》・菩薩形《ぼさつぎょう》であると思われ、金剛王如来・金剛王菩薩ともいえる。『金剛手院《こんごうしゅいん》』によると、菩提心を発し、金剛薩埵《こんごうさった》と同等とあるため、金剛薩埵の別称ともいえるのではないかと思われる。四臂《しひ》の持物《じもつ》の弓・箭《せん》（矢）・金剛杵《しょ》・金剛鈴《れい》は一切衆生《しゅじょう》を鉤取《こうしゅ》するものである。金剛界曼荼羅《まんだら》の東方阿閦《あしゅく》如来の四親近《ししんごん》の一尊として北方に住し、如来の四摂《ししょう》（布施《ふせ》・愛語・利行・同事）を持ち、一切の衆生《しゅじょう》を摂行《しょうこう》することから、菩薩形として、不空王《ふくうおう》、妙覚《みょうかく》、最上《さいじょう》金剛王、金剛鉤《こう》とも呼ばれた。

『略出経《りゃくしゅつきょう》』には、金剛鉤の契りを結び、速やかに一切の如来を鉤引《こういん》するので、如来形であると説かれている。また『金剛王儀軌《ぎき》』でも、四臂が五仏の宝冠《ほうかん》を戴き蓮華座《れんげざ》に坐す如来形であると記される。『金剛王菩薩秘密念誦儀軌《ひみつねんじゅぎき》』によると、金剛王は金剛薩埵の異称とされ、本尊は愛染 明王《あいぜんみょうおう》の弓と箭、金剛薩埵の金剛杵と金剛鈴の幖幟《ひょうし》を持つ合体の四臂像で、鉤召三昧形《こうしょうざんまいぎょう》の姿で五仏の宝冠《ほうかん》を戴いて微笑相とある。『金剛界曼荼羅理趣会《りしゅかい》』には本尊の周辺には四金剛・四金剛女《にょ》を配しているものもあると記される。

仏語の手引き

金剛薩埵

金剛とは金剛杵をさし、煩悩《ぼんのう》を打ち砕く破壊のための武器のことで、薩埵とは一般的に菩薩形を意味する。大日如来より五智《ごち》金剛杵を授かる金剛薩埵は、阿閦《あしゅく》如来の四親近《ししんごん》として、金剛界曼荼羅《こんごうかいまんだら》では東方阿閦如来の前方に描かれている。右手に五鈷杵《ごこしょ》を持ち、左手に五鈷鈴《ごこれい》を持って、大日如来の仏母《ぶつも》的存在として、如来尊とされている。胎蔵界《たいぞうかい》曼荼羅でも金剛部の主尊として普賢《ふげん》菩薩と同体とされ、右手に三鈷杵を持ち、左手は握《にぎ》り拳《こぶし》をしている。また金剛手菩薩、金剛主秘密王、執《しゅ》金剛とも称される。

金剛薩埵は仏と人を仲介《ちゅうかい》し、菩提心《ぼだいしん》を発心《ほっしん》させてくれる菩薩で、人々はこの金剛薩埵の金剛力によって発心できるとされる。大日如来の化《け》身仏《しんぶつ》として、密教の教理と衆生の菩提心の間に位置する。したがって金剛薩埵は、大日如来の説法《せっぽう》の対告仏《たいごうぶつ》でもあって、付法の第二の祖としても重要な役割を持つ。覚者《かくしゃ》（覚《さとり》と行《ぎょう》を修めた者）の代表とされ、密教の真理を衆生に伝授する者として位置づけられている。

金剛王図像

耳朶《じだ》
衆生《しゅじょう》の声をすべて聞きとるための大きな耳たぶ
頭光《ずこう》
頭部から発する光明
五智宝冠《ごちほうかん》
宝玉で荘厳《しょうごん》される
髻《もとどり》
頭頂部に結い上げた髪
挙身形光背《きょしんぎょうこうはい》
頭光と身光とを合わせた後光《ごこう》をあらわす光背
弓
箭《せん》（矢）
垂髪《すいはつ》
髪を垂らす
身光《しんこう》
身体から発する光明
条帛《じょうはく》
肩から斜めに掛ける細長い布
金剛杵《こんごうしょ》
三鈷杵《さんこしょ》ともいう
腕釧《わんせん》
金剛鈴《れい》
三鈷鈴《さんこれい》ともいう
半跏趺坐《はんかふざ》
略式の結跏趺坐である。左右のどちらか一方の足を反対の太ももにのせる坐り方

金剛王図像　[図像抄 十巻] による

六字尊（六字天）

◎如来

ろくじそん（ろくじてん）

六字明王《ろくじみょうおう》ともいう。『六字神呪王儀軌法《ろくじしんじゅおうぎきほう》』によると、調伏《ちょうぶく》を修むる六字経法の本尊にして聖観音《しょうかんのん》・千手《せんじゅ》観音・十一面観音・馬頭《ばとう》観音・准胝《じゅんてい》観音・如意輪《にょいりん》観音の六観の惣合成就《そうごうじょうじゅ》身とある。この六臂《ひ》の立像は六字天王とも称される。『六字経曼荼羅《まんだら》』において、金輪月輪《がちりん》の中に釈迦金輪《しゃかこんりん》を描くことから、如来形《にょらいぎょう》とも称される。金輪とは、最も尊い功徳《くどく》のことをいう。

仏語の手引き

毘盧遮那《びるしゃな》如来

盧舎那仏《るしゃなぶつ》ともいい、光明遍照《こうみょうへんじょう》、光輝普遍《こうきふへん》の意味を持ち、万物を照らす宇宙の真の法身仏《ほっしんぶつ》である。釈迦は、この仏のこの世での仮の姿とされる。仏となるための功徳《くどく》を備えた報身《ほうじん》が毘盧遮那如来で、釈迦如来は衆生《しゅじょう》を救済する応身仏《おうじんぶつ》であると『華厳経《けごんきょう》』『梵網経《ぼんもうきょう》』に説かれている。ただし、仏陀釈迦牟尼《ぶつだしゃかむに》の本身に盧舎那仏と名づけても、釈迦如来を絶対仏とする仏教の中では毘盧遮那如来を仏陀《ぶつだ》とはしないとする考え方もある。

なお、報身《ほうじん》とは、仏となるために長年月の修行を積み功徳を備えた仏身をいい、この世にあらわれた釈迦を応身《おうじん》（変化身《へんげしん》）とし、さらに報身を覚《さと》す法の身を法身《ほっしん》と称している。

梵網経盧舎那仏説では、浄土は蓮華蔵《れんげぞう》世界の蓮華の形をしているとされ、その中心である千葉《せんよう》の花弁を持つ蓮華の上に盧舎那仏が坐すという。花弁の一葉にはひとつの世界があって、それぞれに大釈迦仏がおり、そしてその一葉ごとに百億の小釈迦仏が化現《けげん》（化作《けさ》）して説法を行い、須弥山《しゅみせん》の周りには住する世界があるとされる。このような教理のもと、百億の小釈迦の上に千の大釈迦があり、そのまた上に毘盧遮那如来が存在すると説かれる構築的なその世界は、想像を絶した大空間と思われる。

この広大な世界観をあらわした仏像として、奈良県・東大寺金《とうだいじこん》堂《どう》の大仏（盧舎那仏《るしゃなぶつ》）がある。今の大仏は江戸時代に造られたものであり、その坐す蓮華座の蓮弁のみが、奈良時代（天平期）の創建当時のものである。この蓮弁には千の大釈迦仏が菩薩に囲まれて彫られ、その下には須弥山が描かれ、さらにその下界には小釈迦と思われる小さな仏が描かれている。また奈良県・唐招提《とうしょうだい》寺《じ》の盧舎那仏の光背《こうはい》は、千仏《せんぶつ》で宇宙をあらわした国家安寧《こっかあんねい》の願いとも思えるのである。さらには十三世紀前半に成立したとされる『信《し》貴山縁起《ぎさんえんぎ》絵巻』にも盧舎那仏が描かれているが、まさに東大寺の大仏と変わらない姿である。

六字尊図像　[図像抄 十巻] による

六字尊図像

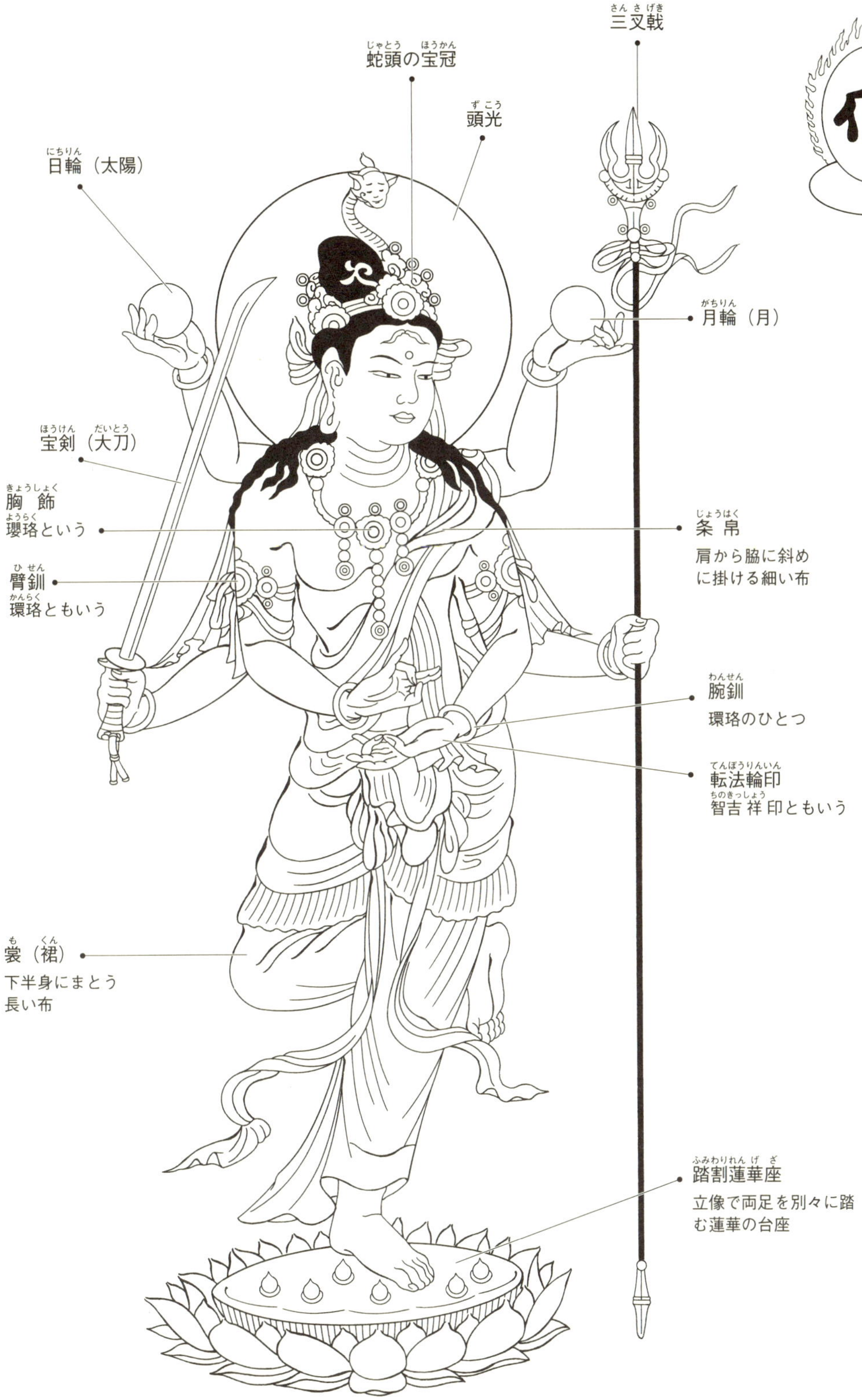

三叉戟《さんさげき》
蛇頭《じゃとう》の宝冠《ほうかん》
頭光《ずこう》
日輪《にちりん》（太陽）
月輪《がちりん》（月）
宝剣《ほうけん》（大刀《だいとう》）
胸飾《きょうしょく》
瓔珞《ようらく》という
条帛《じょうはく》
肩から脇に斜め
に掛ける細い布
臂釧《ひせん》
環珞《かんらく》ともいう
腕釧《わんせん》
環珞のひとつ
転法輪印《てんぼうりんいん》
智吉祥印《ちのきっしょう》ともいう
裳《も》（裙《くん》）
下半身にまとう
長い布
踏割蓮華座《ふみわりれんげざ》
立像で両足を別々に踏
む蓮華の台座

観　音

観音《かんのん》とは、衆生《しゅじょう》の声に通ずることからの名であるが、普通、一面二臂《いちめんにひ》の聖観音《しょうかんのん》をさし、旧訳では観世音《かんぜおん》、光世音《こうぜおん》、新訳では観自在《かんじざい》の呼び名がある。

聖観音は一切の衆生を観察して無碍自在《むげじざい》によく救うという意から、聖観自在菩薩《しょうかんじざいぼさつ》といった。だが、その後に多面多臂《たためんたひ》の変化《へんげ》観音があらわれたことで、菩薩から観音部を成立させることとなったのである。そして種々の身に姿を変えて、苦悩する一切の衆生を救済する観音三十三応現身《おうげんしん》というものがあらわれた。

観音と名のつく尊《そん》は、聖観音が変化した姿である。観音は慈悲《じひ》の仏であり、水瓶《すいびょう》や蓮華《れんげ》を持物《じもつ》としている。

聖観音

しょうかんのん

観音《かんのん》は、衆生《しゅじょう》の「音を観察して、声も聴く」ことからの呼称である。

通常、観音という場合、古来より知られるこの聖観音《しょうかんのん》をさす。ある意味では、観音は観世音菩薩《かんぜおんぼさつ》の省略名であるといってもよい。観自在《かんじざい》菩薩の名称もあるが、これは日本の絵巻にも登場する玄奘三蔵《げんじょうさんぞう》法師の『大唐西域記《だいとうさいいきき》』にも記され、唐《とう》（中国）での名とされている。正しくは、一切諸法を観察し、無碍自在《むげじざい》であるの意から、聖観自在《しょうかんじざい》菩薩と呼ぶべきではあるが、わが国では一般的に聖観音の呼称を使っている。正《しょう》観音の名も書物によくみられるが、これもまた別称である。

聖観音は最も古く、最初に造られたのは一面二臂《いちめんにひ》の観音像であったが、六世紀頃より多面多臂《ためんたひ》の変化《へんげ》観音像が造られるようになった。十一面《じゅういちめん》観音、千手《せんじゅ》観音、馬頭《ばとう》観音、如意輪《にょいりん》観音、不空羂《ふくうけん》索《じゃく》観音、准胝《じゅんてい》観音などの変化観音があらわれたために、変化する以前の正観音を示すため、聖（正）の字を頭に冠し、聖観音（正観音）という呼称となった。顕教《けんぎょう》・密教《みっきょう》の経典では、聖観音を説かない儀軌《ぎき》はなく、この尊ほど信仰されている観音はないであろう。

仏教における聖観音は、顕教においては一仏として信仰するが、密教では阿弥陀仏《あみだぶつ》の左脇侍《わきじ》として重んぜられている。大慈大悲《だいじだいひ》の聖観音は、病から天変地異《てんぺんちい》まで、あまねく衆生の苦悩を救済するために六道《ろくどう》（地獄道《じごくどう》・餓鬼《がき》道・畜生《ちくしょう》道・阿修羅《あしゅら》道・人間《にんげん》道・天《てん》道）に姿を変えて出現したといわれ、そのため聖観音は救済すべき相手によってさまざまに変身して出現すると考えられている。その姿は三十三あるとされ、『摂無礙経《しょうむげきょう》』には、観音の三十三応《おう》現身《げんしん》が説かれている。三十三観音や観音巡礼の西国三十三ヶ所の三十三という数字は、このことがよりどころとなっている。

観音に対する信仰については、いくつかの経典を通じて理解することができるだろう。『法華経《ほけきょう》』では、観音の功徳《くどく》が説かれ、現世利益《げんぜりやく》の本尊として観仏信仰されるとある。『観無量寿《かんむりょうじゅ》経』には、極楽往生《ごくらくおうじょう》への願いから、死者の霊がのれる蓮台を持つ観音に信仰心を強く抱いていったとある。『華厳経《けごんきょう》』では南海補陀落《ふだらく》山《せん》は観音の浄土であると説かれ、補陀落山とみなされた和歌山県那智《なち》山にある青岸渡寺《せいがんとじ》は参詣者で賑わう寺となっている。

平安期以降に造立《ぞうりゅう》されたものの多くは、坐像《ざぞう》ではなく立像《りゅうぞう》であった。また、曼荼羅《まんだら》にもこの聖観音が描かれる。

聖観音（観自在）図像

梵字《ぼんじ》
その尊をあらわす種字《しゅじ》
蓮華《れんげ》
左手で蕾《つぼみ》の蓮華（未開敷蓮華《みかいふれんげ》）を持ち、右手の指先で蓮《はちす》を開《かい》敷《ふ》させている。衆生の仏心を開かせたことを意味する
宝髻《ほうけい》
髻を高く結い上げているので、高髻《こうけい》とも呼ばれる
宝冠《ほうかん》
宝玉で装飾した冠《かんむり》。正面にあるのは化仏《けぶつ》で、観音においては阿弥陀仏とされる
垂髪《すいはつ》
両肩から垂らした髪
頭光《ずこう》
臂釧《ひせん》
肘から上の上膊《にのうで》につける環状《かんじょう》の飾り
身光《しんこう》
開敷印《かいふいん》
腕釧《わんせん》
手首につける環状の飾り
裳《も》（裙《くん》）
腰から下に巻きつける布
蓮肉《れんにく》
蓮弁《れんべん》
台座《だいざ》
蓮華座ともいう
結跏趺坐《けっかふざ》
両足を反対の太ももの上にのせる坐り方。左足が見え隠れするので半跏趺《はんかふ》坐《ざ》ともいう。右足が外になるのは吉祥坐《きっしょうざ》である
条帛《じょうはく》
肩から脇へ斜めに垂らし、背面にまわして右肩に掛ける

仏語の手引き

観音《かんのん》三十三身《しん》

『法華《ほけ》経《きょう》観世音菩薩普門品《かんぜおんぼさつふもんぼん》』には、衆生《しゅじょう》を救済するため、観音《かんのん》はさまざまな応現身《おうげんしん》（応化身《おうげしん》）であらわれるとされ、その三十三身の姿は次のように説かれる。

仏身《ぶっしん》〔頗胝《はてい》商佉《しょうきょ》の光を持つ、牟尼善逝《むにぜんぜい》の相《そう》〕
辟《びゃく》支《し》仏身〔身に大衣《だいえ》を被り、白肉色の比丘《びく》の相〕
自在天身《じざいてん》〔宝冠天帝衣《ほうかんてんていえ》をつけ、帝釈《たいしゃく》の相〕
声《しょう》聞《もん》身〔三衣《さんえ》の函《かん》を執持《しつじ》し、熾年《しとし》の比丘の相〕
梵天王《ぼんてんおう》身〔天冠を持つ、八臂《ぴ》の四面三つ目の相〕
帝釈身〔天衣《てんね》・飛衣《ひえ》をつけ、妙高座に住する〕
大自在天《だいじざいてん》身〔天冠と天衣を被り、大黒水牛に乗る〕
天大将軍《てんたいしょうぐん》身〔容儀は帝釈の如く、合掌している〕
毘沙門《びしゃもん》身〔大宝冠を被り、天衣をつけ、忿怒降魔《ふんぬごうま》の相〕
小王《しょうおう》身〔妙宝珠鬘《みょうほうしゅまん》の冠を被り、合掌している〕
比丘身〔頭巾袈裟衣《ずきんけさえ》をつけて鉢を持つ、大徳の相〕
長者《ちょうじゃ》身〔如意宝を執持し、大富貴人の相〕
居士《こじ》身〔摩尼宝《まにほう》を持ち、礼服衣《らいふくえ》の大家長者の相〕
宰官《さいかん》身〔礼服衣を被り、合掌印の大勢官人の相〕
婆羅門《ばらもん》身〔白衣《びゃくえ》を被り、錫杖《しゃくじょう》を持つ、比丘僧の姿〕
比丘尼《に》身〔紅蓮華《べにれんげ》を執持する、耆老《きろう》の女人相〕
優婆塞身《うばそくしん》〔修行器を執持し、白衣の世俗人の相〕
人身《じんしん》〔妙蓮華《みょうれんげ》を執持し、貴人の相をなす〕
童目天女《どうもくてんにょ》身〔紫蓮華《しれんげ》を執持し、憐愍《れんびん》の天人の相〕
婦女《ぶにょ》身〔微妙な白肉色であり、愛敬《あいけい》・愛重《あいちょう》の相〕
非人《ひにん》身〔左に弓、右に箭《せん》（矢）を持つ、悪旃陀羅《あくせんだら》の相〕
優婆夷《うばい》身〔蓮華慧《れんげけい》を執持し、長髪で半歯《はんし》愛敬《あいきょう》の相〕
童男《どうなん》身〔蓮華を執り、妙宝衣《みょうほうえ》を被る幼年の童相《わらわ》〕
天《てん》身〔身相は紅蓮の色であり、天衣《てんね》百福《ひゃくふく》の身〕
龍《りゅう》身〔龍頭の身に、黒雲を握り、瞋恚《しんい》忿怒の相〕
童女《どうにょ》身〔青蓮華を執り、妙宝花に住し、女人相〕
夜叉《やしゃ》身〔火焔の冠を被り、眼目に雷電の光を持つ〕
乾闥婆《けんだつば》身〔八角髪髻焰鬘《はつけいえんまん》の冠を被り、大威力の相〕
阿修羅《あしゅら》身〔六臂《ぴ》の姿で、裸形《らぎょう》忿怒の相〕
迦楼羅《かるら》身〔人身に翼を具し、裸形の威勢の相〕
緊那羅《きんなら》身〔音声器《おんじょうき》を持ち、人身に馬頭《めず》の面相〕
摩睺羅伽《まごらか》身〔威儀は天衆《てんしゅ》のようで蛇頭貴人《じゃとうきじん》の相〕
執金剛《しゅこんごう》身〔天衣《てんね》獣皮《じゅうひ》の服をつけ、忿怒降魔の相〕

※奈良県・長谷寺の十一面観音像の足下にはこの三十三身が描かれるが、相違のある形像もいくつかある。

龍王に乗る観世音図像

頭光《ずこう》
頭部から発する光明
白毫《びゃくごう》
右巻きに生えた白毛。ここから慈悲の光明が放たれる
宝冠《ほうかん》
胸飾《きょうしょく》
瓔珞《ようらく》という
白衣《びゃくえ》
白い着衣は菩提心を意味する（白衣観音も同じ衣を身につける）
襯衣《しんえ》
降魔坐《ごうまざ》
右足を内にし、両足を反対の太ももにのせて組む坐り方。結跏趺坐《けっかふざ》の一種
飛翔白龍《ひしょうびゃくりゅう》
稲光を放ちながら空中を飛行する神通力を持つ神霊獣。難陀《なんだ》龍王とも呼ばれ、龍王の長で、天龍《てんりゅう》八部衆のひとつとされる

龍王に乗る観世音図像　葛飾北斎画［浮世絵類考］［北斎画苑］による

十一面観音

じゅういちめんかんのん

大慈大悲《だいじだいひ》の観音《かんのん》は、三十三の姿に身を変え（三十三応現身《おうげんしん》）、あまねく衆生《しゅじょう》を七難《しちなん》の苦厄《くやく》から救うとされる。これを普門示現《ふもんじげん》という。この法力《ほうりき》をあらわそうと造られたのが変化《へんげ》観音と呼ばれるもので、そのなかでもわが国で最も早くに成立し、信仰された観音像が十一面観音である。十一面観音の最大の特徴は、十一の面を持つところにある。本面の頭上に十一の小さな面相《めんそう》を持つ観音が普通であるが、十の小面と本面とを合わせて十一面とする像もあるし、小面を八として二、三段に積み上げた配置の像も少なくはない。十一面となったのは、本面に加え、八方（東・西・南・北・東北・東南・西北・西南）と二方（天・地）をあらわす十面を合わせ、十一種の救済法力をあらわしたと説く経典もある。『十一面神呪教《じんじゅきょう》』による十一面の配置は、髻《もとどり》の上の一面が如来相《にょらいそう》、正面三面が菩薩相《ぼさつそう》、左三面（向かって右）が狗牙上出相《くげじょうしゅつそう》、右三面（向かって左）が瞋怒相《しんぬそう》、背後の一面が暴悪大笑相《ぼうあくだいしょうそう》とされ、これが標準的な十一面観音であるとしている。なお、本面の額の上についている観音の教主である阿弥陀《あみだ》仏の小さな化仏《けぶつ》は面数に入れないものとされている。

奈良県・長谷寺《はせでら》の本尊の十一面観音は、左手には蓮華《れんげ》をさした水瓶《すいびょう》を持ち、垂らした右手に念珠《ねんじゅ》を掛け、地蔵菩薩《じぞうぼさつ》の持物《じもつ》である錫杖《しゃくじょう》を持つという特殊な姿で「長谷寺式《はせでらしき》十一面観音」と呼ばれている。「はせでら」または「ちょうこくじ」という名の寺院が日本全国に広まるとともに、この姿の観音像も広まり、その数は百を超す。

この奈良県・長谷寺の十一面観音には、神籬《ひもろぎ》（御衣木《みそぎ》）であった楠《くすのき》の霊木《れいぼく》で造られたという伝承、また、天候・雨水《うすい》を支配する十一荒神《こうじん》を前身として造立されたという伝承もあり、教義のみならず、その摩訶《まか》不思議な霊験《れいげん》は広く深く信仰された。霊木で十一面観音像を造ったとされる寺は他に、櫟《いちい》の木で像を彫った櫟野《らくや》寺《じ》、琵琶湖に浮んだ霊木で造った志度寺《しどじ》などがある。奈良県・長谷寺の本尊御影大画軸《みえいだいがじく》には、本尊の姿が実寸大で描かれている。左頁の絵は、本面と十一面が平面的に描かれた頭上の部分を白描図像にしたものである。

十一面観音立像

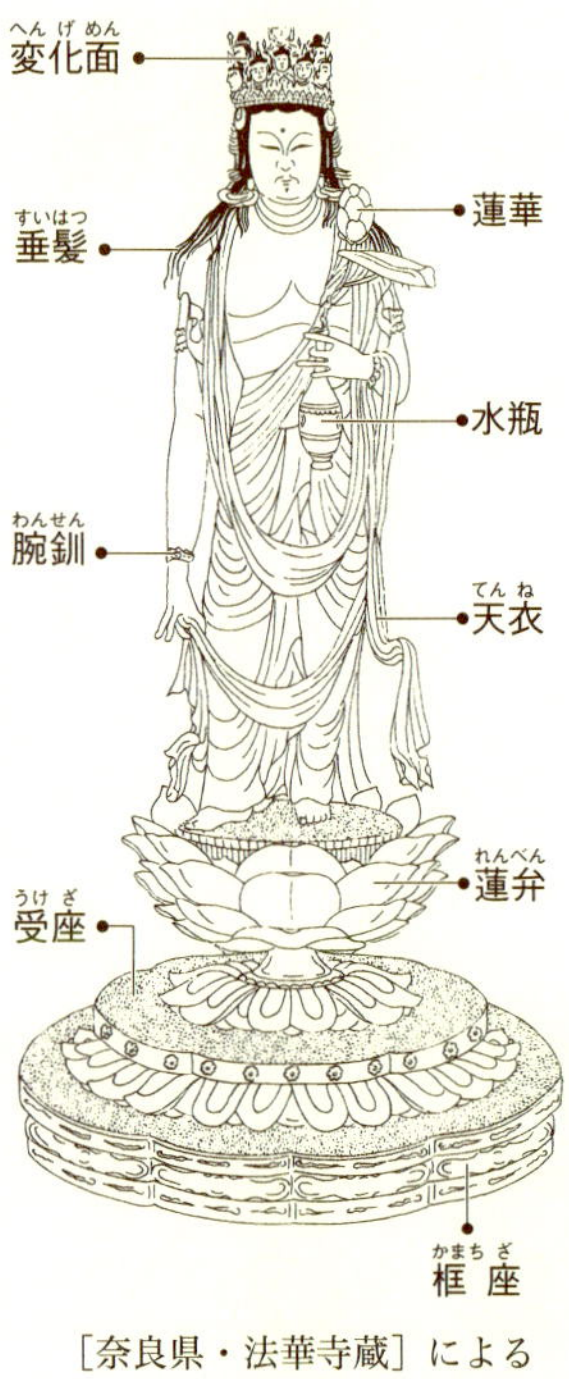

［奈良県・法華寺蔵］による

十一面観音図像　本尊御影《みえい》大画軸仏画［奈良県・長谷寺蔵］による

十一面観音図像

瞋怒《しんぬ》（瞋恚《しんい》）相《そう》
悪行の加減なさを怒り、恨んでいる相
頂上仏面《ちょうじょうぶつめん》
高い位置にあり正面を向いた如来相（立像では背後部に暴悪大笑《ぼうあくだいしょう》相が悪行者を蔑み大笑いしている）
暴悪大笑相《ぼうあくだいしょうそう》
（背後部）
慈悲《じひ》相（菩薩相）
衆生を見守り救済する相
化仏《けぶつ》
阿弥陀仏《あみだぶつ》
錫杖《しゃくじょう》
錫《すず》で造り、六個の環《かん》を掛けた杖。慈悲の心をもたらすとされる。比丘《びく》十八物のひとつ
白牙《びゃくげ》（狗牙《くげ》）上出《じょうしゅつ》相
上方に狗歯《くば》を出し、善行をみて微笑する相
菩薩《ぼさつ》相
慈悲の相
未敷《みふ》蓮華
蓮華《れんげ》
本面《ほんめん》
本来の顔のこと
瓔珞《ようらく》
天冠台《てんかんだい》につけた飾り
三道《さんどう》
首のふくよかさをあらわす三本の筋
胸飾《きょうしょく》
瓔珞《ようらく》という
水瓶《すいびょう》
常に水が貯えられる。観音の代表的な持物《じもつ》

不空羂索観音

ふくうけんじゃくかんのん

「不空《ふくう》」とは心願《しんがん》不空（衆生《しゅじょう》が正しく心に願うことは必ず叶うので空しくない）を意味し、「羂索《けんさく》」とは戦や狩に使う、縄の先に環《わ》がついた捕縛《ほばく》用の道具を意味する。すなわち一切を愛護し、慈悲《じひ》をもって救うとの意から、不空羂索観音《ふくうけんじゃくかんのん》と称される。

この観音の功徳《くどく》は、現世において二十の利益《りやく》が得られ、十一面観音の倍ともされる。臨終に際しては八つの安心をもたらすという。わが国では鎮護国家のために造立されたのが特徴である。十一面観音の次に歴史が古く、六観音のひとつである。

『不空羂索神変真言経《じんぺんしんごん》』によると、不空羂索観音は、三つ目八臂《はっぴ》（目が三つ、腕が八本）の大自在天《だいじざいてん》の如しと説かれ、他にもさまざまな神秘的、怪奇的な異像が生まれることとなった。わが国では、眉間にも目がある三つ目の一面八臂《いちめんはっぴ》像が絵画や彫刻をふくめ多様に造られた。一面二臂・四臂、三面二臂・四臂・六臂・十臂・十八臂、四面八臂、十一面三十二臂などの立像《りゅうぞう》・坐像《ざぞう》もあった。

持物《じもつ》としては、宝冠に化仏《けぶつ》（阿弥陀《あみだ》仏）を戴いて、鹿皮《ろくひ》をまとう。通常の観音が肩から掛けているのは条帛《じょうはく》という細く長い布であり、布であることが襞《ひだ》によってあらわされているが、不空羂索観音の左肩に掛かるのは鹿皮であるため襞がないように造りわけられ、鹿皮をまとっているのが特徴であるため、鹿皮（鹿衣《ろくえ》）観音とも異称される。

不空羂索観音像で有名なのは東大寺法華堂《とうだいじほっけどう》（三月堂《さんがつどう》）の本尊である。頭上の見事な宝冠には化仏《けぶつ》を戴き、豪華な装飾には目を奪われる。

ちなみに、一人で何人分もの目覚ましい働きをすることを「八面六臂《はちめんろっぴ》」「三面六臂」、すなわち八つの顔または三つの顔と六本の腕と表現するが、三面六臂の像はあっても、八面六臂の像はみられない。そのような仏像の姿を思い浮かべ、生まれた表現であろう。

想像上の八面六臂の坐像

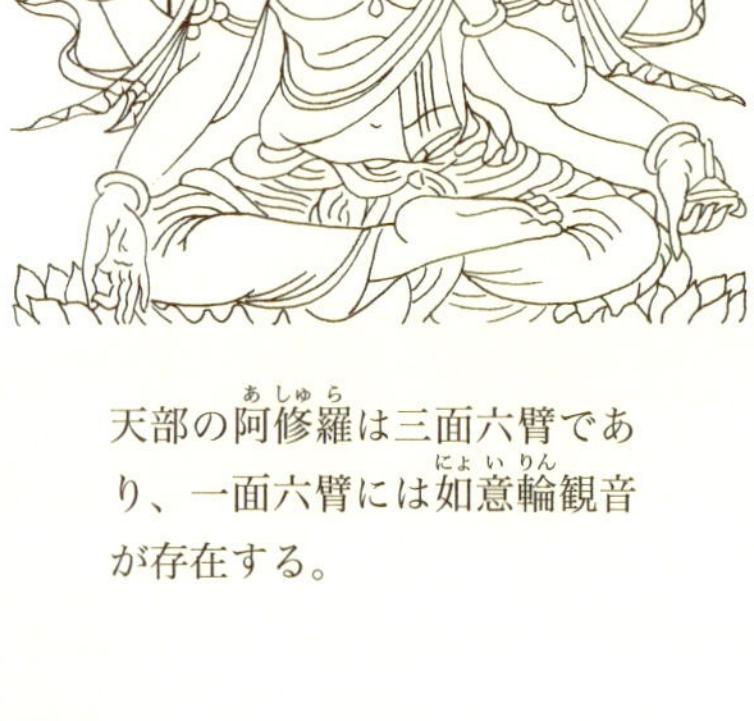

天部の阿修羅《あしゅら》は三面六臂であり、一面六臂には如意輪《にょいりん》観音が存在する。

不空羂索観音図像

錫　杖《しゃくじょう》
不殺生戒《ふせつしょうかい》を守る慈悲の功徳を持つ持物《じもつ》で、蛇・獣を追い払うために用いる
(宝珠形《ほうじゅぎょう》の短い錫杖で六個の環《かん》をはめ掛けている)
鹿衣《ろくえ》（鹿皮衣《ろくひえ》）
鹿の皮でつくり、襞《ひだ》がない衣。条帛《じょうはく》のように着用する
蓮華《れんげ》
功徳《くどく》が得られる。開敷《かいふ》蓮華ともいう
腕釧《わんせん》
環珞《かんらく》という
合掌手《がっしょうしゅ》
臂釧《ひせん》
施願印《せがんいん》
願いをすべて叶える印を左右の手であらわすが、右手は施願施無畏《せがんせむい》印《いん》ともいう
与願印《よがんいん》
願いは叶うとされる印相《いんぞう》
払子《ほっす》
病魔を追い払う
羂索《けんさく》
狩猟に使う投げ縄。安穏《あんおん》が得られるとされる

千手観音

せんじゅかんのん

『図像抄《ずぞうしょう》 十巻』のみに描かれる千臂観音《せんぴかんのん》は、智證大師《ちしょうたいし》（円《えん》珍《ちん》）（八一二〜八九四）が唐《とう》から請来《しょうらい》したものともいわれ、両手を胸前に組み合わせる一面二臂《にひ》の姿で造られた尊像であるが、わが国における初期の千手《せんじゅ》観音の姿はこのようなものであったといわれている。変化《へんげ》観音の信仰が広まり始め、このような千臂観音の背後に隠れた多面多臂《ためんたひ》を空想し、造られたものが千手千眼観世音《せんげんかんぜおん》である。

この観音の手にはそれぞれに眼があり、「千」は無量円満をあらわし、「手」は衆生《しゅじょう》救済に差し伸べる慈悲を、「眼」は化導《けどう》の智《ち》を表現している。千の慈手《じしゅ》と千の慈眼《じげん》は、誓願《せいがん》が広大であり、救済の範囲が広大無量であることをあらわすといわれる。一般的には千手千眼観世音を略し、千手観音と呼ばれているが、千手聖《しょう》観音、千臂観世音、千光眼《せんこうげん》、蓮華王《れんげおう》、大悲《だいひ》観音、大悲金剛《こんごう》などの別称もあり、いちばん長い名称に千眼千舌《せんぜつ》千臂千手千足《せんぞく》観世音というものが経典に記される。

千手観音をその名のとおりに千本の手を備えさせることはなかなか困難であるので、実際に千手を備えた像を真数《しんすう》千手観音・真手《しんしゅ》観音といい、造像は限られる。通常、その尊容は十一から二十七面であり、左右合わせて四十から四十二臂とされることが多い。

尊容や手印《しゅいん》（印相《いんぞう》）、持物《じもつ》など、教義や経典によって異なるが、『現図胎蔵界曼荼羅《げんずたいぞうかいまんだら》』には二十五面四十二臂像が描かれ、二十五面は二十五有界《うかい》（二十五の俗世界）の衆生を済度《さいど》するための二十五の化仏面《けぶつめん》とされている。十一面の千手観音もあるが、十一面観音と同時期に信仰されたため十一面であらわされたと思われ、二十七面の像に関しては、前述の二十五面に本面と阿弥陀仏《あみだぶつ》（弥陀から応現身《おうげんしん》したのが観音であるため）の二面を加えて表現されたものであると思われる。

また、四十二臂については、正面に合掌印《がっしょういん》と定印《じょういん》を結ぶ二臂、左に二十臂、右に二十臂とされている。左の二十臂の持物は日《にち》輪《りん》、化仏、宮殿、金輪《こんりん》、五色雲《ごじきうん》、紫蓮《しれん》、宝経《ほうきょう》、玉環《ぎょっかん》、三叉戟《さんさげき》、宝《ほう》螺《ら》、髑髏《どくろ》、白払子《びゃくほっす》、白蓮《びゃくれん》、宝弓《ほうきゅう》、水瓶《すいびょう》（軍持《ぐんじ》）、榜排《ぼうはい》、羂索《けんさく》、鉄《てつ》鉤《こう》、錫杖《しゃくじょう》、開敷蓮華《かいふれんげ》、右の二十臂の持物は月輪《がちりん》、頂上化仏《ちょうじょうけぶつ》、宝《ほう》鏡《きょう》、宝珠《ほうじゅ》、梵篋《ぼんきょう》、紅蓮《ぐれん》、宝鐸《ほうたく》、蒲桃《ほとう》、金剛鈴《こんごうれい》、宝印《ほういん》、鉞斧《えっふ》、楊《よう》柳《りゅう》、青蓮《しょうれん》、宝箭《ほうせん》、胡瓶《こへい》、数珠《じゅず》、三鈷杵《さんこしょ》、宝剣《ほうけん》、経箱《きょうばこ》、未敷蓮華《みふれんげ》とされるが、これについても異説が多々ある。

代表的な作例は奈良県・唐招提寺《とうしょうだいじ》（金堂《こんどう》）、京都府・妙法院《みょうほういん》（三十三間《げん》堂《どう》）、大阪府・葛井寺《ふじいでら》などにみられる。

千臂観音図像　智証大師《ちしょうだいし》が請来した初期の千手観音［図像抄　十巻］による

千臂観音図像

二臂手《にひしゅ》
千臂《せんび》という名であるものの両手を組み合わせた形《ぎょう》の一面二臂像
化仏《けぶつ》
仏が姿を変えてあらわれたもの。観音部では阿弥陀如《あみだにょ》来《らい》とされる
宝冠《ほうかん》
天衣《てんね》
肩から掛ける細長い布
白毫《びゃくごう》
右回りに生えた白い毛
挙身光《きょしんこう》
腕釧《わんせん》
環珞《かんらく》という
身光《しんこう》
裳《も》
裙《くん》ともいう。
腰にまとう布
条帛《じょうはく》
上半身に斜めに掛けた長い布
蓮華座《れんげざ》
尊を神聖化するための蓮華を装飾した台座。蓮座《れんざ》とも蓮台《れんだい》ともいう
半跏趺坐《はんかふざ》
片方の足だけを反対の太ももにのせる坐り方。右足を上にする坐り方を吉祥坐《きっしょうざ》という。瞑想《めいそう》する際の坐り方である

千手千眼観世音図像

火焔挙身光《かえんきょしんこう》
火焔を負う身体から発せられた後光をかたどる光背《こうはい》。光相、円光、円相ともいう
飛天《ひてん》
空中を飛行する天女
雲中供養菩薩《うんちゅうくようぼさつ》
宝冠《ほうかん》
本面仏冠《ほんめんぶっかん》
大刀《だいとう》
輪宝《りんぽう》
宝篋《ほうきょう》
三叉戟《さんさげき》
三宝矛《さんぽうほこ》
鉞斧《えっふ》
宝棒《ほうぼう》
宝珠《ほうじゅ》
金剛杵《こんごうしょ》
三叉鉾《さんさほこ》
法棒《ほうぼう》
蓮華杵《れんげしょ》
宝矟《ほうさく》
波切り剣《なみきりけん》
独鈷杵《とっこしょ》
三鈷剣《さんこけん》
榜排《ぼうはい》
宝鉤《ほうこう》
法輪《ほうりん》
鉞斧鉤《えっふこう》
宝鐸《ほうたく》
三宝戟《さんぽうげき》
羂索《けんさく》
三叉戟《さんさげき》
二股戟《ふたまたげき》
蛇索《じゃさく》
金輪《こんりん》
龍索《りゅうさく》
宝鎌《ほうがま》
宝槊《ほうさく》
三宝玉《さんほうぎょく》
蓮の花
瓔珞《ようらく》
胡瓶《こびょう》
蓮華花
蓮華草《れんげそう》

千手観音図像

化仏《けぶつ》
阿弥陀仏《あみだぶつ》を表示
頂上変化仏《ちょうじょうへんげぶつ》
戟《げき》
魔障《ましょう》を降伏《ごうぶく》する
錫杖《しゃくじょう》
慈悲をあらわす
宝冠《ほうかん》
頭上に十一面観音が配される
胸飾《きょうしょく》
瓔珞《ようらく》という
蓮華《れんげ》
極楽浄土の花。開敷《かいふ》蓮華
合掌手《がっしょうしゅ》
真手《しんしゅ》ともいい、衆生に慕われる功徳をあらわす
宝鉢手《ほうはつしゅ》
鉄鉢《てっぱつ》を持つ定印手《じょういんしゅ》
与願印《よがんいん》
願いがすべて叶うという意味を持つ印
天衣《てんね》
細長い布を肩から掛けて腕にまわして垂らしている
宝鉢《ほうはつ》
体中の病を治す功徳がある
瓔珞《ようらく》
宝玉などをつなぎ合わせた飾り
巨亀《きょき》
吉祥《きっしょう》の生き物。四神霊獣のひとつ

右／千手千眼観世音図像（大悲金剛観音とも）［大悲胎蔵曼荼羅］による
左／千手観音図像　狩野常信《かのうつねのぶ》画［龍宮　千手観音図］による

馬頭観音

ばとうかんのん

馬頭観音《ばとうかんのん》は六観音のひとつに数えられる変化《へんげ》観音で、慈悲《じひ》を本《ほん》誓《ぜい》とするにもかかわらず忿怒相《ふんぬそう》の異形《いぎょう》で表現される。衆生《しゅじょう》が自《みずか》らの業《ごう》によって生死《しょうじ》を繰り返しおもむく六道《ろくどう》（六趣《ろくしゅ》）の畜生道《ちくしょうどう》において、苦を除く働きをする。忿怒の形相《ぎょうそう》であることや、あらゆる魔障《ましょう》を打ち砕くことから、馬頭明王《めずみょうおう》、大力持《だいりきじ》明王、馬頭大士《めずだいし》などと呼ばれ、明王としての性格が強いと言えるが、わが国に請《しょう》来《らい》された密教においては明王としてではなく、六観音のひとつの尊として信仰される。

その姿は、人身馬頭のものと、人頭の上に馬頭を戴くものとがある。この馬頭とは、飢馬《きば》が獣類の中でも特に草を暴食し、渇馬《かつば》が水を呑飲《どんいん》することから、煩悩《ぼんのう》や悪趣を破壊・噉食《たんしょく》することをあらわす。馬頭観音の馬頭は転輪聖王《てんりんしょうおう》の宝馬であり、一切の諸魔を降伏《ごうぶく》する威力を示すと経典では説かれている。普通の観音ではみられないが、馬頭観音は持物《じもつ》に武器類が多く、身相は赤肉色で、頭上に白馬をあらわし、別称が示すようにまさに明王に近い。

六道の畜生道における救済の表徴であることから、馬の病気治癒など牛馬に関わる信仰の対象となり、馬が家畜の守り神とされるようにもなった。また馬による旅の安全祈願として、村はずれや分かれ道の横には、石仏の馬頭観音もみられる。

造像は多くはない観音であるが、図像を描く時には絵具に膠《にかわ》を用いてはならないとの戒《いまし》めがある。膠は獣や魚の骨や皮などを水で煮たものが原料であるため、禽獣《きんじゅう》の姿に生まれ、苦しむ世界を救済する馬頭観音の図像に、膠を使うのは畜生道《ちくしょうどう》にも劣るということであると思われている。

京都府・浄瑠璃《じょうるり》寺の馬頭観音は四面《めん》八臂《ひ》の立像《りゅうぞう》で、鎌倉時代の造像とされており、その表情は忿怒相にして魔障を打ち砕き、衆生を救ってくれると人々に信仰された。福井県・中山《なかやま》寺の木像は三面六臂の坐像《ざぞう》である。このように馬頭観音の形像はさまざまで、一面二臂から四面八臂まで、多くの異説がある。次にそれぞれの特徴を挙げる。

◉**一面二臂**：左手に鉞斧《えっふ》、右手に蓮華《れんげ》を持ち半跏趺坐《はんかふざ》する。

◉**一面四臂**：馬頭《ばとう》を置く馬頭根本印《こんぽんいん》（馬口印《まこういん》）で忿怒相。

◉**三面二臂**：左は瞋怒面《しんぬめん》、右は大笑面《だいしょうめん》、中は観音面。

◉**三面四臂**：三面とも三つ目で、二手で根本印を結ぶ。

◉**三面八臂**：親指・中指・小指を立て、掌《てのひら》を合わせた馬口印を結ぶ。

◉**四面八臂**：焔髪《えんぱつ》（逆立つ頭髪）で、磐石上で輪王坐《りんのうざ》（膝を立てた右足裏と左足裏を合わせた坐り方）に坐す。

馬頭観音図像

馬頭観音図像　［別尊雑記］による

三《み》つ目《め》の三面《さんめん》
左は瞋怒《しんぬ》面、右は大《だい》笑《しょう》面、中は観音面で、それぞれ牙《きば》を出す
鉞斧《えっふ》
災難を遠ざける持物《じもつ》。金剛杵《こんごうしょ》のついた斧《おの》で宝斧《ほうふ》ともいう
火焔頭光《かえんずこう》
馬頭《ばとう》
悪趣《あくしゅ》を噉食《たんしょく》する白馬。この観音の標章
宝棒《ほうぼう》
火焔身光《かえんしんこう》
腕釧《わんせん》
環珞《かんらく》という
胸飾《きょうしょく》
瓔珞《ようらく》という
条帛《じょうはく》
蓮華《れんげ》
数珠《じゅず》
念珠《ねんじゅ》ともいう
水瓶《すいびょう》
与願印《よがんいん》
馬頭根本印《ばとうこんぽんいん》
馬口印《まこういん》ともいう。両方の人差指と薬指を曲げて他は立てて掌を合わせる
天衣《てんね》
白水牛《びゃくすいぎゅう》
筵座《むしろざ》

如意輪観音

にょいりんかんのん

聖観音《しょうかんのん》の広大な功徳《くどく》の中から、右手に如意宝珠《にょいほうじゅ》、左手に法輪《ほうりん》（輪宝《りんぽう》）を持ち、法力《ほうりき》で一切衆生《しゅじょう》の苦しみを救い、求める願いを成就させる本尊である。

如意輪観音の如意とは、これを執持《しつじ》すればすべてが意《い》の如《ごと》くになるという如意宝珠をいい、輪とは仏の教えの真理の象徴である法輪をいう。法輪に乗って転がり、あらゆる所にあらわれて煩悩《ぼんのう》を打ち砕き、六道の衆生の願いを叶える観音として信仰された。『如意輪陀羅尼経《だらにきょう》』によると、宝部《ほうぶ》の三昧《さんまい》に住し、受苦の衆生に在世間・出世間の財宝を施し、その願望を成就させるという。また如意宝珠は福徳を、法輪は智徳をあらわし、「福智二徳」を具足すると説かれている。

わが国では奈良時代に如意輪信仰が高まり、造像された。奈良県・中宮寺《ちゅうぐうでら》、京都府・広隆寺《こうりゅうじ》などの二臂《にひ》の半跏思惟像《はんかしゆいぞう》には如意輪観音の名が伝わるが、如意輪観音の特定はしにくい。なぜなら奈良県・法隆寺夢殿《ほうりゅうじゆめどの》の救世《くぜ》観音のように宝珠を持つ像を如意輪観音と呼んでしまったことで、名称の混乱が多く生じた観音だからである。その他、半跏思惟の弥勒像も混同され、これも如意輪観音と呼ばれた。

密教においても京都府・醍醐寺《だいごじ》では如意輪観音を尊崇し、四度《しど》加行《けぎょう》の十八道の根本本尊と崇《あが》め、修法にも如意宝珠法、如意輪求《ぐ》聞持法《もんじほう》がある。醍醐寺は最古の五重塔で知られるが、平安から鎌倉期にかけての仏画・仏像、それらの軌範となる密教における図像集を数多く蔵している。醍醐本や経典によると、如意輪観音の形像は二臂から十二臂とさまざまであり、坐像《ざぞう》が一般的で、半跏像や立像《りゅうぞう》もある。

当初は二臂像で如意宝珠と開敷蓮華《かいふれんげ》を持ち、化仏《けぶつ》を宝冠に戴いた姿であったが、平安時代に入って、空海（七七四〜八三五）による曼荼羅《まんだら》と密教の請来《しょうらい》とともに、『観自在菩薩如意輪瑜伽《かんじざいぼさつにょいりんゆが》』に説かれる六臂《ろっぴ》像が造像されるようになった。

わが国に現存する像は六臂がほとんどで、蓮華座の上で右膝を立て、両足裏を合わせる輪王坐《りんのうざ》をとるものが多い。この坐り方は、右は仏の足、左は人々の足であり、仏の智慧《ちえ》で自我を抑えるという意を示すものであった。観心寺《かんしんじ》、室生寺《むろうじ》、醍醐寺《だいごじ》などの木像が有名である。観心寺の本堂に安置される像は、檜《ひのき》の一木造《いちぼくづくり》であり、長く秘仏とされてきたので、当時の面影が残る遺例となっている。

如意輪観音図像

思惟手《しゆいしゅ》
地獄道《じごくどう》を按ずる
如意宝珠《にょいほうじゅ》
餓鬼《がき》道を按ずる
開敷蓮華台《かいふれんげだい》
人間道を按ずる
輪宝《りんぽう》（法輪《ほうりん》）
天道を按《あん》ずる
光明山手《こうみょうせんしゅ》
阿修羅《あしゅら》道を按ずる
念珠《ねんじゅ》（数珠《じゅず》）
畜生《ちくしょう》道を按ずる
輪王坐《りんのうざ》
蓮華座の上で右膝を立てて、両方の足裏を合わせた姿勢。右は仏の足を、左は衆生《しゅじょう》の足を示す坐り方とされ、仏の智慧《ちえ》で自我を抑えることをあらわす
岩座《がんざ》
観音の住地である補《ふ》陀落山《だらくせん》をあらわす

准胝観音

じゅんていかんのん

この尊は七倶胝仏母《しちくていぶつも》とも呼ばれ、経軌《きょうき》（密教の経典と儀軌《ぎき》）には観音《かんのん》という名称では説かれていないため、観音ではないという説もある。『七倶胝仏母所説准胝陀羅尼経《だらにきょう》』では、仏母の語から仏の配偶的女尊とされ、倶胝《くてい》の語は千万という数の単位を示しており、七倶胝つまり七千万もの諸仏を生んだ観音の母とされた。

わが国では、東密《とうみつ》（真言宗《しんごんしゅう》）系においては六観音（聖観音《しょうかんのん》・十一面《じゅういちめん》観音・千手《せんじゅ》観音・馬頭《ばとう》観音・如意輪《にょいりん》観音・准胝《じゅんてい》観音）のひとつに加えられ、六道《ろくどう》（地獄道《じごくどう》・餓鬼《がき》道・畜生《ちくしょう》道・阿修羅《あしゅら》道・人間《にんげん》道・天《てん》道）の中でも人間道を教化《きょうけ》し、衆生《しゅじょう》を救う観音とされている。ちなみに台密《たいみつ》（天台《てんだい》宗）系では准胝観音のかわりに不空《ふくう》羂索《けんじゃく》観音としている。

准胝観音は天人丈夫《てんにんじょうぶ》観音とも異称され、清浄《しょうじょう》を意味し、清らかで穢《けが》れのない尊として崇められた。准胝法も除災延命だけではなく子宝や安産を祈るものとなり、主に女性の守り仏として敬われていった。特に京都府・醍醐寺《だいごじ》の上《かみ》醍醐に准胝観音が造立され、その准胝堂の求児法を修めると子の誕生をみるという語りが伝えられると、さらに准胝観音への信仰は深まっていった。

『七倶胝仏母所説准胝陀羅尼経』に説かれる准胝観音の像容は、二、四、六、八、十、十二、十八、三十二、八十二、八十四臂などさまざまで、祈願する人の求めに対し、多様な異形《いぎょう》で応じるとされた。手が多く持物《じもつ》をたくさん持っているため、千手観音と間違われないように准胝観音の頭上には仏面を頂かずに造られたが、滋賀県・観音寺《かんのんじ》の准胝観音は千手観音と伝承された。

彫像では十八臂が通形《つうぎょう》で、奈良県・新薬師寺《しんやくしじ》の准胝観音は一木《いちぼく》造《づくり》の尊像である。また独尊ではないが、京都府・大報恩寺《だいほうおんじ》（千本釈迦堂）には東密系の六観音像の中に准胝観音がある。絵画像には京都府・広隆寺《こうりゅうじ》の坐像図があり、涌き上がる火焔が台座を支え、左右の護法神もその手で支える姿が描かれており、鎌倉時代の作といわれる。

仏語の手引き

毘倶胝観音《びくちかんのん》

毘倶胝とは眉毛の皺《しわ》の意であり、観音の額《ひたい》の皺から生じた忿怒身《ふんぬしん》で、我執《がしゅう》の衆生に戒め（恐れ）をいだかせる観音とみられる。阿弥陀仏の化身とされ、仏母のひとつとして造られた。東密では降伏《ごうぶく》金剛・除《じょ》障《しょう》金剛の異称もある。

准胝観音図像

准胝観音図像（七倶胝仏母《しちくていぶつも》とも）［高雄曼荼羅］による

三鈷柄剣《さんこつかけん》
宝冠《ほうかん》
結い上げた髻《もとどり》の上にのせた冠。宝玉などで装飾される
宝螺《ほうら》（法貝《ほうがい》）
開敷蓮華《かいふれんげ》
宝篋《ほうきょう》
如意宝珠《にょいほうじゅ》
五鈷杵《ごこしょ》（金剛杵《こんごうしょ》）
施願印《せがんいん》
宝鬘《ほうかずら》
頭髪の飾り物
鉄鈎《てつこう》
宝幢《ほうどう》
輪宝《りんぽう》
法輪ともいう
澡瓶《そうびょう》
吉祥果《きっしょうか》
宝果子《ほうかし》とも
羂索《けんさく》
水瓶《すいびょう》
数珠《じゅず》
結跏趺坐《けっかふざ》
両足を反対の両太もも上にのせる坐り方。安定した最上位の姿勢とされる。左足を内にして組む坐り方を吉祥坐《きっしょうざ》という
転法輪印《てんぽうりんいん》
智吉祥印《ちのきっしょういん》ともいう

葉衣観音

ようえかんのん

三十三観音のひとつで被葉衣観自在《ひようえかんじざい》とも呼ぶ。わが国では独尊として信仰されずに胎蔵界曼荼羅《たいぞうかいまんだら》中観音院外列（第三行）の東端に配される。葉衣とは、葉が繁茂《はんも》して清涼《しょうりょう》な蔭を投げ掛けるような大悲《だいひ》をあらわしている。

『葉衣観自在菩薩経《ぼさつきょう》』によると、左頁の絵のように像容は天女《てんにょ》形《ぎょう》で、宝冠に無量寿仏《むりょうじゅぶつ》を戴き、左の第一手は鉞斧《えっぷ》を、第二手は羂索《けんさく》を持ち、右の第一手は吉祥果《きっしょうか》を持ち、第二手は与願印《よがんいん》を作り、蓮華《れんげ》上に坐る四臂《ひ》像である。葉衣観音法の本尊であり、その形像は、左手に羂索、右手に宝杖《ほうじょう》を持ち、左膝を立てて赤蓮華座《しゃくれんげざ》に坐《ざ》すともいわれる。まれに白蓮華座《びゃくれんげざ》に坐すともされ、その場合右手の持物《じもつ》は如意幢《にょいどう》か未開敷《みかいふ》蓮華の二臂像と説かれる。『図像抄《ずぞうしょう》十巻』・『覚禅鈔《かくぜんしょう》』・『阿沙縛抄《あさばくしょう》』には四臂像として載っている。『法《ほ》華経《けきょう》普門品《ふもんぼん》』には、葉衣観音は観音三十三身、すなわち観音の普現色身三昧《ふげんじきしんさんまい》より示現《じげん》する三十三種の変化身のひとつとされ、帝《たい》釈身《しゃくしん》を現じて岩上に趺坐《ふざ》するとある。ただしこの観音三十三身は『摂無礙経《しょうむげきょう》』の所説とは異なった形像が説かれており、また後《こう》人《じん》の好事家《こうずか》が作ったものであるといわれるため、経軌《きょうき》に説かれてはいない。

仏語の手引き

救世《くぜ》観音と百済《くだら》観音

上代《じょうだい》の聖観音《しょうかんのん》は、聖徳太子《しょうとくたいし》の本地仏《ほんじぶつ》（太子の本身）のことである。奈良県・法隆寺《ほうりゅうじ》（夢殿《ゆめどの》）の本尊の救世観音、法隆寺（大宝蔵院《だいほうぞういん》）の百済《くだら》観音は、変化観音ではなく、聖徳太子を観音の化身仏とし、その尊容を崇めたものである。

◉**救世観音**：救世観音は太子等身と伝承され、ほほえむ古拙《こせつ》な白鳳《はくほう》仏《ぶつ》である。樟《くすのき》を用いての長身の一木彫像《いちぼくちょうぞう》で、胸前で如意宝珠《にょいほうじゅ》を両手で挟み持つ。聖徳太子に似る顔面で、額に白毫《びゃくごう》をあらわし、光背《こうはい》は宝珠光を放つ。宝珠から立ちのぼる火焔《かえん》の中に青い玉がみられ、神秘的な厳粛《げんしゅく》さが感じられる。古来より絶対的な秘仏《ひぶつ》とされていたが、フェノロサ（一八五三〜一九〇八）と岡倉天心《おかくらてんしん》（一八六二〜一九一三）がはじめて秘扉《ひひ》を開き、この救世観音を見いだした。

◉**百済観音**：百済観音は、九面《くめん》観音、夢違《ゆめちがい》観音とともに大宝蔵院《だいほうぞういん》に配される。百済国《くだらこく》より渡来した天竺《てんじく》の像との記もあり、百済観音と呼称されるが、それ以前は虚空蔵《こくうぞう》菩薩とも呼ばれていた。後に化仏《けぶつ》がついた宝冠が発見されると、正式に百済観音と愛称されるようになった。横から鑑賞すると痩身《そうしん》で、繊細な体軀が美しい立像である。

葉衣観音図像

化仏宝冠《けぶつほうかん》
化仏は無量寿仏《むりょうじゅぶつ》とされる
天冠台《てんかんだい》
宝冠をのせる鉢巻きのような台
吉祥果《きっしょうか》（石榴《ざくろ》）
自然界の恵みを受ける功徳を意味する。特に子宝に恵まれるとされる
胸飾《きょうしょく》
瓔珞《ようらく》という
鉞斧《えっふ》（宝斧《ほうふ》）
災難を遠ざける功徳がある
頭光《ずこう》
頭部からの光明
身光《しんこう》
身体からの光明
腕釧《わんせん》
与願印《よがんいん》
願いを聞いて叶えてくれる印相《いんぞう》
半跏趺坐《はんかふざ》
一方の足を片方のももにのせる坐り方
羂索《けんさく》
鳥獣を捕らえる投げ縄。衆生《しゅじょう》を受け入れて救う

白衣観音

びゃくえかんのん

白衣《びゃくえ》は即ち白処《びゃくしょ》ともいい、白衣観音《かんのん》には大白衣観音・白身《びゃくしん》観音・白衣観自在《かんじざい》・白住処《びゃくじゅうしょ》観音・白処尊菩薩・白処観自在菩薩・白処自在菩薩・白衣観自在母《かんじざいも》など多くの異名がある。法衣《ほうえ》が白いことからの名であるが、白衣は白浄《びゃくじょう》な菩提心《ぼだいしん》で更に白さが増し、諸仏への強大な慈悲を生ずるとされ、観音部母《ぶも》であるとされた。密教においては阿弥陀仏《あみだぶつ》の配偶仏であり、観音部諸尊を生むとされる白衣観自在母の名がみられる。わが国では息災《そくさい》・除病《じょびょう》・安産・求児・育児などを願う人々に広く信仰される。

絵画などでよくみかける図像は、法衣として白衣を頭からすっぽりと被る姿である。三十二相《そう》の特徴をとりいれ、禅画の画題として描かれた創意の像であると思われる。また、観音を母に見立て、幼児を胸元に抱く白衣子安《こやす》観音も白色の法衣が強調されて描かれる。

白衣観音は多くの経典にも説かれており、『現図胎蔵曼荼羅《げんずたいぞうまんだら》』の形像は一面二臂《ひ》で、この観音は常に白蓮華《びゃくれんげ》の中に住し、白処尊《びゃくしょそん》といわれる髻髪冠《けいはつかん》を被り、白衣を着て左手に開敷《かいふ》蓮華を持ち、右手は施願印《せがんいん》を結ぶとある。異像には、『別尊雑記《べっそんざっき》』にある白衣を宝冠の上から被る立像《りゅうぞう》がある。三面六臂像もあり『白衣観音曼荼羅』にみられる。『大日経疏《だいにちきょうしょ》』でも「白処観自在菩薩は即ち白衣観音といい、訳して白処または白衣という。蓮華部《れんげぶ》の部母《ぶも》なり。即ちこの尊は白衣を着け、白蓮華の中にあるをもって白衣と名づけ、白浄の処《ところ》より普眼を出生するが故《ゆえ》に、これは観音母《かんのんも》なり。蓮華部の部母とす」とする。

左頁の絵の像は、京都府・相国寺《しょうこくじ》蔵の吉山明兆《きっさんめいちょう》筆の禅宗水墨《ぜんしゅうすいぼく》画《が》の主題と伝えられる白衣観音である。

仏語の手引き

白袈裟《びゃくけさ》

白衣《びゃくえ》は白色《びゃくじき》の法衣のことだが、釈尊《しゃくそん》に法滅《ほうめつ》の相《そう》が出ると、白衣観音、虚空蔵《こくうぞう》菩薩が、一時は禁じられた白衣を着用し、白浄無垢《むく》を示された。わが国でも白色を清浄《しょうじょう》として尊び、白袈裟・白衣を着用する。経軌《きょうき》には白色を息災法を修する時に着用とある。僧兵《そうへい》も裏頭《かとう》（頭を袈裟などで包む姿）の際には白五条《びゃくごじょう》の袈裟を用いた。

裏頭の僧兵

白衣観音図像

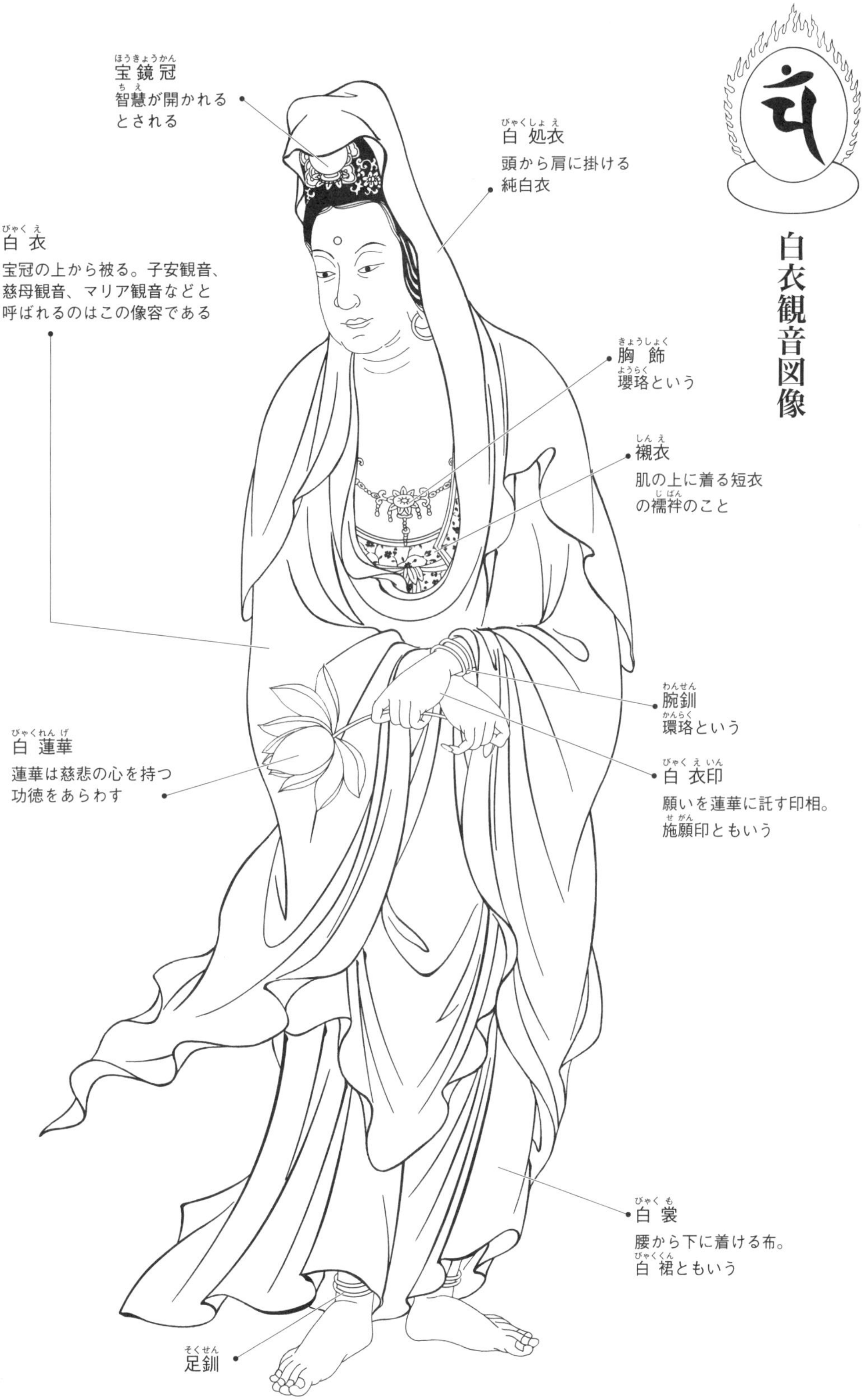

宝鏡冠《ほうきょうかん》
智慧《ちえ》が開かれるとされる
白処衣《びゃくしょえ》
頭から肩に掛ける純白衣
白衣《びゃくえ》
宝冠の上から被る。子安観音、慈母観音、マリア観音などと呼ばれるのはこの像容である
胸飾《きょうしょく》
瓔珞《ようらく》という
襯衣《しんえ》
肌の上に着る短衣の襦袢《じばん》のこと
腕釧《わんせん》
環珞《かんらく》という
白蓮華《びゃくれんげ》
蓮華は慈悲の心を持つ功徳をあらわす
白衣印《びゃくえいん》
願いを蓮華に託す印相。施願《せがん》印ともいう
白裳《びゃくも》
腰から下に着ける布。白裙《びゃくくん》ともいう
足釧《そくせん》

白衣観音図像　吉山明兆《きっさんめいちょう》筆［京都府・相国寺蔵］による

多羅尊観音

たらそんかんのん

わが国では「多羅《たら》」は眼《げん》の意とされ、聖観音《しょうかんのん》（観世音菩薩《かんぜおんぼさつ》）の眼から放つ大光明の中から生じた尊とされる。印度《いんど》では玄奘三蔵《げんじょうさんぞう》も入竺《にゅうじく》の際にその尊像を拝観したと伝えられるが、済度《さいど》（仏が衆生《しゅじょう》を苦海から済《すく》い彼岸《ひがん》に渡らせること）の意が強く、密教では取り上げられず、独尊として一般化することなく、造像も信仰もみられなかった。『胎蔵界曼荼羅《たいぞうかいまんだら》』『不空羂索神変真言経《ふくうけんじゃくしんぺんしんごんきょう》』『大方広曼殊室利経《だいほうこうまんじゅしつりきょう》』の経軌《きょうき》にも散見する程度である。

その形像は一面二臂像に限り、身は青白色《しょうびゃくじき》で中年天女形の姿であらわされ、印相《いんぞう》も持物《じもつ》も異形が多く、合掌《がっしょう》するか青蓮華《しょうれんげ》を持って与願印《よがんいん》をとるかである。

多羅尊観音

蓮華
化仏《けぶつ》
宝冠
天衣《てんね》
与願印
方形の台座
蓮華足座《そくざ》（踏割蓮華座《ふみわりれんげざ》）

［諸観音図像］による

◉**揚柳《ようりゅう》観音**：三十三観音の筆頭。薬王《やくおう》観音ともいう。揚柳枝《し》薬法《やくほう》で衆生の難病を癒《い》やし、徐災し救済する。

揚柳観音

化仏
宝冠
楊柳枝
胸飾
水瓶
瓔珞《ようらく》
雲座《うんざ》

［諸観音図像］による

◉**念珠《ねんじゅ》観音**：三十三観音のひとつである合掌観音と同体とされる。念珠することにより病災消除の力を得る。

念珠観音

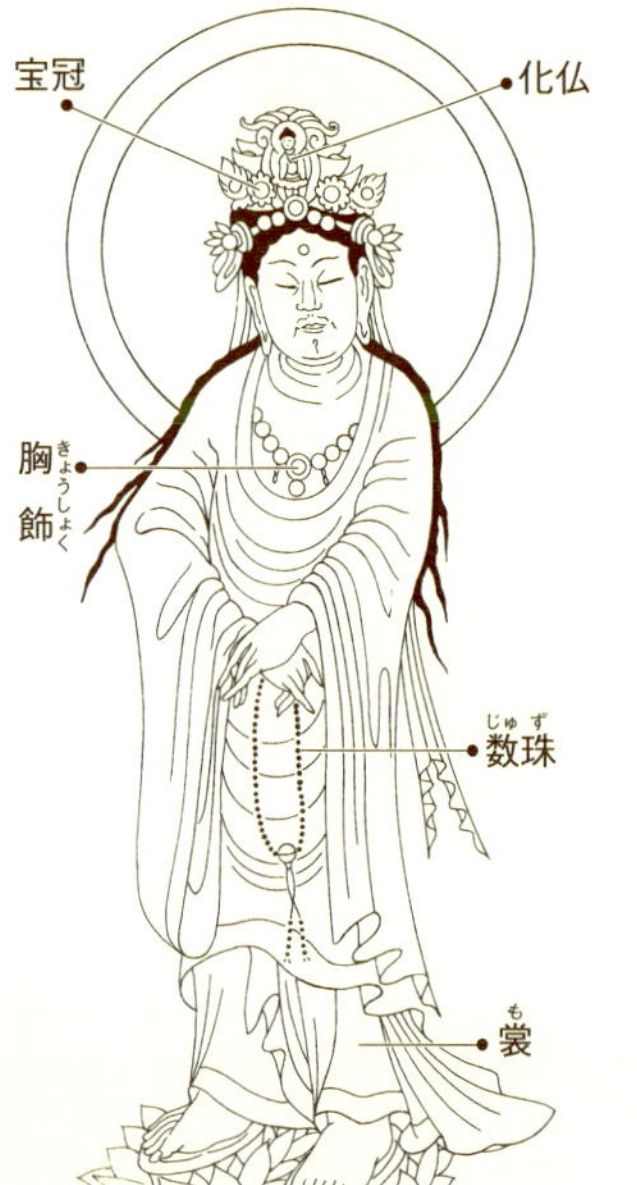
宝冠
化仏
胸飾《きょうしょく》
数珠《じゅず》
裳《も》
踏割蓮華座

［諸観音図像］による

多羅尊観音図像

髻《もとどり》
化仏《けぶつ》
小仏形の阿弥陀仏で、
観音であることを示す
蓮華《れんげ》
青《しょう》 蓮華は降伏《ごうぶく》を、
白《びゃく》 蓮華は慈悲《じひ》を、
紫《し》蓮華は功徳《くどく》をあ
らわすとされる
宝冠《ほうかん》
挙身形光背《きょしんぎょうこうはい》
白毫《びゃくごう》
三道《さんどう》
垂髪《すいはつ》
鰭袖《ひれそで》
与願印《よがんいん》
衆生の願いを聞き、
叶える意味の印相《いんぞう》
襠襠衣《がいとうえ》
上着の一種で裲襠《りょうとう》
衣《え》ともいう
裳《も》（裙《くん》）
半跏趺坐《はんかふざ》
略式の結跏趺坐。左右どちらか
一方の足を反対の太ももにのせ
る坐り方

青頸観音

しょうきょうかんのん

青黒い頸《くび》をしているという意から青頸観音《しょうきょうかんのん》といわれる。それは腐《ふ》蝕性《しょくせい》の毒を飲んだために喉《のど》はもちろん頸まで青黒くなったという印度《いんど》の言い伝えからきたものである。この尊を念ずるとすべての厄難《やくなん》（不幸）、怖畏《ふい》（恐れ）を取り除くとされる変化《へんげ》観音である。わが国では青頸観自在《かんじざい》とも呼ばれ、『胎蔵界曼荼羅《たいぞうかいまんだら》』の配置は観音部で忿怒尊《ふんぬそん》とされる。

その尊容は『青頸観自在菩薩心陀羅尼経《ぼさつしんだらにきょう》』には、三面にして中央は慈悲面《じひめん》、左は猪《ちょ》面（愚痴《ぐち》）、右は師子《しし》面（智慧《ちえ》）、頭に無量《むりょう》寿仏《じゅぶつ》の宝冠を戴く四臂《ひ》像で、左第一手は輪宝《りんぼう》、第二手は法螺《ほら》、右第一手は錫杖《しゃくじょう》、第二手は蓮華《れんげ》をとり、虎皮をして衣《え》となし、八葉《はちよう》蓮華座に坐すとある。『羂索経《けんじゃくきょう》』では、左手に開敷《かいふ》蓮華をとり、右手は施無畏印《せむいいん》を結ぶ一面二臂像で、結跏趺座《けっかふざ》に坐すと説かれる。前者の図像は『覚禅鈔《かくぜんしょう》』に、後者は『図像抄《ずぞうしょう》 十巻』に載るものである。

仏語の手引き

三十三観音

『法華経普門品《ほけきょうふもんぼん》』に説かれる観音三十三応現身《おうげんしん》に合わせた観音を三十三観音というが、経軌《きょうき》に説かれることはなく、中国の伝説や説話や故事に基づくものが多い。

①楊柳《ようりゅう》観音——仏身《ぶっしん》
②龍頭《りゅうず》観音——辟支仏《びゃくしぶつ》身
③持経《じきょう》観音——声聞《しょうもん》身
④円光《えんこう》観音——梵天王《ぼんてんのう》身
⑤遊戯《ゆうげ》観音——帝釈《たいしゃく》身
⑥白衣《びゃくえ》観音——自在天《じざいてん》身
⑦蓮臥《れんが》観音——大自在天《だいじざいてん》身
⑧滝見《たきみ》観音——天大将軍《てんたいしょうぐん》身
⑨施薬《せやく》観音——毘沙門《びしゃもん》身
⑩魚籃《ぎょらん》観音——小王《しょうおう》身
⑪徳王《とくおう》観音——長者《ちょうじゃ》身
⑫水月《すいがつ》観音——居士《こじ》身
⑬一葉《いちよう》観音——宰官《さいかん》身
⑭青頸《しょうきょう》観音——婆羅門《ばらもん》身
⑮威徳《いとく》観音——比丘《びく》身
⑯延命《えんめい》観音——比丘尼《びくに》身
⑰衆宝《しゅほう》観音——優婆塞《うばそく》身
⑱岩戸《いわと》観音——優婆夷《うばい》身
⑲能静《のうじょう》観音——人《じん》身
⑳阿耨《あのく》観音——童目天女《どうもくてんにょ》身
㉑阿摩提《あまだい》観音——婦女《ぶにょ》身
㉒葉衣《ようえ》観音——非人《ひにん》身
㉓瑠璃《るり》観音——童男《どうなん》身
㉔多羅尊《たらそん》観音——童女《どうにょ》身
㉕蛤蜊《こうり》観音——天《てん》身
㉖六時《ろくじ》観音——龍《りゅう》身
㉗普悲《ふひ》観音——夜叉《やしゃ》身
㉘馬郎婦《めろうふ》観音——乾闥婆《けんだつば》身
㉙合掌《がっしょう》観音——阿修羅《あしゅら》身
㉚一如《いちにょ》観音——迦楼羅《かるら》身
㉛不二《ふに》観音——緊那羅《きんなら》身
㉜持蓮《じれん》観音——摩睺羅迦《まごらか》身
㉝灑水《さんすい》観音——執金剛《しゅこんごう》身

青頸観音図像

化仏《けぶつ》
宝冠《ほうかん》
宝玉などで装飾された冠。中央の小仏形は無量寿仏《むりょうじゅぶつ》とされる
蓮華《れんげ》
煩悩に汚されていないことをあらわす
天冠台《てんかんだい》
施無畏印《せむいいん》
拝む人に掌《てのひら》を向けて畏《おそ》れを取り払う印相《いんぞう》
垂髪《すいはつ》
臂釧《ひせん》
環珞《かんらく》という
腕釧《わんせん》
裳《も》（裙《くん》）
条帛《じょうはく》
肩から脇に垂らして背面を通し、肩に戻して掛ける
蓮華座《れんげざ》
吉祥座《きっしょうざ》ともいう
半跏趺坐《はんかふざ》
結跏趺坐《けっかふざ》の略式の坐り方とされる

阿摩提観音

あまだいかんのん

阿摩提観世音《あまだいかんぜおん》、無畏観自在菩薩《むいかんじざいぼさつ》ともいう。この観音は施無畏《せむい》の功徳《くどく》を持っていることからの名であるが、わが国ではこの尊に対する信仰はなかったらしい。

『観自在菩薩《ぼさつ》阿摩提法』によると波羅蜜形《はらみつぎょう》の如く三つ目四臂《ひ》にして白師子《びゃくしし》に乗り、左第一手の掌《てのひら》は摩竭魚《まかつぎょ》をのせ、第二手は鳳凰《ほうおう》頭《がしら》の箜篌《くご》を執り、右第一手は吉祥鳥《きっしょうちょう》を持ち、第二手は説法印《せっぽういん》をさすという。

ひとこと解説　**日本百観音**

観音への信仰から、巡礼参拝札所寺巡《じゅんれいさんぱいふだしょてらめぐり》が行われる。巡《めぐ》る観音は、七観音（聖《しょう》・十一面《じゅういちめん》・千手《せんじゅ》・不空羂索《ふくうけんじゃく》・馬頭《ばとう》・如意輪《にょいりん》・准胝《じゅんてい》）と三十三観音のひとつである延命のみである。

◉**西国《さいこく》三十三観音札所《ふだしょ》**：[1]青岸渡寺如意輪→[2]紀三井寺十一面→[3]粉河寺千手→[4]槇尾寺千手→[5]葛井寺千手→[6]壺坂寺千手→[7]岡寺如意輪→[8]長谷寺十一面→[9]南円堂不空羂索→[10]三室戸寺千手→[11]醍醐寺准胝→[12]岩間寺千手→[13]石山寺如意輪→[14]三井寺如意輪→[15]観音寺十一面→[16]清水寺千手→[17]六波羅蜜寺十一面→[18]六角堂如意輪→[19]革堂千手→[20]善峰寺千手→[21]穴太寺聖→[22]総持寺千手→[23]勝尾寺千手→[24]中山寺十一面→[25]清水寺千手→[26]法華寺聖→[27]円教寺如意輪→[28]成相寺聖→[29]松尾寺馬頭→[30]宝厳寺千手→[31]長命寺十一面→[32]観音正寺千手→[33]華厳寺十一面

◉**坂東《ばんどう》三十三観音札所**：[1]杉本寺十一面→[2]岩殿寺十一面→[3]安養院千手→[4]長谷寺十一面→[5]勝福寺十一面→[6]長谷寺十一面→[7]光明寺聖→[8]星谷寺聖→[9]慈光寺千手→[10]正法寺千手→[11]安楽寺聖→[12]慈恩寺千手→[13]浅草寺聖→[14]弘明寺十一面→[15]長谷寺十一面→[16]水沢寺千手→[17]満願寺千手→[18]中禅寺千手→[19]大谷寺千手→[20]西明寺十一面→[21]日輪寺十一面→[22]佐竹寺十一面→[23]玄勝院千手→[24]楽法寺延命→[25]中禅寺千手→[26]清滝寺聖→[27]円福寺十一面→[28]龍正院十一面→[29]千葉寺十一面→[30]高蔵寺聖→[31]笠森寺十一面→[32]清水寺千手→[33]那古寺千手

◉**秩父《ちちぶ》三十四観音札所**：[1]妙音寺聖→[2]真福寺聖→[3]常泉寺聖→[4]金昌寺十一面→[5]長興寺准胝→[6]卜雲寺聖→[7]法長寺十一面→[8]西善寺十一面→[9]明智寺如意輪→[10]大慈寺聖→[11]常楽寺十一面→[12]野坂寺聖→[13]慈眼寺聖→[14]金剛寺聖→[15]少林寺十一面→[16]西光寺千手→[17]定林寺十一面→[18]神門寺聖→[19]龍石寺千手→[20]岩之上堂聖→[21]観音寺聖→[22]永福寺聖→[23]音楽寺聖→[24]法泉寺聖→[25]久昌寺聖→[26]円融寺聖→[27]大淵寺聖→[28]橋立寺馬頭→[29]長泉院聖→[30]宝雲寺如意輪→[31]観音院聖→[32]法性寺聖→[33]菊水寺聖→[34]水潜寺千手

阿摩提観音図像

化身仏《けしんぶつ》（化仏《けぶつ》）
仏が衆生《しゅじょう》を救済するために神通力
によって出現した仮の姿とされる
頭光《ずこう》
身光《しんこう》
蓮華天冠台《れんげてんかんだい》
迦陵頻伽《かりょうびんが》の宝冠
白《びゃく》蓮華《れんげ》形《ぎょう》頭光《ずこう》
光背のひとつ
三つ目（仏眼《ぶつげん》）
鳳首箜篌《ほうしゅくご》（鳳凰頭《ほうおうがしら》の箜篌）
箜篌とは弦楽器の一種である。
他に竪《たて》箜篌と臥《が》箜篌がある
吉祥鳥《きっしょうちょう》
魔竭魚《まかつぎょ》
天衣《てんね》
両肩に掛け垂
らした長い布
説法印《せっぽういん》
転法輪印《てんぽうりんいん》ともいう
半跏趺鳥獣坐《はんかふちょうじゅうざ》
遊戯坐《ゆうげざ》ともいう
鞦《しりがい》
胸繋《むながい》
蓮華で装飾
踏割蓮華座《ふみわりれんげざ》
白師子《びゃくしし》
神霊獣とされる。神社の前
にこの師子（阿形《あぎょう》）像と向
かい合わせに狛犬《こまいぬ》（吽形《うんぎょう》）
像を置き、一対で魔除とす
る。白獅子とも書く
踏割蓮華座

菩薩

梵名《ぼんみょう》を音訳した菩提薩埵《ぼだいさった》（悟《さと》りを求める者の意）を短縮して菩薩《ぼさつ》という。仏教では理想的な人格者の称とされる。悟りを開くために修行中であり、将来、仏陀《ぶつだ》（如《にょ》来《らい》）となることが予定されている。

菩薩の特性は、上求《じょうぐ》菩提（菩薩が自身のために悟りを求める）や下化衆生《げけしゅじょう》（菩薩が誓願《せいがん》をおこし衆生を教化済《きょうけさい》度《ど》する）という言葉であらわされている。また、如来になれる前の位《くらい》にいるということから、一度だけ生死《しょうじ》にあい、一生が過ぎれば次には仏《ほとけ》になれる者として菩薩の最上位にあることを一生補処《いっしょうふしょ》といい、特に、釈尊《しゃくそん》の後に成仏《じょうぶつ》することになる菩薩をいう。

弥勒菩薩

みろくぼさつ

◎菩薩

弥勒《みろく》は、今ははるか天空の兜率天《とそつてん》に住し、釈迦《しゃか》の入滅《にゅうめつ》の五十六億七千万年（人寿《じんじゅ》八万歳）後にこの世にあらわれ、未来仏となることを釈迦によって約束されている菩薩《ぼさつ》である。そのため仏嗣《ぶっし》弥勒と称され、菩薩形《ぎょう》と如来形《にょらいぎょう》の両方にあらわされる。

慈《いつく》しみある友愛から生まれしものという意から、『法華《ほっけ》喜祥《かしょう》疏《しょ》』に曰《いわ》く慈氏《じし》菩薩とも呼ばれている。また、一説によれば弥勒は菩薩には珍しく憤怒《ふんぬ》の姿であらわれるので、阿逸多《あいった》弥勒とも異称される。『弥勒下《げ》生経《しょうきょう》』では弥勒の住す兜率天に往生《おうじょう》しようとする上生《じょうしょう》信仰と、弥勒が兜率天からこの世に降下成道《じょうどう》し再誕する際に遭遇《そうぐう》したいという下生《げしょう》信仰の二面性があることから、菩薩形では未来仏とも当来仏とも呼ばれることがあり、如来形では弥勒仏と称している。

平安時代に入ると、奈良県吉野の金峯山《きんぷせん》では、弥勒の浄土《じょうど》信仰と下生信仰の広がりから、弥勒来迎《らいごう》への信仰が生まれた。それにともない、弥勒菩薩像や曼荼羅《まんだら》や下生図や来迎図の作品が多くつくられるようになる。法隆寺、東大寺、薬師寺、当麻寺《たいまでら》、興福《こうふく》寺《じ》、唐招提寺、広隆寺、三宝院などで、座像その他が多くみられる。

わが国で最初と伝えられる飛鳥時代の弥勒像は、兜率天での釈迦の説法に洩《も》れた衆生《しゅじょう》を救うさまを、右手を頬に当て思惟《しゆい》する半《はん》跏思惟形《かしゆいぎょう》であらわされた菩薩像である。尊像の神秘的な微笑に親しみをおぼえる京都府・広隆寺《こうりゅうじ》の「宝冠《ほうかん》弥勒」と「泣き弥勒」と呼ばれる二体像、奈良県・中宮寺《ちゅうぐうじ》の半跏思惟像は著名である。

広隆寺の宝冠弥勒像は、六二三年に新羅《しらぎ》より伝わったもので、一木造《いちぼくづくり》の木彫仏《もくちょうぶつ》である。

中宮寺の半跏思惟像は、樟《くすのき》の木彫であって彩色像といわれており、如意輪観音《にょいりんかんのん》とも称されている。しかし、一般的に、弥勒菩薩は榻座《とうざ》という椅子に足を組んで腰掛ける半跏踏下坐《はんかふみさげざ》の姿に坐《ざ》すのに対し、如意輪観音は右手を軽く頬に当てる半跏思惟坐像であるが、寝かせた左足裏に膝《ひざ》を立てた右足裏を合わせる輪王坐《りんのうざ》といわれる独特の坐り方をする。中宮寺の半跏思惟像が如意輪観音と称されるのは、聖徳太子の本地仏《ほんじぶつ》が救世《くぜ》観音であったこともあり、この像も観音像だと混同したのではないかと思われるのである。

弥勒を如来形であらわす場合、釈迦と同じ姿、つまり頭を螺髪《らほつ》にして大衣《だいえ》を着、与願印《よがんいん》・施無畏印《せむいいん》を結んで坐す姿であらわされる。奈良県・法隆寺《ほうりゅうじ》五重塔《ごじゅうのとう》、当麻寺金堂《こんどう》、興福寺北円堂《ほくえんどう》には、弥勒如来造像がある。また、神奈川県・称名寺《しょうみょうじ》金堂には、弥勒来迎図が描かれている。

弥勒菩薩図像　［図像抄　十巻］による

弥勒菩薩図像

梵字《ぼんじ》
その尊をあらわす種字《しゅじ》
卒塔婆《そとば》形《ぎょう》宝冠《ほうかん》
供養のための卒塔婆に装飾を施した宝冠
髻《もとどり》
高く結い上げた髪
宝塔《ほうとう》
仏舎利《ぶっしゃり》を納めた仏塔。冥福が得られる
天冠台《てんかんだい》
宝冠をのせる台
蓮華台《れんげだい》
臂釧《ひせん》
環珞《かんらく》という
頭光《ずこう》
身光《しんこう》
白毫《びゃくごう》
垂髪《すいはつ》
条帛《じょうはく》
天冠帯《てんかんたい》
腕釧《わんせん》
挙身光《きょしんこう》
光明をあらわす後光《ごこう》をかたどった光背《こうはい》の装飾
与願印《よがんいん》
願いはすべて叶うとの意がこめられている
裳《も》（裙《くん》）
胸飾《きょうしょく》
瓔珞《ようらく》という装身具で荘厳《しょうごん》している
蓮肉《れんにく》
蓮弁《れんべん》
半跏趺坐《はんかふざ》
右足を左のももにのせる結跏趺坐《けっかふざ》の略坐
蓮華座《れんげざ》

文殊菩薩

もんじゅぼさつ

◎菩薩

〝三人寄れば文殊《もんじゅ》の知恵〟という故事で知られる文殊菩薩《ぼさつ》は、悟りの智慧《ちえ》を象徴し、説法《せっぽう》もするとされ、仏教における代表的な菩薩である。大乗仏教の仏典（経典）の編纂に関わった実在の人物でもあると伝えられる。その異名には、文殊師利《しり》・曼殊室利《まんじゅしり》・妙吉祥《みょうきちじょう》菩薩・妙音《みょうおん》菩薩・妙徳《みょうとく》菩薩・普首《ふしゅ》菩薩・濡首《じゅしゅ》菩薩・敬《けい》首《しゅ》菩薩・吉祥金剛《きちじょうこんごう》・般若《はんにゃ》金剛・辨法《べんほう》金剛・大慧《だいえ》金剛などがあり、さまざまに称される。

『大日教疏《だいにちきょうしょ》』によると、文殊菩薩は智慧第一である一方で、その智慧は童子《どうじ》の如く清純で、執着《しゅうじゃく》なき素性であることを示すために童子形《どうじぎょう》に造られようになり、その童子のような無我無執《むがむしゅう》から仏法王になるべきとの意を持つ文殊師利法王子の名もある。特に、童子の普段の姿であらわした像を稚児《ちご》文殊という。

また『維摩経《ゆいまきょう》』には、維摩居士《こじ》が衆生《しゅじょう》の苦悩を一身に背負って病んだと知り、智慧第一の文殊が釈尊の名代として論客《ろんかく》の維摩を見舞い、不二《ふに》の法門を論題として展開した法論が説かれている。その問答を再現した像容に、奈良県・法隆寺《ほうりゅうじ》（五重塔）の塔本《とうほん》塑像《そぞう》（東面）がある。興福寺《こうふくじ》（東金堂《とうこんどう》）にも、薬師如来《やくしにょらい》の左右に文殊と維摩の像があり、中国の敦煌《とんこう》の壁画もまた著名である。

文殊菩薩は、普賢《ふげん》菩薩とともに釈迦如来《しゃかにょらい》の脇侍《わきじ》を務める釈迦三尊像としても信仰されるが、単独像としても造像された。庫裏《くり》（寺の台所）の本尊にと老僧の姿にした僧形《そうぎょう》文殊もあり、日常戒律の師道《しどう》と崇められた。また半跏思惟形《はんかしゆいぎょう》の像容をとるものもある。

『旧訳華厳経《くやくけごんきょう》』は、文殊が住する東北方の清涼山《せいりょうざん》に擬《ぎ》す中国山《さん》西省五台山《せいしょうごだいさん》を文殊の聖地とした。わが国では天台僧円仁《えんにん》（七九四～八六四）がその聖地を巡拝し、滋賀県・延暦寺《えんりゃくじ》に文殊楼《もんじゅろう》を建立した。雲の上の師子《しし》の背上に乗り、経巻《きょうかん》と剣を持つ五尊形《ごそんぎょう》の五台《ごだい》山《さん》文殊菩薩像を安置させたことから、五台山信仰が盛んになった。

彫像では奈良県・西大寺《さいだいじ》像、阿倍文殊院《あべもんじゅいん》像が著名である。五尊像は善財《ぜんざい》童子が先導し、優塡王《うてんおう》が侍者《じしゃ》として従い、仏陀波利《ぶつだはり》（僧《そう》形《ぎょう》）と最勝老人《さいしょうろうじん》が付き添い、文殊菩薩が師子に乗り、ともに遊《ゆ》行《ぎょう》する姿をあらわしている。また、文殊菩薩が海を渡って飛来する姿をあらわした群像という意で渡海《とかい》文殊といわれる場合もある。文殊は左手に梵篋《ぼんきょう》をのせた青蓮華《しょうれんげ》を、右手には剣を持ち、優塡王は獅子の手綱をとり、善財童子は合掌し、仏陀波利は錫杖《しゃくじょう》と経巻を持ち、最勝老人は仙杖《せんじょう》を手にした姿で、仏法を広めようと海を渡る雄大な志を表現している。

文殊菩薩坐像 ［奈良県・西大寺蔵］ による

文殊菩薩坐像

- **火焔形宝冠**（かえんぎょうほうかん）: 頂上部には法輪を、天冠台の上には法塔をあしらった冠
- **法塔**（ほうとう）: 宝塔・仏塔ともいわれる
- **白毫**（びゃくごう）
- **天冠台**（てんかんだい）
- **三鈷柄剣**（さんこつかけん）: 柄を金剛杵の三鈷形に作った諸刃の剣。悪霊や煩悩を断ち切るための象徴とされる持物（じもつ）
- **胸飾**（きょうしょく）
- **天冠帯**（てんかんたい）
- **瓔珞**（ようらく）: 輪法を飾りつけている
- **裳（裙）**（も・くん）
- **髻**（もとどり）: 結い上げた髪のこと
- **宝鏡**（ほうきょう）: 智慧を映し開く功徳がある持物（じもつ）
- **経巻**（きょうかん）
- **蓮華台**（れんげだい）
- **天冠台**（てんかんだい）
- **瓔珞**（ようらく）: 天冠台につけた飾り
- **三道**（さんどう）
- **背子**（はいし）: 肩に掛ける飾り衣
- **褊衫衣**（がいとうえ）: 袖が肘まである上着の一種
- **鰭袖**（ひれそで）
- **腕釧**（わんせん）: 環珞という
- **蓮華座**（れんげざ）

宝髻文殊菩薩

ほうけいもんじゅぼさつ

真言陀羅尼《しんごんだらに》を唱えるとき、真言の字数によって四種の文殊《もんじゅ》を本尊《ほんぞん》とした。それぞれ一字《じ》・五字・六字・八字という字数で文殊名をあらわすが、字数と文殊の髻《もとどり》の数は同じであり、それぞれ一髻《けい》・五髻・六髻・八髻の名であらわされた文殊と同体となる。一般的には髻《もとどり》の数で称されることが多い。これらを総称して宝髻文《ほうけいもん》殊菩薩《じゅぼさつ》という。

［図像抄　十巻］より

その四種の像の本誓《ほんぜい》を示すと、一髻（一字）文殊は三部不二《ふに》（増益《そうやく》）、五髻（五字）文殊は金剛部《こんごう》（敬愛《けいあい》）、六髻（六字）文殊は蓮華部《れんげ》（調伏《ちょうぶく》）、八髻（八字）文殊は仏部（息災《そくさい》）と、各修法《しゅほう》の本尊となる。通常、文殊菩薩という場合は五髻（五字）の童子形《どうじぎょう》をさすことが多い。

ひとこと解説　**三文殊**

鎌倉時代、西大寺《さいだい》中興の叡尊《えいそん》（一二〇一～一二九〇）は弟子の忍性《にんしょう》（一二一七～一三〇三）と律宗《りっしゅう》を再興し、貧者救済の文殊像を安置した。特に奈良の安倍、京都の天《あま》の橋立《はしだて》の切戸、京都東山の黒谷（金戒光明寺《こんかいこうみょうじ》）の文殊堂の尊像は「三文殊」と呼ばれ、信仰された。

仏語の手引き

文殊八大童子《どうじ》

文殊菩薩には、眷属《けんぞく》に八大童子がいる。これを八童子、八智尊とも呼ぶ。『八字文殊軌《き》』には息災天変悪夢《そくさいてんぺんあくむ》など修法《しゅほう》を持って除難せしめると説かれ、東北方に髻設尼《けいしに》、東南方に烏波髻設尼《うばけいしに》、東方に救護慧《くごえ》、西南方に地慧《ちえ》、北方に請召《しょうじょう》、南方に光網《こうもう》、西方に無垢光《むくこう》、西北方に不思議慧《ふしぎえ》の童子を配するとある。八童子すべてが三髻であり、光網・無垢光・不思議慧は童子形で、他は童女形《どうにょぎょう》である。

髻設尼童子〔美髪《びはつ》であることからの名。無相発心《むそうほっしん》の徳を持つ〕
烏波髻設尼童子〔文殊菩薩の能施《のうし》の徳を執持《しつじ》する〕
救護慧童子〔普現色身《ふげんしきしん》の定徳《じょうとく》を司る〕
地慧童子〔富財の徳を司る。質多羅《しったら》童子ともいう〕
請召童子〔衆生《しゅじょう》を招き菩提道《ぼだいどう》に入らせる徳を持つ〕
光網童子〔賢劫《けんごう》十六尊のひとつ。網明《もうみょう》菩薩ともいう〕
無垢光童子〔文殊が空智無垢《くうちむく》清浄《しょうじょう》であることをあらわす〕
不思議慧童子〔杖頭《じょうとう》の半月《はんがち》の上に星形《せいぎょう》の棒を持つ〕

宝髻文殊菩薩図像 ［高雄曼荼羅］による

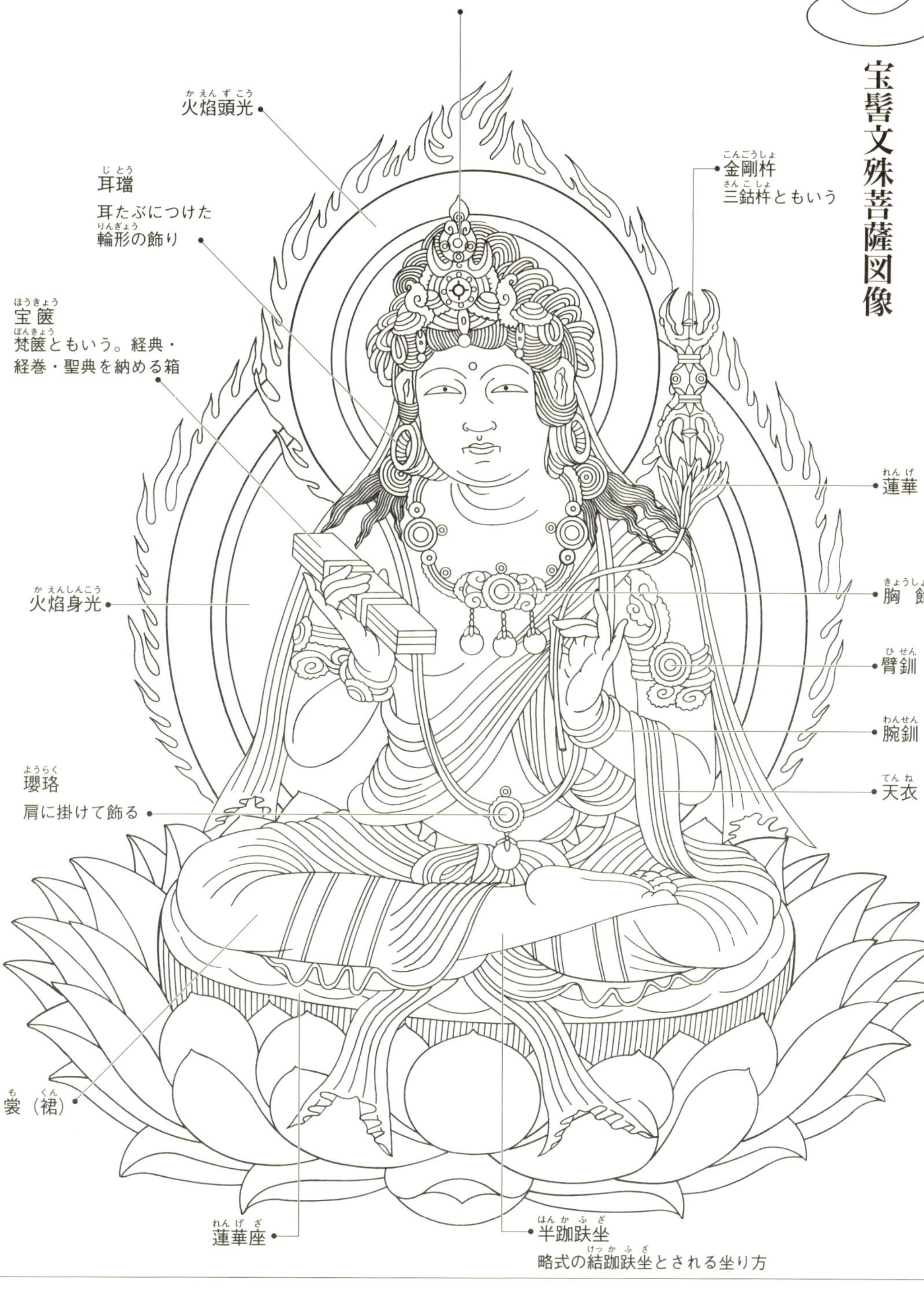

宝髻冠（ほうけいかん）
直髪を頂部に高く盛り上げ宝髻をつくり、そこにはめこんだ冠（かんむり）

火焔頭光（かえんずこう）

金剛杵（こんごうしょ）
三鈷杵（さんこしょ）ともいう

耳璫（じとう）
耳たぶにつけた輪形（りんぎょう）の飾り

宝篋（ほうきょう）
梵篋（ぼんきょう）ともいう。経典・経巻・聖典を納める箱

蓮華（れんげ）

胸飾（きょうしょく）

火焔身光（かえんしんこう）

臂釧（ひせん）

腕釧（わんせん）

瓔珞（ようらく）
肩に掛けて飾る

天衣（てんね）

裳（裙）（も　くん）

蓮華座（れんげざ）

半跏趺坐（はんかふざ）
略式の結跏趺坐（けっかふざ）とされる坐り方

宝髻文殊菩薩図像

普賢菩薩

ふげんぼさつ

一切の国土にあらゆる時にあらわれ、無量の理法（教え）と行《ぎょう》願《がん》（修行《しゅぎょう》・誓願《せいがん》）を具備する。賢者の行動を意味する名であり、普賢菩薩《ふげんぼさつ》とも遍吉《へんきつ》菩薩とも呼ばれる。『理趣経《りしゅきょう》』には一切平等建《いっさいびょうどうけん》立《りつ》如来、『理趣釈《りしゅしゃく》』には一切義成就《いっさいぎじょうじゅ》菩薩の異名もみえる。

普賢菩薩は賢劫《けんごう》十六尊のひとつとされるが、大乗《だいじょう》仏教においては文殊《もんじゅ》菩薩とともに菩薩の上首《じょうしゅ》として釈迦三尊《しゃかさんぞん》の左右脇侍《わきじ》とされる。この三尊仏《さんぞんぶつ》は「華厳《けごん》の三聖《さんせい》」といわれ、仏教におけるひとつの理想を表現している。

嘉祥大師《かしょうだいし》（吉蔵《きつぞう》）（五四九〜六二三）の『法華義疏《ぎそ》十二』には〝普賢は外国にて三曼多跋陀羅《さんまんだはだら》と名づく、三曼多とは此《これ》に普といい、跋陀羅は此に賢という。此《これ》の土に亦遍吉《またへんきつ》と名づく。遍は猶是《なおこ》れ普、吉は亦是《またこ》れ賢なり。普賢というはつまりその人は種々の法門なり。観音を総じて慈悲《じひ》法門の名となすが如く、今は普遍の法門となす〟とある。また『大日経疏《だいにちきょうしょ》』には〝普賢菩薩は是《こ》れ遍一切《へんいっさい》の義、賢《けん》は是れ最妙善《さいみょうぜん》の義なり〟と説かれる。華厳経は普賢菩薩の法門を説いたものであるが、顕教の経論にも普賢の功徳《くどく》が多く説かれる。さらに華厳経には、この法門を本旨とする経典もある。『大方広仏《だいほうこうぶつ》華厳経』の六十華厳（普賢菩薩行品《ぎょうぼん》）、八十華厳（普賢行品）には普賢の十大願《じゅうだいがん》が記され、普賢菩薩を広大な誓願の願主として説いている。

仏語の手引き

普賢行願《ぎょうがん》（十大願）

『華厳経普賢行願品』に説かれた十大願を次にあげる。

一つには、礼敬諸仏《れいけいしょぶつ》（諸仏を敬礼し）、
二つには、称讃如来《しょうさんにょらい》（如来を礼讃し）、
三つには、広修供養《こうしゅうくよう》（広く供養を修し）、
四つには、懺悔業障《さんげごっしょう》（業障を懺悔し）、
五つには、随喜功徳《ずいきこうとく》（功徳を随喜し）、
六つには、請転法輪《しょうてんぼうりん》（転法輪を請《こ》い）、
七つには、請仏住世《しょうぶつじゅうせい》（仏の住世を請い）、
八つには、常随仏学《じょうずいぶつがく》（常に仏に随《したが》って学び）、
九つには、恒順衆生《こうじゅんしゅじょう》（恒《つね》に衆生に順《したが》い）、
十には、普皆迴向《ふかいかいこう》（普《あまね》く皆に迴向する）。

虚空《こくう》、衆生、衆生の業《ごう》、衆生の煩悩が尽きるまで、この行願は尽きることはないという、普賢菩薩の大慈悲《だいじひ》から発心《ほっしん》された誓願である。

普賢菩薩図像

白毫《びゃくごう》
髻《もとどり》
五智宝冠《ごちほうかん》
仏の備える五種の智慧を携える冠。五仏の天冠《てんかん》ともいう
頭光《ずこう》
胸飾《きょうしょく》
身光《しんこう》
挙身形光背《きょしんぎょうこうはい》
天冠台《てんかんだい》
天冠帯《てんかんたい》
三鈷杵《さんこしょ》
臂釧《ひせん》
条帛《じょうはく》
腕釧《わんせん》
三鈷鈴《さんこれい》
半跏趺坐《はんかふざ》
略式の坐り方
蓮華座《れんげざ》
蓮肉《れんにく》
蓮弁《れんべん》
鳥獣座《ちょうじゅうざ》（象座《ぞうざ》）
禽獣座《きんじゅうざ》ともいう
台座
白象《びゃくぞう》
牙《きば》を持つ聖獣。済度《さいど》（苦海にある衆生を済《すく》い出して涅槃《ねはん》に渡らせる）するために白象に乗る

普賢延命菩薩

ふげんえんめいぼさつ

平安時代、浄土《じょうど》思想の広まりとともに、『法華経《ほけきょう》』は女人往生《にょにんおうじょう》を説くところから支持を集めていった。古来より、女人には五《ご》障《しょう》（仏になれない五種の障《さわ》り）があって、男性に変身しないと仏にはなれないとされたが、『法華経（提婆達多品《だいばだったほん》）』には龍女《りゅうにょ》の成仏が説かれていた。また、この経典を信じる者は男女ともに普賢《ふげん》が護《まも》ると記されているため、普賢は極楽往生《ごくらくおうじょう》を願う女人からも特に信仰を得たのである。

『法華経（普賢勧発品《かんばつほん》）』には、法華経を信じる衆生《しゅじょう》を、普賢菩《ぼ》薩《さつ》が六牙《げ》の白象王《びゃくぞうおう》に乗って、合掌手《がっしょうしゅ》を結び結跏趺《けっかふ》座《ざ》に坐《ざ》して守護すると説かれている。また普賢菩薩には延命の徳があることから、密教では、普賢菩薩が増益《そうやく》延命の三昧《さんまい》に住するとされ、普賢延命法の本尊となり、普賢延命法は、台密でも四大法のひとつとして重要視された。

普賢延命菩薩像には、二臂《ひ》像と二十臂像（現状は十六臂像）の二種がみられる。二臂は満月《まんがつ》童子形《ぎょう》で、一身三頭の白象が背にする千葉《せんよう》の蓮華座に坐す。二十臂は一髻《けい》を結い、後補の台座には円形台上に八頭、その上に円板をのせて四頭の白像が並び、各象の頭には四天王《してんのう》があらわされているという。現存する最古の作例は、大分県・大山寺《たいさんじ》の一木造《いちぼくづくり》の木彫の普賢延命菩薩坐像であると思われる。多くは図像としてあらわされている。

仏語の手引き

十《じゅう》羅刹女《らせつにょ》

『法華経（陀羅尼品《だらにほん》）』に、鬼子母神《きしもじん》とともに法華《ほっけ》行者を守護すると説かれる十の鬼神女《きしんにょ》である。鬼子母神の眷属《けんぞく》とされているが、悪鬼《あくき》である。『孔雀経《くじゃくきょう》』にも説かれるが、異説が多い。形像は忿怒形《ふんぬぎょう》でなく天女形《てんにょぎょう》や当世風の美女姿に託され、十二単《じゅうにひとえ》和風姿に描かれることもあり、繡仏《しゅうぶつ》にも存する。名称と本地仏《ほんじぶつ》、持物《じもつ》などを次に挙げる。

尼藍婆《にらんば》（阿閦如来《あしゅくにょらい》／左手に経巻、右手に剣《けん》を持つ）
毘藍婆《びらんば》（宝生如来《ほうしょう》／両手に鈸《ばち》を持って打つ）
曲歯《きょくし》（阿弥陀《あみだ》如来／左手に蓮華《れんげ》、右手で摘《つ》み取る）
華歯《けし》（不空成就《ふくうじょうじゅ》如来／左手に如意宝珠《にょいほうじゅ》、右手は印）
黒歯《こくし》（大日《だいにち》如来／左手に幢幡《どうばん》、右手は外へ向けた印）
多髪《たほつ》（普賢《ふげん》菩薩／左手は胸への印、右手に幢幡を持つ）
無厭足《むえんそく》（弥勒《みろく》菩薩／左手に水瓶《すいびょう》、右手は拳印《けんいん》）
持瓔珞《じようらく》（聖《しょう》観音／肩から瓔珞《ようらく》を掛け、両手で持つ）
皐諦《こうたい》（天衣《てんね》をまとって、両手で焼香《しょうこう》を執持《しつじ》する）
奪一切衆生精氣《だついっさいしゅじょうしょうけ》（天衣をまとい、両手で合掌手の印）

普賢延命菩薩図像　［図像抄　十巻］による

普賢延命菩薩図像

条帛《じょうはく》
左肩から右下脇に斜めに垂らし、背面を通して肩に掛ける
金剛杵《こんごうしょ》
怨敵を摧破《さいは》し、菩提心を示す持物《じもつ》。独鈷《とっこ》・三鈷《さんこ》・五鈷《ごこ》の三種の杵《しょ》がある。また塔や宝珠《ほうじゅ》をつけたものもある
頭光《ずこう》
二重円の光明を示す。中心は蓮華の世界
宝冠《ほうかん》
胸飾《きょうしょく》
瓔珞《ようらく》という
挙身形光背《きょしんぎょうこうはい》
後光《ごこう》ともいわれる円光
身光《しんこう》
二重円の光明を示す。中心は蓮華の世界
垂髪《すいはつ》
臂釧《ひせん》
腕釧《わんせん》
環珞《かんらく》という
天冠帯《てんかんたい》
裳《も》（裙《くん》）
半跏趺坐《はんかふざ》
略式の結跏趺坐
蓮華座《れんげざ》
蓮華形《ぎょう》に作った像の座で、蓮華台、蓮台、華台、蓮《はちす》の座などの別称もある
金剛鈴《こんごうれい》
金剛杵《しょ》の一端につけた鈴。警悟《けいご》する意を持つ
蓮肉《れんにく》
蓮弁《れんべん》

虚空蔵菩薩

こくうぞうぼさつ

虚空《こくう》が無限である如く、無量の智慧《ちえ》・功徳《くどく》を持ち、法宝（蔵）を自在に用いて、常に衆生《しゅじょう》に利益《りやく》を与え、諸願を成就させる菩薩《ぼさつ》である。菩薩の蔵する智徳そのものを虚空蔵菩薩《こくうぞうぼさつ》という名にあらわし、密教で信仰された。そもそも虚空蔵菩薩は、奈良時代、求聞持法《ぐもんじほう》という行法《ぎょうほう》の本尊であった。虚空蔵の真言《しんごん》を一日に一万回唱《とな》え、それを百日続ければ集中力が高まり、見聞きしたことは忘れることなく記憶されるといわれた行法である。はじめ道慈律師《どうじりっし》（不詳〜七四四）によって伝えられたとされている。

京都府・法輪寺《ほうりんじ》では、嵯峨《さが》虚空蔵と称されて、親しまれ、毎年四月十三日は十三詣《まいり》（子供に智慧《ちえ》を授《さず》ける民間信仰）が行われる。針供養塔、人形塚などもある。

［図像抄　十巻］より

ひとこと解説

五大虚空蔵菩薩《ごだいこくうぞうぼさつ》

虚空蔵菩薩がそなえる五智《ごち》の法力を展開して、五つの仏尊としたものが五大虚空蔵菩薩とされる。つまり、法界体性智《ほっかいたいしょうち》・大円《だいえん》鏡智《きょうち》・平等性智《びょうどうしょうち》・妙観察智《みょうかんざっち》・成所作智《じょうしょさち》を成就させて、その五智の変化《へんげ》した姿が五大虚空蔵菩薩であると考えられている。増益《ぞうやく》・除災の修法《しゅほう》の本尊とされる。京都府・神護寺《じんごじ》には、立体曼荼羅《りったいまんだら》として造立された五大虚空蔵菩薩坐像がある。『性霊集《しょうりょうしゅう》』によれば、弘法大師《こうぼうだいし》（空海《くうかい》）（七七四〜八三五）が請来《しょうらい》した図像を参考に、十年余《よ》をかけて、真済《しんぜい》（八〇〇〜八六〇）の時代に造られた檜《ひのき》の一木造《いちぼくづくり》である。童女のような無垢《むく》な清らかさは、貞観《じょうがん》密教彫像の様式を理解するための貴重なものである。かつては白色身の法界《ほっかい》虚空蔵を中央に、他の四尊が四方に配されていたが、現在は横一列に三《さん》鈷鉤《ここう》（三昧耶形《さんまやぎょう》の武器）を持った姿で多宝塔《たほうとう》に安置される。

中央（中円）・法界《ほっかい》虚空蔵〔解脱《げだつ》虚空蔵・智慧《ちえ》虚空蔵〕
東面（前円）・金剛《こんごう》虚空蔵〔福智《ふくち》虚空蔵・愛敬《あいけい》虚空蔵〕
南面（右円）・宝光《ほうこう》虚空蔵〔能満《のうまん》虚空蔵・官位《かんい》虚空蔵〕
西面（後円）・蓮華《れんげ》虚空蔵〔施願《せがん》虚空蔵・功徳《くどく》虚空蔵〕
北面（左円）・業用《ごうゆう》虚空蔵〔無垢《むく》虚空蔵・福徳《ふくとく》虚空蔵〕

五大虚空蔵菩薩図像

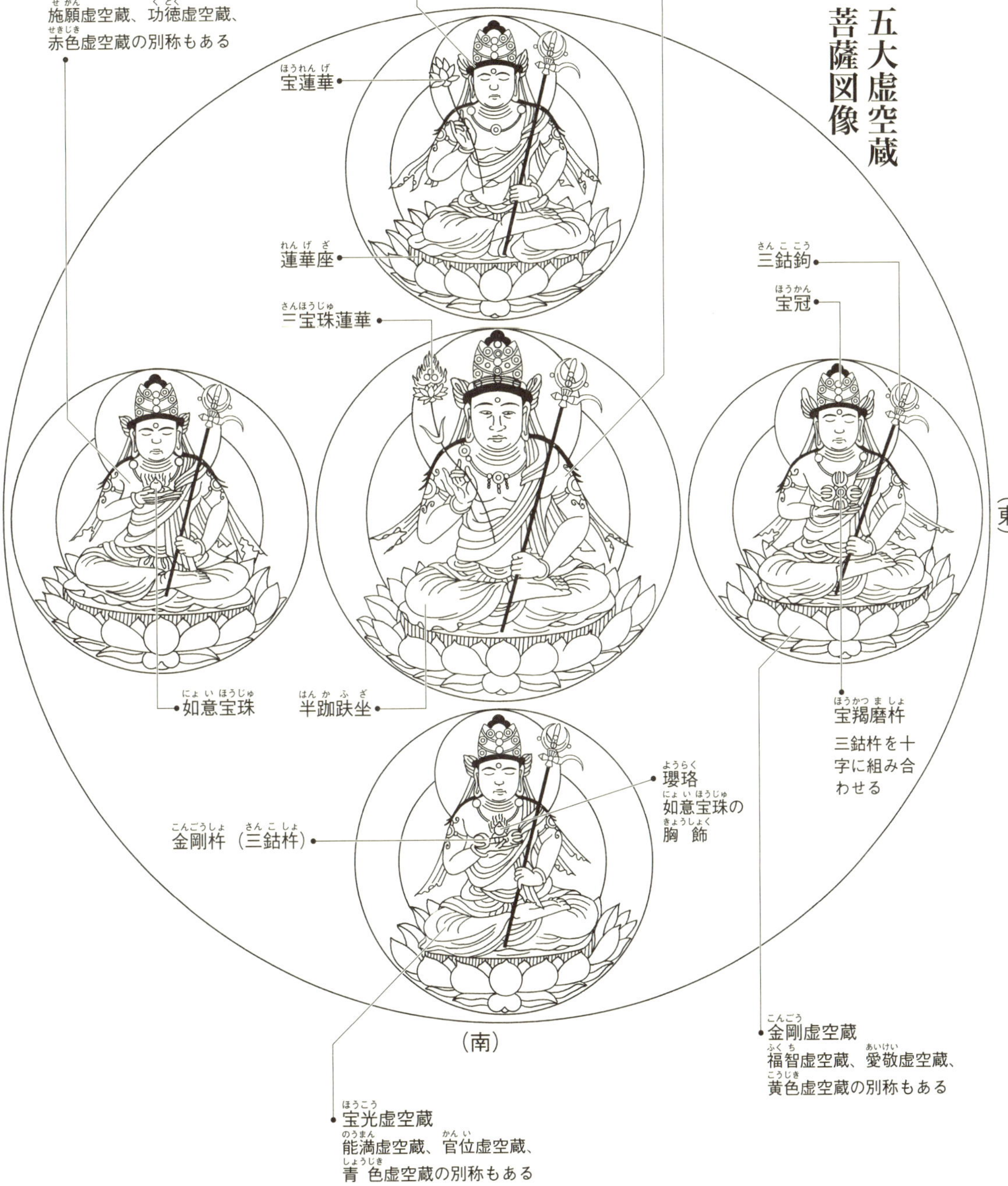
業用《ごうゆう》虚空蔵
無《む》垢《く》虚空蔵、福徳《ふくとく》虚空蔵、
黒紫色《こくしじき》虚空蔵の別称もある
法界《ほっかい》虚空蔵
解脱《げだつ》虚空蔵、智慧《ちえ》虚空蔵、
白 色《びゃくじき》虚空蔵の別称もある
（北）
蓮華《れんげ》虚空蔵
施願《せがん》虚空蔵、功徳《くどく》虚空蔵、
赤色《せきじき》虚空蔵の別称もある
宝蓮華《ほうれんげ》
蓮華座《れんげざ》
三鈷鉤《さんここう》
宝冠《ほうかん》
三宝珠《さんほうじゅ》蓮華
（西）
（東）
如意宝珠《にょいほうじゅ》
半跏趺坐《はんかふざ》
宝羯磨杵《ほうかつましょ》
三鈷杵を十字に組み合わせる
瓔珞《ようらく》
如意宝珠《にょいほうじゅ》の胸飾《きょうしょく》
金剛杵《こんごうしょ》（三鈷杵《さんこしょ》）
（南）
金剛《こんごう》虚空蔵
福智《ふくち》虚空蔵、愛敬《あいけい》虚空蔵、
黄色《こうじき》虚空蔵の別称もある
宝光《ほうこう》虚空蔵
能満《のうまん》虚空蔵、官位《かんい》虚空蔵、
青 色《しょうじき》虚空蔵の別称もある

地蔵菩薩（菩薩形）

じぞうぼさつ（ぼさつぎょう）

「地蔵《じぞう》」とは大地と包蔵《ほうぞう》を意味する。空《くう》をあらわす虚空蔵菩薩《こくうぞうぼさつ》と対置して、大地の徳を喩《たと》えられての名称が地蔵菩薩と訳された。大地すなわち現世《げんぜ》または地獄において、諸苦に耐える菩提心《ぼだいしん》の堅《けん》固《ご》と慈悲《じひ》の深さを象徴する菩薩である。地蔵菩薩は、釈迦《しゃか》入滅《にゅうめつ》の五十六億七千万年後に弥勒仏《みろくぶつ》（未来仏）が成仏《じょうぶつ》（弥勒下生《げしょう》）するまでの無仏時代に出現し、六道《ろくどう》の衆生《しゅじょう》を済度《さいど》するといわれる。

金剛界曼荼羅《こんごうかいまんだら》では、南方《なんぽう》の宝生如来《ほうしょうにょらい》の四親近《ししんごん》菩薩のひとつとされ、金剛幢《どう》菩薩と同体視される。その菩薩形《ぎょう》は、胎蔵《たいぞう》界曼荼羅においては地蔵院の主尊として、身は肉色《にくじき》で宝髻《ほうけい》を戴き、左手は腰に当てて蓮華《れんげ》の上にのる宝幢幡《ほうどうばん》を持ち、右手は日輪《にちりん》を持って、赤《しゃく》蓮華座に坐《ざ》している遺例が多い。胎蔵界旧図様では、左手に宝珠を持ち、右手に剣を持つものもある。

秀麗な作には奈良県・法隆寺《ほうりゅうじ》の木彫像、京都府・六波羅蜜寺《ろくはらみつじ》の「蔓掛《かずらかけ》の地蔵」と呼ばれる地蔵像などがある。

単尊像以外としては、阿弥陀如来《あみだにょらい》の脇侍《わきじ》として虚空蔵菩薩《こくうぞうぼさつ》と対で並ぶ地蔵《じぞう》菩薩もあれば、奈良県・室生寺《むろうじ》（金堂《こんどう》）には薬師《やくし》如来の脇侍として十一面観音《めんかんのん》の対で並ぶ地蔵菩薩もあるし、奈良県・東大寺《とうだいじ》には千手《せんじゅ》観音の脇侍との記述も残される。なんとも摩訶《まか》不思議な地蔵菩薩といえる。

平安時代、浄土《じょうど》思想が発展すると、厭離穢土《えんりえど》（穢《けが》れたこの世を厭《いと》い離れること）、欣求浄土《ごんぐじょうど》（心から喜んで浄土に往生すること）の心が貴族のあいだに浸透し、極楽往生するために阿弥陀仏を観《かん》想念仏《そうねんぶつ》した。観想念仏とは、心に阿弥陀仏の姿を想像したり、功《く》徳《どく》を観じて口々に阿弥陀仏の名を唱えることをいう。この観想念仏が、浄土教の寺院や浄土式の庭園に結びついていった。このように極楽を身近に感じることのできる貴族たちによって、浄土思想はますます信仰され、盛んになっていった。六道の衆生を済度するとされる地蔵菩薩への信仰も高まっていったと思われる。

十二世紀前半に成立されたとされる『今昔物語集《こんじゃくものがたりしゅう》』の五十の説話の内、三十二話が地蔵に関係する霊験《れいげん》の物語である。地蔵信仰が広まったことがみてとれる。

鎌倉時代になると、武家に尊信されたのは勝軍《しょうぐん》地蔵（将軍地蔵）である。甲冑《かっちゅう》を装備し、軍旗と剣を持つ騎馬像である。地蔵の三《さん》昧耶形《まやぎょう》の標章が将軍と共通することからこのように呼ばれ、軍神として信仰された日本独自の異形の地蔵菩薩でもある。

地蔵菩薩図像（菩薩形）

[図像抄 十巻] による

地蔵菩薩図像（菩薩形）

- **高髻**（こうけい）: 高く結い上げた髪の束で、これに宝冠を被せる
- **三道**（さんどう）: 首のふくよかさをあらわした二本の筋をいう
- **宝冠**（ほうかん）
- **天冠台**（てんかんだい）
- **舎利塔**（しゃりとう）: 仏舎利を納めた骨塔。頂上にあるのは宝珠とされる。仏とともにいる意をあらわす
- **白毫**（びゃくごう）
- **蓮華台**（れんげだい）
- **如意宝珠**（にょいほうじゅ）: 財宝を得る功徳がある
- **垂髪**（すいはつ）
- **臂釧**（ひせん）
- **腕釧**（わんせん）
- **裳（裙）**（も・くん）
- **天冠帯**（てんかんたい）: 天冠台に宝冠を結ぶ帯。背面に垂らす
- **蓮華座**（れんげざ）: 台座ともいう
- **半跏趺坐**（はんかふざ）: 結跏趺坐の略坐とされる

延命地蔵菩薩（比丘形）

えんめいじぞうぼさつ（びくぎょう）

『儀軌《ぎき》』には、内に菩薩《ぼさつ》の行《ぎょう》を秘し、外に比丘《びく》を現じ、左手に宝珠を、右手に錫杖《しゃくじょう》を持し、千葉《せんよう》の青蓮華《しょうれんげ》に安住するとある。この比丘形《びくぎょう》の延命地蔵《えんめいじぞう》菩薩は、特に幼児の延命・利生《りしょう》を祈願し、安産の利益《りやく》があるといい〝お地蔵さん〟と呼ばれ、親しまれる。

片足を踏み下げる半跏趺《はんかふ》の坐像《ざぞう》であらわされることもある。『覚禅鈔《かくぜんしょう》』には『不空軌《ふくうき》』に拠《よ》る像、智泉《ちせん》が描いたという雲に乗った図像がある。福岡県・観世音寺《かんぜおんじ》、岐阜県・明星輪寺《みょうじょうりんじ》にあるのは半跏趺像で、ともに平安時代の作である。中国、朝鮮には帽子を被る被帽《ひぼう》地蔵の半跏趺像もあるが、わが国ではみられない。

庶民の信仰を多く集めたのは、出家した僧の旅姿で剃髪《ていはつ》し袈裟《けさ》を着る声聞形《しょうもんぎょう》の地蔵菩薩である。法衣《ほうえ》の上に袈裟を着るものもある。左手は与願印《よがんいん》を結び、右手に宝珠《ほうじゅ》を捧げる像もあるが、左手に宝珠、右手に錫杖《しゃくじょう》をとる立像《りゅうぞう》がほとんどである。庶民の願望が地蔵への信仰となり、さまざまな和讃《わさん》・伝説・説話も作られ、地蔵盆、地蔵巡《めぐり》、二十四日地蔵講《こう》、賽《さい》の川原（親に先立って死んだ子どもが行くところ）、子安《こやす》地蔵、身代り地蔵、泥足《どろあし》地蔵などが喧伝された。

地蔵菩薩は、釈迦仏《しゃかぶつ》の入滅後、未来仏として弥勒仏《みろくぶつ》が出現するまでの無仏の世に比丘形であらわれ、六道《ろくどう》の末法《まっぽう》の世の衆生《しゅじょう》を教化救済し、特に地獄道での救済を展開するとされる。六道とは、迷えるものが生死を繰り返して趣《おもむ》くところといわれ、六趣《ろくしゅ》ともいう。生前の悪行《あくぎょう》の度合に従って趣くことを六道輪廻《りんね》といった。民間伝承で、死者の棺に三途《さんず》の川の渡賃《わたしちん》として入れる銭を六道銭《ぜん》と呼ぶのはこのことからである。

仏語の手引き

六地蔵《ろくじぞう》

六道のそれぞれにおいて救済する六の地蔵をいう。『地蔵十王経』によると、十王《じゅうおう》が罪障《ざいしょう》の衆生《しゅじょう》を呵責《かしゃく》するという閻魔《えんま》十王信仰と結合し、『覚禅鈔』で六道に尊を当て、六道で教化《きょうけ》したことから能化《のうけ》菩薩とも称されたという。多くの異説があり、一定はしていないが、六地蔵の名称、持物《じもつ》や印相《いんぞう》、当てられた六道を次に示す。

大定《だいじょう》智悲《ちひ》地蔵（左：錫杖　右：宝珠）　↓地獄道《じごくどう》
大徳清浄《だいとくしょうじょう》地蔵（左：宝珠　右：与願印《よがんいん》）　↓餓鬼《がき》道
大光明《だいこうみょう》地蔵（左：宝珠　右：如意《にょい》）　↓畜生《ちくしょう》道
清浄《しょうじょう》無垢《むく》地蔵（左：宝珠　右：梵篋《ぼんきょう》）　↓阿修羅《あしゅら》道
大清浄《だいしょうじょう》地蔵（左：宝珠　右：施無畏印《せむいいん》）　↓人間《にんげん》道
大堅固《だいけんご》地蔵（左：宝珠　右：経典）　↓天《てん》道

延命地蔵菩薩図像（比丘形）

偏衫《へんさん》
袈裟形《けさぎょう》の僧衣《そうえ》。偏とは片方の意であり、半分にして、右肩から掛け斜めに垂らして着る
剃髪《ていはつ》
髪の毛を剃り落とした頭のこと。この頭を撫でると病が治るといわれている。薙髪《ちはつ》とも呼ぶ
頭光《ずこう》
挙身形光背《きょしんぎょうこうはい》
白毫《びゃくごう》
渦を巻いた白い毛。光明が放たれる
三道《さんどう》
蓮華《れんげ》の蕾《つぼみ》
まだ煩悩《ぼんのう》に穢《けが》されていないことを意味する持物《じもつ》
施無畏印《せむいいん》
掌をみせることで衆生の恐怖や不安を除き、安心感を与え、仏の大悲と抜苦《ばっく》を示す印相《いんぞう》
衲衣《のうえ》
大衣《だいえ》、衲袈裟《のうけさ》ともいう。偏袒右肩《へんたんうけん》の着付け方
半跏趺坐《はんかふざ》
結跏趺坐《けっかふざ》の略式の坐り方
蓮肉《れんにく》
蓮弁《れんべん》
蓮華座《れんげざ》
台座のこと

大勢至菩薩

だいせいしぼさつ

京都府・知恩院《ちおんいん》の勢至堂《せいしどう》に、ひっそりとたたずむ大勢至菩薩《だいせいしぼさつ》（単独像）は、法然《ほうねん》（幼名：勢至丸《せいしまる》）（一一三三〜一二一二）の本地身《ほんじしん》とされる。このことから勢至堂は本地堂とも呼ばれている。大勢至菩薩は、勢至菩薩・得大勢《とくだいせい》菩薩・世志《せいし》菩薩・大精進《だいしょうじん》菩薩などの名で訳される場合もある。このような大勢至菩薩坐像が祀《まつ》られ、信仰されることはきわめてまれである。

わが国では、阿弥陀仏《あみだぶつ》の極楽浄土《ごくらくじょうど》に往生《おうじょう》することを説き、念《ねん》仏三昧《ぶつざんまい》法をとりいれた浄土教《じょうどきょう》において、阿弥陀如来《あみだにょらい》の脇侍《わきじ》として左に観世音《かんぜおん》、右に大勢至菩薩を配している。この観音と菩薩の二像は、特に姿が類似しているが、観音像には頭上正面に化仏《けぶつ》（如来）があり、菩薩像は手に水瓶《すいびょう》を持っていることで識別がつく。

観世音が大慈大悲《だいじだいひ》の心であらゆる衆生《しゅじょう》の悩みと苦しみを救い、楽を与えるとされるのに対して、大勢至菩薩は智慧《ちえ》の力で衆生の迷いを除く智慧第一の菩薩と説明されている。『観無量寿経《かんむりょうじゅきょう》』には〝勢至菩薩は智慧の光をもって普《あまね》く一切を照らし三途《さんず》を離れ無上の力を得る〟と説かれている。観音の大慈大悲に対して、智慧の立場から済度《さいど》する大勢至菩薩は、独尊としての造像は少なく、観音ほどに信仰されなかった。密教では八大菩薩のひとつとされる。

仏語の手引き

二十五菩薩

知恩院蔵の阿弥陀《あみだ》二十五菩薩来迎図《らいごうず》は、対角線上に雲が走り飛ぶさまが表現され「早来迎《はやらいごう》」と呼ばれる。二十五菩薩は、念仏を唱え往生を願う者を浄土に迎える。平安時代、讃歎《さんだん》の起こりから二十五菩薩の短歌形の和讃《わさん》が作られ、菩薩の名称と持物《じもつ》の和讃が示される。

① 観世音《かんぜおん》菩薩 — 蓮台《れんだい》
② 大勢至菩薩 — 合掌《がっしょう》
③ 薬王《やくおう》菩薩 — 幢幡《どうばん》
④ 薬上《やくじょう》菩薩 — 玉幡《ぎょくはん》
⑤ 普賢《ふげん》菩薩 — 幡蓋《はんがい》
⑥ 法自在王《ほうじざいおう》菩薩 — 華鬘《けまん》
⑦ 師子吼《ししく》菩薩 — 鼓《つづみ》
⑧ 陀羅尼《だらに》菩薩 — 舞《まい》の袖《そで》
⑨ 虚空蔵《こくうぞう》菩薩 — 腰鼓《ようこ》
⑩ 徳蔵《とくぞう》菩薩 — 笙《しょう》
⑪ 宝蔵《ほうぞう》菩薩 — 横笛《よこぶえ》
⑫ 金剛蔵《こんごうぞう》菩薩 — 琴《きん》
⑬ 金蔵《こんぞう》菩薩 — 箏《そう》
⑭ 光明王《こうみょうおう》菩薩 — 琵琶《びわ》
⑮ 山海慧《さんかいえ》菩薩 — 箜篌《くご》
⑯ 華厳王《けごんおう》菩薩 — 燈明《とうみょう》
⑰ 衆宝王《しゅほうおう》菩薩 — 鐃《どら》
⑱ 月光王《がっこうおう》菩薩 — 振鼓《ふりつづみ》
⑲ 日照王《にっしょうおう》菩薩 — 羯鼓《かっこ》
⑳ 三昧王《さんまいおう》菩薩 — 蓮華《れんげ》
㉑ 定自在王《じょうじざいおう》菩薩 — 太鼓《たいこ》
㉒ 大自在王《だいじざいおう》菩薩 — 華幢《けどう》
㉓ 白象王《びゃくぞうおう》菩薩 — 宝幢《ほうどう》
㉔ 大威徳王《だいいとくおう》菩薩 — 曼珠《まんじゅ》
㉕ 無辺身《むへんしん》菩薩 — 宝珠《ほうじゅ》

勢至菩薩図像

宝珠《ほうじゅ》形《ぎょう》高髻《こうけい》
高く結い上げた宝髻《ほうけい》
宝冠《ほうかん》
天冠台《てんかんだい》
天冠帯《てんかんたい》
宝冠を結ぶ帯のこと。帯が長いので背中に垂らすことが多い
蓮華《れんげ》
智慧《ちえ》を司り、あまねく一切を照らし三途《さんず》を離れて済度《さいど》させる持物《じもつ》
挙身《きょしん》形《ぎょう》光背《こうはい》
頭光《ずこう》
身光《しんこう》
垂髪《すいはつ》
胸飾《きょうしょく》
瓔珞《ようらく》という
臂釧《ひせん》
腕釧《わんせん》
環珞《かんらく》という
手印《しゅいん》
右手は蓮華を指す印相《いんぞう》
蓮華座《れんげざ》
裳《も》（裙《くん》）
半跏趺坐《はんかふざ》
結跏趺坐《けっかふざ》の略式の坐り方

薬王菩薩

やくおうぼさつ

『観薬王薬上二菩薩経《かんやくおうやくじょうにぼさつきょう》』には、その昔、兄弟の二長者《にちょうじゃ》、星宿光《せいしゅくこう》と電光明《でんこうみょう》が、訶梨勒果《かりろくか》や諸雑薬《しょぞうやく》を日蔵比丘《にちぞうびく》や衆生《しゅじょう》に施し、供養《くよう》し、梵行《ぼんぎょう》を修め、それを衆生が讃嘆《さんたん》し、兄は薬王菩薩、弟は薬上菩薩と呼ばれることになり、未来で成仏し、兄は浄眼《じょうげん》如来、弟は浄蔵《じょうぞう》如来と名のることになるだろうと、弥勒《みろく》菩薩に釈迦《しゃか》が告げたと記される。『法華経《ほけきょう》』（薬王菩薩本事品《ほんじぼん》）によれば、自ら妙香《みょうごう》を服し香油《こうゆ》を塗って、灯明仏《とうみょうぶつ》の前で千二百年間、身を焼き続けた喜見《きけん》菩薩が、化生《けしょう》し、仏の滅後に臂《ひ》を焼いて八万四千塔を供養し、薬王菩薩と呼ばれるようになったという。

薬王は薬草と薬壺《やっこ》を、薬上は薬壺のみを持つ。釈迦如来《しゃかにょらい》の脇侍《わきじ》は文殊《もんじゅ》・普賢《ふげん》菩薩とされることが多いが、古代での脇侍は、奈良県・興福寺《こうふくじ》にあるように、薬王・薬上菩薩とされる。薬王・薬上菩薩は、薬師如来八大菩薩、阿弥陀如来二十五菩薩にも加わる。また、子どもに小さな瓢箪《ひょうたん》をお守りとして携えさせると、薬王が邪鬼を瓢箪の中に閉じ込め、災禍《さいか》を防いでくれるという言い伝えもある。

ひとこと解説 **香王《こうおう》菩薩**

香は周遍《しゅうへん》、王は自在の意で、遍《あまね》く衆生を自在に済度《さいど》する菩薩とされる。増益《そうやく》・滅罪《めつざい》を祈るには、夜半に起き、暁《あかつき》まで寝ずにこの尊の真言《しんごん》を千八遍唱えればよいとされる。形像は左手に蓮華《れんげ》を持ち、右手は垂れて施無畏印《せむいいん》を結び、その五指から甘露《かんろ》を施す。そのさまは聖観音《しょうかんのん》に似ることから香王観音とも呼ばれる。

仏語の手引き

賢劫《けんごう》十六尊《そん》

金剛界曼荼羅《こんごうかいまんだら》（九会《くえ》曼荼羅）の四印会《しいんえ》・微細会《みさいえ》・成身会《じょうしんえ》・三昧耶会《さんまやえ》に並ぶ十六尊をいう。密教では、過去・現在・未来の三世にあらわれる三千仏のうち、賢劫《けんごう》（現在の住劫《じゅうごう》）千仏が金剛界の護法仏とされ、中でも賢劫十六尊はその上首《じょうしゅ》で代表である。異説があるが、経軌《きょうき》にある尊と三昧耶形《さんまやぎょう》（その仏の象徴）の持物《じもつ》を挙げる。

東方四尊	慈氏《じし》菩薩	軍持《ぐんじ》（水瓶《すいびょう》）
	不空見《ふくうけん》菩薩	蓮華眼《れんげげん》
	滅悪趣《めつあくしゅ》菩薩	梵篋《ぼんきょう》
	除憂闇《じょゆうあん》菩薩	無憂樹《むゆうじゅ》
南方四尊	香象《こうぞう》菩薩	香器《こうき》
	大精進《だいしょうじん》菩薩	戟《げき》
	虚空蔵《こくうぞう》菩薩	宝珠《ほうじゅ》
	智幢《ちどう》菩薩	幢幡《どうばん》
西方四尊	無量光《むりょうこう》菩薩	光焔《こうえん》
	月光《がっこう》菩薩	半月幢《はんがちどう》
	賢護《けんご》菩薩	賢瓶《けんびん》
	網明《もうみょう》菩薩	網傘蓋《もうさんがい》
北方四尊	金剛蔵《こんごうぞう》菩薩	独鈷杵《とっこしょ》
	無盡意《むじんに》菩薩	梵篋《ぼんきょう》
	辯積《べんしゃく》菩薩	蓮上雲《れんじょううん》
	普賢《ふげん》菩薩	蓮華上剣《れんげじょうけん》

薬王菩薩図像

宝珠形髻《ほうじゅぎょうもとどり》
宝髻《ほうけい》とも呼称され、高く結い上げてあるので高髻《こうけい》ともいう
薬草《やくそう》
薬壺《やくこ》に入れる万病に効くとされる持物
宝冠《ほうかん》
宝玉《ほうぎょく》で装飾された冠
頭光《ずこう》
身光《しんこう》
挙身形光背《きょしんぎょうこうはい》
垂髪《すいはつ》
髪の束を両肩に垂らす
臂釧《ひせん》
腕釧《わんせん》
環珞《かんらく》という
条帛《じょうはく》
肩から斜めに掛ける細長い布
天冠帯《てんかんたい》
裳《も》（裙《くん》）
下半身に巻きつける袴形《はかまぎょう》の大判の布衣
蓮華座《れんげざ》
蓮華をかたどった台座
蓮弁《れんべん》
蓮肉《れんにく》
半跏趺坐《はんかふざ》
結跏趺坐《けっかふざ》の略式の坐り方。片方の足だけを反対の太ももにのせる

転法輪菩薩

てんぼうりんぼさつ

転法輪《てんぼうりん》とは仏教語で、法の輪を転ずると書く。法輪《ほうりん》とは仏陀《ぶっだ》の教法のことをいう。仏陀は精神的王者として衆生《しゅじょう》を説法《せっぽう》で救済するが、世俗の王者とされた転輪聖王《てんりんしょうおう》が輪宝《りんぽう》を転じ、徳をもって世界を統治することにたとえ、仏陀の教法を転輪聖王の輪宝に見立てて法輪といい、その教法を衆生に説法することを転法輪と呼んでいる。

そもそも「輪《りん》」は武器を意味し、回転と摧破《さいは》の二つの義がある。転輪聖王は輪宝を回転させ、すべてのものを降伏《ごうぶく》する。同じように仏陀の教法は、一切の衆生《しゅじょう》の世界を回転させ、あらゆる煩悩《ぼんのう》を摧破し、仏陀の教えを修させる。そのため、仏陀の説法を転法輪と呼ぶのである。

ただし『転法輪経』によると、仏陀の説法のうち、第一回の説法のみを「転法輪」「発転法輪」というと説かれている。

転法輪菩薩は正しくは纔発心《さいほっしん》転法輪菩薩といい、共発意《ぐほっち》転輪菩薩の異名もある。密教の八大菩薩のひとつであり、転法輪菩薩摧《さい》魔怨敵《まおんてき》法は、怨敵を降伏する法を説いている。左手に金剛輪宝、右手に宝珠《ほうじゅ》のある蓮華を執持《しつじ》している。『仁王経儀軌《にんのうぎょうぎき》』には弥勒《みろく》菩薩や金剛波羅蜜多《こんごうはらみった》菩薩と同体とある。

仏語の手引き

十六大護《だいご》

転法輪菩薩の眷属《けんぞく》には、十大薬叉《やしゃ》、三大龍王《りゅうおう》、三大天后《てんごう》がおり、あわせて十六大護と呼ばれる。摧魔怨敵法の護持にあたる。

十大薬叉
① 毘首羯磨《びしゅかつま》
② 劫比羅《かびら》
③ 法護《ほうご》
④ 肩目《けんもく》
⑤ 広目《こうもく》
⑥ 護軍《ごぐん》
⑦ 珠賢《しゅけん》
⑧ 満賢《まんけん》
⑨ 持明《じみょう》
⑩ 阿吒縛倶《あたばく》

三大龍王
⑪ 縛蘇枳龍王《ばすきりゅうおう》
⑫ 蘇摩那《すまな》龍王
⑬ 補沙毘摩《ふさびま》龍王

三大天后
⑭ 訶梨帝母《かりていも》
⑮ 翳囉嚩蹉《えらばさ》
⑯ 雙目天后《そうもくてんごう》

ひとこと解説　麻布《まふ》菩薩

正倉院宝物《しょうそういんほうもつ》の絵画に麻布菩薩と呼ばれるものがある。雲の上に坐《ざ》し、天衣《てんね》をひるがえす飛天女《ひてんにょ》が描かれる。二幅の麻布を縫い合わせたものに墨で描いた仏尊像である。

［正倉院宝物］による

転法輪菩薩図像

火焔《かえん》金剛輪《りん》
法輪ともいう。衆生を救済するための持物。退歩することがないとされる
蓮華《れんげ》
穢《けが》れのない清純さを示す。慈悲の心の象徴とされる
挙身形光背《きょしんぎょうこうはい》
頭光《ずこう》
身光《しんこう》
臂釧《ひせん》
環珞《かんらく》という
三鈷形金剛杵《さんこぎょうこんごうしょ》
三方《さんぼう》の敵を摧破《さいは》し降伏《ごうぶく》する武器
天冠台《てんかんだい》
宝冠《ほうかん》
腕釧《わんせん》
天冠帯《てんかんたい》
宝冠を結ぶ帯で、左右の端を下方に垂らす
条帛《じょうはく》
左肩から脇へ斜めに掛け、背面を通して肩へ戻し掛ける細長い布
蓮肉《れんにく》
蓮華座《れんげざ》
台座ともいう
半跏趺坐《はんかふざ》
結跏趺坐《けっかふざ》の略坐。観音・菩薩像に多く、一方の足を反対の太ももの上にのせる坐法
蓮弁《れんべん》

大随求菩薩

だいずいぐぼさつ

大随求《だいずいぐ》とは大自在《だいじざい》と同義である。護符《ごふ》・法術《ほうじゅつ》・僕婢《ぼくひ》などを衆生《しゅじょう》が求めるに随《したが》い、あらゆる罪障《ざいしょう》を自在に除き福徳をもたらすとされる。随求菩薩《ぼさつ》とも称される。息災、とくに子授け（求子）の功能《こうのう》、利益《りやく》が厚いとして盛行《せいこう》し、信仰された。変化《へんげ》観音のひとつともいわれる。現図胎蔵界曼荼羅《げんずたいぞうかいまんだら》では蓮華部院《れんげぶいん》（観音院）の中央上段に配される。大随求明王《みょうおう》の別名もある。像容は、宝冠《ほうかん》中に化仏《けぶつ》があらわされ、慈悲《じひ》円満相の一面八臂《はっぴ》で蓮華座に坐《ざ》す。左一手に宝輪《ほうりん》を乗せた蓮華、第二手に三叉戟《さんさげき》、第三手に宝幢《ほうどう》、第四手に梵篋《ぼんきょう》、右第一手に五鈷杵《ごこしょ》、第二手に鉞斧《えっぷ》、第三手に羂索《けんさく》、第四手に宝剣を持つ。ただし、持物《じもつ》には多少の違いがある。京都府・清水寺《きよみずでら》（随求《ずいぐ》堂）と京都府・高台寺《こうだいじ》（霊屋《おたまや》）に、この菩薩が安置されるが、ともに秘仏《ひぶつ》とされる。本尊としている遺造はきわめて少なく、絵画の遺品は大阪府・観心寺《かんしんじ》にあるのみである。大随求菩薩の三昧耶《さんまや》の境地の陀羅尼は、無量の功徳が得られるとされ、平安時代以降、「大随求陀羅尼」と真言《しんごん》を口先で唱えることだけが重要視されたために少なかったと思われる。

「大随求陀羅尼」と唱えれば一切の罪障《ざいしょう》は消滅し、その霊験《れいげん》は増益《そうやく》・除災・招福《しょうふく》・授産《じゅさん》・豊作・功徳《くどく》を容易に叶える功能があるとされ、その効能の範囲は広い。

仏語の手引き

八供養《はちくよう》菩薩

八供《はちく》菩薩ともいう。金剛界《こんごうかい》において、大日如来《だいにちにょらい》が四仏への供養とするためにあらわした四菩薩（内四《ないし》供養菩薩）と、四仏から大日如来への供養とするためにあらわした四菩薩（外四《げし》供養菩薩）を合わせ、八供養菩薩という。それぞれの名と供物《くもつ》を次に挙げる。

内四供養菩薩
- 金剛嬉《き》菩薩 ― 撓三鈷杵《たわみさんこしょ》
- 金剛鬘《まん》菩薩 ― 宝鬘《ほうまん》
- 金剛歌《か》菩薩 ― 金剛箜篌《くご》
- 金剛舞《ぶ》菩薩 ― 羯磨杵《かつましょ》

外四供養菩薩
- 金剛焼香《しょうこう》菩薩 ― 香炉《こうろ》
- 金剛華《け》菩薩 ― 盛花器《せいかき》
- 金剛燈《とう》菩薩 ― 燈燭《とうしょく》
- 金剛塗香《ずこう》菩薩 ― 塗香器《ずこうき》

ひとこと解説

龍樹菩薩《りゅうじゅぼさつ》

真言密教の祖《そ》に数える龍樹とは関係がなく、経軌《きょうき》もなく曼荼羅にも説かれない。形像は地蔵菩薩に似る比丘《びく》形《ぎょう》で、合掌している。

［図像抄　十巻］による

大随求菩薩図像

（招福《しょうふく》の功徳《くどく》）
（除災《じょさい》の功徳）
蓮華《れんげ》形《ぎょう》火焔《かえん》金剛輪《こんごうりん》
宝冠《ほうかん》
三叉戟《さんさげき》
鉞斧《えっぷ》
宝斧《ほうふ》ともいう
（増益《そうやく》の功徳）
宝篋《ほうぎょう》
経巻を入れる箱。
梵篋《ぼんきょう》ともいう
龍索《りゅうさく》
金剛杵《こんごうしょ》（三鈷杵《さんこしょ》）
宝珠幢《ほうじゅどう》
仏の法門の象徴
大随求印《だいずいぐいん》
法術《ほうじゅつ》（神通力）・
護符《ごふ》の意
（豊作《ほうさく》の功徳）
（授産《じゅさん》の功徳）
化仏《けぶつ》（化身《けしん》）
宝冠から出現した蓮華を持つ。さまざまな願いを叶える本地仏《ほんじぶつ》を示す仮の姿

般若菩薩

はんにゃぼさつ

般若菩薩《はんにゃぼさつ》は、訳して智到彼岸《ちとうひがん》という。般若は智《ち》にして波羅蜜多《はらみった》は到彼岸なりといい、般若菩薩は波羅枳攘波羅蜜多《はらきじつはらみった》ともいう。一切の煩悩《ぼんのう》・執着《しゅうじゃく》を断ち切って、真実の姿をつかみ、悟りを得るためには最高の智慧《ちえ》であることを意味した。諸仏が覚悟を得るのに般若の力をよりどころとするため、般若仏母《ぶつも》とも、覚母《かくも》般若とも、また三世諸仏の能生智母《のうせいちも》ともいわれる。密号《みつごう》は智慧金剛《ちえこんごう》・大慧《だいえ》金剛といい、般若部経典の本尊とされ、智慧を本誓《ほんぜい》とする。

形像は『般若波羅蜜多大心経』に二臂《ひ》で三つ目の天女形《ぎょう》とある。『観想仏母《かんそうぶつも》般若経』には、六臂で三面三つ目であり、ともに経巻《きょうかん》か梵篋《ぼんきょう》を持つとされる。

般若菩薩は、胎蔵界曼荼羅持明院《たいぞうかいまんだらじみょういん》の中央に住する主尊《しゅそん》であり、胎蔵界虚空蔵院《こくうぞういん》においては十波羅蜜《じゅうはらみつ》菩薩のひとつとして列座《れつざ》する。密教では、この十波羅蜜菩薩を般若菩薩の分身とし、八供養《はちくよう》菩薩、四摂《ししょう》菩薩、八方天らを配した般若菩薩曼荼羅に請用《しょうよう》することもある。これに対して顕教《けんぎょう》では、般若菩薩の眷属《けんぞく》に十六善神を配置した大般若守護十六善神がある。しかしわが国では、十六善神は、釈迦三尊《しゃかさんぞん》の十六善神として画幅《がふく》に描かれることが多く、一般的にみられると思われる。

仏語の手引き

十六善神《ぜんじん》（大般若守護十六善神）

般若経を唱える者を守護するとされる。その名と像容を次に挙げる。

①提頭攞宅善神《だいとらだぜんじん》（持国天《じこくてん》）：二臂《ひ》、左手に太刀《たち》、右手に鉾《ほこ》
②毘盧勒叉善神《びるろくしゃ》（増長天《ぞうちょうてん》）：二臂、右手に金剛杵《こんごうしょ》
③摧伏《さいぶく》毒害善神：二臂、左手を胸に当て外向《がいこう》、右手に太刀
④増益《そうやく》善神：四臂、左手に楊枝《ようじ》・半月《はんがち》、右手に太刀・剣輪《けんりん》
⑤歓喜《かんき》善神：二臂、左手を腰に押し、右手に独鈷鉤《とっここう》、忿怒相《ふんぬそう》
⑥除一切障難《じょいっさいしょうなん》善神：六臂、天衣《てんね》に袈裟《けさ》、瞋怒相《しんぬ》
⑦抜除罪垢《ばつじょざいく》善神：二臂、左手を拳《こぶし》に、右手に五叉棒《ごさぼう》、裸形《らぎょう》
⑧能忍《のうにん》善神：二臂、白頭巾《びゃくずきん》、左手に矟《ほこ》、右手に太刀
⑨吠室羅摩拏《うえしらまぬ》善神（多聞天《たもんてん》）：左手に舎利塔《しゃりとう》、右手に金剛杖《こんごうじょう》
⑩毘盧博叉《びるばくしゃ》善神（広目天《こうもくてん》）：二臂、筆を持つ書写形《しょしゃぎょう》
⑪離一切怖畏《りいっさいふい》善神：二臂、左手に髑髏《どくろ》、右手に三鈷杵《さんこしょ》
⑫救護一切《くごいっさい》善神：二臂、合掌《がっしょう》し、指端《ゆびはし》に未開敷蓮華《みかいふれんげ》
⑬摂伏諸魔《しょうふくしょま》善神：二臂、左手を下げて外《そと》、右手に剣《けん》
⑭能救諸有《のうくしょう》善神：二臂、甲冑具《かっちゅうぐ》、虚心合掌印《きょしんがっしょういん》
⑮師子威猛《ししいもう》善神：四臂、左手に梵篋《ぼんきょう》・戟《げき》、右手に斧《おの》・剣
⑯勇猛心地《ゆうもうしんち》善神：二臂、二手で外縛《とばく》、微笑相《びしょうそう》

般若菩薩図像

宝冠《ほうかん》
仏母形《ぶつもぎょう》の天冠《てんかん》
刀印《とういん》
意思や意味をあらわす印を手印、密印、印契《いんげい》ともいう。この刀印は刀剣を示し、悪霊を払う功徳《くどく》がある
施無畏《せむい》印
説法を聞く衆生の恐怖や不安を除く印相《いんぞう》
説法《せっぽう》印
説法をあらわす印。転法《てんぽう》輪印《りんいん》の別称でもある
天冠帯《てんかんたい》
与願《よがん》印
願いはすべて叶えられるという意味をあらわす
半跏趺坐《はんかふざ》
結跏趺坐《けっかふざ》の略式で、くつろいだ坐り方
蓮華座《れんげざ》
台座ともいう
施願《せがん》印
護法《ごほう》印ともいう
梵篋《ぼんきょう》
経巻《きょうかん》の入った箱で経函《きょうかん》ともいう。冥福《めいふく》が得られることをあらわす

五秘密菩薩

ごひみつぼさつ

衆生《しゅじょう》の欲《よく》・触《しょく》・愛《あい》・慢《まん》への妄想《もうそう》を、金剛薩埵《こんごうさった》と同体であらわした、きわめて密教的な内容を表現した菩薩《ぼさつ》である。

左頁のように、形像は、ひとつの蓮華《れんげ》（大悲《だいひ》をあらわす）と月輪《がちりん》光《こう》（大智《だいち》をあらわす）の中に五尊が坐《ざ》する。中央の大きな金剛薩埵に寄り添うように、四金剛が配置される。左前に愛金剛が摩竭幢《まかつどう》を持つ姿で、左後の欲金剛は弓を射る姿で、右前の慢金剛は二手で金剛拳を結び、右後の触金剛は中尊に抱きついた姿であらわされる。密教では、欲・触・愛・慢の四煩悩《ぼんのう》の業因《ごういん》を起こし、我執《がしゅう》を破る無上の菩提《ぼだい》心をもって、衆生を救済する五秘密菩薩とされる。

四金剛については後で述べるように異説があるが、各尊について述べると、「欲金剛菩薩《よくこんごうぼさつ》」は五欲《ごよく》（色・声・香・味・触）の解《げ》脱《だつ》を求める智慧《ちえ》を、「触《しょく》金剛菩薩」は五境《ごきょう》（眼・耳・鼻・舌・身）から菩提心に触れる静慮《せいきょ》を、「愛《あい》金剛菩薩」はすべての衆生を愛する慈悲を、「慢《まん》金剛菩薩」は欲望に満足し衆生教化《きょうけ》のための修行に励むことを意味している。

わが国では敬愛、滅罪《めつざい》に五秘密法を信仰した。まず欲望を起こし、それに触れんとし、それを愛して求め、それを自己のものとして慢心《まんしん》の喜びを得るとされる。菩薩の衆生救済もこの手順をたどるとされている。

五秘密法は敬愛法として信仰され、金剛薩埵を本尊とし、『五秘密曼荼羅』では欲金剛・触金剛・愛金剛・慢金剛の四菩薩が配される。この四菩薩の名称は経軌《きょうき》によって異なってくる。『理趣《りしゅ》会軌《かいき》』では意生《いしょう》・触・愛縛《あいばく》・意気《いき》とされ、『五秘密軌』『普賢軌《ふげんき》』では欲金剛・計里吉羅《けりきら》・愛金剛・慢金剛、『勝初金薩軌《しょうしょこんさつき》』では眼《げん》箭《せん》・計里吉羅・愛金剛・慢金剛、『大楽軌《だいらくき》』では金剛箭《せん》・金剛喜《き》悦《えつ》・金剛愛・金剛欲自在《よくじざい》とされる。

金剛薩埵を中心にして主要な位置を占める菩薩であるが、その遺品は少ない。

仏語の手引き

四摂菩薩《ししょうぼさつ》

四摂菩薩とは、衆生に対し、魚を釣るように鉤《こう》で引き寄せ、索《じゃく》にて法界に導き、鏁《さ》で保護し、歓喜を鈴《れい》に示す四菩薩をいう。その密号と三昧耶形《さんまやぎょう》を次に挙げる。

（東門）金剛鉤《こう》菩薩（召集《しょうしゅう》金剛・鉤引《こういん》金剛／金剛鉤）

（南門）金剛索《じゃく》菩薩（等引《とういん》金剛・慈引《じいん》金剛／金剛索）

（西門）金剛鏁《さ》菩薩（堅持《けんじ》金剛・妙住《みょうじゅう》金剛／金剛鏁）

（北門）金剛鈴《れい》菩薩（解脱《げだつ》金剛・歓喜《かんき》金剛／五鈷《ごこ》金剛鈴）

五秘密菩薩図像

金剛薩埵《こんごうさつた》
菩提心を自在に行うことを意とする
欲金剛《よくこんごう》
身は赤色《しゃくじき》。解脱《げだつ》を求めることを意とする
火焔形神鳥《かえんぎょうしんちょう》
箭《せん》
三叉《さんさ》の矢
触金剛《しょくこんごう》
身は白色《びゃくじき》。菩提心に触れることを意とする
五智宝冠《ごちほうかん》
愛金剛《あいこんごう》
身は青色《しょうじき》。衆生を愛することを意とする
火焔頭光《かえんずこう》
慢金剛《まんこんごう》
身は黄色《こうじき》。衆生を教化することを意とする
摩竭幢《まかつどう》
挙身形光背《きょしんぎょうこうはい》
火焔身光《かえんしんこう》
触金剛の手
金剛薩埵の身を抱く
金剛拳《こんごうけん》
五鈷杵《ごこしょ》
宝胸飾《ほうきょうしょく》
五鈷鈴《ごこれい》
宝鐸《ほうたく》ともいう
瓔珞《ようらく》

五大力菩薩

ごだいりきぼさつ

五大力尊《ごだいりきそん》とも五大力吼菩薩《ごだいりきくぼさつ》とも称される五方菩薩をいう。『旧《く》訳仁王経《やくにんのうぎょう》』には方位の記述はないが、『仁王般若波羅蜜経《にんのうはんにゃはらみつきょう》』に説かれるには国家護法《ごほう》の菩薩であり、仁王会《にんのうえ》の本尊に祀られる。その姿は慈悲の相である。〝一に金剛吼《こんごうく》菩薩は手に千宝相《せんぽうそう》の輪《りん》を持て、往《ゆ》きて彼《か》の国《くに》を護《まも》り、二に龍王吼《りゅうおうく》菩薩は手に金輪燈《こんりんとう》を持て、往きて彼の国を護り、三に無畏十力吼《むいじゅうりきく》菩薩は手に金剛杵《こんごうしょ》を持て、往きて彼の国を護り、四に雷電吼《らいでんく》菩薩は手に千宝《せんぽう》の羅網《らもう》を持て、往きて彼の国を護り、五に無量力吼《むりょうりきく》菩薩は手に五千の剣輪《けんりん》を持て、往きて彼の国を護らん。是《これ》の五大士は五千の大鬼神《だいきしん》の王なり〟と説かれ、仁王経の修法《しゅほう》が行われた。

五大力菩薩は、元来は『旧訳仁王経《にんのうぎょう》（仁王般若波羅蜜経《にんのうはんにゃはらみつきょう》）』に説かれる護法菩薩として仁王会の本尊に祀られたが、密教化され、五大明王との関係から、名称や持物《じもつ》が変容し、極忿怒相《ごくふんぬそう》の菩薩形《ぎょう》となった。『新訳仁王経（仁王護国《ごこく》般若波羅蜜多《はらみった》経）』にその形像が説かれている。

無畏十力吼菩薩

仏語の手引き

『新訳仁王経』の五大力菩薩《ごだいりきぼさつ》

『新訳仁王経』に説かれる五方菩薩と持物、また密教尊の関係を併記する。（ ）内は自性輪身《じしょうりんじん》・正法輪身《しょうほう》・教令《きょうりょう》輪身の順序である。

中方　金剛波羅蜜多菩薩摩訶薩《こんごうはらみったぼさつまかさつ》 ― 金剛輪《こんごうりん》
（大日如来《だいにちにょらい》・転法輪菩薩《てんぼうりんぼさつ》・不動明王《ふどうみょうおう》）

東方　金剛手《しゅ》菩薩摩訶薩 ― 金剛杵《しょ》
（阿閦《あしゅく》如来・普賢《ふげん》菩薩・降三世《ごうざんぜ》明王）

南方　金剛宝《ほう》菩薩摩訶薩 ― 金剛摩尼《まに》
（宝生《ほうしょう》如来・虚空蔵《こくうぞう》菩薩・軍荼利《ぐんだり》明王）

西方　金剛利《り》菩薩摩訶薩 ― 金剛剣《けん》
（阿弥陀《あみだ》如来・文殊《もんじゅ》菩薩・大威徳《だいいとく》明王）

北方　金剛薬叉《やくしゃ》菩薩摩訶薩 ― 金剛鈴《れい》
（不空成就《ふくうじょうじゅ》如来・摧一切魔《さいいっさいま》菩薩・金剛夜叉明王）

金剛吼菩薩図像

金剛吼菩薩図像　[仁王経曼荼羅(五大力菩薩図像)]による

焔髪《えんぱつ》
激しい怒りをあらわした
逆立った頭髪
五智宝冠《ごちほうかん》
仏の五種の智慧《ちえ》を意味する
仏眼《ぶつげん》
額にある三つ目
天冠台《てんかんだい》
火焔形頭光《かえんぎょうずこう》
耳璫《じとう》
耳たぶに孔をあけて
つけた環形《かんぎょう》の飾り
刀印《とういん》
剣印《けんいん》・手印《しゅいん》ともいう
胸飾《きょうしょく》
瓔珞《ようらく》という
臂釧《ひせん》
環形《かんぎょう》の装身具。
環珞という
宝輪《ほうりん》
法輪《ほうりん》とも書き、輪宝《りんぽう》とも
いう。煩悩を打ち砕く持《じ》
物《もつ》とされる
腕釧《わんせん》
環珞《かんらく》という
蓮華座《れんげざ》
台座のこと
半跏趺坐《はんかふざ》
結跏趺坐《けっかふざ》の略坐。
右足が上になるの
は吉祥坐《きっしょうざ》という

明王

明王《みょうおう》とは持明者《じみょうしゃ》の王の意である。明王の明は、霊的な智慧《ちえ》を司る光明をさし、密教《みっきょう》では呪《じゅ》、明呪《みょうじゅ》の真言《しんごん》や陀《だ》羅尼《らに》をいうこともある。つまり明王は、如来の最重要な使者として王と崇められるものであることを意味する。

真言行者を守護し、教化《きょうけ》からもれた衆生《しゅじょう》や難化《なんけ》の衆生を調伏《ちょうぶく》する明王は、教令輪身《きょうれいりんじん》と称されるが、多くが忿怒《ふんぬ》の相《そう》をして威嚇《いかく》し畏怖《いふ》される尊であるため、忿怒部といわれることもある。

明王が多臂《たひ》であるのは多くの武器を持ち、外教《げきょう》の神や悪鬼に対し、威嚇するためであり、光背《こうはい》の火焔は、煩悩《ぼんのう》や迷いを焼き尽くすためのものといわれている。

太元帥明王

たいげんすいみょうおう（たいげんみょうおう）

真言宗《しんごんしゅう》では太元明王《たいげんみょうおう》・太元《たいげん》帥明王と称される。この太元帥《たいげんすい》明王は梵名《ぼんみょう》を阿吒縛迦《あたばか》・阿吒薄倶《あたばく》と音写される。林野《りんや》、曠野《こうや》の意から曠野鬼神大将《こうやきしんたいしょう》とも称される。十六薬叉将《やくしゃしょう》・八大薬叉（毘沙門天《びしゃもんてん》の眷属《けんぞく》）の一尊であり、太元帥法《たいげんすいほう》（大元帥御修法《みしゅほう》）の本尊で、太元帥曼荼羅《まんだら》の中尊である。はじめは外道神《げどうしん》であったが、仏教化されると経軌《きょうき》において明王の名で発展した。

わが国には京都小栗栖《おぐるす》の常暁《じょうぎょう》（?〜八六七）が請来《しょうらい》したという。常暁は太元帥法を伝授され、その尊像《そんぞう》・経軌を図写したものを京都府・法琳寺《ほうりんじ》に安置した。太元帥明王は護国・怨敵調伏《おんてきちょうぶく》・外敵退散の力があるとされ、後に太元帥法は、鎮護国家祈願のために宮中で修法される秘密の大法となった。その本尊となる形像《けいぞう》は六面八臂像で「小栗栖様《おぐるすさま》」と称されるが、経軌に説かれることはない異形像《いぎょうぞう》である。

鎌倉時代になって孔雀経《くじゃくきょう》、宝積《ほうしゃく》経などにも太元帥明王の名がみられるようになり、明王への経典もあらわれた。太元帥明王の形像には一面四臂、四面八臂、六面八臂、十八面三十六臂像などもある。

◉一面四臂像：左上手は千輻大輪《せんぷくだいりん》を持ち、右上手は金剛杵《こんごうしょ》をとる。左下手は胯《また》に托《たく》し、右下手は大怒印《だいぬいん》をなす。七宝冠を戴き、瓔珞《ようらく》をつけ、二薬叉《やしゃ》を踏む恐るべき姿である。

◉四面八臂像：本面は仏相《ほとけそう》、左右二面は三つ目で牙を出す瞋怒《しんぬ》相、頭上の一面は三つ目の悪相をなしている。火焔《かえん》が取り巻くようにそびえている。左手は上から輪《りん》・索《さく》・合掌《がっしょう》（右手と合わせる）・羂索《けんさく》をとり、右手は上から金剛杵《こんごうしょ》・宝棒《ほうぼう》・合掌・太刀《たち》をとる。各臂には蛇《じゃ》がからみ、象頭皮《ぞうとうひ》を膝につけて、足下には二薬叉（鬼）を踏む極悪形《ごくあくぎょう》である。

◉六面八臂像：最上面のみが仏相、五面は三つ目の忿怒《ふんぬ》相である。左手は上から法輪《ほうりん》・索《さく》・合掌（右手と合わせる）・宝棒《ほうぼう》、右手は三鈷杵《さんこしょ》（金剛杵）・剣《けん》・合掌・羂索をとる。脇侍《わきじ》は天《てん》女《にょ》と師子《しし》である。左足は薬叉の胸を、右足はもう一方の薬叉の頭を踏み、火焔を負う。

◉十八面三十六臂像：経軌には説かれていないが、わが国にある忿怒像としては最も恐ろしい姿である。京都府・教王護国《きょうおうごこく》寺《じ》（東寺《とうじ》）の白描図像《はくびょうずぞう》も、京都府・醍醐寺《だいごじ》の本尊本も、図様が複雑であるが、明王の忿怒の形相は衆生《しゅじょう》を救う決意のあらわれであるため、恐怖の限りを尽くしたものになっている。

他に一面六臂像、三面八臂像、十八面三十臂像についても経軌に記されている。

太元帥明王図像　堯助《ぎょうすけ》僧正筆画［京都府・醍醐寺蔵］による

太元帥明王図像

宝冠《ほうかん》
焔髪《えんぱつ》
白蛇《びゃくじゃ》
首飾りの荘厳《しょうごん》
梵字《ぼんじ》
その尊をあらわす種字《しゅじ》
金剛杵《こんごうしょ》
輪宝《りんぼう》
法輪《ほうりん》ともいう
火焔光《かえんこう》
腕釧《わんせん》
条帛《じょうはく》
肩から掛ける帯状の長い布
施無畏印《せむいいん》
腰布《こしぬの》
足釧《そくせん》
天衣《てんね》
体にからませる長く薄い布
大怒印《だいぬいん》
腰紐《こしひも》
薬叉《やしゃ》
両足とも薬叉の顔面を踏割座《ふみわりざ》としているかのようである
虎頭皮《ことうひ》
裳《も》（裙《くん》）として着ける

不動明王

ふどうみょうおう

仏教ではこの明王《みょうおう》を如来《にょらい》の使者《ししゃ》とする。大日《だいにち》如来の教令輪身《きょうりょうりんじん》である不動《ふどう》明王は、如来が教化しにくい衆生を忿怒瞋怖畏《ふんぬしんふい》の姿で救うとされ、動かざる尊《そん》として五大明王・八大明王の主尊とされる。不動尊、聖無動《しょうむどう》尊、不動使者、不動威怒《いぬ》明王とも称される。

『菩提流志訳不空羂索神変真言経《ぼだいるしやくふくうけんじゃくじんべんしんごんぎょう》』では、不動使者（如来に給侍するもの）の名で、左手に自由を示す羂索《けんさく》を持ち、右手に悪魔《あくま》や煩悩を挫《くじ》く剣を持つと説かれている。また『善無畏訳大毘盧遮那仏神変加持経《ぜんむいやくだいびるしゃなぶつしんへんかじきょう》』には不動如来使者の名があり、一面二臂《ひ》像で、〝慧刀《えとう》・羂索を持ち、総髪《そうはつ》は弁髪《べんぱつ》（左肩に垂《た》らす）に一目《いちもく》にして諦観《ていかん》し、威怒《いぬ》身で猛焔《もうえん》あって、磐石《ばんじゃく》上に安住している。額に水波の相があり、充満した童子形《どうじぎょう》である〟と説かれている。これは不動明王の初期の形を示している。他にも『不動使者法』では身色は赤、黄、青とされ、頂は七莎髻《しちしゃほつ》、左牙《さげ》を外側に、右牙《うげ》を上に出すとある。『十二天曼荼羅《まんだら》』の本尊としては、八本輻《や》の輪宝《りんぼう》に住するとされ、剣と羂索を持つ二臂と、口の辺りを左右両側から挟む二臂《ひ》を合わせた一面四臂像である。他にも異形《いぎょう》はある。

わが国においては、不動明王の信仰は、観音信仰と並んで平安時代末期以降、盛んになる。如来、観音、菩薩が衆生《しゅじょう》を救済する際、その手からもれた煩悩《ぼんのう》・魔障《ましょう》の一切を調伏《ちょうぶく》する役割を担うのが明王であるとされ、空海《くうかい》（七七四〜八三五）の故事に因んだ波切《なみきり》不動や、円珍《えんちん》（八一四〜八九一）の感得《かんとく》による三不動（黄《き》不動・青《あお》不動・赤《あか》不動）など、一面《めん》二臂《ひ》の多数の変化像が生じ、空海・円珍による不動法が流行していった。

不動明王の眷属《けんぞく》は八大童子《どうじ》であり、その中の矜羯羅《こんがら》・制吒迦《せいたか》の二童子を脇侍《わきじ》とし、不動三尊《さんぞん》が形成された、二童子を従え、剣を肩の上に携えて疾走する走り不動、剣を逆にして杖とする不動、倶利迦羅龍王《くりからりゅうおう》がからむ倶利迦羅剣を持つ不動など、霊験《れいげん》ある不動尊が今日も祀られている。

仏語の手引き

波切不動《なみきりふどう》

和歌山県・高野山《こうやさん》（南院《なんいん》）の本尊であり、秘仏《ひぶつ》である。空海が入唐《にっとう》中に師の恵果《けいか》から授かった霊木《れいぼく》に自刻し、師が開眼したとされる木像の立像である。空海が唐からの帰路で暴風に遭った際、この不動が火焔を放ち、剣で荒波を切ったことで無事に帰国できたとされることから、霊仏として尊崇され、波切不動と呼ばれた。腰をひねって右下方をにらみ、左手首に力を入れて曲げている異形不動である。

不動明王図像

三鈷柄剣《さんこつかけん》
柄を三鈷形につくった、悪霊を除き煩悩に打ち勝つ意味の持物《じもつ》。不動明王の変化身《へんげしん》である龍が巻きつき、火焔に覆われた倶利迦羅《くりから》龍王剣を手にする場合もある
頂蓮華《ちょうれんげ》
真理の象徴。大日如来の使者として衆生を守護することをあらわす
猛焔光《もうえんこう》
忿怒光《ふんぬこう》、火焔光《かえんこう》ともいい、破壊力のある怒りの炎をあらわす
白牙《びゃくげ》
弁髪《べんぱつ》
編んで長く垂らした髪
瓔珞《ようらく》
胸飾《きょうしょく》とする
臂釧《ひせん》
腕釧《わんせん》
羂索《けんさく》
衆生を捕縛して救う慈悲の投げ縄。安穏の持物《じもつ》である
条帛《じょうはく》
裳《も》（裙《くん》）
半跏趺坐《はんかふざ》
略式の結跏趺坐《けっかふざ》
岩座《がんざ》
「いわくら」とも読まれる。盤石座《ばんじゃくざ》ともいう。方形の材を組み上げた瑟瑟座《しつしつざ》であらわされる場合もある

不動明王図像［諸尊図像集］による

降三世明王

ごうざんぜみょうおう

「三世《さんぜ》」とは世にある貪《どん》・瞋《しん》・痴《ち》の三煩悩《さんぼんのう》のことである。その三毒《さんどく》を降伏《ごうぶく》する故《ゆえ》に、または欲《よく》・色《じき》・無色《むじき》の三世界を降伏する故に、降三世明王《ごうざんぜみょうおう》と称されている。吽迦羅金剛《うんからこんごう》・勝《しょう》三世明王・忿《ふん》怒《ぬ》降三世・孫婆《そんば》明王の異称もある。

この明王が三毒の主であり、三世界の主でもあるとされるのは、大日如来が説法の時に、大自在天《だいじざいてん》（摩醯首羅天《まけいしゅらてん》）が従わず、みずからを三世界の主であると称したために、降三世明王が忿怒形《ぎょう》の姿に現じて降伏させ、足下に大自在天と妃の烏摩妃《うまひ》を踏みつけたことによる（ただし『別尊雑記』には、不動明王が足下に二神を踏んでいる画像も描かれている）。

この明王は『金剛頂経《ちょうきょう》』では明王の中でも高い地位に配置され、『大日経《だいにちきょう》』でも不動明王と相対とされている。『尊勝仏頂曼《そんしょうぶっちょうまん》荼羅《だら》』では、不動明王と降三世明王の両尊が大日如来の脇侍《わきじ》に配される。これは胎蔵界《たいぞうかい》では大日如来の教令輪身《きょうりょうりんじん》が不動明王とされているのに対し、金剛界では大日如来の教令輪身が降三世明王であるからである。

降三世明王は不動明王に次いで重要視され、五大明王のひとつとして東方に配される。降三世法としては特に戦勝を祈念して修せられる。

像容としては二臂《ひ》、四臂、八臂など、種々の異形像《いぎょうぞう》があり、五大明王のひとつとして造立《ぞうりゅう》される。おもな像、持物《じもつ》などを次に挙げる。

●四面八臂像：『金剛頂瑜伽降三世成就極楽深密門《こんごうちょうゆがごうざんぜじょうじゅごくらくしんみつもん》』には、四面とも忿怒相《ふんぬそう》、左右の第一手は小指を交叉して降三世印《いん》を結び、左手に五鈷鉤《ごここう》・弓・索《さく》を、右手に五鈷杵《しょ》・箭《せん》・剣を持ち、左足で大自在天《だいじざいてん》の頂《いただき》を、右足で烏摩妃の乳房を踏みつけるという特徴的な姿であらわされ、全身が火焔に包まれる。

●三面八臂像：『摂無礙経《しょうむげきょう》』には、火焔のように逆立つ髻《もとどり》に髑《どく》髏《ろ》をつけ、三面ともに三つ目で微笑し、持物と足下は前の八臂像と同じとある。『八字文殊儀軌《はちじもんじゅぎき》』には、降三世印を結び、左手に弓・杵《しょ》・索を、右手に箭架《せんか》・戟《げき》・宝棒《ほうぼう》を持つと説かれる。

●一面四臂像：『慈氏《じし》（弥勒《みろく》）軌《き》』には、半月《はんがつ》中に住し、三眼《げん》四牙《が》の大瞋怒形《だいしんぬぎょう》、左足を前に屈して、走る姿勢をとり、左右第一手で結《むすび》印し、左手は金剛鉤《こんごうこう》、右手は五鈷《ごこ》金剛をとるとある。周辺には火焔が舞い、頭上に五智冠《ごちかん》を戴き、口は閉じる。『尊勝軌《そんしょうき》』では、左右第一手は三昧耶印《さんまやいん》を結び、左手は仏心《ぶっしん》印《いん》、右手は金剛杵《しょ》を執持《しつじ》すると説いている。

他に一面二臂、一面六臂などもある。

降三世明王図像
宝箭《ほうせん》
矢。教化《きょうけ》しがたい衆生を救う持物《じもつ》
宝剣《ほうけん》
金剛杵《こんごうしょ》
独鈷杵《とっこしょ》ともいう。怨敵を退かせる
焰髪《えんぱつ》
三叉戟《さんさげき》
先端が三つに分かれた矛《ほこ》の一種
宝弓《ほうきゅう》
弦が張っていない宝弓は払いをあらわす
臂釧《ひせん》
胸　飾《きょうしょく》
降三世印《ごうざんぜいん》
小指をからませて人差指を立てた結印《むすびいん》
瓔珞《ようらく》
腕釧《わんせん》
環珞《かんらく》という
羂索《けんさく》
腰布《こしぬの》
腰紐《こしひも》
裳《も》（裙《くん》）
腰に巻く長い布
虎頭皮《ことうひ》
足釧《そくせん》
合 掌 手《がっしょうしゅ》
大自在天《だいじざいてん》
摩醯首羅天《まけいしゅらてん》ともいう。降三世に降伏《ごうぶく》させられ、左足で頂《いただき》を踏みつけられる
烏摩妃《うまひ》
大自在天《だいじざいてん》の妃の左手を降三世の右足が踏みつける

軍荼利明王

ぐんだりみょうおう

「軍荼《ぐんだ》」とは水瓶《すいびょう》を、「利《り》」とは所有することをあらわしており、水瓶から甘露水《かんろすい》が連想され、甘露軍荼利《かんろぐんだり》の名称もある。五仏に配される宝生如来《ほうしょうにょらい》の教令輪身《きょうりょうりんじん》（忿怒像《ふんぬぞう》であらわされる）とされることから、南方に配される明王である。吉里吉里《きりきり》明王（吉利《きり》枳羅《きら》）とも異称される。

『陀羅尼集経《だらにじっきょう》』の中に、蛇を身に巻いた姿は性力崇拝を表象し、それを仏教化したのがこの軍荼利明王であると説かれており、五大明王の内では早くから成立した明王である。軍荼利明王は種々の障害を除去する功徳《くどく》があるとされ、調伏《ちょうぶく》・息災・増益《そうやく》を祈願するものとされた。聖天法《しょうてんほう》を修し、聖天（歓喜天《かんぎてん》）を責め、支配するといわれる。

『摂無礙経《しょうむげきょう》』には三部にそれぞれの軍荼利があると説かれ、仏部は甘露軍荼利《かんろぐんだり》を蘇悉地院《そしつじいん》に、蓮華《れんげ》部は蓮華軍荼利を観音院《かんのんいん》に、金剛《こんごう》部は金剛軍荼利を金剛手院《しゅいん》に配置している。

軍荼利明王の姿形《しぎょう》の特徴は、多数の蛇が巻きついているところであるが、蛇の我痴我見我慢我愛《がちがけんがまんがあい》をあらわしているといわれている。京都府・東寺《とうじ》（講堂《こうどう》）には身体に蛇を巻きつけた八臂《ひ》像があり、京都府・醍醐寺《だいごじ》には一木造《いちぼくづくり》の五大明王像がある。『陀羅尼集経《だらにじっきょう》　金剛阿密哩多軍荼利菩薩自在神力呪印品《こんごうあみつりたぐんだりぼさつじざいじんりきじゅいんぼん》』に説かれる一面八臂像は、全身青色《しょうじき》で、髻《もとどり》が火焔のように逆立ち、眼《げん》を開いて下唇を噛んでの大瞋面《だいしんめん》をなし、全身に蛇が巻きつき、髑髏冠《どくろかん》を戴いた三つ目の怖畏相《ふいそう》である。像容は、八臂に蛇を巻き、左右第一手で軍荼利の印相《いんぞう》（胸前で手を交叉させる大瞋印《だいしんいん》）を執《しつ》持《じ》し、左手に金輪《こんりん》・戟《げき》・金剛鉤《こんごうこう》をとり、右手は金剛杵《しょ》（三鈷《さんこ》杵）・剣印《けんいん》・与願印《よがんいん》をとる。虎皮《こひ》を衣《え》とし、二蛇で腰紐《こしひも》とする。足にも蛇を巻き、片足は七宝雙蓮華《しちほうそうれんげ》座（踏割《ふみわり》）に立ち、全身を火焔におおわれる。

『摂無礙経《しょうむげきょう》』での一面八臂像は、髑髏冠を戴く三つ目の雷電黒《らいでんこく》雲相《うんそう》で、左右両手で大瞋印をとり、十二の蛇が首・八臂・二脚にまとわりつくとされ、前述の像と持物《じもつ》にも多少の違いがある。

『甘露軍荼利成就儀軌《じょうじゅぎき》』での四面四臂像は、正面は慈悲、左面は大笑、右面は忿怒、後面は小忿怒で口を開き、左右第一手は羯《かつ》磨印《まいん》を結び、左手は満願印、右手は金剛杵《こんごうしょ》をとっている。火焔の月輪《がちりん》中に住し、瑟瑟座《しつしつざ》に坐する。手足には蛇のかわりに瓔珞《ようらく》が巻かれ、菩提《ぼだい》の意をあらわしている。瑟瑟座とは、明王の台座のひとつであり、方形の材を積み上げ、堅固さを象徴した幾何的で特殊な形の台座である。特に不動明王が用いる。

軍荼利明王図像

三鈷柄《さんこしょ》
髑髏冠《どくろかん》
頂上には三鈷形《さんこぎょう》
焔髪《えんぱつ》
火焔光《かえんこう》
法輪《ほうりん》
宝輪《ほうりん》とも書き、
金輪《こんりん》ともいう
三鈷戟《さんこげき》
赤蛇《しゃくじゃ》
臂釧《ひせん》
金剛鉤《こんごうこう》
青蛇《しょうじゃ》の胸飾《きょうしょく》
剣印《けんいん》
軍荼利印《ぐんだりいん》
大瞋印《だいしんいん》ともいう
腕釧《わんせん》
裳《も》（裙《くん》）
与願印《よがんいん》
足釧《そくせん》
青蛇《しょうじゃ》の腰紐《こしひも》
虎頭皮《ことうひ》
石突《いしづき》
地面を突く意からの名称
白蛇《びゃくじゃ》
蛇は我痴《がち》我見《がけん》我慢《がまん》我愛《があい》をあらわし、頭痛を除くといわれる
踏割蓮華座《ふみわりれんげざ》
立像《りゅうぞう》の両足を別々にする台座。片方の足を上げている姿は
蔵王権現《ざおうごんげん》に影響を与えたとされる。七宝雙蓮華座《しちほうそうれんげ》ともいう。

大威徳明王

だいいとくみょうおう

五大明王《ごだいみょうおう》のうちの西方に配され、閻曼徳迦威怒王《えんまんとくかいぬおう》・降閻魔尊《ごうえんまそん》・無量寿仏忿怒《むりょうじゅぶつふんぬ》とも称される。また、六足を有するため、六足尊《ろくそくそん》という別称もある。

大威徳明王は、無量寿如来《にょらい》（自性輪身《じしょうりんじん》）、文殊菩薩《もんじゅぼさつ》（正法《しょうほう》輪身）に対応する教令輪身《きょうりょうりんしん》であるとされる。『胎蔵旧図様《たいぞうきゅうずよう》』では文殊院に描かれるが、空海（七七四～八三五）が請来《しょうらい》したとされる胎蔵界曼荼羅《まんだら》では持明院《じみょういん》に列している。経軌《きょうき》にて調伏法《ちょうぶくほう》が説かれるが、わが国では戦勝祈願の修法の本尊とされ、勝軍大威徳明王《しょうぐんだいいとくみょうおう》法《ほう》が盛んであった。文殊菩薩の眷属《けんぞく》でもある大威徳明王は、髑髏《どくろ》を瓔珞《ようらく》として水牛《すいぎゅう》に乗る六面六臂《ひ》六足の姿で描かれる。『仁王儀軌《にんのうぎき》』にも三つ目の極忿怒相《ごくふんぬそう》として記されるが、持物《じもつ》などは詳記されていない。

大威徳明王の特徴は、水牛に乗る六面六臂六足の形《ぎょう》であるが、その水牛が立つもの、坐るもの、走るものがあり、またその水牛に明王が立つ立像《りゅうぞう》と、坐《すわ》る坐像《ざぞう》の二種がある。坐像が多く、立像は少ない。

滋賀県・延暦寺《えんりゃくじ》と京都府・大覚寺《だいがくじ》には木造の立像がある。奈良県・唐招提寺《とうしょうだいじ》には、走行する水牛の背の上に大威徳明王が立つという異形《いぎょう》の像があり、戦勝祈願の信仰があったとされている。騎牛《きぎゅう》像は、滋賀県・石馬寺《いしばじ》、高知県・竹林寺《ちくりんじ》、長野県・牛伏寺《うしふせでら》に造立されている。

持物《じもつ》については、『大聖妙吉祥菩薩秘密八字陀羅尼修行曼荼羅次第儀軌法《だいしょうみょうきちじょうぼさつひみつはちじだらにしゅぎょうまんだらしだいぎきほう》』には、左上手は戟《げき》、次下手は弓、次下手は索《さく》、右上手は剣、次下手は箭《せん》、次下手は棒《ぼう》をとると記され、『曼殊室利焔曼徳迦万愛秘術如意法《まんじゅしりえんまんとくかまんあいひじゅつにょいほう》』では、水牛に乗り、六面のうち中央面は菩薩形で、その頂上には化仏（阿弥陀仏）をつけ、左は鉾《ほこ》、輪索《りんさく》、弓を、右は剣、宝杖《ほうじょう》、箭《せん》を取ると伝えられ、左三足は輪宝《りんぽう》の上に立ち、右足は三足とも高く仰ぐとある。『立成神験法《りつせいじんけんほう》』『仁王道場軌《にんのうどうじょうき》』には、左右第一手は檀拏印《だんどいん》に結ぶとあるが、持物は説かれていない。経典によって持物は異なる。

仏語の手引き

金剛名《こんごうめい》の五大尊《ごだいそん》

不空訳《ふくうやく》の『仁王護国般若波羅蜜多経陀羅尼念誦儀軌《にんのうごこくはんにゃはらみったきょうだらにねんじゅぎき》』では、金剛《こんごう》波羅蜜多・金剛手《しゅ》・金剛宝《ほう》・金剛利《り》・金剛薬叉菩薩《やしゃぼさつ》の変化身《へんげしん》を、それぞれ、威怒不動金剛《いぬふどう》（中央）・威怒降三世金剛《ごうざんぜ》（東方）・威怒甘露軍荼利金剛《かんろぐんだり》（南方）・威怒六足金剛《ろくそく》（西方）・威怒浄身金剛《じょうしん》（北方）とし、これを五大尊と称している。

大威徳明王図像

金剛宝剣《こんごうほうけん》
三鈷剣《さんこけん》ともいう。怨敵を退散させ、悪霊・魔障を降伏《ごうぶく》し、功徳を得られる持物《じもつ》
三つ目の脇面《わきめん》
三面宝冠《さんめんほうかん》
三叉戟《さんさげき》
先が三つに分かれた矛の一種
宝幢《ほうどう》
宝棒《ほうぼう》
慈悲の心を得る持物《じもつ》。宝杖《ほうじょう》ともいう
宝輪《ほうりん》
輪宝《りんぼう》ともいう
箭《せん》（矢《や》）
髑髏《どくろ》の瓔珞《ようらく》
宝弓《ほうきゅう》
白牛《びゃくぎゅう》（水牛《すいぎゅう》）
戦勝を意味する騎牛《きぎゅう》の姿
胸懸《むねがい》
敷座《しきざ》
台座の一種で、筵《むしろ》座ともいう
足釧《そくせん》
裳《も》（裙《くん》）

金剛夜叉明王

こんごうやしゃみょうおう

五大明王《ごだいみょうおう》のうち北方に配される金剛夜叉明王《こんごうやしゃみょうおう》は、金剛杵《しょ》の威力を持ち、薬叉《やしゃ》であったとされる。一切の悪を食いつくす大忿怒《だいふんぬ》尊であると『摂無礙経《しょうむげきょう》』で説かれる。台密《たいみつ》（天台宗）系での経軌《きょうき》では、北方には烏枢沙摩《うすさま》明王が配されるが、『瑜祇経《ゆぎきょう》』では同体ではないとされる。不空成就如来《ふくうじょうじゅにょらい》（自性輪身《じしょうりんじん》）には二つの正法《しょうほう》輪身があり、一方の正法輪身である摧一切魔《さいいっさいま》菩薩（金剛牙《げ》菩薩）の教令《きょうりょう》輪身が金剛夜叉明王とされ、もう一方の正法輪身である金剛業《ごう》菩薩の教令輪身が烏枢沙摩明王とされるためである。

金剛夜叉明王は、火焔を背にして一切の穢《けが》れを焼き尽くし、悪欲の心で呑食《どんしょく》し、不浄を除くところから、護法《ごほう》金剛・調伏《ちょうぶく》金剛・金剛尽《じん》・噉食《たんじき》金剛とも称される。調伏・息災に用いられ、五大明王の一尊として、五壇法《ごだんほう》・仁王経法《にんのうきょうほう》で造立《ぞうりゅう》されたが、大威徳《だいいとく》明王のように単独像で造られたり、降三世《ごうざんぜ》明王のように独立して信仰されることは少なかったと思える。

しかし、この明王の特徴は三面六臂《ひ》像であり、正面は五眼《ごげん》を持っているところである。左右二段ずつ並ぶ四眼と、額真中にある縦形《たてぎょう》の一眼を合わせ、五眼であるが、まさに自在に動くさまを感じさせる。左右の面も三つ目であり、奮迅忿怒形《ふんじんふんぬぎょう》をいっそう強めている。五眼は金剛界の五部、三面は胎蔵界《たいぞうかい》の三部をあらわすとされる。また片足を高く上げる立像は蔵王権現像《ざおうごんげんぞう》に影響を及ぼしたといわれる。持物《じもつ》は、左手は金剛鈴《こんごうれい》、宝弓、輪宝《りんぽう》、右手は金《こん》剛杵《ごうしょ》、宝箭《ほうせん》、宝剣《ほうけん》を持つ。

仏語の手引き

三輪身《さんりんじん》

「輪《りん》」とは、転輪王《てんりんおう》の宝器である輪宝《りんぽう》のこと、「身《しん》」とは仏身《ぶっしん》のことである。衆生に応じて化導する仏身の三つの姿を三輪身という。自《じ》性《しょう》輪身は、本有《ほんゆう》自性の仏身の如来《にょらい》のことであり、正法《しょうほう》輪身は、如来の正法を説く菩薩《ぼさつ》のこと、教令《きょうりょう》輪身とは衆生《しゅじょう》を済度《さいど》するために忿怒《ふんぬ》形《ぎょう》をとる明王のことである。以下、異説もあるが、『秘蔵記』よりの名称を並べる。

（自性輪身）	（正法輪身）	（教令輪身）
①大日如来《だいにちにょらい》――	般若菩薩《はんにゃぼさつ》――	不動明王《ふどうみょうおう》
②阿閦《あしゅく》如来――	金剛手《こんごうしゅ》菩薩――	降三世《ごうざんぜ》明王
③宝生《ほうしょう》如来――	金剛蔵《ぞう》菩薩――	軍荼利《ぐんだり》明王
④阿弥陀《あみだ》如来――	文殊《もんじゅ》菩薩――	大威徳《だいいとく》明王
⑤不空成就《ふくうじょうじゅ》如来――	金剛牙《げ》菩薩――	金剛夜叉明王

金剛夜叉明王図像

降魔智剣《ごうまちけん》
煩悩を摧破《さいは》する鋭利な諸刃の剣。解脱《げだつ》の象徴
宝輪《ほうりん》
荘厳《しょうごん》を示す飾り
火焔光《かえんこう》
焔髪《えんぱつ》
輪宝《りんぽう》（宝輪《ほうりん》）
説法を法輪に見立て、煩悩を破断する。輪《りん》へ放射状に出ている輻《ふく》（輪の矢）の数によって四軸・五軸・六軸・八軸と名付けられる
腕釧《わんせん》
臂釧《ひせん》
臂釧《ひせん》
胸飾《きょうしょく》
瓔珞《ようらく》という
金剛杵《こんごうしょ》
三鈷杵《さんこしょ》ともいう
宝弓《ほうきゅう》
弦が張っていない宝弓は祓いをあらわす持物《じもつ》
宝箭《ほうせん》
矢のこと
金剛鈴《こんごうれい》
三鈷鈴《さんこれい》ともいう
条帛《じょうはく》
虎皮《こひ》
裳《も》（裙《くん》）
足釧《そくせん》
踏割蓮華座《ふみわりれんげざ》
七宝雙蓮華座《しちほうそうれんげざ》ともいう

金剛夜叉明王図像 ［別尊雑記］による

烏枢沙摩明王

うすさまみょうおう

平安時代以降、天台宗《てんだいしゅう》(台密《たいみつ》)系では、五大明王《ごだいみょうおう》のひとつとして、金剛夜叉《こんごうやしゃ》明王のかわりにこの烏枢沙摩《うすさま》明王を北方に配する。この明王は烏枢瑟摩《うすしま》・烏芻澁摩《うすしま》とも記される。一切の穢《けが》れを除き、すべての不浄と障害を除く偉力があることから、穢積金剛《えしゃくこんごう》・受触《じゅしょく》金剛・不壊《ふえ》金剛・火頭《かず》金剛・不浄潔《ふじょうけつ》金剛・不浄忿怒《ふんぬ》金剛などと訳されると、『大威怒烏芻澁摩儀軌《だいいぬうすしまぎき》』『陀羅尼集経《だらにじっきょう》』『首楞厳経《しゅりょうごんきょう》』などに説かれている。

中国でも敦煌《とんこう》画に、臂《ひ》や足に蛇《じゃ》が巻きつき、髑髏《どくろ》の瓔珞《ようらく》をつけ、焰髪《えんぱつ》を逆立て、火焰を負う姿が描かれており、左右に阿閦《あしゅく》・阿弥陀如来《あみだにょらい》を配し、火頭《かず》金剛と記されている。わが国では円珍《えんちん》(八一四~八九一)請来《しょうらい》の図集による図像がある。京都府・醍醐《だいご》寺蔵の『図像抄《ずぞうしょう》 十巻』や、京都府・仁和《にんな》寺蔵の『別尊雑記《べっそんざっき》』のなかにも幾種類もの異像が描かれているが、持物は一定しない。しかも、この明王の単独像は意外に少ない。

次に各異像の特徴を挙げるが、経典によって持物《じもつ》は異なることがある。

◉二臂像:身は赤色で、忿怒形《ふんぬぎょう》。狗牙《くげ》を出し、髪は逆立ち、左に杵《しょ》を、右に棒を持ち、臂と足に蛇《じゃ》が巻きつき、火焰を負う。

◉四臂像:敦煌画のように、左手に五鈷杵《ごこしょ》と羂索《けんさく》、右手に剣と棒を持つと説かれるが、その持物には相違がみられる。

◉六臂像:円珍の請来図によると、三つ目であり、左手に施願《せがん》印《いん》・宝輪《ほうりん》・念珠《ねんじゅ》をとり、右手に宝棒《ほうぼう》・三鈷杵《さんこしょ》・羂索を持ち、蛇《じゃ》と髑髏《どくろ》で荘厳《しょうごん》して、蓮華座《れんげざ》に右足を垂らして坐している。

◉八臂像:『陀羅尼集経《だらにじっきょう》』には、身は赤肉色《にくじき》で、青色《しょうじき》の天衣《てんね》と赤袈裟《せきけさ》を身につけ、火焰《かえん》を吹き、磐石《ばんじゃく》に立ち、左右第一手は印《いん》を結び、左手に剣・三鈷鈴《さんこれい》・索《さく》を、右手に戟《げき》・独鈷杵《とっこしょ》・棒《ぼう》を持つと説かれる。

仏語の手引き

五大明王

五大尊《そん》・五大忿怒《ふんぬ》・五部忿怒とも称される五明王を不空《ふくう》訳の『仁王《にんのう》護国般若波羅蜜多経《ごこくはんにゃはらみったきょう》 陀羅尼念誦儀軌《だらにねんじゅぎき》』の中で組み合わせたものである。

中央 ― 威怒《いぬ》不動金剛《ふどうこんごう》の化身《けしん》の不動明王
東方 ― 威怒降三世《ごうざんぜ》金剛の化身の降三世明王
南方 ― 威怒甘露軍荼利《かんろぐんだり》金剛の化身の軍荼利明王
西方 ― 威怒六足《ろくそく》金剛の化身の大威徳《だいいとく》明王
北方 ― 威怒浄身《じょうしん》金剛の化身の烏枢沙摩明王

※東密《とうみつ》では、仁王経曼荼羅図の北方に金剛夜叉明王を配している。

烏枢沙摩明王図像　［図像抄　十巻］による

烏枢沙摩明王図像

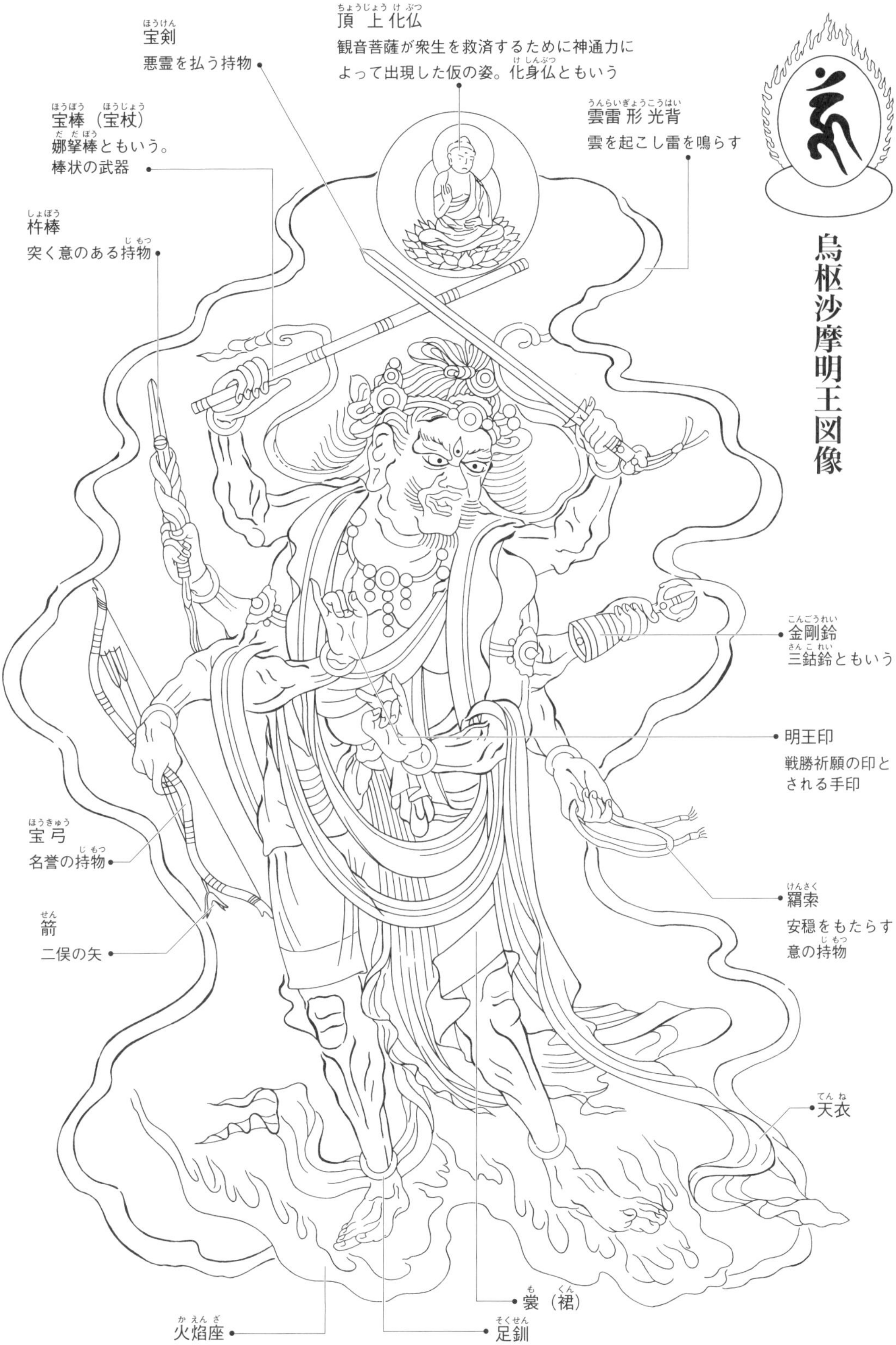
宝剣《ほうけん》
悪霊を払う持物
頂《ちょう》上《じょう》化仏《けぶつ》
観音菩薩が衆生を救済するために神通力によって出現した仮の姿。化身仏《けしんぶつ》ともいう
宝棒《ほうぼう》（宝杖《ほうじょう》）
娜拏棒《だだぼう》ともいう。
棒状の武器
雲雷《うんらい》形《ぎょう》光背《こうはい》
雲を起こし雷を鳴らす
杵棒《しょぼう》
突く意のある持物《じもつ》
金剛鈴《こんごうれい》
三鈷鈴《さんこれい》ともいう
明王印
戦勝祈願の印とされる手印
宝弓《ほうきゅう》
名誉の持物《じもつ》
羂索《けんさく》
安穏をもたらす意の持物《じもつ》
箭《せん》
二俣の矢
天衣《てんね》
裳《も》（裙《くん》）
火焔座《かえんざ》
足釧《そくせん》

孔雀明王

くじゃくみょうおう

明王《みょうおう》でも忿怒形《ふんぬぎょう》ではなく、孔雀仏母《くじゃくぶつも》とも呼ばれるように、女性的な菩薩形《ぼさつぎょう》であらわされる。摩訶摩瑜利《まかまゆり》ともいう。『仏母孔雀《ぶつもくじゃく》明王経《みょうおうきょう》』には、仏母金剛《こんごう》・仏母大孔雀明王・孔雀王母《おうも》菩薩の名でも記されている。

吉祥鳥《きっしょうちょう》でもある孔雀は、蛇《じゃ》をよく喰《くら》うことから、猛毒の蛇だけでなく毒草・毒虫など諸毒の象徴のすべて、すなわち一切の怖《ふ》畏《い》を滅し、あらゆる病魔をも除去するとし、孔雀の能力を神格化したのが孔雀明王である。不空訳《ふくうやく》『仏《ぶつ》母《も》大孔雀明王経』に「摩訶摩瑜利仏母明王大陀羅尼《だいだらに》」の呪文を誦《じゅ》すると一切の害毒が取り除かれ大安楽を得られると説かれ、信仰された。わが国では役小角《えんのおづぬ》もこれを信仰したといわれており、山林修行にはなくてはならない尊とされた。

孔雀明王を本尊とする修法《しゅほう》は、貪欲《どんよく》・瞋恚《しんい》・愚痴《ぐち》の三毒《さんどく》や、種《しゅ》種《じゅ》の病苦・病悩を取り除くために行われ、息災延命《そくさいえんめい》・出産・除難なども祈願される。特に請雨《しょうう》（雨乞《あまご》い）や止雨《しう》のために修せられ、密教がもたらされる以前の奈良時代においてもすでに信仰されていたことが記録に残されている。

明王にしては柔和な菩薩形で慈悲相《じひそう》の姿に造られているため、『玄法軌《げんぽうき》』『青龍軌《しょうりゅうき》』には菩薩とすると説かれている。それほど孔雀明王は一見すると菩薩仏《ぼさつぶつ》ではないかと思え、明王にはみえないかもしれない。しかし、宝冠を戴き、金色《こんじき》の孔雀に乗り、孔雀の尾羽《おは》を手にして、孔雀尾《くじゃくび》を光背《こうはい》として負う姿こそが、孔雀明王なのである。

孔雀明王の二臂《ひ》像は、菩薩形《ぎょう》で、蘇悉地院《そしつじいん》に配されており、左手は開敷蓮華《かいふれんげ》を持ち、右手は孔雀尾を立てて持ち、少々斜めに向いて結跏趺坐《けっかふざ》で蓮華座に坐する。慈悲相の菩薩と同じである。四臂像は、密教の四大法のひとつである孔雀法の本尊とされ、金色の三十五茎《けい》の孔雀尾を光背にして、白身《しろみ》の慈悲相である。左手は吉祥果《きっしょうか》（石榴《ざくろ》）・孔雀尾を、右手は開敷蓮華・倶縁果《くえんか》（柑橘《かんきつ》）を持つ。他の明王のような武器ではなく、菩薩形の宝冠《ほうかん》・瓔珞《ようらく》・臂《ひ》釧《せん》・腕釧《わんせん》で荘厳《しょうごん》され、四臂の持物《じもつ》はそれぞれ、蓮華は敬愛、倶縁果は増益《そうやく》、吉祥果は降伏《ごうぶく》、孔雀尾は息災を示し、密教における四種法をあらわしている。鳥獣座《ちょうじゅうざ》（孔雀座）に乗り、結跏趺坐《けっかふざ》で蓮華座に坐す姿であらわされる。和歌山県高野山《こうやさん》・金剛峯寺《こんごうぶじ》の彫像は、快慶《かいけい》作の華やかながらも落ちついた像である。六臂像になると、さらに左手に梵篋《ぼんきょう》、右手に月輪《がちりん》を持つ。京都府・仁和寺《にんなじ》には、三面六臂の華麗なる単尊像の南宋画《なんそう》がある。

孔雀明王図像

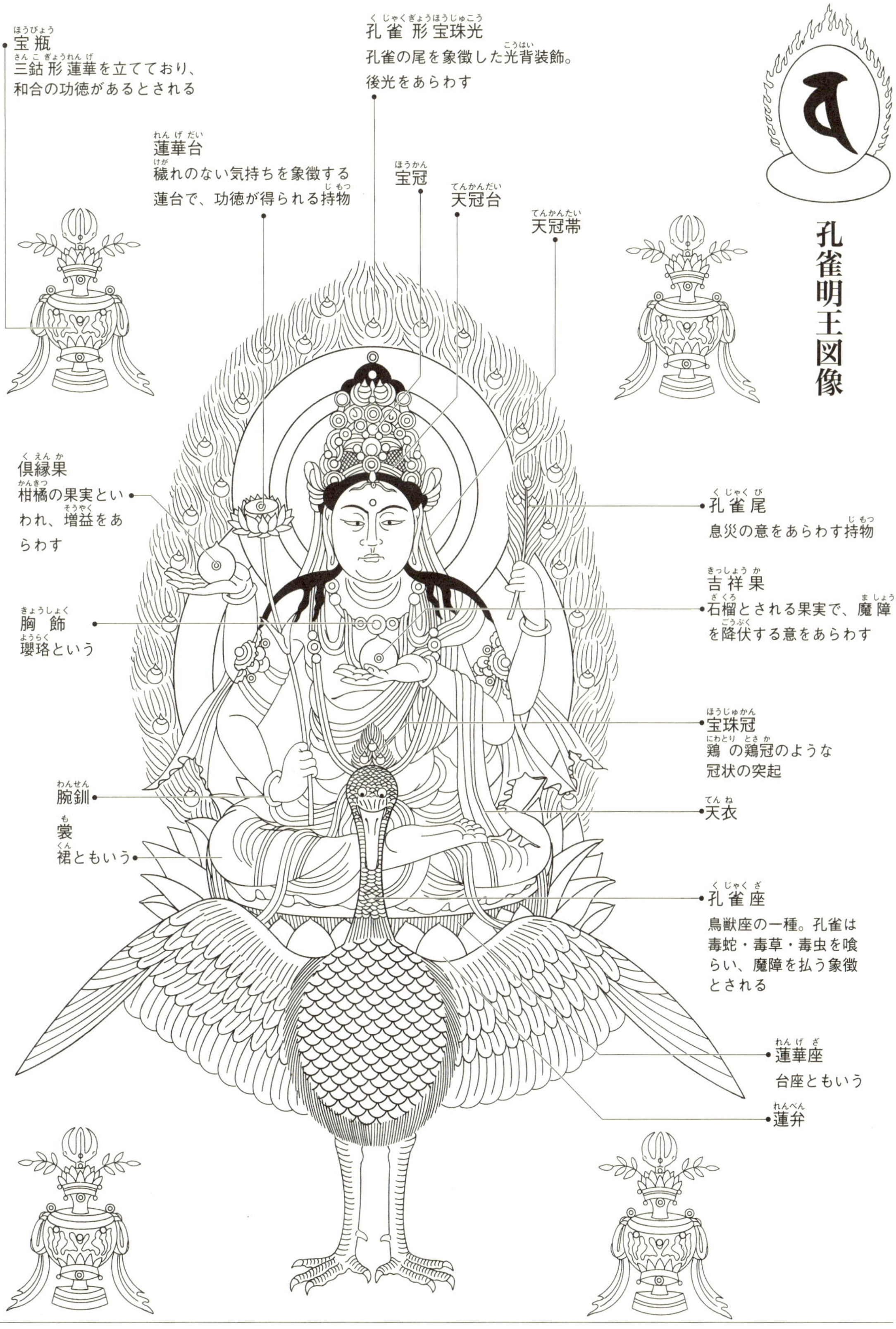
宝瓶《ほうびょう》
三鈷形《さんこぎょう》蓮華《れんげ》を立てており、
和合の功徳があるとされる
孔雀形宝珠光《くじゃくぎょうほうじゅこう》
孔雀の尾を象徴した光背《こうはい》装飾。
後光をあらわす
蓮華台《れんげだい》
穢《けが》れのない気持ちを象徴する
蓮台で、功徳が得られる持物《じもつ》
宝冠《ほうかん》
天冠台《てんかんだい》
天冠帯《てんかんたい》
倶縁果《くえんか》
柑橘《かんきつ》の果実とい
われ、増益《そうやく》をあ
らわす
孔雀尾《くじゃくび》
息災の意をあらわす持物《じもつ》
吉祥果《きっしょうか》
石榴《ざくろ》とされる果実で、魔障《ましょう》
を降伏《ごうぶく》する意をあらわす
胸飾《きょうしょく》
瓔珞《ようらく》という
宝珠冠《ほうじゅかん》
鶏《にわとり》の鶏冠《とさか》のような
冠状の突起
腕釧《わんせん》
天衣《てんね》
裳《も》
裙《くん》ともいう
孔雀座《くじゃくざ》
鳥獣座の一種。孔雀は
毒蛇・毒草・毒虫を喰
らい、魔障を払う象徴
とされる
蓮華座《れんげざ》
台座ともいう
蓮弁《れんべん》

愛染明王

あいぜんみょうおう

人間の愛欲（愛情と欲望）は仏心《ぶっしん》に通ずるとし、浄菩提心《じょうぼだいしん》（悟《さと》りを求める心）に変えていく尊といわれる。愛染明王《あいぜんみょうおう》は忿怒《ふんぬ》の形相で真っ赤な全身であり、煩悩即菩提《ぼんのうそくぼだい》の教えの本尊とされ、また、敬愛法《けいあいほう》（人を惹《ひ》きつける和合と親睦《しんぼく》を祈り、政敵を呪詛《じゅそ》する修法《しゅほう》）の本尊でもある。愛欲貪染《あいよくどんぜん》（愛欲をむさぼる心）を略し、愛染とされる。梵名は羅誐羅闍《らがらじゃ》で、赤色・愛情・情欲を意味する。摩訶羅誐《まからが》・愛染王・染愛王《ぜんあいおう》とも称し、密号では離愛金剛《りあいこんごう》とも称される。

愛欲貪染がそのまま金剛薩埵《こんごうさった》の浄菩提心の三昧耶形《さんまやぎょう》とする明王で、その本地仏《ほんじぶつ》は金剛薩埵であり、その眷属《けんぞく》に十七尊《そん》を配すると『愛染曼荼羅《まんだら》』にある。

空海《くうかい》（七七四～八三五）請来《しょうらい》の金剛智《ち》訳『金剛峯楼閣一切瑜伽瑜《こんごうぶろうかくいっさいゆがゆ》祇経《ぎきょう》』に説かれた姿で平安時代に像が制作されたが、現存する当時の作例は少ない。ただし図像集には残っているものは多く、円《えん》珍《ちん》（八一四～八九一）らによって異形像《いぎょうぞう》が生みだされている。不動《ふどう》明王と愛染明王が合体した両頭《りょうとう》愛染明王もそのひとつである。不動明王と愛染明王を脇侍《わきじ》とするものもある。師子に乗る愛染明王や、天に向かって弓を引く天弓《てんきゅう》愛染明王、また三面や四臂《ひ》もある。

愛染明王は、三つ目と六臂《ひ》の手を持つ一面三つ目六臂像が通例で、蓮華座に坐《ざ》す坐像のみで、立像《りゅうぞう》は存在しない。高知県・竹林《ちくりん》寺《じ》、京都府・仁和寺《にんなじ》、浄瑠璃寺《じょうるりじ》に彫像がある。三つ目であるのは、三徳（仏部・蓮華部・金剛部）の意をあらわしているとされる。特徴としては、身が赤色で、逆立つ髪に師子頭《ししがしら》の宝冠（師子冠《ししかん》）を戴き、冠の頂上に五鈷鉤《ごここう》（五智《ごち》）を安じている。天帯の横帯は、細事《さいじ》も聞かずに如来の欲染《よくぜん》のみに応ずる帝王の忿怒相《ふんぬそう》である。日《にち》輪《りん》をあらわす赤い円形《えんぎょう》の光背《こうはい》を背に、左右の第一手は金剛鈴《こんごうれい》・五《ご》鈷杵《こしょ》をとる。左右第二手の弓と箭《せん》は敬愛をあらわし、左の第三手は腰にあり、右の第三手は蓮華《れんげ》をとるが、蓮華を持する姿は根本《こんぽん》無明《むみょう》を降伏《ごうぶく》させる意もあるという。また、腰にある左第三手は所《しょ》願形《がんぎょう》で持物《じもつ》を持たないが、祈る衆生《しゅじょう》のさまざまな願いに応じて変化するために所持していないとされる。

その他の異像としては、台座の赤《せき》蓮華で敬愛をあらわし、蓮華座の下の宝瓶《ほうびょう》で増益《そうやく》・福徳をあらわす像もある。『現図両界曼荼《げんずりょうかいまんだ》羅《ら》』『図像抄《ずぞうしょう》 十巻』『覚禅鈔《かくぜんしょう》』にも異像画が多く、持物が違うものも多々生みだされている。

愛染明王図像

焰髪《えんぱつ》
逆立つ髪
宝冠《ほうかん》
師子頭《ししがしら》の冠。頂上には金剛鉤《こう》を戴き、天帯でしめる
火焰鳥《かえんちょう》
文殊《もんじゅ》菩薩の化身獣《けしんじゅう》である妙翅鳥《みょうじちょう》ともいわれる。火焰を放ち、衆生を救済する神獣鳥でもある
天弓《てんきゅう》
これを持物《じもつ》とするところから、天弓《てんきゅう》愛染明王の別称もある
蓮華《れんげ》
敬愛を持って功徳を象徴する。清浄不染《しょうじょうふぜん》の意から仏に出逢い、浄土に再び生まれることをあらわす。開いた蓮華は開敷《かいふ》蓮華と呼ばれる
日輪《にちりん》
太陽を象徴する持物《じもつ》
三鈷箭《さんこせん》（矢）
日輪形光背《にちりんぎょうこうはい》
臂釧《ひせん》
環珞《かんらく》という
胸飾《きょうしょく》
瓔珞《ようらく》という
金剛杵《こんごうしょ》
五鈷杵《ごこしょ》といい、悪霊を払う
金剛鈴《こんごうれい》
鳴らすと衆生は歓喜し、功徳を得るとされる。五鈷鈴ともいう
瓔珞《ようらく》
蓮華座《れんげざ》
台座ともいう。尊を神聖化し、荘厳《しょうごん》する座具
半跏趺坐《はんかふざ》
結跏趺坐《けっかふざ》の略坐。片方の足だけを反対の太ももにのせる坐り方

歩擲明王

ぶちゃくみょうおう

八大明王《みょうおう》のひとつである歩《ぶ》擲《ちゃく》明王は、普賢《ふげん》菩薩の化身《けしん》といわれる。この明王は一切の衆生《しゅじょう》のため六道《ろくどう》を済度《さいど》して、守護の功徳《くどく》を説き、菩提心《ぼだいしん》を起こさせて、もろもろの悪魔を摧伏《さいふく》し、退散させる威力を持つとされる。『歩擲金剛念誦儀軌《ねんじゅぎき》』には〝永《なが》き三途《さんず》を離れ普賢の行《こう》を成して、罪人を解脱《げだつ》させて菩提心を発し、もろもろの悪魔等を摧伏し避除退散《ひじょたいさん》する〟と説かれ、この明王の徳を称えている。形像は、『歩擲儀軌』には青身《しょうしん》の十八臂《ひ》と説かれるが、二臂像のものが多い。

『八大仏頂《ぶっちょう》儀軌』には、左手に金剛杵《こんごうしょ》を持ち、右手に施蓋《せがい》（傘《さん》蓋《がい》）をとり、全身は虚空色《こくうじき》で火光焔《かこうえん》を放つとあるが、造立像はみられず、『歩擲金剛念誦儀軌』に説かれ、〝この像は我《われ》まだ見ず〟と記されている。その形像については同儀軌に〝本尊を図画せよ。身は青色《しょうじき》にして右顧《うこ》する。左手は掌印《しょういん》・三鈷杵《さんこしょ》・剣・円石《えんせき》・短柄《たんえ》の槌《つち》（車輪《しゃりん》）・箭《せん》（矢《や》）・杖《じょう》・宝棒《ほうぼう》を持つ。右手は拳印《けんいん》・独鈷杵《とっこしょ》・桃枝《とうし》・鉄斧《てつふ》・玉環《ぎょっかん》・宝輪《ほうりん》・弓・羂索《けんさく》を持ち、龍王を携えの冠鬘《かんまん》にして、瓔珞《ようらく》を手と足につけ、眉をひそめて猛視し利牙《りげ》をあらわす。赤色《しゃくじき》の裙《くん》を着付けて戟《げき》と傘蓋《さんがい》を左右に執る〟とあるが、これが『歩擲儀軌』に説かれる十八臂像なのか。

『図像抄《ずぞうしょう》 十巻』にある蓮華座に坐すものは二臂《ひ》像であり、『大《だい》甘露軍拏利焔鬘熾盛仏頂経《かんろぐんだりえんまんしじょうぶっちょうきょう》』に説かれるのも二臂像で、左手に三鈷杵《さんこしょ》を持し、右手に傘蓋を持している。左手の肘を折り、三鈷杵を持す拳を横にして外に向けた印相《いんぞう》と、右手の肘を少しだけ曲げて傘蓋を持す拳の印相は何を語るものなのか。蓮華座に坐す形《ぎょう》姿《し》には、功徳《くどく》を説き、罪人を菩提心に導いて六道を済度《さいど》し、悪魔を摧伏し退散させた安堵《あんど》があらわされているのかもしれない。

仏語の手引き

八大明王

『大妙金剛経《だいみょうこんごうきょう》』によると、集会《しゅうえ》の正法護持《しょうほうごじ》に任じられて上首になるため、八大菩薩《ぼさつ》から八大金剛明王が応現身《おうげんしん》したとされる。

観自在菩薩《かんじざいぼさつ》——馬頭《めず》明王　　慈氏《じし》菩薩——大輪《だいりん》明王
文殊《もんじゅ》菩薩——大威徳《だいいとく》明王　　虚空蔵《こくうぞう》菩薩——軍荼利《ぐんだり》明王
除蓋障《じょがいしょう》菩薩——不動《ふどう》明王　　金剛手《こんごうしゅ》菩薩——降三世《ごうざんぜ》明王
地蔵《じぞう》菩薩——無能勝《むのうしょう》明王　　普賢《ふげん》菩薩——歩擲《ぶちゃく》明王

また、五大明王（不動・降三世・軍荼利・大威徳・金剛夜叉《やしゃ》）に烏《う》枢沙摩《すさま》・無能勝・馬頭を合わせたものも八大明王という。京都府・醍醐寺には、この八代明王図像が描かれる。

歩擲明王図像

宝冠《ほうかん》
中に龍王が納まっているという
施蓋《せがい》
傘蓋《さんがい》ともいい、悪霊を遮《さえぎ》るとされる持物《じもつ》
仏眼《ぶつげん》
第三の目
火焔形光背《かえんぎょうこうはい》
燃え立つ怒りの焔《ほのお》をあらわす
天冠台《てんかんだい》
頭光《ずこう》
天冠帯《てんかんたい》
瓔珞《ようらく》
胸飾《きょうしょく》ともいう
臂釧《ひせん》
金剛杵《こんごうしょ》
三鈷杵《さんこしょ》という。煩悩を砕く武器の持物
条帛《じょうはく》
左肩から斜めに掛ける細長い布
腕釧《わんせん》
環珞《かんらく》という
裳《も》（裙《くん》）
蓮肉《れんにく》
蓮華座《れんげざ》
台座のことで蓮座・蓮台ともいう
半跏趺坐《はんかふざ》
結跏趺坐《けっかふざ》の略式の坐り方
蓮弁《れんべん》

大輪明王

だいりんみょうおう

大輪金剛《だいりんこんごう》ともいい、胎蔵界曼荼羅《たいぞうかいまんだら》の中台八葉《ちゅうだいはちよう》院における弥勒菩薩《みろくぼさつ》（慈氏《じし》菩薩）の所変《しょへん》とされ、曼荼羅菩薩・転法輪《てんぼうりん》菩薩と同体とされる尊である。一切の諸魔の降伏《ごうぶく》を本誓《ほんせい》とした。八大明王のひとつである。

仏説《ぶっせつ》『大輪金剛総持陀羅尼経《そうじだらにきょう》』に、耆闍崛山《ぎじゃくっせん》に住し、明王の法を説いた時に執金剛神《しゅこんごうしん》がその法を尋ねてみたとある。そこで尊は般涅槃《はつねはん》の後に総持《そうじ》の法門のことを執金剛神に告げ曰《いわ》く、〝善《よ》い哉《かな》、善い哉、金剛よ、永劫《えいごう》の衆生《しゅじょう》のためにこの利益《りやく》を思念《しねん》せよ、そしてこの利益を分別して解説《げせつ》すべし〟とある。初めに二種の大輪呪《だいりんじゅ》を説き、次に輪檀能成就《りんだんのうじょうじゅ》の徳より、除魔除悪業《じょまじょあくぎょう》の功徳《くどく》を解いた執金剛神はすなわち大輪金剛であり、これは大輪明王であると説いている。この明王の形像は『総持陀羅《そうじだら》尼経』には説かれず、面《めん》貌《ぼう》は喜悦満面の童子形《どうじぎょう》とあるのみである。『大妙《だいみょう》金剛経』には、忿怒《ふんぬ》形にして青《しょう》蓮華座に坐し、火焔髪《かえんぱつ》にして、左手に独鈷杵《とっこしょ》を持ち、右手に八輻《ぷく》の金剛輪を持すとある。『別尊雑記』には、火焔髪を逆立て、宝冠《ほうかん》を冠り、左膝を立てて、右手は宝輪《ほうりん》を高く掲げて、足は蓮華座の上で左足を屈させ、右足を片膝《かたひざ》を立て両足の裏を合わせる輪王坐《りんのうざ》をとるとされ、如意輪観音《にょいりんかんのん》と同じ姿で、印相《いんぞう》は小金剛輪印《しょうこんごうりんいん》を結ぶとその図像を説いている。

ひとこと解説

大可畏《だいかい》明王／六字《ろくじ》明王／倶利迦羅《くりから》明王／馬頭《めず》明王

◎**大可畏明王**：不空羂索観音《ふくうけんじゃくかんのん》の化身で、不空大可畏明王観世音《かんぜおん》菩薩《ぼさつ》ともいい、不空忿怒《ふんぬ》明王と同体とされ、明王成立初期の観音と明王の性格を兼ね備え、観音としても明王としても信仰された。三面六臂《ひ》像であらわされる。

◎**六字明王**：『六字神呪経《しんじゅきょう》』による調伏《ちょうぶく》を修する法の本尊とされ、六観音の惣合成就身《そうごうじょうじゅしん》である。『図像抄《ずぞうしょう》 十巻』によると六臂の立像で、左右第一手は大暴悪《だいぼうあく》相の一切王印《おういん》をつくり、他の左手は鉾《ほこ》と月輪《がちりん》を、右手は剣と日輪《にちりん》を持すとあり、京都府・鳥羽殿《とばどの》の一丈《じょう》六尺《しゃく》の立像はこれであるとし、六字天王《てんおう》と説かれる。

◎**倶利迦羅明王**：龍《りゅう》の名があり、矩里迦《くりか》・古力迦羅迦《くりからか》・倶力迦《くりか》、迦羅迦《からか》とも称する。この龍の剣をまとうのは不動明王である。『矩里迦龍王像法《くりかりゅうおうぞうほう》』に、その形《ぎょう》は〝蛇の如く、雷電《らいでん》の勢いで、身は金色《こんじき》にして如意宝珠《にょいほうじゅ》を持し三昧耶形《さんまやぎょう》の火焔《かえん》を負い、背には七つの金剛利針《りしん》を張り、面目《めんもく》は喜怒《きぬ》の相〟とある。

◎**馬頭明王**：八大明王の一尊であると『大妙金剛経《だいみょうこんごうきょう》』に説かれる。馬頭大威怒王《めずだいいぬおう》とも馬頭《めず》金剛明王とも大力持《だいりきじ》明王とも称される。観音部《かんのんぶ》では馬頭大士《ばとうだいし》、馬頭《ばとう》観音の名もある。

大輪明王図像

法輪《ほうりん》
煩悩を破壊する象徴。
輪宝《りんぼう》とも呼ばれる。
武器でもある
腕釧《わんせん》
胸 飾《きょうしょく》
瓔珞《ようらく》ともいう。
装身具
臂釧《ひせん》
火焔《かえん》光
怒りをあらわす焔《ほのお》
焔髪《えんぱつ》
焔《ほのお》のように逆立った頭髪
宝冠《ほうかん》
天衣《てんね》
細長い布
金剛杵《こんごうしょ》
独鈷杵《とっこしょ》といい、
悪魔を降伏《ごうぶく》させ
る持物《じもつ》
蓮華座《れんげざ》
台座のこと
足釧《そくせん》
足にはめる環状《かんじょう》の飾り
条 帛《じょうはく》
肩から脇腹へ斜めに掛けて、
背面から肩に戻して着用
輪王坐《りんのうざ》
左膝を立てて両足裏を合わせる。
仏頂輪法を修する際の転輪坐法

無能勝明王

むのうしょうみょうおう

釈尊《しゃくそん》（釈迦如来《しゃかにょらい》）の八相成道《はっそうじょうどう》（下天《かてん》・託胎《たくたい》・降誕《ごうたん》・出家《しゅっけ》・降《ごう》魔《ま》・成道《じょうどう》・転法輪《てんぼうりん》・入涅槃《にゅうねはん》）のうち、菩提樹《ぼだいじゅ》の下で、髪も結わず装飾もせず衲衣《のうえ》一枚の姿で、金剛座上《こんごうざじょう》において思惟《しゆい》し、悟《さと》りを開いた成道の際、第六天の魔王が威嚇《いかく》して成道をさまたげたが、釈尊の眷属《けんぞく》として随従していた無能勝明王《むのうしょうみょうおう》が、降魔の徳による呪《じゅ》力《りょく》をもって魔王軍を退散せしめたという。

無能勝明王は、胎蔵界曼荼羅《たいぞうかいまんだら》釈迦院において釈迦牟尼仏《むにぶつ》の左脇《わき》侍《じ》とされ、『大日経《だいにちきょう》』においては釈迦如来の化身《けしん》（忿怒身《ふんぬしん》）ともいわれ、勝妙《しょうみょう》金剛とも称される。『大妙金剛熾盛仏頂経《だいみょうこんごうしじょうぶっちょうきょう》』には地蔵菩薩《じぞうぼさつ》が応現《おうげん》身して、無能勝金剛明王となるとあり、無能勝明王は地蔵菩薩の応化身《おうげしん》とされている。無能勝とは不可破壊《ふかはえ》の意であり、一切の衆生《しゅじょう》を降伏《ごうぶく》し、もろもろの衆生を除くことを本誓《ほんぜい》としている。

この明王の形相《ぎょうそう》については『経軌《きょうき》』に、身は黄色《こうじき》で火光焔《かこうえん》を放ち、左手は擬印《ぎいん》をつくって口に向け、右手は金剛杵《こんごうしょ》を投げ打つようにあると記されるが、この像をみることはまだない。

胎蔵界曼荼羅にある四面四臂《ひ》像は、身は青色《しょうじき》で、髪は逆立ちの火焔髪《かえんぱつ》であり、面はおのおの三つ目を有し、左手は鉞斧《えっふ》・三叉戟《さんさげき》を持ち、右手は金拳《こんけん》にして高く上げて、次手は腰に当てている像と、持物《じもつ》を持たない像とがある。しかし、通例、像としてみられる四面四臂像は、左手に三叉戟《さんさげき》を持ち、次手は鉞斧をとり、右手は金剛杵《こんごうしょ》をとり、次手は掌《てのひら》を開いて上に向けた印相《いんぞう》となっているものが多い。

『胎蔵旧図様《たいぞうきゅうずよう》』による一面二臂像は、左手は胸前に指《おゆび》を立て、右手は高く挙げるとのみ記される。『図像抄《ずぞうしょう》 十巻』に載る三面四臂像は、身は青色、三面とも逆立つ髪で、左手に鉞斧と三叉戟《さんさげき》を持ち、右手は肘を曲げ、高く上げて親指を立て、次手も肘を曲げて独鈷杵《とっこしょ》を持ち、火焔におおわれている。左手は施願印《せがんいん》と宝棒《ほうぼう》を、右手は金剛杵と戟《げき》をとる図像もある。

法賢《ほうげん》訳『十忿怒明王経《じゅうふんぬみょうおうきょう》』には三面三つ目六臂像が説かれ、身は黄色、日輪円光《にちりんえんこう》の光背《こうはい》と八大龍王《りゅうおう》を荘厳《しょうごん》し、正面は笑《しょう》相、左面は大悪相《だいあくそう》、右面は微忿怒《びふんぬ》相で三面とも三つ目であり、正面の頂上に化仏《けぶつ》（阿閦仏《あしゅくぶつ》）を、左手に羂索《けんさく》・般若経《はんにゃきょう》・弓《きゅう》を、右手には金剛杵・宝杖《ほうじょう》・箭《せん》（矢）を持っているとされる。

しかしながら、これらの造像例はなく、図像で説かれているのみで、記述の持物もまちまちである。

無能勝明王図像

宝髪冠《ほうはつかん》
焔髪で結う
擬印《ぎいん》
擬勢《ぎせい》の印ともいわれるが、
明王にとっては威勢の手印《しゅいん》
でもある
焔髪《えんぱつ》
逆立った髪
仏眼《ぶつげん》
三つ目
鉞斧《えっふ》
災難を逃れる持物《じもつ》
火焔光《かえんこう》
頭光《ずこう》
三叉戟《さんさげき》
悪霊を退散
させる持物《じもつ》
胸飾《きょうしょく》
瓔珞《ようらく》という装飾品
を首に掛ける
臂釧《ひせん》
腕釧《わんせん》
足釧《そくせん》
環珞《かんらく》という
金剛杵《こんごうしょ》
独鈷杵《とっこしょ》という
腰紐《こしひも》の緒《お》
裳《も》（裙《くん》）
条帛《じょうはく》
蓮華座《れんげざ》

金剛童子

こんごうどうじ

◎明王

金剛杵《こんごうしょ》（三鈷杵《さんこしょ》）の威力を神格化したのが明王部《みょうおうぶ》の金剛童子《こんごうどうじ》である。金剛児《じ》ともいい、金剛手菩薩《しゅぼさつ》（金剛薩埵《さった》）の化身とされ、胎蔵界曼荼羅《たいぞうかいまんだら》では金剛手院の四《し》摂《しょう》菩薩（金剛鉤《こう》菩薩・金剛索《じゃく》菩薩・金剛鏁《さ》菩薩・金剛鈴《れい》菩薩）のひとつである金剛鏁菩薩の左辺に配され、事業《じごう》金剛と記されている。金剛童子を本尊とし、産《さん》生《せい》・息災《そくさい》・調伏《ちょうぶく》の修法《しゅほう》が行われる。その色身《しきしん》は、金剛智《ち》訳の『倶《く》摩羅儀軌《まらぎき》』では黄《こう》と説かれるため、これを黄《こう》童子といい、不空《ふくう》訳の『聖迦抳金剛童子経《しょうかにこんごうどうじきょう》』では青《しょう》と説かれるため、これを青《しょう》童子という。よって、尊像は大きく分けて二種ある。二臂《ひ》像は黄色身《こうじきしん》で、台密《たいみつ》（最澄《さいちょう》（七六七～八二二）が伝える天台密教）の秘法に用いられ、六臂像は青《しょう》色身で、東密《とうみつ》（空海（七七四～八三五）を祖とする真言密教）の秘法として用いる。

『金剛童子念誦《ねんじゅ》』には、〝遍光焔盛《へんこうえんせい》なること日輪《にちりん》のごとく、天摩《てんま》軍《ぐん》を催伏《さいぶく》し神力無比なり〟と説かれている。二臂像は〝長さ一尺五寸にして、面《めん》は童子形《どうじぎょう》の忿怒《ふんぬ》相で、色身は黄雲色《こううんじき》、逆立つ髪は赤く、口を開く。左手は高く掲げて三鈷杵《さんこしょ》（抜折羅《ばざら》）を執り、右手は伸ばして垂らし、施無畏印《せむいいん》を結ぶ。左足は膝を曲げて空中を踏む（丁子立《ちょうじたち》）。右足は青《しょう》蓮華座を踏む。瓔珞《ようらく》で身を飾り、虎皮《こひ》の褌《ふんどし》をして、極迅《ごくじん》形なり〟と説いている。また異像もあり、『金剛童子儀軌《ぎき》』には〝金剛手菩薩《しゅぼさつ》が曰く、我《われ》は金剛童子の像を描きて法を説かん。身は火色の如く、髪に化仏《けぶつ》をもって火焔を流すように、瓔珞を飾りて荘厳《しょうごん》するなり。左の手は施願《せがん》の手に作りて、右の手は金剛杵《しょ》を持して、斜《ななめ》にあげて上に向け、足は阿里茶立《ありだたち》に盤石《ばんじゃく》の上を踏むように描け〟とある。どちらの二臂像も台密の黄童子であるが、他にも右肩の上に七化仏《しちけぶつ》を現じて、両足は蓮華座を踏まえる立像もある。『現図《げんず》両界《りょうかい》曼荼羅』の無量寿如来《むりょうじゅにょらい》の教令輪身《きょうりょうりんじん》ともされる明王でもある。

六臂像は青童子を主尊とし、東密系《とうみつけい》で用いられるが、多くは金剛薩埵《さった》の化身仏《けしんぶつ》とされる。『聖迦抳金剛童子経』には、金剛童子は海より涌出《ゆうしゅつ》し、身は瑠璃色《るりじき》で六臂、面《めん》は三つ目で赤色《しゃくじき》、頭には宝冠を戴き、狗牙《くげ》を上に出し、口は下唇《かしん》を咬み、眉をしかめての威怒相《いぬそう》であると説かれる。海上に宝山《ほうさん》があり、左足はその宝山を踏み、右足は海中にある立像《りゅうぞう》であらわされる。左手は棒・擬勢《ぎせい》（人差指を伸ばし、金剛拳《けん》を結ぶ）・剣を、右手は金剛杵《しょ》・母娑羅《ばさら》棒《ぼう》・鉞斧《えっふ》を持する。大蛇の瓔珞《ようらく》をつけ、火焔を巻き、雲雷電《うんらいでん》があらわれるとされる。

また、奈良県・円成寺《えんじょうじ》の黄《こう》金剛童子像は特に名高い尊像である。

金剛童子図像

[図像抄 十巻] による

焔髪 (えんぱつ) — 逆立った髪

胸飾 (きょうしょく) — 首に掛ける装身具。瓔珞 (ようらく) という

条帛 (じょうはく) — 裸身の肩から脇へ斜めに掛ける長い布

天衣 (てんね) — 両肩から掛けて垂らした長い細布

腕釧 (わんせん) — 環珞 (かんらく) という

与願印 (よがんいん) — 衆生の願いをすべて叶えることをあらわす印相

踏割蓮華座 (ふみわりれんげざ) — 両足を別々にする蓮華の台座。七宝雙蓮華座 (しちほうそうれんげざ) ともいう

宝珠冠 (ほうじゅかん)

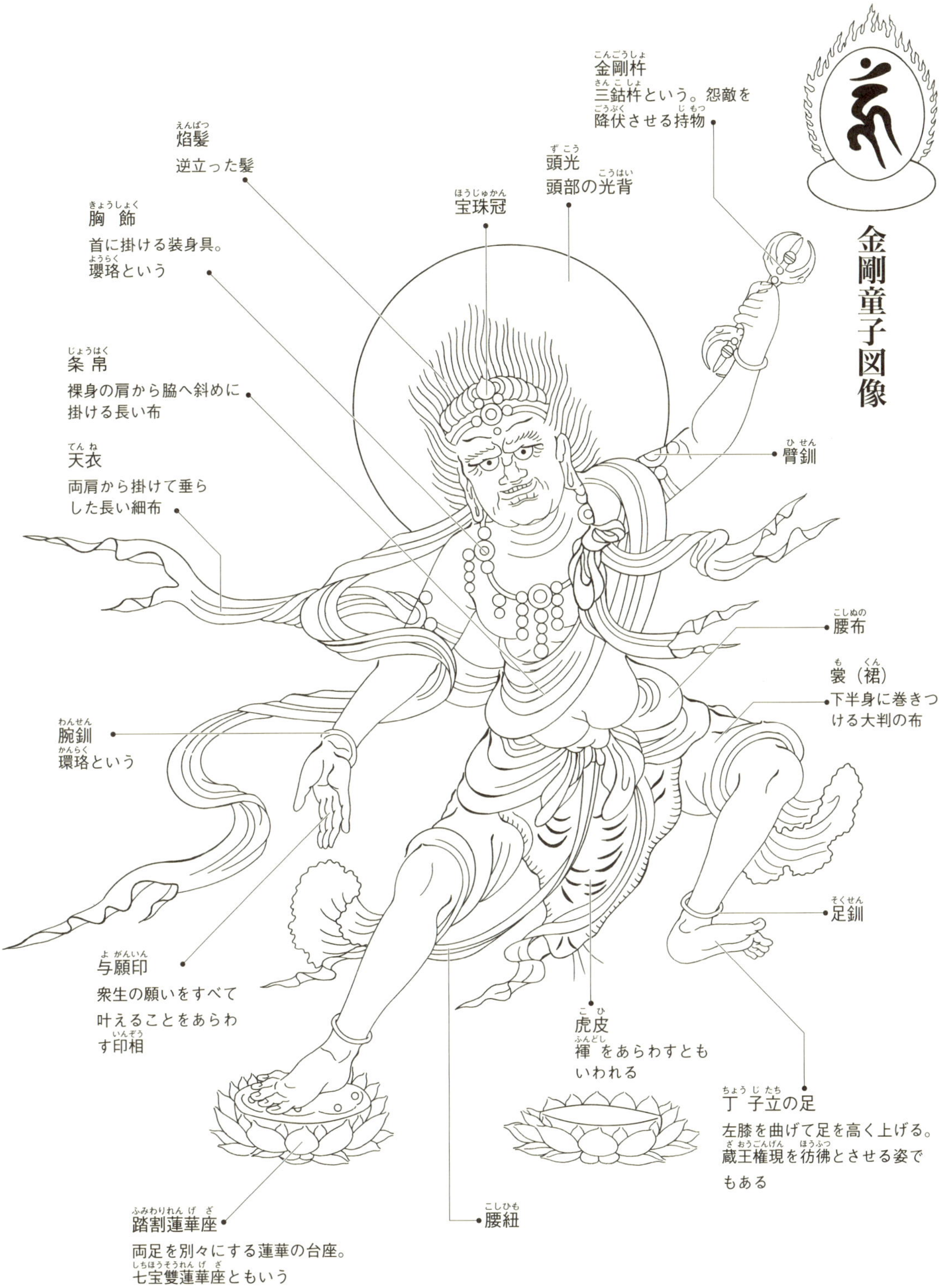

金剛杵 (こんごうしょ) — 三鈷杵 (さんこしょ) という。怨敵を降伏 (ごうぶく) させる持物 (じもつ)

頭光 (ずこう) — 頭部の光背 (こうはい)

臂釧 (ひせん)

腰布 (こしぬの)

裳 (裙) (も (くん)) — 下半身に巻きつける大判の布

足釧 (そくせん)

虎皮 (こひ) — 褌 (ふんどし) をあらわすともいわれる

丁子立の足 (ちょうじたちのあし) — 左膝を曲げて足を高く上げる。蔵王権現 (ざおうごんげん) を彷彿 (ほうふつ) とさせる姿でもある

腰紐 (こしひも)

天

梵語《ぼんご》を音訳した提婆《だいば》という語があるが、これは天のことであり、光り輝く者が住する豊かな最勝《さいしょう》の世界をいう。六道《ろくどう》・十界《じっかい》のひとつでもある。天に住することから天部とされる諸尊は、印度《いんど》古来からの神々をわが国の仏教に取り入れたものであり、光明や殊勝《しゅしょう》の意から、天・尊・王の名で呼ばれる。さまざまな優れた能力を持つものとされ、仏法の護世神《ごせしん》・守護神として、また現世利益《げんぜりやく》の神として、福徳を願う尊として信仰されるが、如来《にょらい》・観《かん》音《のん》・菩薩《ぼさつ》・明王《みょうおう》のように衆生《しゅじょう》を教化《きょうけ》することではないのでその下に位置づけられている。これら天部の尊は人間的な姿のものから鳥獣形《ちょうじゅうぎょう》や鬼神形《きしんぎょう》をとるものまであるが、古くから神将形《しんしょうぎょう》と天女形《てんにょぎょう》の二つに大別されている。

三面大黒天

さんめんだいこくてん

大黒天は、一に軍神・戦闘神、二に財福・富貴の神、三に冥府《めいふ》の神と、主に三つの性格を持つ。はじめ戦闘神の大黒天神が仏教に取り入れられ、大黒天と称された。『南海寄帰内法伝《なんかいききないほうでん》』には、それとは異なる大黒天が厨房の守護神として寺の柱・門前に祀られたことが記され、その姿は身が黒色《こくじき》の神王形《しんおうぎょう》で、金嚢《きんのう》（金銭を入れる袋）を持ち、床几《しょうぎ》（腰掛）に左膝を立て、右足を下ろして坐《ざ》すとある。滋賀県・金剛輪寺《こんごうりんじ》の像は、小さな袋を持ち、半跏《はんか》に踏み下げて坐する武装神であるが、それは守護神、冥府神、豊《ほう》饒《じょう》神《しん》の姿ともなる。わが国では財福神としての大黒天が大いに信仰された。

三面大黒天は、最澄《さいちょう》（七六七〜八二二）によって比叡山《ひえいざん》の政所《まんどころ》に安置されたのが最初とされる。その像は大黒天が正面に立ち、その背後から左面に弁財《べんざい》天、右面に毘沙門《びしゃもん》天がそれぞれ二臂《ひ》を覗かせる。京都府・高台寺《こうだいじ》（圓徳院《えんとくいん》の大国殿《だいこくでん》）にも三面大黒天が祀られるが、これは豊臣秀吉《とよとみひでよし》（一五三六〜一五九八）の出世《しゅっせ》守《まもり》本尊、念《ねん》持仏《じぶつ》とされ、秀吉はこれを捧持《ほうじ》したことで次々と出世を重ね、天下を取ったといわれている。現世利益《げんぜりやく》の三天を合体させた三面大黒天像は、厨房にも祀られるようになる。

比叡山の地主神が大物主《おおものぬし》（大国主《おおくにぬし》の和御魂《にきみたま》）であり、「大黒」と「大国」の音《おん》が「だいこく」で共通することから、神仏習合《しんぶつしゅうごう》され、同一視された。その尊像は微笑みを浮かべ、豊かな体軀《たいく》の福相となり、やがて福神の大黒天として、七福神《しちふくじん》の中心となる。頭巾を被り左肩に袋を負い、右手に打出《うちで》の小槌《こづち》を持つ大黒天は、ますます庶民の信仰を得て定着する。兵庫県・西宮《にしのみや》の祭神「恵比須《えびす》さま」と大黒天がともに祀られたことで、商家では大黒舞《だいこくまい》がもて囃《はや》され、農家でも大黒天を米俵の霊として農神・田《た》の神《かみ》と崇め、大黒講《だいこくこう》、刈入れの大黒祭《まつり》、大黒の年夜《としや》などが催された。

恵比須講　［絵本　吾妻抉］による

大黒舞

［風俗図絵］による

三面大黒天図像　葛飾北斎画［北斎画苑］による

三面大黒天図像

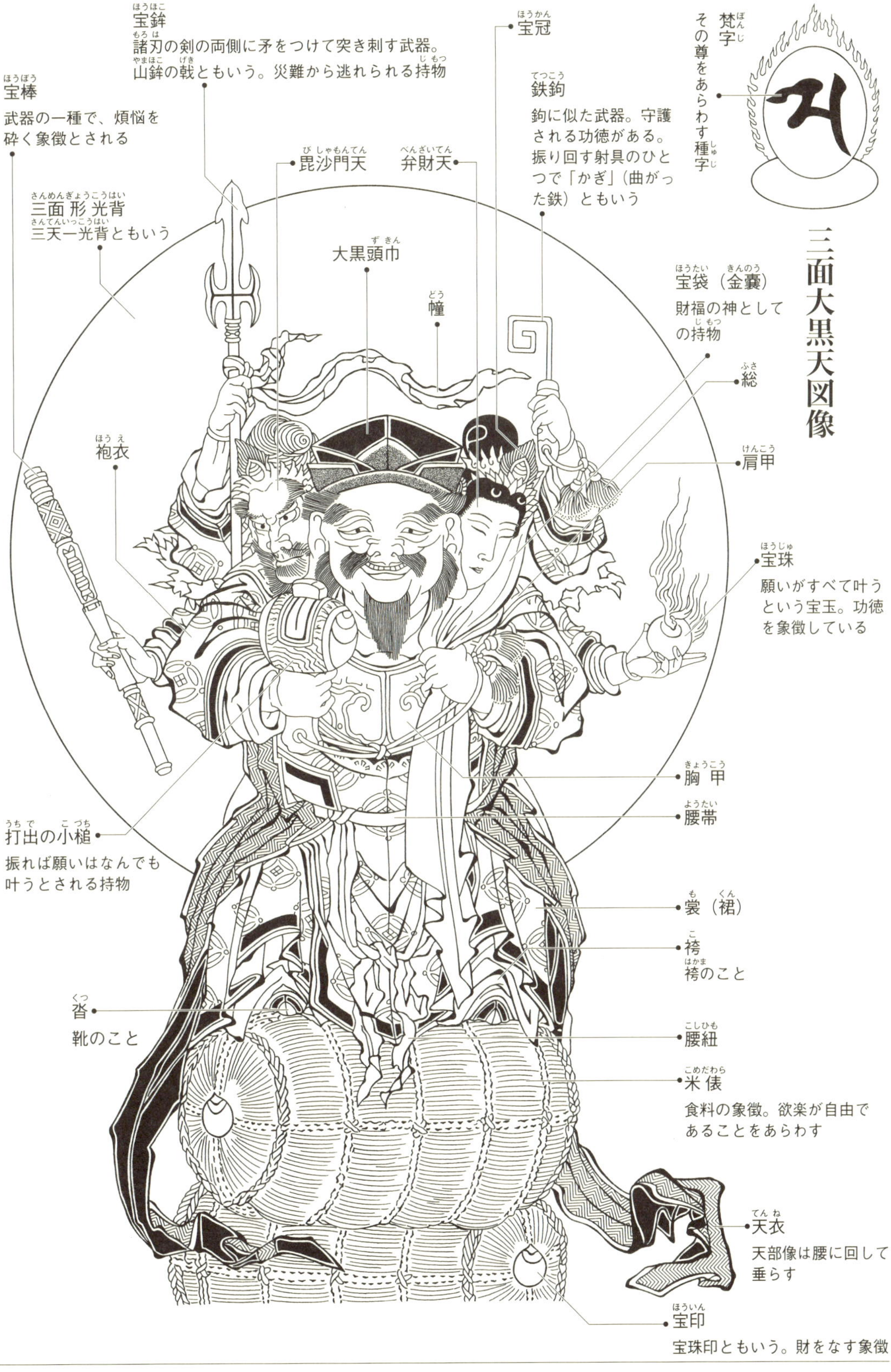

宝鉾《ほうほこ》
諸刃《もろは》の剣の両側に矛をつけて突き刺す武器。
山鉾《やまほこ》の戟《げき》ともいう。災難から逃れられる持物《じもつ》
宝冠《ほうかん》
梵字《ぼんじ》
その尊をあらわす種字《しゅじ》
宝棒《ほうぼう》
武器の一種で、煩悩を砕く象徴とされる
鉄鉤《てつこう》
鉤に似た武器。守護される功徳がある。振り回す射具のひとつで「かぎ」（曲がった鉄）ともいう
毘沙門天《びしゃもんてん》
弁財天《べんざいてん》
三面形光背《さんめんぎょうこうはい》
三天一光背《さんてんいっこうはい》ともいう
大黒頭巾《ずきん》
宝袋《ほうたい》（金嚢《きんのう》）
財福の神としての持物《じもつ》
幢《どう》
総《ふさ》
肩甲《けんこう》
袍衣《ほうえ》
宝珠《ほうじゅ》
願いがすべて叶うという宝玉。功徳を象徴している
胸甲《きょうこう》
腰帯《ようたい》
打出《うちで》の小槌《こづち》
振れば願いはなんでも叶うとされる持物
裳《も》（裙《くん》）
袴《こ》
袴《はかま》のこと
沓《くつ》
靴のこと
腰紐《こしひも》
米俵《こめだわら》
食料の象徴。欲楽が自由であることをあらわす
天衣《てんね》
天部像は腰に回して垂らす
宝印《ほういん》
宝珠印ともいう。財をなす象徴

梵天

ぼんてん

梵天《ぼんてん》は、天部の中では世界の創造（生成）の神として最高神に配される。梵名を梵摩《ぼんま》・跋羅賀摩《ばらがま》と記される。仏教では、釈尊《しゃくそん》の修行を助ける守護神として色界《しきかい》（三界《さんがい》のひとつ）の中の初禅天《しょぜんてん》に住する第一天とされ、大梵天・大梵天王・梵天王・梵王・娑婆世《さばせ》界主《かいしゅ》・娑婆主・世主天《せしゅてん》などの異名があり、梵天勧請《かんじょう》（釈尊に説法を懇願《こんがん》）したり、仏法を讃嘆護持《さんだんごじ》する神と伝えられる。

このように梵天は釈迦《しゃか》との関わりが深く、わが国においては帝《たい》釈天《しゃくてん》と一対の脇侍《わきじ》となり、合わせて「梵釈二尊《ぼんしゃくにそん》」と呼ばれる。中世には二尊が千手観音《せんじゅかんのん》の脇侍となることもあった。梵釈二尊は、四天王《してんのう》とともに仏法の守護神・護世《ごせ》神として仏《ほとけ》・菩薩《ぼさつ》の下に置かれ、須弥壇《しゅみだん》に安置される。初期の梵天は二臂《ひ》の立像《りゅうぞう》で、払子《ほっす》（煩《ぼん》悩《のう》・障碍《しょうがい》を払う法具）を執持《しつじ》するのが通例とされた。奈良県・東《とう》大寺《だいじ》（法華堂《ほっけどう》）の脱乾漆像《だつかんしつぞう》、奈良県・法隆寺《ほうりゅうじ》（食堂《じきどう》）の木心塑《もくしんそ》像《ぞう》、京都府・教王護国寺《きょうおうごこくじ》（東寺《とうじ》）の講堂内の一木造《いちぼくづくり》像、奈良県・唐招提寺《とうしょうだいじ》（金堂《こんどう》）の木彫《もくちょう》像などがある。

はじめの梵天の姿は、中国風の正装とする礼服《らいふく》を着た立像《りゅうぞう》であったが、平安時代に密教がもたらされると四面四臂《ひ》で鳥獣座《ちょうじゅうざ》（白鵝鳥座《びゃくがちょう》）に坐す像もあらわれる。『経軌図《きょうきず》』によると、一面二臂像は身は肉色《にくじき》で左手は拳にして腰に当て、右手は蓮華《れんげ》を持ち蓮華座に坐すとある。三面二臂像は左手に蓮華を持ち、右手は与《よ》願印《がんいん》で、鵝鳥《がちょう》の背に乗るとされ、三面四臂像は左手に蓮華・水瓶《すいびょう》を、右手に数珠《じゅず》・弓を持って鵝鳥に乗るとある。また四面四臂像は三つ目の菩薩面《ぼさつめん》で左手は開敷《かいふ》蓮華と水瓶を持ち、右手は与願印に、次手は鉾《ほこ》を持ち、三鵝鳥に乗るとされる。また、四鵝鳥、七鵝車《がしゃ》に乗るものもあるという。

梵天

頂上面
鉾
開敷蓮華
水瓶
与願印
白鵝鳥《びゃくがちょう》

［図像抄　十巻］による

梵天図像　宅間勝賀《たくましょうが》筆画［京都府・東寺蔵　十二天屏風］による

梵天図像

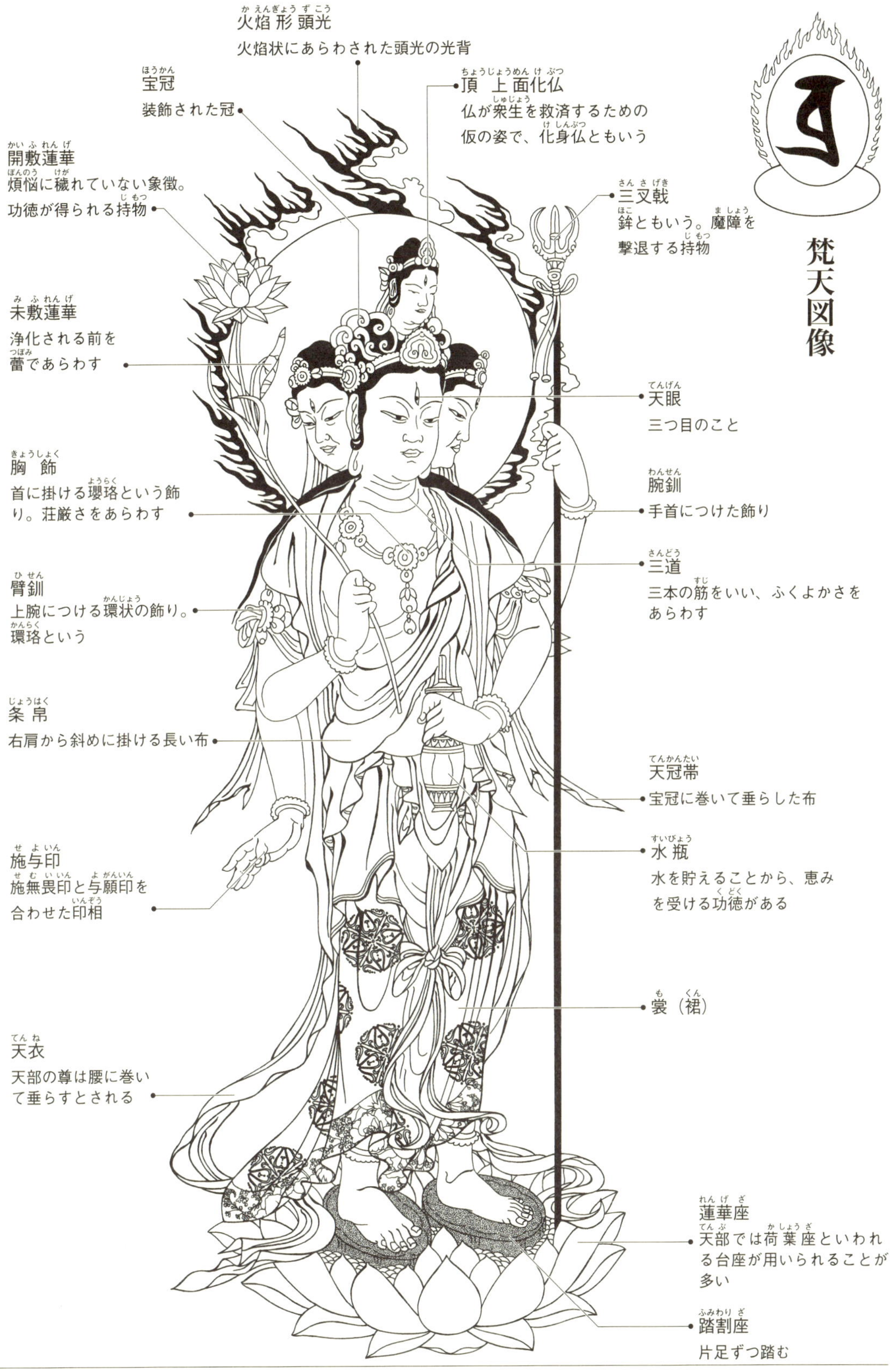
火焔形頭光《かえんぎょうずこう》
火焔状にあらわされた頭光の光背
宝冠《ほうかん》
装飾された冠
頂上面化仏《ちょうじょうめんけぶつ》
仏が衆生《しゅじょう》を救済するための
仮の姿で、化身仏《けしんぶつ》ともいう
開敷蓮華《かいふれんげ》
煩悩《ぼんのう》に穢《けが》れていない象徴。
功徳が得られる持物《じもつ》
三叉戟《さんさげき》
鉾《ほこ》ともいう。魔障《ましょう》を
撃退する持物《じもつ》
未敷蓮華《みふれんげ》
浄化される前を
蕾《つぼみ》であらわす
天眼《てんげん》
三つ目のこと
胸飾《きょうしょく》
首に掛ける瓔珞《ようらく》という飾
り。荘厳さをあらわす
腕釧《わんせん》
手首につけた飾り
三道《さんどう》
三本の筋《すじ》をいい、ふくよかさを
あらわす
臂釧《ひせん》
上腕につける環状《かんじょう》の飾り。
環珞《かんらく》という
条帛《じょうはく》
右肩から斜めに掛ける長い布
天冠帯《てんかんたい》
宝冠に巻いて垂らした布
施与印《せよいん》
施無畏印《せむいいん》と与願印《よがんいん》を
合わせた印相《いんぞう》
水瓶《すいびょう》
水を貯えることから、恵み
を受ける功徳《くどく》がある
裳《も》（裙《くん》）
天衣《てんね》
天部の尊は腰に巻い
て垂らすとされる
蓮華座《れんげざ》
天部《てんぶ》では荷葉座《かしょうざ》といわれ
る台座が用いられることが
多い
踏割座《ふみわりざ》
片足ずつ踏む

帝釈天

たいしゃくてん

須弥山《しゅみせん》の頂上にある欲界《よくかい》（三界《さんがい》のひとつ）の第二天である忉利《とうり》天《てん》の喜見城《きけんじょう》（善見城《ぜんけん》）に住する守護神とされる。印度《いんど》古代神話の武勇神《ぶゆうしん》・最強神・戦闘神・雷霆神《らいていしん》ともいわれる。釈迦提婆因陀羅《しゃかだいばいんだら》（釈提桓因《しゃくだいかんいん》）・因陀羅・釈迦羅《しゃから》・天帝釈《てんたいしゃく》・天帝・天主《てんしゅ》・能天帝《のうてんたい》などの異名があり、人間であったときの姓を憍尸迦《きょうしか》、名を摩伽婆《まかば》という。身に千眼《せんげん》を持ち、白象《びゃくぞう》に乗り、天空を神格化した太陽神ともいわれた。印度の神話の武勇神としては、音楽神である乾闥婆《けんだつば》の娘をめぐって阿修羅《あしゅら》と闘争を交え、これを降伏《ごうぶく》し仏法に帰投依伏《きとうえぶく》させたと『聖典《しょうてん》』には説かれている。その後、阿修羅は仏法を護《まも》る天部《てんぶ》に組み込まれ、代表格となった帝釈天は釈迦《しゃか》に寄り添い、生涯、成道《じょうどう》においてその悟りを開くのを擁護《ようご》したと『仏伝《ぶつでん》』に説かれている。

梵天《ぼんてん》、四天王《してんのう》などとともに勧請《かんじょう》されることがきわめて多く、さまざまにあらわされた。奈良県・法隆寺《ほうりゅうじ》の玉虫厨子《たまむしのずし》の施身聞偈《せしんもんげ》図《ず》に描かれている帝釈天は、蓮華《れんげ》を踏んで虚空《こくう》に立つ菩薩形《ぼさつぎょう》である。京都府・教王護国寺《きょうおうごこくじ》（東寺《とうじ》）講堂《こうどう》の彫像《ちょうぞう》は『儀軌《ぎき》』にも説かれて、左手を腰に当て、右手は独鈷杵《とっこしょ》を持ち、白象《びゃくぞう》に乗る姿である。「梵釈《ぼんしゃく》」と称されるほどともに祀られることが多い梵天《ぼんてん》とは、相好や着衣は同じで、区別がつかない場合が多い。ただ甲《こう》（鎧《よろい》）がみえるものがあれば、そちらを帝釈天と判じることはできる。ただし、奈良県・東大《とうだい》寺《じ》（法華堂《ほっけどう》）の像は、梵天に甲がみえ、帝釈天にはない。左右の配置も通例とは逆になっており、そのため名称も逆になったと思われる。

また二天は貴顕天部《きけんてんぶ》と分類されるが、四天王のように甲や武器を身につけている天は武《ぶ》装《そう》天部とされる。よって甲を着用した帝釈天は貴顕天部であるが、武装天部像ともなる。

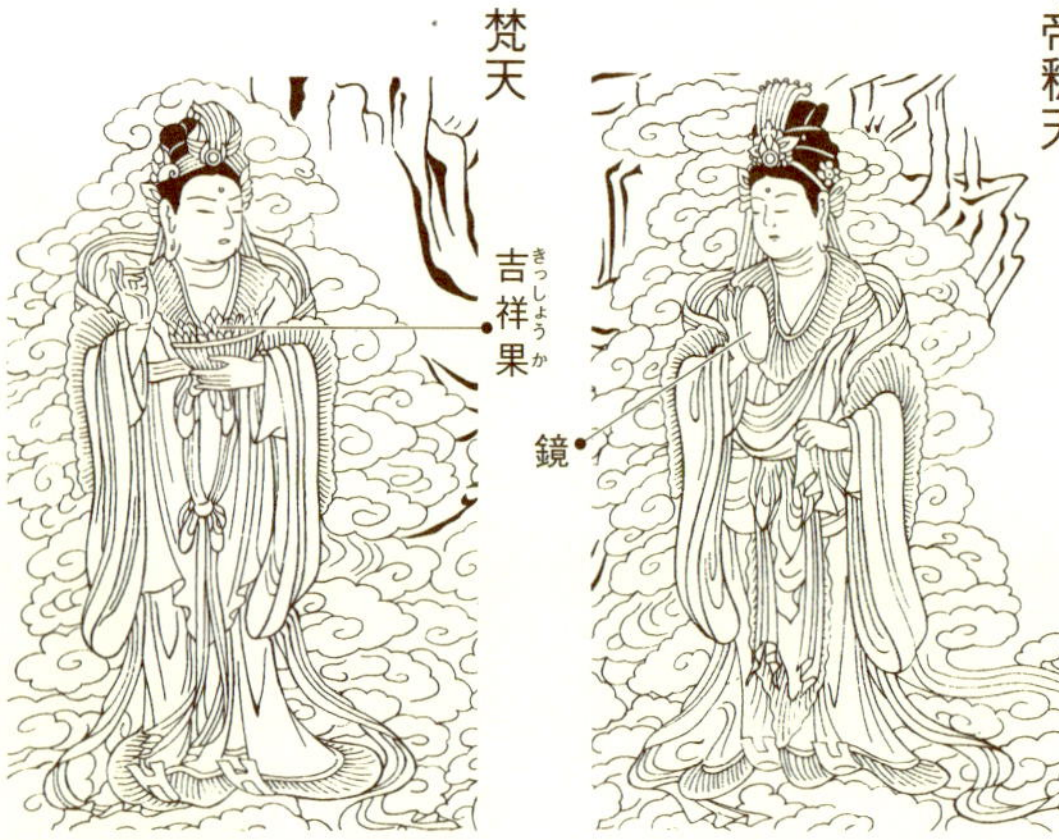

［大正新修大蔵経図像］による

［図像抄　十巻］による

帝釈天図像

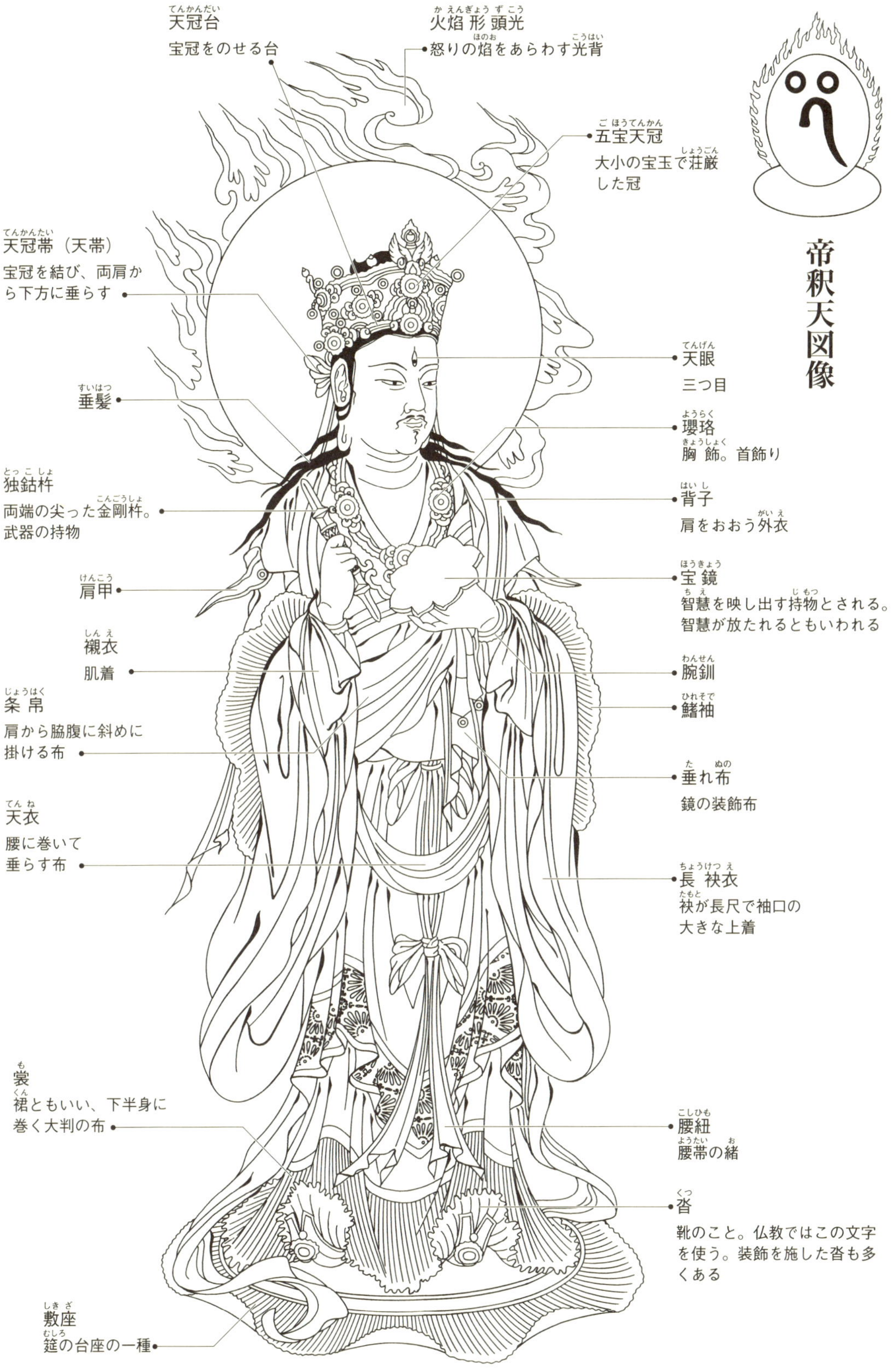

天冠台《てんかんだい》
宝冠をのせる台
火焔《かえん》形《ぎょう》頭光《ずこう》
怒りの焔《ほのお》をあらわす光背《こうはい》
五宝天冠《ごほうてんかん》
大小の宝玉で荘厳《しょうごん》した冠
天冠帯《てんかんたい》（天帯）
宝冠を結び、両肩から下方に垂らす
天眼《てんげん》
三つ目
垂髪《すいはつ》
瓔珞《ようらく》
胸飾《きょうしょく》。首飾り
独鈷杵《とっこしょ》
両端の尖った金剛杵《こんごうしょ》。武器の持物
背子《はいし》
肩をおおう外衣《がいえ》
肩甲《けんこう》
宝鏡《ほうきょう》
智慧《ちえ》を映し出す持物《じもつ》とされる。智慧が放たれるともいわれる
襯衣《しんえ》
肌着
腕釧《わんせん》
鰭袖《ひれそで》
条帛《じょうはく》
肩から脇腹に斜めに掛ける布
垂《た》れ布《ぬの》
鏡の装飾布
天衣《てんね》
腰に巻いて垂らす布
長袂衣《ちょうけつえ》
袂《たもと》が長尺で袖口の大きな上着
裳《も》
裙《くん》ともいい、下半身に巻く大判の布
腰紐《こしひも》
腰帯《ようたい》の緒《お》
沓《くつ》
靴のこと。仏教ではこの文字を使う。装飾を施した沓も多くある
敷座《しきざ》
筵《むしろ》の台座の一種

帝釈天図像　宅間勝賀筆画［京都府・東寺蔵　十二天屏風］による

毘沙門天

びしゃもんてん

◎天

四天王《してんのう》のなかで北方を護《まも》る多聞天《たもんてん》は、単独尊で信仰される場合は毘沙門天《びしゃもんてん》と呼ばれる。北方守護の最強武神として崇拝されるだけではなく、財宝・福徳を司る現世利益《げんぜりやく》も加えられた善神《ぜんしん》でもある。仏教にも取り入れられ、『大日経疏《だいにちきょうしょ》』には護法神として説かれている。梵名は吠室羅摩拏《べいしらまな》・毘舎羅門《びしゃらもん》といい、多聞《たもん》・普聞《ふもん》・遍聞《へんもん》・種種聞《しゅしゅもん》・不好身《ふごうしん》とも呼ばれ、拘毘羅《くびら》毘沙門の異名もある。後世には七福神のひとつにもなっている。

平安時代の征夷大将軍《せいいたいしょうぐん》である坂上田村麿《さかのうえのたむらまろ》（七五八〜八一一）が武神である毘沙門天の守護によって蝦夷《えみし》を平定したとされる言い伝えや、南北朝時代の武将で奈良県・信貴山《しぎさん》の申《もう》し子である楠《くすのき》正成《まさしげ》（一二九四〜一三三六）の幼名が多聞丸《たもんまる》であったことなどからも、多聞天（毘沙門天）への信仰が篤《あつ》かったことがうかがえる。また、平清盛《たいらのきよもり》（一一一八〜一一八一）も源氏調伏《ちょうぶく》のために毘沙門天像を造らせ、戦国時代の武将上杉謙信《うえすぎけんしん》（一五三〇〜一五七八）は己《おのれ》を毘沙門天の生まれ変わりとして「毘《び》」を旗印とするなど、多くの武人たちに護法神・戦勝神として信仰された。

毘沙門天の造像においては、兜《かぶと》を被らず、皮《かわ》の甲《こう》（胸甲《きょうこう》・腰甲《ようこう》）を着用し、左手は宝塔《ほうとう》を捧げ持ち、右手は鉾《ほこ》をとり、足下に邪鬼《じゃき》（天邪鬼《あまのじゃく》）を踏みつける姿が一般的である。平安時代中期、毘沙門天が吉祥天《きちじょうてん》を妃《きさき》とする俗信が流れると、太子（子供）である善膩師童子《ぜんにしどうじ》を脇侍《わきじ》とする三尊像が生まれ、高知県・雪蹊寺《せっけいじ》にみられる。さらに例外な像として、京都府・鞍馬寺《くらまでら》に左手を額《ひたい》にかざし、京の都を眺める尊像があり、平安京の北方を鎮護するとされ「王城鎮護像」とも呼ばれている。

仏語の手引き

毘沙門天の眷属《けんぞく》

五太子《ごたいし》《最勝《さいしょう》・独健《どっけん》・那吒《なた》・常見《じょうけん》・善膩師《ぜんにし》の太子》、八大薬叉大将《はちだいやしゃたいしょう》《宝賢《ほうけん》・満賢《まんけん》・散支《さんし》（正了知《しょうりょうち》）・娑多祁哩《しゃたぎり》・醯摩縛多《けいまばた》（雪山住《せっせんじゅう》）・毘灑《びしゃ》迦《か》・阿吒縛迦《あたばか》・半遮羅《はんしゃら》の大将》のほか、五大鬼神、二十八使者などがいる。

ひとこと解説

兜跋毘沙門天《とばつびしゃもんてん》

兜跋毘沙門天は毘沙門天の異形像《いぎょうぞう》といわれる。西域の兜跋国に化現した王城の守護神として、城門に配される。左手に宝塔《ほうとう》を、右手に宝棒《ほうぼう》か戟《げき》をとり、地天女である女神《にょしん》の上に立ち、二邪《じゃ》鬼《き》（尼藍婆《にらんば》・毘藍婆《びらんば》）の上に直立する。兜跋を刀八《とうはち》と誤字したことから、刀八毘沙門天といわれる異像もあるが、四面十臂で師子に乗り、左右四手に刀を八本持つ姿であらわされる。

毘沙門天図像　宅間勝賀筆画［京都府・東寺蔵　十二天屏風］による

毘沙門天図像

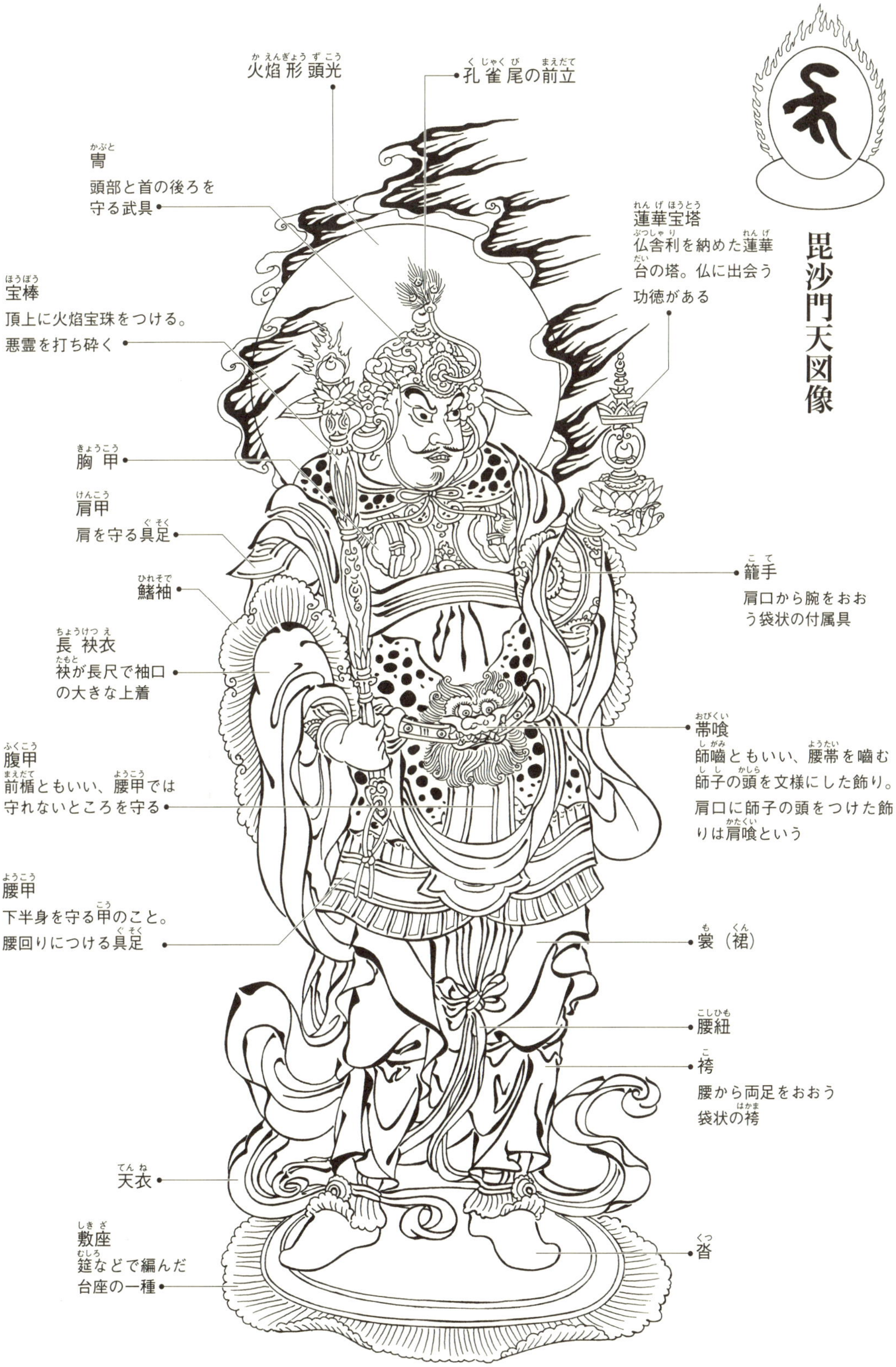
火《か》焔《えん》形《ぎょう》頭光《ずこう》
孔《く》雀《じゃく》尾《び》の前立《まえだて》
冑《かぶと》
頭部と首の後ろを守る武具
蓮華宝塔《れんげほうとう》
仏舎利《ぶつしゃり》を納めた蓮華《れんげ》台《だい》の塔。仏に出会う功徳がある
宝棒《ほうぼう》
頂上に火焔宝珠をつける。悪霊を打ち砕く
胸甲《きょうこう》
肩甲《けんこう》
肩を守る具足《ぐそく》
鰭袖《ひれそで》
長《ちょう》袂《けつ》衣《え》
袂《たもと》が長尺で袖口の大きな上着
籠手《こて》
肩口から腕をおおう袋状の付属具
帯喰《おびくい》
師噛《しがみ》ともいい、腰帯《ようたい》を噛む師子《しし》の頭《かしら》を文様にした飾り。肩口に師子の頭をつけた飾りは肩喰《かたくい》という
腹甲《ふくこう》
前楯《まえだて》ともいい、腰甲《ようこう》では守れないところを守る
腰甲《ようこう》
下半身を守る甲《こう》のこと。腰回りにつける具足《ぐそく》
裳《も》（裙《くん》）
腰紐《こしひも》
袴《こ》
腰から両足をおおう袋状の袴《はかま》
天衣《てんね》
敷座《しきざ》
筵《むしろ》などで編んだ台座の一種
沓《くつ》

焔摩天
えんまてん

冥界《めいかい》の十王としては閻羅王《えんらおう》・平等王《びょうどうおう》などと記される。婆羅門《ばらもん》教《きょう》の夜摩天《やまてん》としては、人界《にんかい》第一の死者となる。梵名では琰魔王《えんまおう》、炎摩《えんま》王・焔摩《えんま》王・閻摩邏社《えんまらじゃ》・閻摩邏闍《らじゃ》とも称され、訳して、縛《ばく》・雙世《そうせい》・雙王《そうおう》・平等・遮止《しゃし》・静息《じょうそく》・可怖畏《かふい》・殺《さつ》の異名も持つ。名前の意をいくつか挙げると「縛」は罪人を縛する意であり、「雙世」は苦楽の二報を受ける意、「雙王」は地獄主《じごくしゅ》である兄妹の二王のうち兄は男事を、妹は女事を治めるとする意、「遮止」は罪悪を止めるという意、「静息」は諸罪を静める意である。『慧苑音《ええんおん》義《ぎ》』には〝閻羅《えんら》は正しくは閻摩邏闍といい、これは遮止《しゃし》と訳す。謂《いえら》くは罪人を遮止し更《さら》に造ってはならない〟と説かれ、『玄應音《げんのうおん》義《ぎ》』には〝または閻摩羅《えんまら》ともいい、これを縛といい、或《あるい》は雙世という。謂《いえら》くは苦楽を受ける故に雙世といい、即ち鬼官《きかん》の総司《そうし》である〟と、『演秘鈔《えんひしょう》』には〝焔摩《えんま》は梵語で平等と称し、また殺者《さつしゃ》と名付く。これをもって平等殺となる。今は焔摩も衆生煩悩《しゅじょうぼんのう》を殺害するために平等殺者《びょうどうさつしゃ》と称する〟と、『瑜伽論記《ゆかろんき》』には〝静息王《じょうそくおう》というのは諸罪を静息する〟と説かれている。

八方天の焔摩天の形像《ぎょうぞう》は、白水牛《びゃくすいぎゅう》に乗り、左手は掌《てのひら》を上に向け、右手に人頭幢《にんとうどう》をとると『経軌《きょうき》』にあり、二天女と二鬼使者《きししゃ》を脇侍につけ、衆生《しゅじょう》の煩悩《ぼんのう》を殺害するものであると説かれている。

焔摩天

[図像抄 十巻] による

仏語の手引き

焔摩天の眷属《けんぞく》

太山府君《たいざんふくん》：名山泰山《たいざん》を神格化させたもの。十王のうちの一つとなる。
五道大神《ごどうだいじん》：地獄・餓鬼《がき》・畜生《ちくしょう》・人《にん》・天の五道の冥官（冥界の官人）。
司令・司録《しみょうしろく》：忿怒形《ふんぬぎょう》の官服のような服装をした冥官。書巻《しょかん》と筆を持つ。
荼吉尼天《だきにてん》：人の心の垢《あか》を喰《く》う。鬼神形《きしんぎょう》で三体二臂《ひ》像であらわされる。
遮文荼《しゃもんだ》：猪頭《ちょとう》人身で宝冠を戴き、手に杯《はい》を持つ姿であらわされる。

焔摩天図像　宅間勝賀筆画［京都府・東寺蔵　十二天屏風］による

焔摩天図像

宝冠《ほうかん》
頂上に火焔《かえん》に包まれる宝珠の玉がある
前立《まえだて》
宝冠につけた三弁の如意《にょい》宝珠《ほうじゅ》で、災難を除く珠《たま》
火焔形頭光《かえんぎょうずこう》
燃える焔《ほのお》で怒りの様《さま》を表現した光背《こうはい》
天冠台《てんかんだい》
鉢巻状の宝冠をのせるための台
人頭幢《にんとうどう》
仏の威徳を示す幡鉾《はたほこ》の意。儀杖《ぎじょう》に用いる標識を装飾した荘厳具《しょうごんぐ》。武器ともされる
垂髪《すいはつ》
胸飾《きょうしょく》
瓔珞《ようらく》という
手印《しゅいん》
掌《てのひら》を上に向ける印相《いんぞう》
腕釧《わんせん》
条帛《じょうはく》
上半身に着ける細長い布。肩から脇腹に斜めに掛ける
天冠帯《てんかんたい》
宝冠を結ぶ長い帯。下方に垂らす
腰布《こしぬの》
裳《も》（裙《くん》）
下半身に巻きつける長い布。風に翻《ひるがえ》るようにあらわされる
天衣《てんね》
肩からを臂を通し、腰下に垂らした帯状の細布
腰紐《こしひも》
足釧《そくせん》
露足《ろそく》
敷座《しきざ》
台座のひとつで、筵座《むしろ》ともいう

火天

かてん

梵名《ぼんみょう》を阿耆尼《あぎに》、密号を護法金剛《ごほうこんごう》と記される。火《か》を象徴し、火《か》仙《せん》・火神《かしん》・火光尊《かこうそん》とも称する。火天《かてん》は火聚《かしゅう》外道《げどう》の神《かみ》であったが、密教《みっきょう》においては十二天のひとつである。金剛界曼荼羅《こんごうかいまんだら》では内院の守護にあたる四大神《しだいじん》（四執《ししつ》金剛）の東南を司り、胎蔵界《たいぞうかい》曼荼羅では最外院の南方に配置される。火天は、苦行の老仙の姿をとり、諸天のなかでも最も崇拝され、六火天および十二火天を説き七人の眷属《けんぞく》を設けると『十二天報恩経《ほうおんきょう》』でも説かれる。

形像《ぎょうぞう》は『現図《げんず》胎蔵界曼荼羅』によると、四臂《ひ》にして白髪銀髯《びゃくはつぎんぜん》で火焔をおおい、左の第一手に軍持《ぐんじ》（水瓶《すいびょう》）を、第二手に仙杖《せんじょう》（生霊《せいれい》）を持ち、右の第一手に三角印をして胸に当て、第二手は数珠《じゅず》（滅罪《めつざい》）を持つという。『十二天軌《てんき》』には、東南方の火天は青羊《しょうよう》に乗り、火焔を有し、左手の一は掌《てのひら》を挙げ、二は念珠《ねんじゅ》を持ち、右手の一は青竹《しょうちく》を持ち、二は軍持（軍瓶《ぐんびょう》）を持つとされる。

ひとこと解説 **十二天《じゅうにてん》**

顕教《けんぎょう》では須弥山《しゅみせん》の四面を守護するのが四天王《してんのう》とされるが、密《みっ》教《きょう》においての護世神《ごせしん》・護方神《ごほうしん》の十二尊は十二天と称する。最初に仏教に取り入られたのは四方《しほう》と四維《しい》の八天であり、これを護世八方天としたが、これらに天、地が加わって十天になり、さらに日《にっ》、月《がつ》も加わって十二天となった。その構成は、仏教神話の外道《げどう》の神々を天部に配置し編成したものである。

仏語の手引き **護世《ごせ》の天部十二天尊**

四方

東方の帝釈天《たいしゃくてん》：蘇迷盧《そめいろ》の一切諸山《しょさん》の邪鬼《じゃき》の主《しゅ》
南方の焔摩天《えんまてん》：五道《ごどう》の冥官《めいかん》や流行疫《りゅうこうえき》・餓鬼《がき》の主
西方の水天《すいてん》：川流江河《せんりゅうこうが》大海《たいかい》の龍神衆《りゅうじんしゅう》の主
北方の毘沙門天《びしゃもんてん》：もろもろの夜叉《やしゃ》や呑食《どんじき》の鬼の類《たぐい》の主

四維

南東方の火天《かてん》：もろもろの火焔神や明神、仙人衆《しゅう》の主
南西方の羅刹天《らせつてん》：もろもろの羅刹や人血肉《じんけつにく》を食う主
北西方の風天《ふうてん》：もろもろの風神《ふうじん》や無形《むぎょう》の流行神の主
北東方の伊舎那天《いしゃなてん》：諸天の悪行魔羅《まら》衆の主

天（上）方の梵天《ぼんてん》：色界天《しきかいてん》の静慮《せいろ》や一切諸天《しょてん》の主
地（下）方の地天《ちてん》：地上・樹下《じゅか》・野沙《やさ》の諸神の主
日方の日天《にってん》：星宿《せいしゅく》、九曜《くよう》（九執《くしつ》）や遊空光神《ゆくうこうしん》の主
月方の月天《がってん》：二十八宿《にじゅうはっしゅく》や十二宮《くう》（十二房《ぼう》）の主

火天図像　宅間勝賀筆画［京都府・東寺蔵　十二天屏風］による

火天図像

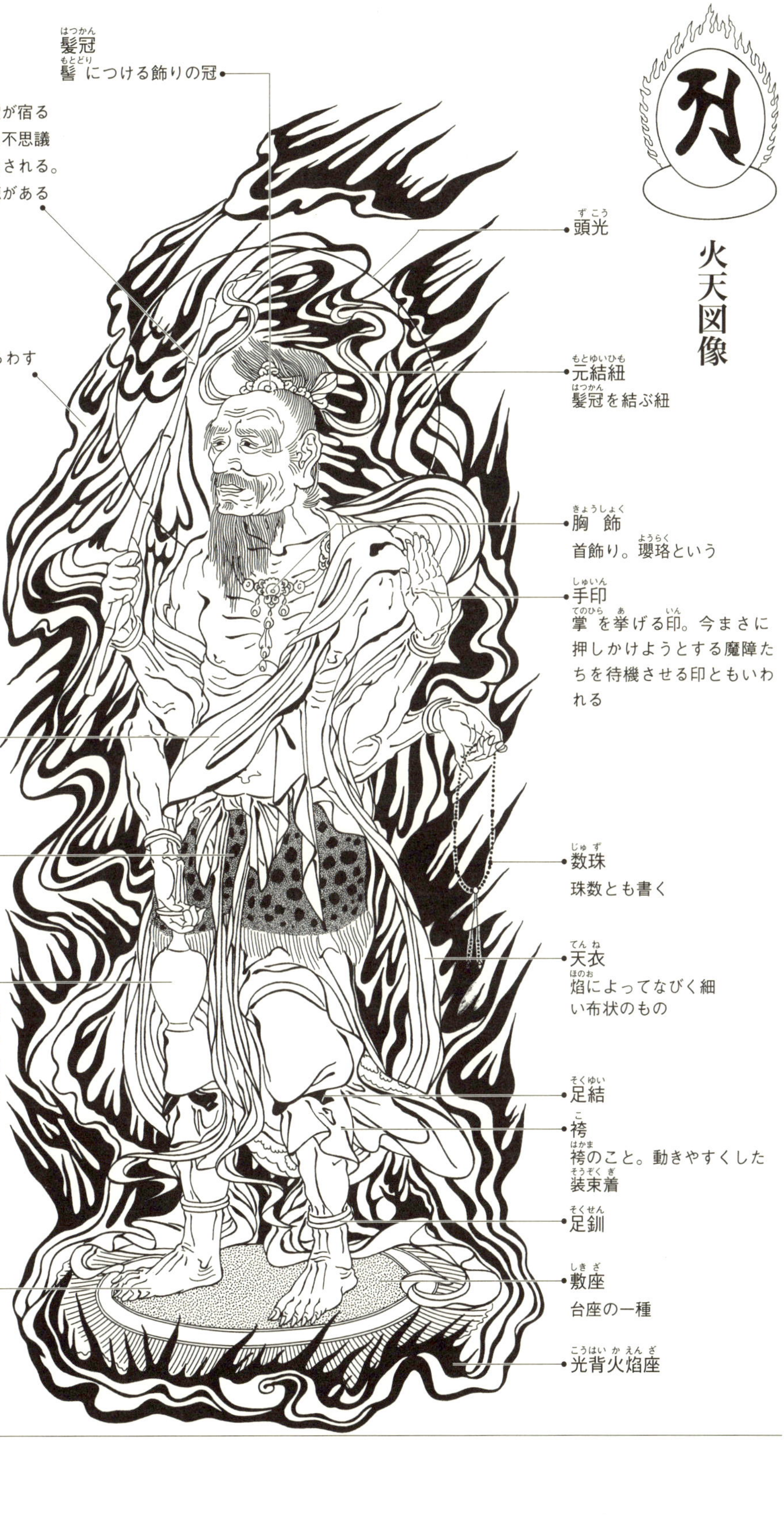

髪冠《はつかん》
髻《もとどり》につける飾りの冠
宝棒《ほうぼう》
仙杖《せんじょう》ともいう。精霊が宿るという青竹《しょうちく》で作った不思議な精氣を放つ持物《じもつ》とされる。病魔を降伏《ごうぶく》する功徳がある
火焔形光背《かえんぎょうこうはい》
燃えたつ焔《ほのお》であらわす
条帛《じょうはく》
上半身に着ける細長い布で、肩から脇に斜めに掛ける
褌《ふんどし》
獣皮《じゅうひ》でつくった腰巻き
水瓶《すいびょう》
利福の多さを示す持《じ》物《もつ》。転じて軍瓶《ぐんびょう》ともいい、魔障を操る軍師の持物ともされる
露足《ろそく》
裸足《はだし》とも
頭光《ずこう》
元結紐《もとゆいひも》
髪冠《はつかん》を結ぶ紐
胸飾《きょうしょく》
首飾り。瓔珞《ようらく》という
手印《しゅいん》
掌《てのひら》を挙《あ》げる印《いん》。今まさに押しかけようとする魔障たちを待機させる印ともいわれる
数珠《じゅず》
珠数とも書く
天衣《てんね》
焔《ほのお》によってなびく細い布状のもの
足結《そくゆい》
袴《こ》
袴《はかま》のこと。動きやすくした装束着《そうぞくぎ》
足釧《そくせん》
敷座《しきざ》
台座の一種
光背火焔座《こうはいかえんざ》

羅刹天

らせつてん

梵名は羅叉婆《らしゃば》・涅哩帝《ねりてい》・涅里底《ねりち》と音訳されて、暴悪可畏《ぼうあくかい》の意から、可畏《かい》とも訳される。『大日経《だいにちきょう》』には〝涅里底は羅刹主《らせつしゅ》なり。また仏の化身なり。羅刹娑《らせつしゃ》は能噉《のうたん》の義なり。常に衆生《しゅじょう》を噉食《たんしょく》す〟とある。密教では、この天は羅刹《らせつ》（鬼神《きしん》）の王であり、悪鬼《あくき》の総名である速疾鬼《そくしつき》とも呼ばれる。仏教では、守護神である十二天のひとつとして配置される。

三鈷剣《さんこけん》
師子冠
天冠帯
剣印
鰭袖《ひれそで》
天衣《てんね》
白 師子《びゃくしし》
袴《こ》
前楯《まえだて》
脛甲《けいこう》

［図像抄 十巻］による

羅刹は人を害する鬼類であり、夜叉《やしゃ》、邪鬼《じゃき》、獄卒《ごくそつ》、燈鬼《とうき》などがいる。衆生《しゅじょう》に対して暴悪の限りを尽くす邪鬼は三千体もいるとされていた。天部に組み入られた化身《けしん》の諸《しょ》尊《そん》は、六十体くらいといわれている。

羅刹天は羅刹女《らせつにょ》を眷属とし、女性的に表現されると羅刹天女ともいわれる。

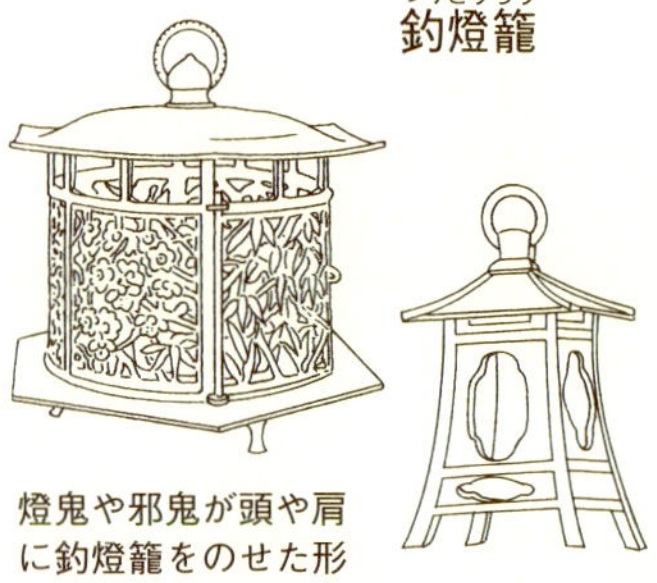
釣燈籠《つりとうろう》

燈鬼や邪鬼が頭や肩に釣燈籠をのせた形のものは天燈鬼・龍燈鬼とも呼ぶ

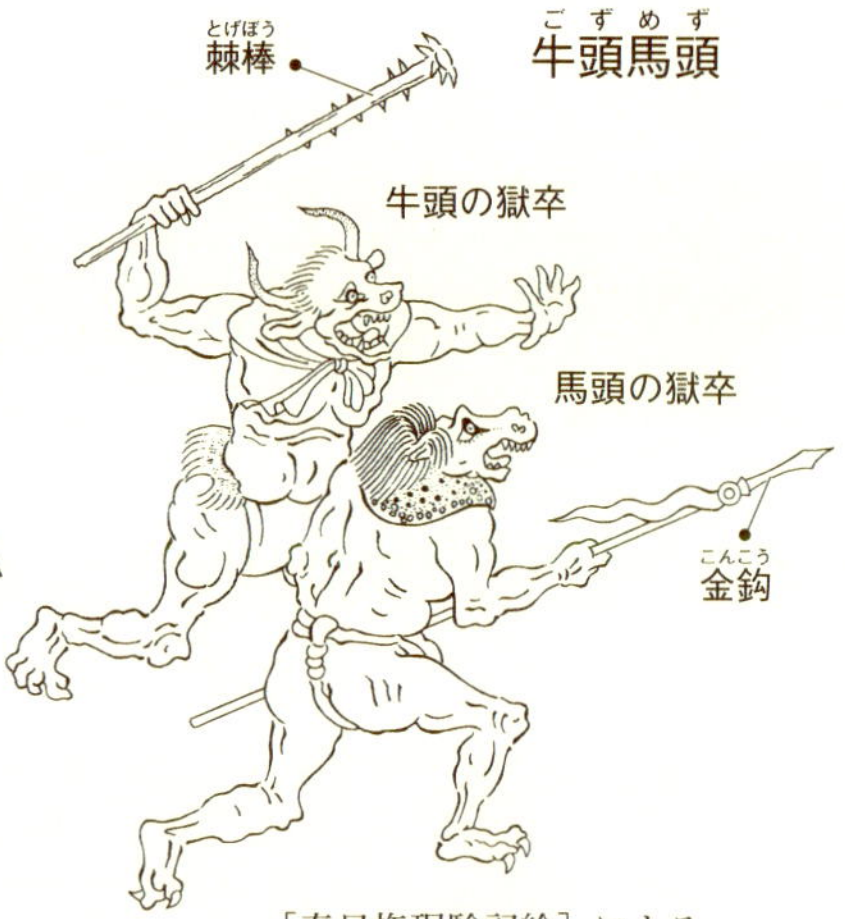
牛頭馬頭《ごずめず》
棘棒《とげぼう》
牛頭の獄卒
馬頭の獄卒
金鈎《こんこう》

［春日権現験記絵］による

獄卒《ごくそつ》
（地獄の鬼）
金棒《こんぼう》

［北野天神縁起］による

羅刹天図像　宅間勝賀筆画［京都府・東寺蔵　十二天屛風］による

羅刹天図像

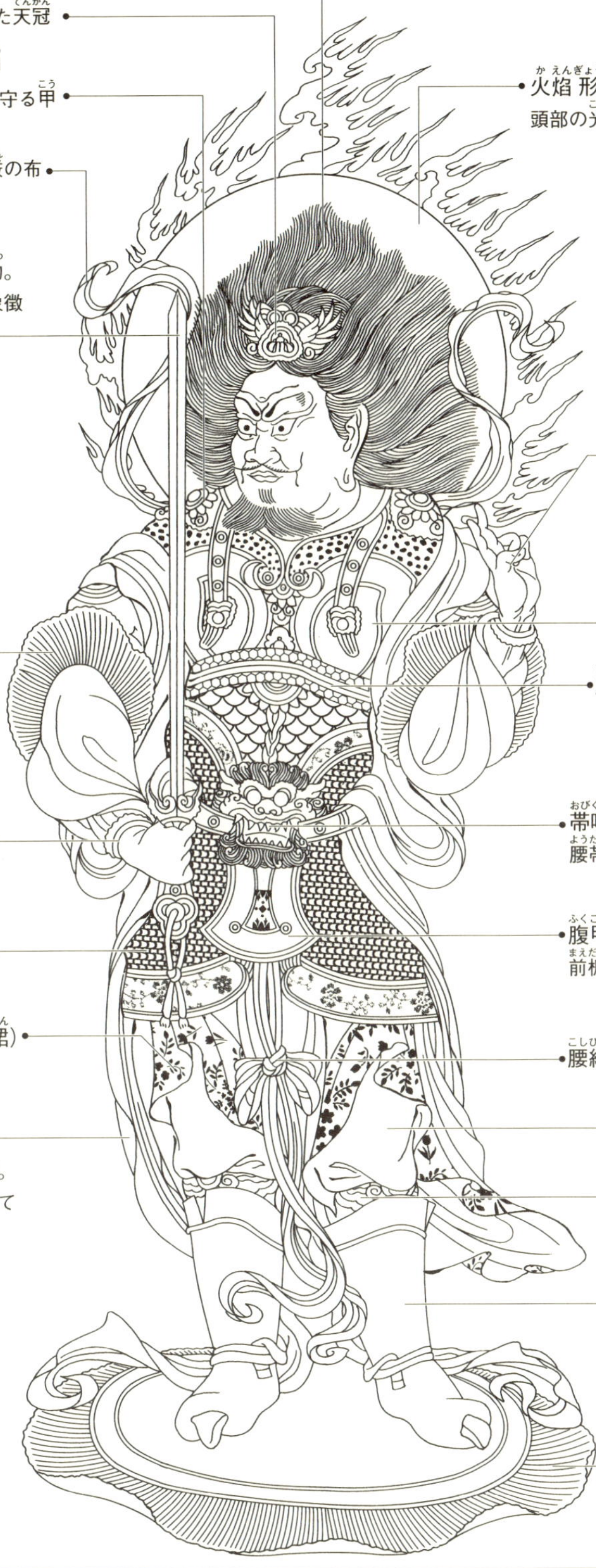
焔髪《えんぱつ》
逆立った髪
獣冠《じゅうかん》
鳥獣をあしらった天冠《てんかん》
肩甲《けんこう》
肩を守る甲《こう》
肩衣《けんえ》
怨敵《おんてき》を威嚇する荘厳《しょうごん》の布
宝剣《ほうけん》
悪霊を払い除く持物《じもつ》。煩悩《ぼんのう》をも断ち切る象徴である
火焔形頭光《かえんぎょうずこう》
頭部の光背《こうはい》
刀印《とういん》（剣印《けんいん》）
こちらの手にも武器を持っていることをあらわし、威嚇の印とされる
鰭袖《ひれそで》
花弁《かべん》が開いたような袖
胸甲《きょうこう》
胸帯《きょうたい》
腕釧《わんせん》
腕につける環状の飾り
帯喰《おびくい》
腰帯《ようたい》を喰う師子頭《ししかしら》の飾り
腰甲《ようこう》
腹甲《ふくこう》
前楯《まえだて》ともいう
裳《も》（裙《くん》）
腰紐《こしひも》
袴《こ》
天衣《てんね》
帯状の細長い布。甲《こう》の上から掛けて垂らす
足結《そくゆい》
袴《はかま》の装飾具
皮沓《ひくつ》
獣の皮でつくった脛までおおう沓
敷座《しきざ》
筵《むしろ》でつくった台座のひとつ

水天

すいてん

梵名《ぼんみょう》は嚩嚕陀《ばるだ》と記される。もとは夜の神として天界に住していたが、水に対して自由自在の力を持つことから、水天と称される。十二天・八方天のひとつで、西方の守護神でもあり、水の神とも河の神ともいわれる。龍族を眷属《けんぞく》とし、水界と諸龍王《しょりゅうおう》の主とされる。水天法と降雨法の本尊で、単独像としても祀られる。

形像《ぎょうぞう》は、胎蔵界曼荼羅《たいぞうかいまんだら》では外金剛部院《げこんごうぶいん》の西門に配され、五龍の頭冠《ずかん》を戴き、亀に乗る。左手は蓮上《れんじょう》に星を持ち、右手は剣を持つ像が示されている。金剛界曼荼羅では外院《げいん》と四大神《しだいじん》に配置されている。また『十二天供儀軌《くぎき》』には、西方の水天は水中に住して亀に乗り、身は浅緑色で、左手に龍索《りゅうさく》（羂索《けんさく》）を持ち、右手に刀《とう》をとり、頭冠の上に五龍ありと説かれている。他に『略本瑜伽護《りゃくほんゆがご》摩儀軌《まぎき》』『図像抄《ずぞうしょう》　十巻』『別尊雑記《べっそんざっき》』『覚禅鈔《かくぜんしょう》』などにも同様の図像と所説が伝えられている。印相は龍索や鉢《はち》を用いるが、左手に蛇、右手に妙花《みょうか》を持つなどの種々の異形《いぎょう》や異説もある。

ひとこと解説

龍王

龍とは蛇を神格化したもので、その長《おさ》を龍王・龍神ともいう。梵語《ぼんご》からは那伽《なか》と音訳される。大海に住し、雲をおこして空中を飛び、雨を降らす魔力を持つ架空の動物であり、百六十の龍王がいると『仏母大孔雀明王経《ぶつもだいくじゃくみょうおうきょう》』で説かれている。仏の眷属で仏法を護る八部衆《はちぶしゅう》のひとつとされ、仏伝には、釈迦《しゃか》生誕の際は二龍王が清浄水《しょうじょうすい》を灌水《かんすい》し、成道《じょうどう》の際には降雨で身をおおって守護したとある。また、現図《げんず》曼荼羅には、水天の眷属として九頭龍《くずりゅう》、七頭《しちず》龍、水天后《すいてんこう》などが説かれるが、龍王の変化身とされる。『請雨経《しょううきょう》』によると、空海《くうかい》（七七四〜八三五）が旱魃《かんばつ》の時に、神泉《しんせん》苑《えん》で請雨経法を修した際、善女《ぜんにょ》龍王があらわれたとされる。

仏語の手引き

八大龍王《はちだいりゅうおう》

仏法を守護する龍の八大王は、法華経《ほけきょう》では次の称で説かれている。

難陀《なんだ》龍王：護法龍神の代表で、第一の神通力を持つ。
跋難陀《ばつなんだ》龍王：難陀の弟。釈迦生誕の際、灌水したのはこの兄弟。
沙伽羅《しゃから》龍王：請雨法《しょううほう》の本尊で二十八部衆のひとつ。
和脩吉《わしゅきち》龍王：水天の眷属とされる九頭龍の別称。
徳叉迦《とくさか》龍王：怒りの眼《げん》で凝視された者は直ちに命を落とすという。
阿那婆達多《あなばたった》龍王：徳性が最も高く、人間界を潤す。
摩那須《まなす》龍王：最も慈愛を持つ。摩那蘇婆帝《まなそばてい》とも呼ばれる。
優鉢羅《うばら》龍王：青蓮華池《しょうれんげいけ》に住し、神人界《じんしんかい》を守護する。

水天図像　宅間勝賀筆画［京都府・東寺蔵　十二天屏風］による

水天図像

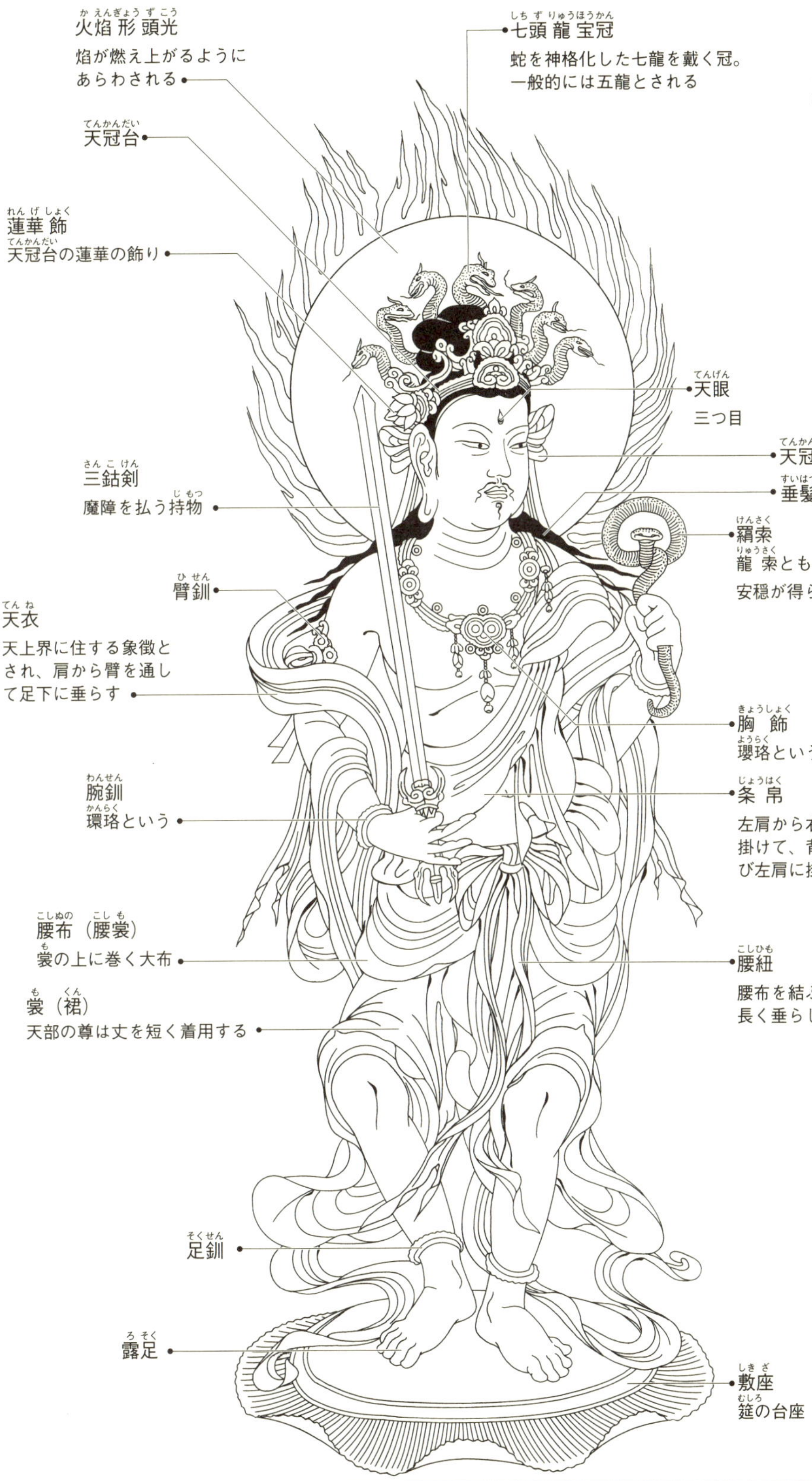
火焔形《かえんぎょう》頭光《ずこう》
焔が燃え上がるようにあらわされる
七頭《しちず》龍宝冠《りゅうほうかん》
蛇を神格化した七龍を戴く冠。一般的には五龍とされる
天冠台《てんかんだい》
蓮華飾《れんげしょく》
天冠台《てんかんだい》の蓮華の飾り
天眼《てんげん》
三つ目
天冠帯《てんかんたい》
三鈷剣《さんこけん》
魔障を払う持物《じもつ》
垂髪《すいはつ》
羂索《けんさく》
龍索《りゅうさく》ともいう。障害を除き安穏が得られる持物《じもつ》
臂釧《ひせん》
天衣《てんね》
天上界に住する象徴とされ、肩から臂を通して足下に垂らす
胸飾《きょうしょく》
瓔珞《ようらく》という
腕釧《わんせん》
環珞《かんらく》という
条帛《じょうはく》
左肩から右脇腹に斜めに掛けて、背中に回して再び左肩に掛ける
腰布《こしぬの》（腰裳《こしも》）
裳《も》の上に巻く大布
腰紐《こしひも》
腰布を結ぶ細長い布。下に長く垂らして装飾とする
裳《も》（裙《くん》）
天部の尊は丈を短く着用する
足釧《そくせん》
露足《ろそく》
敷座《しきざ》
筵《むしろ》の台座

風天

ふうてん

梵名《ぼんみょう》は縛《ば》也《や》吠《べい》・縛《ば》庾《ゆ》といい、訳して風神ともいわれる。この風神が仏教において守護神となり、十二天の西北方を守る風天と称される。四大神《しだいじん》（地・水・火・風の神）のひとつとして金剛界曼《こんごうかいまん》茶羅《だら》の内院を護る。『大日経《だいにちきょう》』では、適度に風をおこして万物を育成する神とあり、『十二天報恩経《ほうおんきょう》』には、大風《だいふう》を吹いて世間を散破《さんぱ》し、その威力は畏《おそ》るべしとある。胎蔵界《たいぞうかい》曼荼羅では外金剛部《げこんごうぶ》院《いん》の西方に住し、西北方を護る。風天は、仏の神通自在《じんつうじざい》の教化《きょうけ》をあらわしており、八方天のひとつでもある。曼荼羅での形像《ぎょうぞう》は老《ろう》人形《じんぎょう》で、甲冑《かっちゅう》に天衣《てんね》を翻し、左手は腰に按《あん》じ、右手に幡杖《ばんじょう》（風《ふう》幢《どう》）を持ち、筵《むしろ》の上に立つとされる。『十二天供儀軌《くぎき》』には〝西方の風天は雲中で麞《くじか》に乗り、甲冑をつけ、左手は胯《また》に托《たく》し、右手に独鈷頭《とっこず》の剣《けん》をとり、剣の上には緋《ひ》の幢《どう》あり、二天女《にてんにょ》を侍《じ》す〟とある。また『安鎮軌《あんちんき》』には、麞に乗り、左手は腰に当て、右手に幢を持つと説かれる。他にも青牛《しょうぎゅう》に乗り、左手に軍持《ぐんじ》を持ち、右手は印相《いんぞう》をとる像などもある。

ひとこと解説　**四大神《しだいじん》／妙見菩薩《みょうけんぼさつ》**

◎**四大神**：地神・水神・火神・風神の四神をいう。金剛界曼荼羅の大円輪の四方において、羯磨衣《かつまえ》を着て、頭と左右に広げた手のみの図像であらわされるが、経軌《きょうき》には説かれない。

◎**妙見菩薩**：北極星（北辰星《ほくしんせい》）を神格化したものである。星のなかで最尊《さいそん》とされ、北辰尊星《ほくしんそんしょう》妙見菩薩と称することもあり、尊星《そんしょう》王《おう》・北斗《ほくと》妙見菩薩の異称もある。『七仏八菩薩神呪経《しちぶつはちぼさつしんじゅきょう》』には、妙見菩薩は国土の守護神であると説かれ、所行《しょぎょう》が奇特《きどく》の故に妙見の名となり、菩薩の大将であると記される。この菩薩の本地《ほんじ》は、釈迦《しゃか》とも薬師《やくし》ともいわれ、異説が多い。儀軌《ぎき》に基づくと、事相的《じそうてき》には天部に属するものとあるために、妙見菩薩は吉祥天《きちじょうてん》と同体とされている。単独での信仰としては、災害や苦難を除くとされ、眼疾平癒《げんしつへいゆ》が祈られる。

四臂像

頭上に七龍
筆
紀籍《きせき》
剣
輪宝

［図像抄 十巻］による

青龍《しょうりゅう》

［華厳宗祖師絵伝］による

『覚禅鈔』には疾走する青龍の背に立つ妙見菩薩像もある

二臂《ひ》像

北斗七星
転法輪印《てんぽうりんいん》
蓮華台
雲中に半跏趺坐

風天図像　宅間勝賀筆画［京都府・東寺蔵　十二天屛風］による

風天図像

風輪《ふうりん》
天空の層を象徴し、虚空に風で浮かぶとされる持物《じもつ》。弦月形《げんがつぎょう》風輪が正式な名称
流旗《りゅうき》
旗の垂れ布のこと
火焔形頭光《かえんぎょうずこう》
元結紐《もとゆいひも》
髭髪《しはつ》
くちひげのこと
風幢《ふうどう》
幢幡《どうばん》ともいう。難を避ける持物《じもつ》
幡杖《はんじょう》
慈悲の心を得られる持物《じもつ》
天衣《てんね》
風になびく様をあらわし、荘厳《しょうごん》としている
鬚髪《しゅはつ》
あごひげのこと
肩甲《けんこう》
胸甲《きょうこう》
胸帯《きょうたい》
鰭袖《ひれそで》
襯衣《しんえ》
手印《しゅいん》
腰に按《あん》じた印相《いんぞう》
腰帯《ようたい》
腹甲《ふくこう》
前楯《まえだて》ともいう
腰甲《ようこう》
腰を守る甲《こう》
裳《も》（裙《くん》）
袴《こ》
袴《はかま》のこと
腰紐《こしひも》
脛甲《けいこう》
脛当《すねあて》ともいう。脛を保護する甲《こう》
天衣《てんね》
沓《くつ》
靴のこと
敷座《しきざ》
筵《むしろ》の台座

伊舎那天

いしゃなてん

八方天《はっぽうてん》・十二天のひとつであり、東北方の守護神で胎蔵界曼荼羅《たいぞうかいまんだら》の外院《げいん》に配される。梵名《ぼんみょう》を伊邪那《いじゃな》・伊賒那《いしゃな》・伊沙《いさら》等ともいう。『孔雀王呪経《くじゃくおうじゅきょう》』には自在《じざい》・主宰《しゅさい》の意から大自在天《だいじざいてん》の忿怒《ふんぬ》の尊とされる。もとは変化身《へんげしん》のひとつで、魔醯首羅《まけいしゅら》の化身《けしん》であると、『十二天供儀軌《くぎき》』に記される。その姿は一面三つ目二臂《ひ》で、牛に乗り、左手に血を盛った劫波杯《ごうははい》を、右手に三叉戟《さんさげき》をとる。髑髏《どくろ》の首飾りをつけている。眷属《けんぞく》に伊舎那妃《ひ》を持つ。

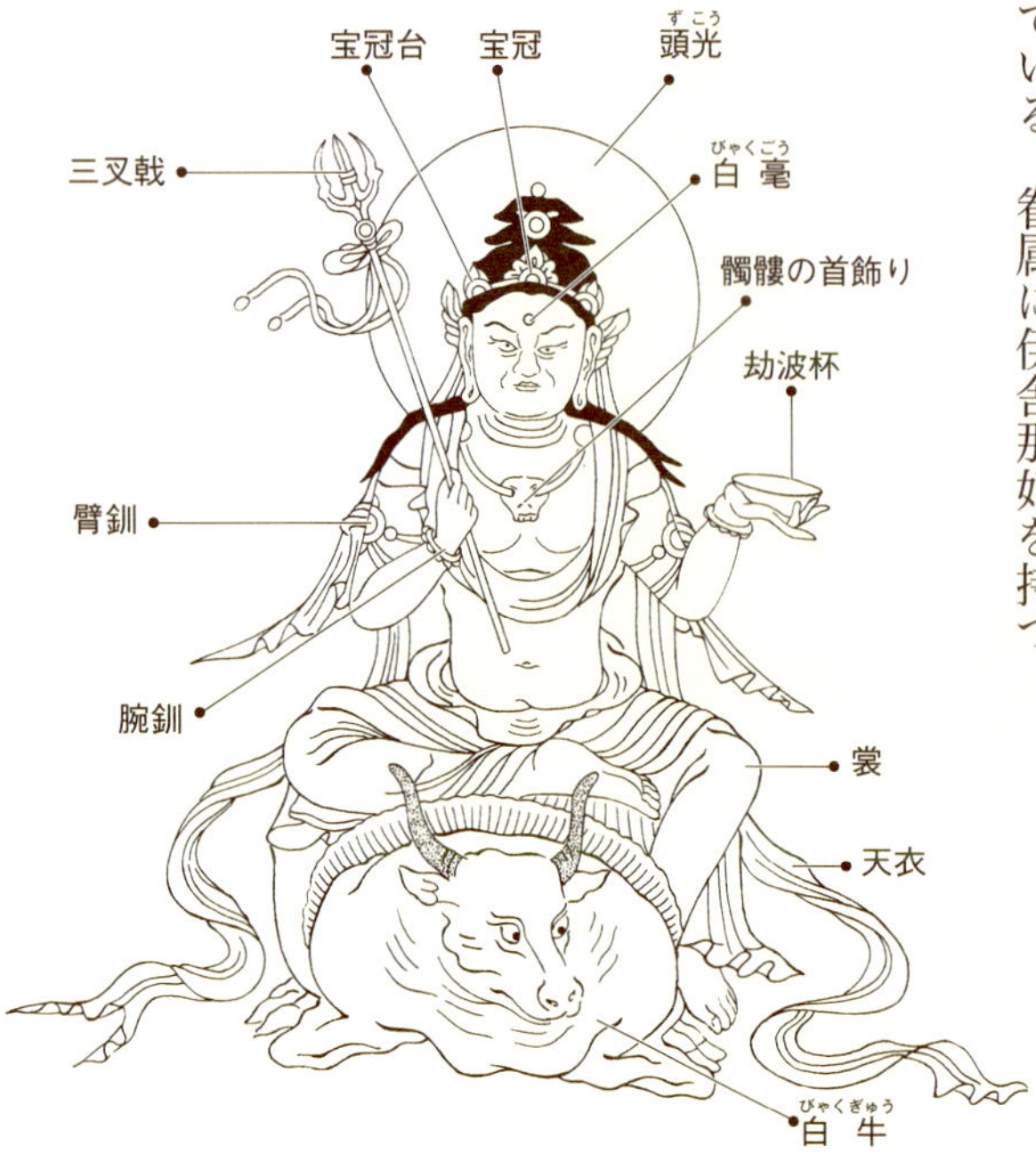
宝冠台
宝冠
頭光《ずこう》
三叉戟
白毫《びゃくごう》
髑髏の首飾り
劫波杯
臂釧
腕釧
裳
天衣
白牛《びゃくぎゅう》

［図像抄　十巻］による

ひとこと解説 **十二神将《じゅうにしんしょう》**

十二神将は、薬師如来《やくしにょらい》の眷属、もしくは薬師如来の変化身《へんげしん》とされる守護神である。薬師如来の十二の大願《だいがん》を護持《ごじ》する。『薬師本願経《やくしほんがんきょう》』によれば、十二の薬叉大将《やしゃたいしょう》はそれぞれ七千の眷属を率いて薬師の名号《みょうごう》を唱え、供養《くよう》する衆生《しゅじょう》を守護し、一切の苦難を脱させ、願いをかなえることを誓ったとされる。十二の神将が十二支《し》をあらわすこともある。その像容は甲冑《かっちゅう》で身を固め、守護神の大将らしい忿怒《ふんぬ》の形相で、持物《じもつ》は一定していない。獣頭人身《じゅうずじんしん》の像などもある。

丑《うし》神将
伐折羅《ばきら》神将
肩甲
弓
胸甲
箭《せん》
袴《こ》
沓《くつ》
巳《み》神将
珊底羅《さんてら》神将
鰭袖《ひれそで》
大刀《だいとう》
腰甲
天衣
裳

［醍醐寺本図像］による

伊舎那天図像

伊舎那天図像　宅間勝賀筆画［京都府・東寺蔵　十二天屏風］による

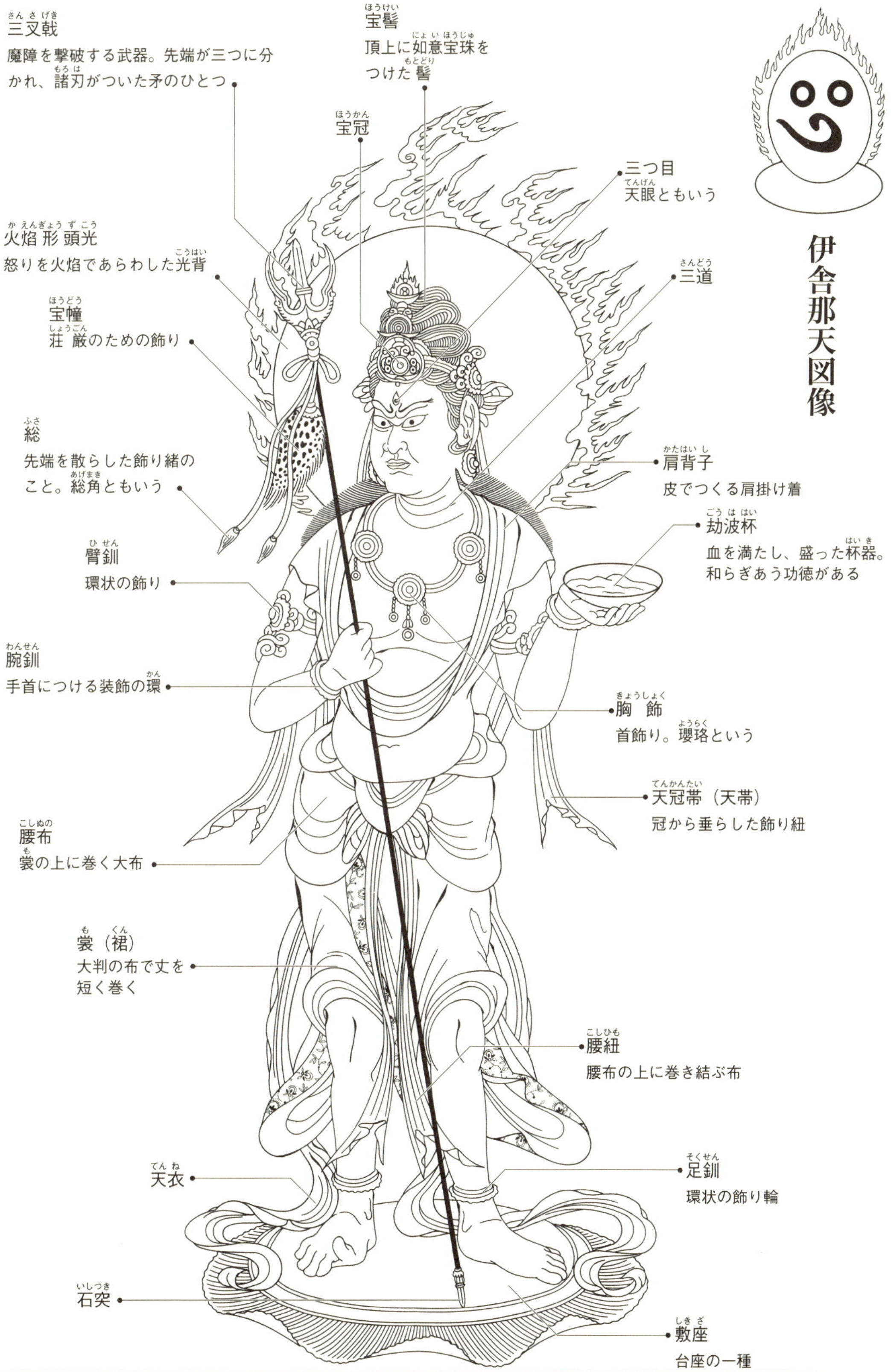

宝髻《ほうけい》
頂上に如意宝珠《にょいほうじゅ》をつけた髻《もとどり》
三叉戟《さんさげき》
魔障を撃破する武器。先端が三つに分かれ、諸刃《もろは》がついた矛のひとつ
宝冠《ほうかん》
三つ目
天眼《てんげん》ともいう
火焔形頭光《かえんぎょうずこう》
怒りを火焔であらわした光背《こうはい》
三道《さんどう》
宝幢《ほうどう》
荘厳《しょうごん》のための飾り
総《ふさ》
先端を散らした飾り緒のこと。総角《あげまき》ともいう
肩背子《かたはいし》
皮でつくる肩掛け着
劫波杯《ごうはぱい》
血を満たし、盛った杯器《はいき》。和らぎあう功徳がある
臂釧《ひせん》
環状の飾り
腕釧《わんせん》
手首につける装飾の環《かん》
胸飾《きょうしょく》
首飾り。瓔珞《ようらく》という
天冠帯《てんかんたい》（天帯）
冠から垂らした飾り紐
腰布《こしぬの》
裳《も》の上に巻く大布
裳《も》（裙《くん》）
大判の布で丈を短く巻く
腰紐《こしひも》
腰布の上に巻き結ぶ布
天衣《てんね》
足釧《そくせん》
環状の飾り輪
石突《いしづき》
敷座《しきざ》
台座の一種

地天

ちてん

梵名《ぼんみょう》を比里底毗《ひるちび》という。またの名を堅牢地神《けんろうちしん》という。生育《せいいく》の神であり、大地を象徴する神として、梵天《ぼんてん》と対比されることもあり、十天・十二天の下方《げほう》大地を守護する。はじめは大地神女《だいちしんにょ》という名で、財《ざい》を蓄《たくわ》え、病を治し、怨敵《おんてき》を降伏《ごうぶく》するときに招請《しょうじょう》される女《にょ》神《しん》であったが、後に変じて男神《だんしん》となる。地天は后《きさき》を置くに至ると『大疏《だいしょ》』に記される。『曼荼羅護摩儀軌《まんだらごまぎき》』には、地天は福徳豊饒《ふくとくほうじょう》のために招請される本尊であると記される。

ひとこと解説　十二天屏風《じゅうにてんびょうぶ》

十二天の独尊を各扇に描いた六曲一双の屏風である。密教においては、結縁灌頂《けちえんかんじょう》（仏と信者が縁を結ぶ）や伝《でん》法灌頂《ぽうかんじょう》（後七日御修《ごしちにちのみし》法《ほ》の秘法を伝授する）の儀式があるが、昔は四方《しほう》・四維《しい》・天地《てんち》・日《にち》月《がつ》を守る十二天の面を被り、楽人《がくじん》が行道《ぎょうどう》を行い、灌頂の儀式を行っていた。後に十二天屏風が用いられるようになり、『秘密荘厳心《ひみつしょうごんしん》』によると、護摩《ごま》を焚《た》き、十二天屏風の前で儀式が行われたという記述がある。

天女形《てんにょぎょう》の地天

［図像抄　十巻］による

仏語の手引き　十二天の持物《じもつ》と鳥獣座《ちょうじゅうざ》

経典によって異説はあるが、それぞれの持物と鳥獣座を挙げる。

東方の帝釈天《たいしゃくてん》 ― 独鈷杵《とっこしょ》 ― 白象《びゃくぞう》
南東方の火天《かてん》 ― 左手に三角印《さんかくいん》・念珠《ねんじゅ》、右手に仙杖《せんじょう》・軍瓶《ぐんびょう》 ― 青羊《しょうよう》
南方の焔摩天《えんまてん》 ― 人頭幢《にんとうどう》 ― 白水牛《びゃくすいぎゅう》
南西方の羅刹天《らせってん》 ― 剣《けん》 ― 白師子《びゃくしし》
西方の水天《すいてん》 ― 龍索《りゅうじゃく》・刀《とう》 ― 白亀《びゃくき》
北西方の風天《ふうてん》 ― 風幢《ふうどう》 ― 麞《くじか》（鹿の一種）
北方の毘沙門天《びしゃもんてん》 ― 宝塔《ほうとう》・鉾《ほこ》 ― 二邪鬼《じゃき》（天邪鬼《あまのじゃく》）
北東方の伊舎那天《いしゃなてん》 ― 三叉戟《さんさげき》・杯《はい》 ― 黒牛《こくぎゅう》
天（上）方の梵天《ぼんてん》 ― 左手に鉾《ほこ》・水瓶《すいびょう》、右手に蓮華《れんげ》 ― 白鵝鳥《びゃくがちょう》
地（下）方の地天《ちてん》 ― 妙果《みょうか》 ― 雲
日方の日天《にってん》 ― 日輪《にちりん》 ― 五赤馬《しゃくば》
月方の月天《がってん》 ― 月輪《がちりん》 ― 三鵝鳥

地天図像　宅間勝賀筆画［京都府・東寺蔵 十二天屏風］による

地天図像

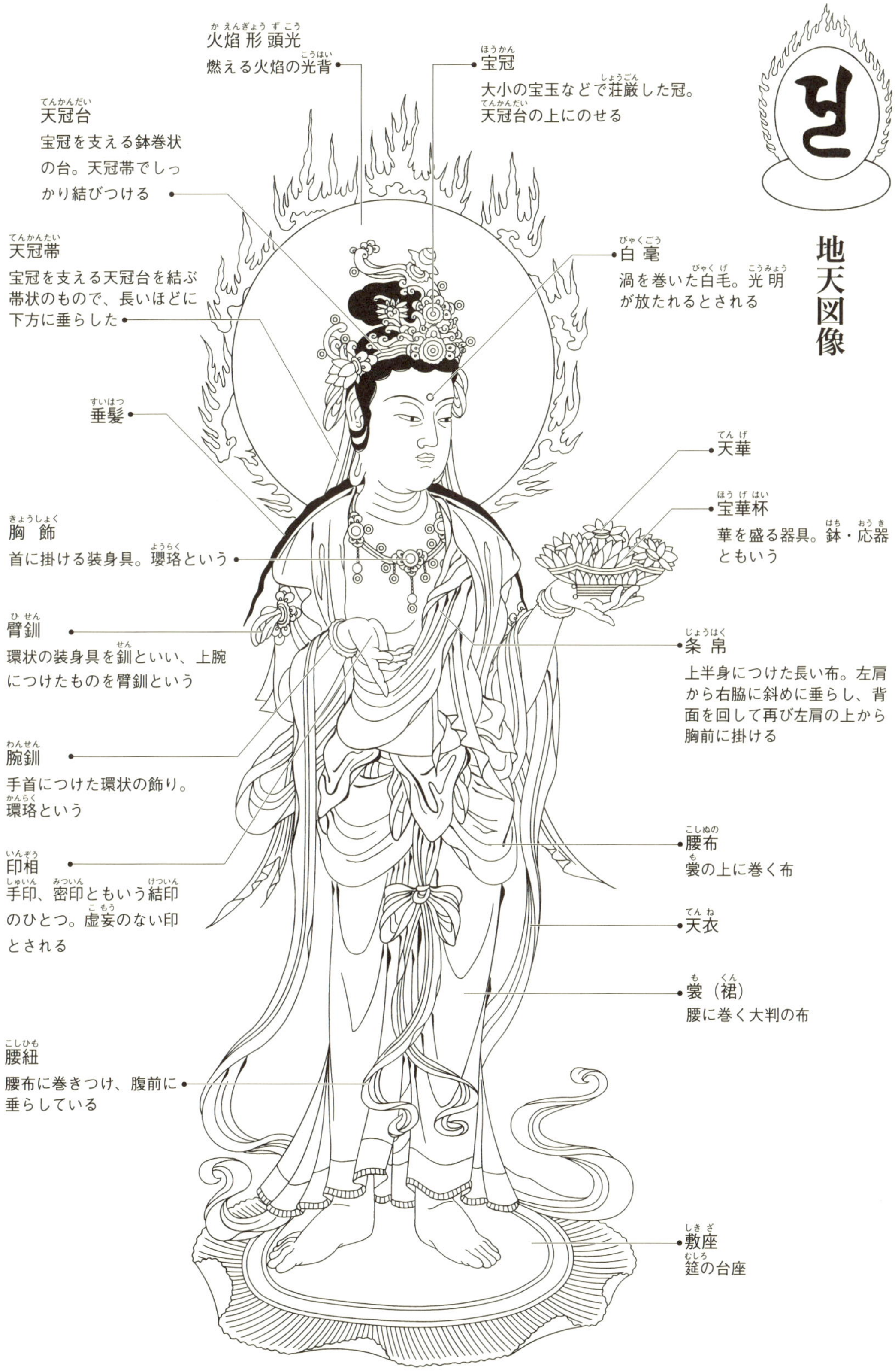

火焔《かえん》形《ぎょう》頭光《ずこう》
燃える火焔の光背《こうはい》
宝冠《ほうかん》
大小の宝玉などで荘厳《しょうごん》した冠。天冠台《てんかんだい》の上にのせる
天冠台《てんかんだい》
宝冠を支える鉢巻状の台。天冠帯でしっかり結びつける
天冠帯《てんかんたい》
宝冠を支える天冠台を結ぶ帯状のもので、長いほどに下方に垂らした
白毫《びゃくごう》
渦を巻いた白毛《びゃくげ》。光明《こうみょう》が放たれるとされる
垂髪《すいはつ》
天華《てんげ》
宝華杯《ほうげはい》
華を盛る器具。鉢《はち》・応器《おうき》ともいう
胸飾《きょうしょく》
首に掛ける装身具。瓔珞《ようらく》という
臂釧《ひせん》
環状の装身具を釧《せん》といい、上腕につけたものを臂釧という
条帛《じょうはく》
上半身につけた長い布。左肩から右脇に斜めに垂らし、背面を回して再び左肩の上から胸前に掛ける
腕釧《わんせん》
手首につけた環状の飾り。環珞《かんらく》という
腰布《こしぬの》
裳《も》の上に巻く布
印相《いんぞう》
手印《しゅいん》、密印《みついん》ともいう結印《けついん》のひとつ。虚妄《こもう》のない印とされる
天衣《てんね》
裳《も》（裙《くん》）
腰に巻く大判の布
腰紐《こしひも》
腰布に巻きつけ、腹前に垂らしている
敷座《しきざ》
筵《むしろ》の台座

日天

にってん

◎天

梵名《ぼんみょう》を阿儞底耶《あにちや》といい、創造・自由の意から日天《にってん》と訳される。梵名の蘇利耶《そりや》とは太陽の意であり、日天子《にってんし》・日神《にっしん》とも訳される。日輪《にちりん》（太陽）を神格化した天部の尊であり、十二天のひとつである。日輪の中には八咫烏《やたがらす》（三本足の烏《からす》）がいるとされる。金剛界《こんごうかい》曼荼羅《まんだら》の外院《げいん》二十天として南方に配され、遊空天《ゆくうてん》と称されることもある。主として三馬か五馬に乗る姿であらわされ、日輪を捧《ささ》げ持つが、開敷蓮華《かいふれんげ》を持つこともある。五頭立てや七頭立ての馬車に乗ることもある。胎蔵界曼荼羅《たいぞうかいまんだら》では荷葉座《かしょうざ》に坐す。

［図像抄　十巻］による

仏語の手引き

金剛界外院《こんごうかいげいん》二十天《てん》（五類諸天《ごるいしょてん》）

金剛界曼荼羅の外院に配される二十天とそれぞれの三昧耶形《さんまやぎょう》（誓願を象徴する持物《じもつ》）を次に挙げる。

東方五天
那羅延天《ならえんてん》―八輻鉄輪《はちふくてつりん》
倶摩羅天《くまらてん》―金剛鈴《こんごうれい》、槊《ほこ》
金剛摧天《こんごうさいてん》―傘蓋《さんがい》
大梵天《だいぼんてん》―紅蓮華《ぐれんげ》
帝釈天《たいしゃくてん》―独鈷杵《とっこしょ》

南方五天
日天《にってん》―金剛輪《こんごうりん》
月天《がってん》―半月《はんげつ》、白瓶《びゃくびょう》
金剛食天《こんごうじきてん》―華鬘《けまん》
彗星天《すいせいてん》―剣
熒惑天《けいわくてん》―火聚《かしゅう》、火焔《かえん》、独鈷杵

西方五天
羅刹天《らせつてん》―宝杖《ほうじょう》、大刀《だいとう》
風天《ふうてん》―風幢《ふうどう》、幡杖《ばんじょう》
金剛衣天《こんごうえてん》―弓《きゅう》、箭《せん》
火天《かてん》―三角印《さんかくいん》、火輪《かりん》
毘沙門天《びしゃもんてん》―宝棒《ほうぼう》、宝塔《ほうとう》

北方五天
金剛面天《こんごうめんてん》―三鈷金剛鉤《さんここんごうこう》
閻魔天《えんまてん》―笏《しゃく》、道服《どうぶく》
金剛調伏天《こんごうちょうぶくてん》―三鈷杵《さんこしょ》、剣
歓喜天《かんぎてん》―歓喜団菓子《かんぎだんかし》、鉞《えつ》、戟《げき》
水天《すいてん》―羂索《けんさく》、龍索《りゅうさく》

日天図像

日輪《にちりん》
太陽の象徴。中には三本足の八咫《やた》烏《がらす》がいる。咫《あた》とは上代《じょうだい》(奈良時代)の長さの単位で、八咫《やた》はやあたの略読みとされる
宝冠《ほうかん》
髻《もとどり》をおおうように大小の宝玉で荘厳された冠。天冠台にのせる
火焔光《かえんこう》
頭部の光背《こうはい》
天冠台《てんかんだい》
未敷蓮華台《みふれんげだい》
蓮華の蕾《つぼみ》のこと
蓮華台《れんげだい》
衆生を救済するための慈悲の心をあらわす持物《じもつ》
開敷蓮華《かいふれんげ》
清浄不染を象徴する持物《じもつ》
胸　飾《きょうしょく》
装身具。瓔珞《ようらく》という
臂釧《ひせん》
条　帛《じょうはく》
上半身に着ける布状のもの。左肩から脇腹に斜めに掛け、背中を通して左肩から胸前に掛ける
天冠帯《てんかんたい》
宝冠の左右から垂らしている飾り紐
天衣《てんね》
両肩から掛けて腕に巻き垂らした細長い布のこと。下方において荘厳さをあらわすためになびかせるように横に伏せる
腕釧《わんせん》
環珞《かんらく》という
腰紐《こしひも》
腰布に巻きつけ、垂らした部分を緒《お》という。再度紐を結び締めつけることを結紐《ゆいひも》と呼ぶ
裳《も》(裙《くん》)
腰に巻く布のこと。天部《てんぶ》の武《ぶ》将形《しょうぎょう》などは裳の丈を短くする
露足《ろそく》
裸足《はだし》ともいう
敷座《しきざ》
筵《むしろ》の台座

日天図像　宅間勝賀筆画［京都府・東寺蔵 十二天屏風］による

月天

がってん

梵名《ぼんみょう》を戦捺羅《せんなら》・蘇摩提婆《そまだいば》・戦達羅《せんだら》・蓮華王《れんげおう》とも称し、月天《がってん》とも月天子《がってんし》とも訳される。月輪《がちりん》（月）を神格化したもので、大勢至菩薩《だいせいしぼさつ》の化身《けしん》とされる。『嘉祥法華疏《かじょうほっけしょ》』には、大勢至宝吉祥《だいせいしほうきちじょう》と名づけ、月天子を作ると記される。月天は十二天のひとつで、夜《よ》の神として有情《うじょう》に法楽《ほうらく》を与え、「御月様《おつきさま》」と称され、今日でも子供や婦人に愛慕される。形像《ぎょうぞう》は、左手は胎拳《たいけん》にして胸に、右手は杖頭《じょうとう》に半《はん》月形《げつぎょう》のある宝棒《ほうぼう》を持するものもあれば、『図像抄《ずぞうしょう》 十巻』に描かれるように、左手は月輪《がちりん》を持ち、右手は腰に托《たく》して、三鵝鳥《がちょう》に乗り、印相《いんぞう》は蓮華印をとるものなど、経軌《きょうき》によって異説がある。

［図像抄　十巻］による

仏語の手引き

台座《だいざ》

はじめは草座《くさざ》（筵座《むしろざ》）が用いられたが、儀軌《ぎき》の成立後、師子座《ししざ》・蓮華座《れんげざ》・須弥座《しゅみざ》・氈𣰽座《せんくざ》・框座《かまちざ》・礼盤座《らいばんざ》・牀座《こしかけざ》・曲彔座《きょくろくざ》・円筒座《えんとうざ》・上畳座《あげたたみざ》・荷葉座《かしょうざ》・雲座《うんざ》・盤石座《ばんじゃくざ》・瑟瑟座《しつしつざ》・鳥獣座《ちょうじゅうざ》・生霊座《しょうりょうざ》などの台座が用いられるようになった。

仏語の手引き

鳥獣座《ちょうじゅうざ》

諸説はあるが、鳥獣座とそれに坐するおもな尊を挙げる。○師子座《ししざ》：四面大日如来《めんだいにちにょらい》、阿摩提観音《あまだいかんのん》、五髻文殊菩薩《けいもんじゅぼさつ》、般若《はんにゃ》菩薩、業《ごう》用虚空蔵《ようこくうぞう》菩薩、四面不動明王《ふどうみょうおう》、羅刹天《らせつてん》。○象座《ぞう》：阿閦《あしゅく》如来、普賢《ふげん》菩薩、普賢延命《えんめい》菩薩、宝光《ほうこう》虚空蔵菩薩、帝釈天《たいしゃくてん》。○馬座《ば》：宝生《ほうしょう》如来、馬鳴《めみょう》菩薩、蓮華《れんげ》虚空蔵菩薩、日天《にってん》。○牛《ぎゅう》座：金剛《こんごう》虚空蔵菩薩、伊舎《いしゃ》那《な》天、魔醯首羅《まけいしゅら》天。○水牛座：馬頭《ばとう》観音、大威徳明王、焔摩天、羅刹天、魔醯首羅天。○羊《よう》座：火天《かてん》。○猪《ちょ》座：摩利支《まりし》天。○鸕《のろ》座：風《ふう》天。○狐《こ》座：荼吉尼《だきに》天。○孔雀《くじゃく》座：阿弥陀《あみだ》如来、孔雀明王、鳩摩羅《くまら》天。○鵝鳥《がちょう》座：梵《ぼん》天、月《がつ》天。○金翅鳥《こんじちょう》座：不空成就《ふくうじょうじゅ》如来、那羅延《ならえん》天。○龍《りゅう》座：法《ほっ》界《かい》虚空蔵菩薩、阿耨達童子《あのくたどうじ》。○亀《き》座：水《すい》天。

月天図像　宅間勝賀筆画［京都府・東寺蔵　十二天屏風］による

月天図像

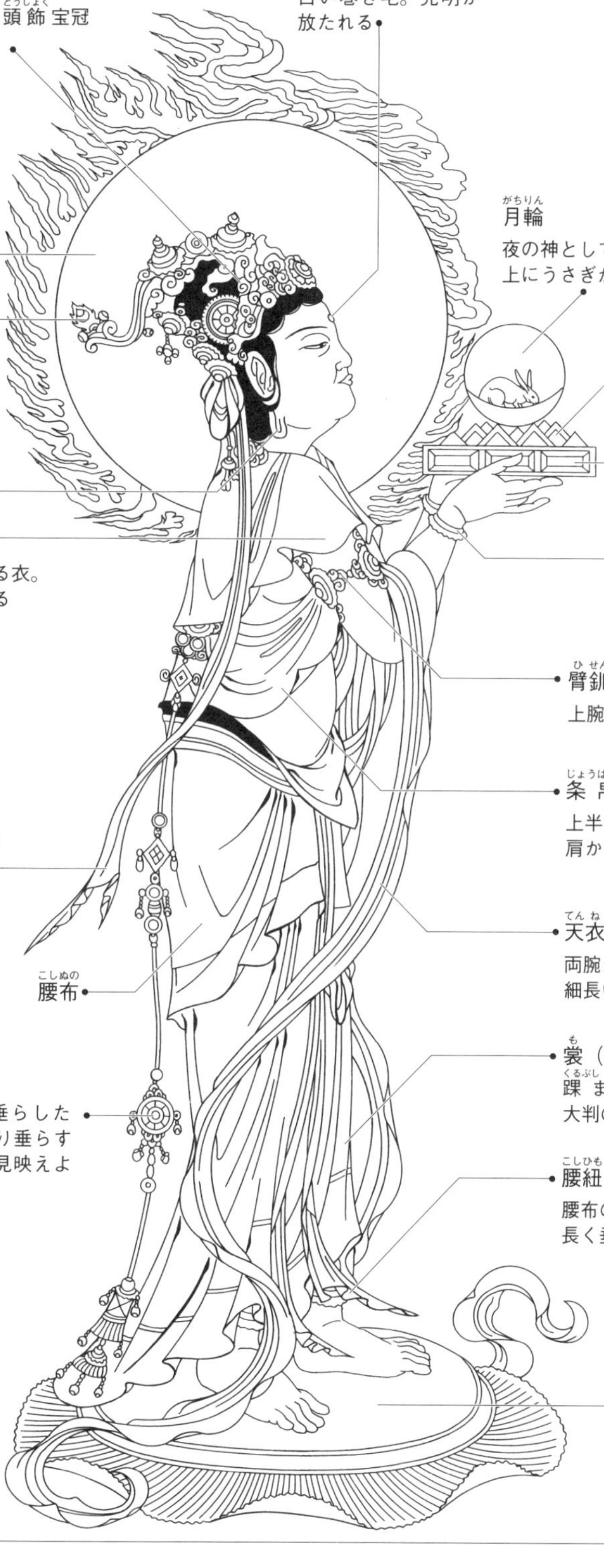
宝冠《ほうかん》
髻《もとどり》を包むように帯で結びとめた冠のこと。絢爛豪華に荘厳《しょうごん》され、頭飾《とうしょく》宝冠とも呼ばれる
白毫《びゃくごう》
白い巻き毛。光明《こうみょう》が放たれる
火焔《かえん》形《ぎょう》頭光《ずこう》
怒りと悲しみが激しく燃えたぎったような光背《こうはい》
如意宝珠《にょいほうじゅ》
宝冠を荘厳《しょうごん》する装飾具
耳朶《みみたぶ》
じだとも読む
背子《はいし》
肩に掛ける衣。獣皮で作る
月輪《がちりん》
夜の神として半月形《はんげつぎょう》の上にうさぎが収まる
宝印《ほういん》
誓いの印《しるし》
宝篋《ほうきょう》
元来は経典を納める箱
腕釧《わんせん》
手首につける環状の飾り
臂釧《ひせん》
上腕にはめた環状の飾り
条帛《じょうはく》
上半身につける細長い布。肩から斜めに脇に掛ける
天冠帯《てんかんたい》
宝冠を結びつけ、下方に長く垂らした帯状の緒《お》
天衣《てんね》
両腕から垂らし掛けた細長い布のこと
腰布《こしぬの》
裳《も》（裙《くん》）
踝《くるぶし》までおおう、下半身に巻く大判の布のこと
瓔珞《ようらく》
荘厳《しょうごん》のため後腰より垂らした装飾具。普通は腰前より垂らすが、ここでは腰後から見映えよく垂らしている
腰紐《こしひも》
腰布の上に巻き、腹前に長く垂らす
敷座《しきざ》
台座のひとつ。筵座《むしろざ》ともいう

仁王尊（阿形）

におうそん（あぎょう）

◎天

仁王尊は、二王《におう》・二王尊《そん》とも称され、金剛《こんごう》尊ともいう。上半身は裸形《らぎょう》で、裳《も》（裙《くん》）を腰に巻き、金剛の智慧《ちえ》が煩悩《ぼんのう》を打ち砕くようにとの願いから金剛杵《しょ》を持つ。仏法を守護する夜叉神《やしゃしん》であり、「仁王様」として人々に親しまれる。口を開いた方を阿形《あぎょう》、口を閉じた方を吽形《うんぎょう》といい、向かって右に阿形、左に吽形が配置されることが多いが、奈良県・東大寺の仁王尊は逆に置かれている。仁王尊を配置した門を仁王門というが、二王門というのは、四天王の二王（増長天《ぞうちょうてん》と持国天《じこくてん》）を配した門のことをいう。

阿形の仁王尊

［狩野常信画］による

ひとこと解説

執金剛神《しゅこんごうしん》

梵名《ぼんみょう》を伐折羅陀羅《ばざらだら》といい、金剛神《こんごうしん》・金剛手《しゅ》とも訳される。金剛杵を持って仏法を守護する神として、奈良県・東大寺《とうだいじ》の厨子《ずし》に秘仏として安置されている。この秘仏は甲《こう》をつけた忿怒相《ふんぬそう》の武神形《ぶしんぎょう》で、単独像である。古い経典『大宝積経《だいほうしゃくきょう》』にも執金剛神が記されており、釈迦《しゃか》如来に侍《じ》して口を開け、杵棒《きねぼう》をとり、単独での守護神とある。わが国では、その後に仁王尊という名で一対（二分身）の守護神となり、寺門の左右に配されるようになったと思われる。

金剛神［三昧耶形曼荼羅］による

杵棒（古制の印度《いんど》の持物）［金剛堅固智杵図］による

三鈷柄剣《さんこつかけん》

［京都府・高山寺蔵］による

仁王尊立像（阿形）

仁王尊立像（阿形）　伝 大仏師 快慶《かいけい》作　［奈良県・東大寺南大門の立像］による

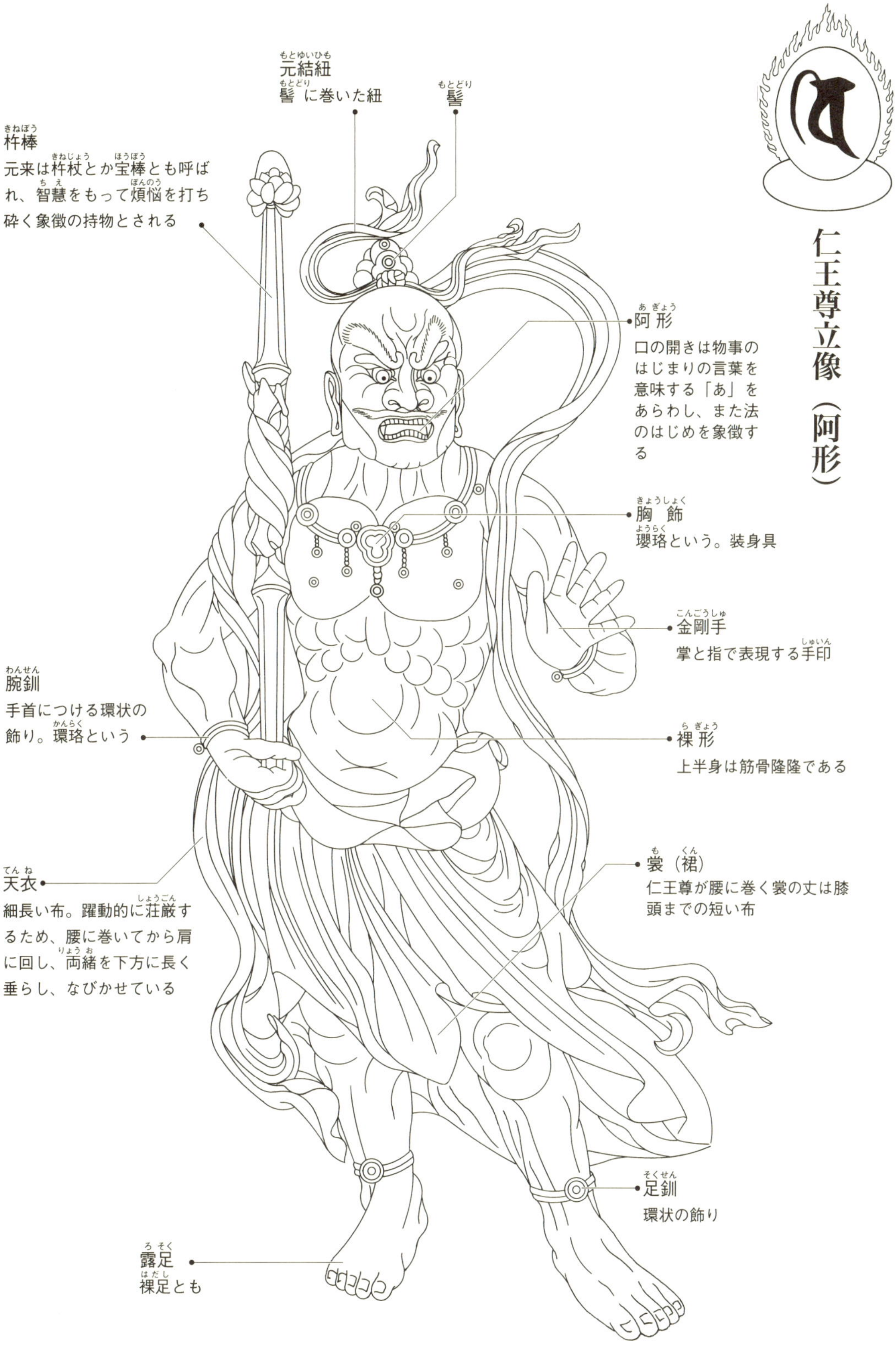

杵棒《きねぼう》
元来は杵杖《きねじょう》とか宝棒《ほうぼう》とも呼ばれ、智慧《ちえ》をもって煩悩《ぼんのう》を打ち砕く象徴の持物とされる
元結紐《もとゆいひも》
髻《もとどり》に巻いた紐
髻《もとどり》
阿形《あぎょう》
口の開きは物事のはじまりの言葉を意味する「あ」をあらわし、また法のはじめを象徴する
胸飾《きょうしょく》
瓔珞《ようらく》という。装身具
金剛手《こんごうしゅ》
掌と指で表現する手印《しゅいん》
腕釧《わんせん》
手首につける環状の飾り。環珞《かんらく》という
裸形《らぎょう》
上半身は筋骨隆隆である
天衣《てんね》
細長い布。躍動的に荘厳《しょうごん》するため、腰に巻いてから肩に回し、両緒《りょうお》を下方に長く垂らし、なびかせている
裳《も》（裙《くん》）
仁王尊が腰に巻く裳の丈は膝頭までの短い布
足釧《そくせん》
環状の飾り
露足《ろそく》
裸足《はだし》とも

仁王尊（吽形）

におうそん（うんぎょう）

◎天

仁王尊の名でも呼ばれる金剛《こんごう》尊は、二つの像にして、外側の門（大門）の両側に配置される。ひとつは開口（阿《あ》）、もうひとつは閉口（吽《うん》）の形に造り分けられるが、「あ」は梵語《ぼんご》のはじめの音声で諸法のはじめを、「うん」は終わりの音声で法の終わりをあらわすといわれている。また、口の開閉と門《もん》の開閉を結びつけ、善趣門《ぜんしゅもん》を開き、悪趣門《あくしゅもん》を閉じるとも説かれる。元来は一尊の執金《しゅこん》剛神《ごうしん》を二体に分身させたものといわれ、阿形と吽形それぞれの名称には諸説があり、一定しない。

ひとこと解説 **金剛杵《こんごうしょ》**

金剛杵とは、梵語《ぼんご》で跋折羅《ばざら》・縛日羅《ばにちら》といい、堅慧智杵《けんねちしょ》と訳される。古くは杵棒《きねぼう》（杵杖《きねじょう》）としての最強武器であった。執金剛神《しゅこんごうしん》や仁王《におう》尊《そん》が持つのは古制の金剛杵（杵棒）といわれており、中央を握る。密教では智慧《ちえ》の堅固と煩悩《ぼんのう》の摧破《さいは》を象徴する持物《じもつ》とされる。修法の法具として用いられるようになったために金銅製となり、種類は鈷《こ》の数であらわされ、三種の金剛杵を諸尊の持物とした。

吽形の仁王尊

［狩野常信画］による

三種の金剛杵（法具）

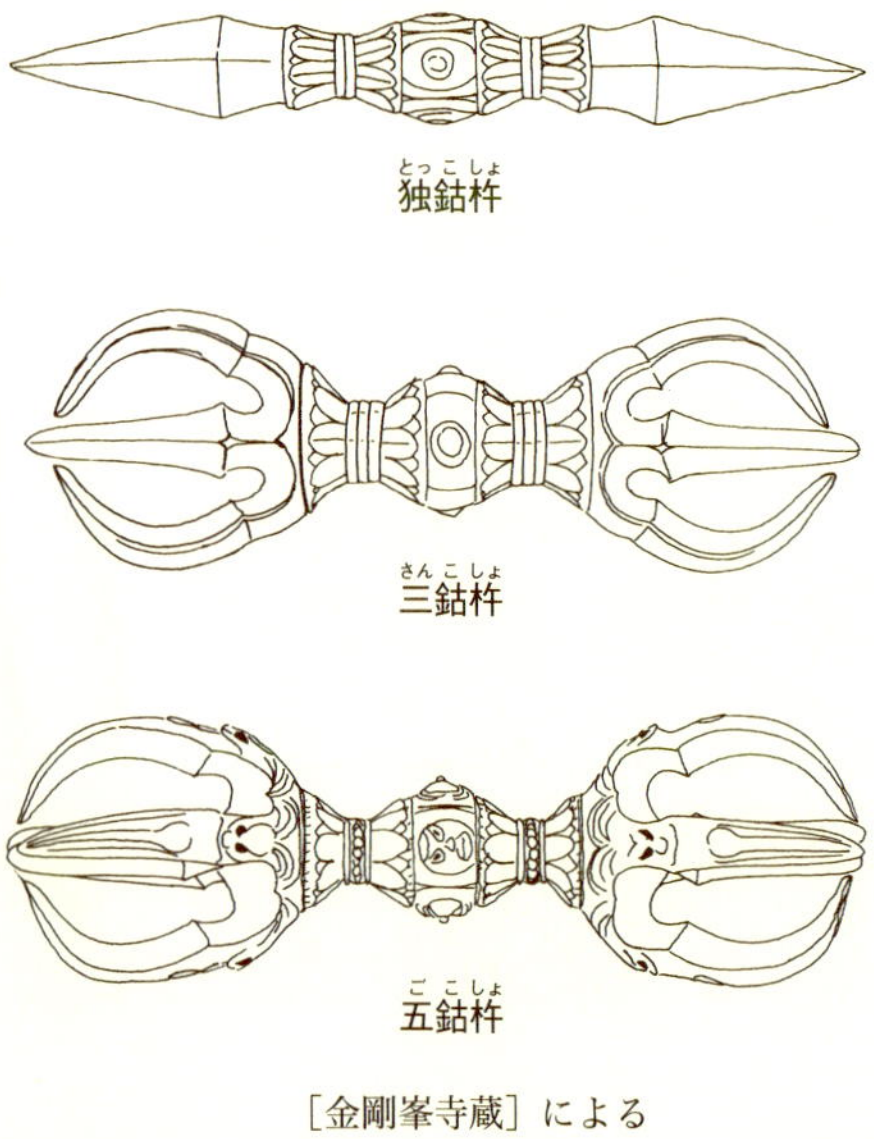

［金剛峯寺蔵］による

仁王尊立像（吽形）　伝 大仏師 運慶《うんけい》作　［奈良県・東大寺南大門の立像］による

仁王尊立像（吽形）

髻《もとどり》
結い上げた髪
元結紐《もとゆいひも》
天衣《てんね》
仁王尊は細長い布を腰に巻いてから肩上に回して両緒《りょうお》を下方にたなびかせ、垂らす。この荘厳《しょうごん》は躍動感をあらわしている
吽形《うんぎょう》
口を閉じ、万物の終わりの言葉を意味する「ん」をあらわし、また法の終わりを象徴する
胸飾《きょうしょく》
瓔珞《ようらく》という。胸の飾り具
金剛手《こんごうしゅ》
衆生を救済するため、門前で諸悪を断ち切る手印《しゅいん》とされる
裸形《らぎょう》
上半身は筋骨隆隆である
腕釧《わんせん》
手首につける環状の装飾具
裳《も》
裙《くん》ともいい、腰に巻く丈の短い布
足釧《そくせん》
環状の飾り
杵棒《きねぼう》
仁王尊の持物《じもつ》。煩悩を摧破《さいは》する武器。また、魔障を降伏《ごうぶく》する象徴でもある。杵杖《きねじょう》とか宝棒《ほうぼう》ともいう
露足《ろそく》
裸足《はだし》とも

持国天

じこくてん

提頭頼吒《だいずらた》・提多羅多《だいたらた》とも称され、治国《ちこく》または持国《じこく》と呼ばれる。四大州《しだいしゅう》の護世神《ごせしん》である四天王《してんのう》のひとつで、須弥山《しゅみせん》の中腹にある欲《よく》界《かい》第六天の東方の東勝身州《とうしょうしんしゅう》を護る護世王《ごせおう》とされる。帝釈天《たいしゃくてん》の外《がい》臣《しん》であり、乾闥婆《けんだつば》、羅刹《らせつ》、畢遮舎《びしゃしゃ》（食人鬼《じきにんき》）を眷属《けんぞく》とする守護天《しゅごてん》である。仏堂の須弥壇《しゅみだん》では東南に配置されるところから、東方天《とうほうてん》と呼ばれることもある。また、般若守護《はんにゃしゅご》十六善神《ぜんじん》のひとつとして、提頭羅宅《だいずらた》善神の名で列している。『陀羅尼集経《だらにじっきょう》』には、形像は赤《しゃく》色身《じきしん》の忿怒形《ふんぬぎょう》で、甲冑《かっちゅう》の上に天衣《てんね》をつけ、左手に太刀《たち》、右手に宝《ほう》珠《じゅ》を持ち、邪鬼《じゃき》を踏みつけるとされるが、持物《じもつ》は一定していない。

奈良県・東大寺大仏殿の立像は康慶《こうけい》作といわれる。

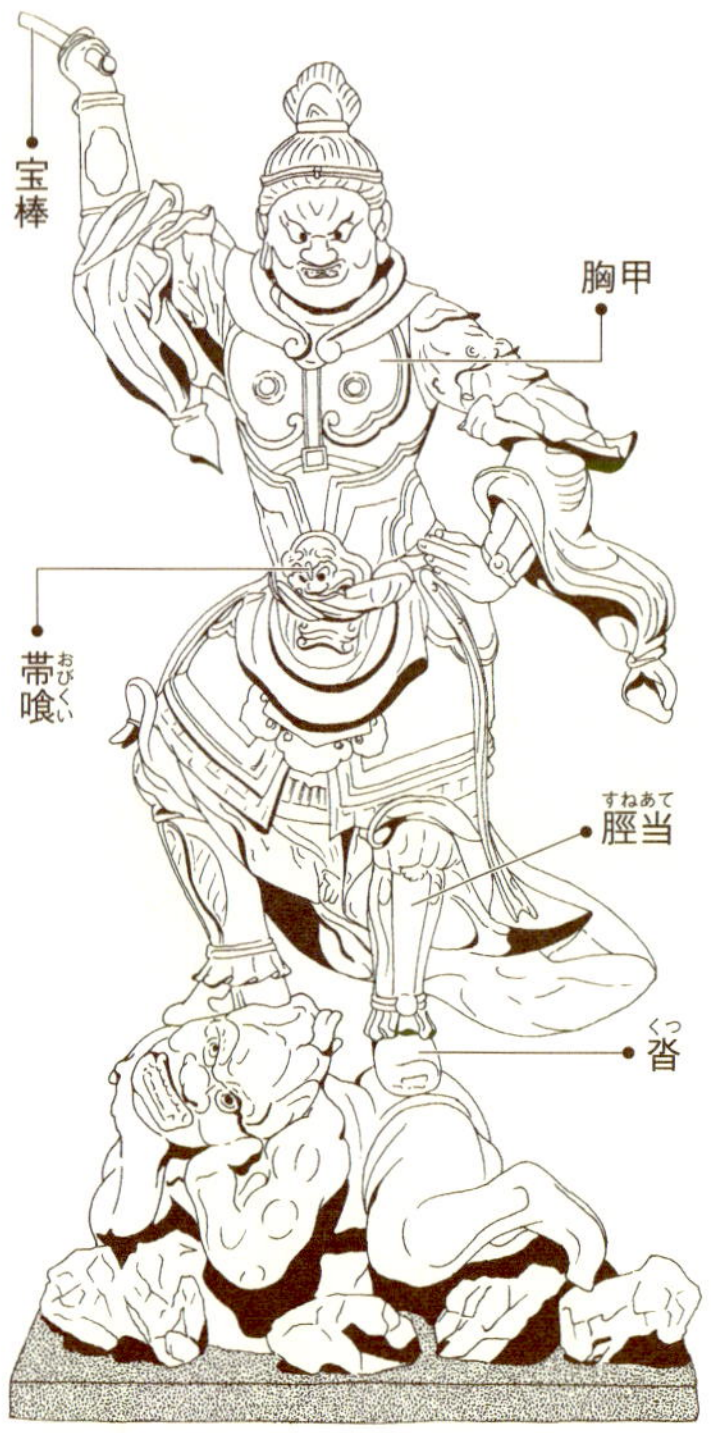

仏語の手引き

二十八部衆《ぶしゅう》（その一）

京都府の妙法院・三十三間堂は、楊柳《やなぎ》の御加持《おかじ》と通《とお》し矢《や》の法要で有名である。堂内の中央には千一体仏《せんいちたいぶつ》の本尊十一面千手観音《めんせんじゅかんのん》立像が安置され、その前に千手観音の眷属《けんぞく》の天部《てんぶ》二十八部衆《にじゅうはちぶしゅう》が並んでいる。以降四回にわけ、二十八部衆を挙げる。

①那羅延堅固王《ならえんけんごおう》：大力無双《たいりきむそう》で、端正猛健《たんせいもうけん》なる半裸形《はんらぎょう》であらわされる。迦楼羅《かるら》に乗り、自由自在に飛行する。

②大弁功徳天《だいべんくどくてん》（吉祥天《きちじょうてん》）：摩訶室利《まかしり》とも称する。兄は毘沙門天《びしゃもんてん》。天女形《てんにょぎょう》の二臂《ひ》で、宝冠を戴き、左手に如意宝珠《にょいほうじゅ》を持ち、右手は施無畏印《せむいいん》を結ぶ。

③緊那羅王《きんならおう》：八部衆《はちぶしゅう》のひとつでもある。疑人疑神《ぎにんぎしん》・歌神《かしん》音楽天とも称される。鼓形《こぎょう》と壺形《つぼぎょう》の太鼓《たいこ》を両手で打つ。

④金色孔雀王《こんじきくじゃくおう》：孔雀仏母《ぶつも》として仏を守護する。焔髪《えんぱつ》の武装形《ぶそうぎょう》で剣を持ち、一切有性《いっさいうじょう》を摂取《せっしゅ》することを本誓《ほんぜい》とする。

⑤大梵天王《だいぼんてんおう》：色界初禅天《しきかいしょぜんてん》の王《おう》。清浄《しょうじょう》と訳される。天部形《てんぶぎょう》で施無畏印《せむいいん》をとり、蓮華《れんげ》と薬壺《やくこ》を持する。一切衆生の主である。

⑥乾闥婆王《けんだつばおう》：帝釈天《たいしゃくてん》の眷属。八部衆のひとつでもある。楽部《がくぶ》を司り、楽音《がくおん》・美楽《びがく》の修楽《しゅうがく》を行う。師子冠を被り、金輪宝《こんりんぼう》を持つ。

東方を守護する持国天
………国土を支える尊

持国天図像

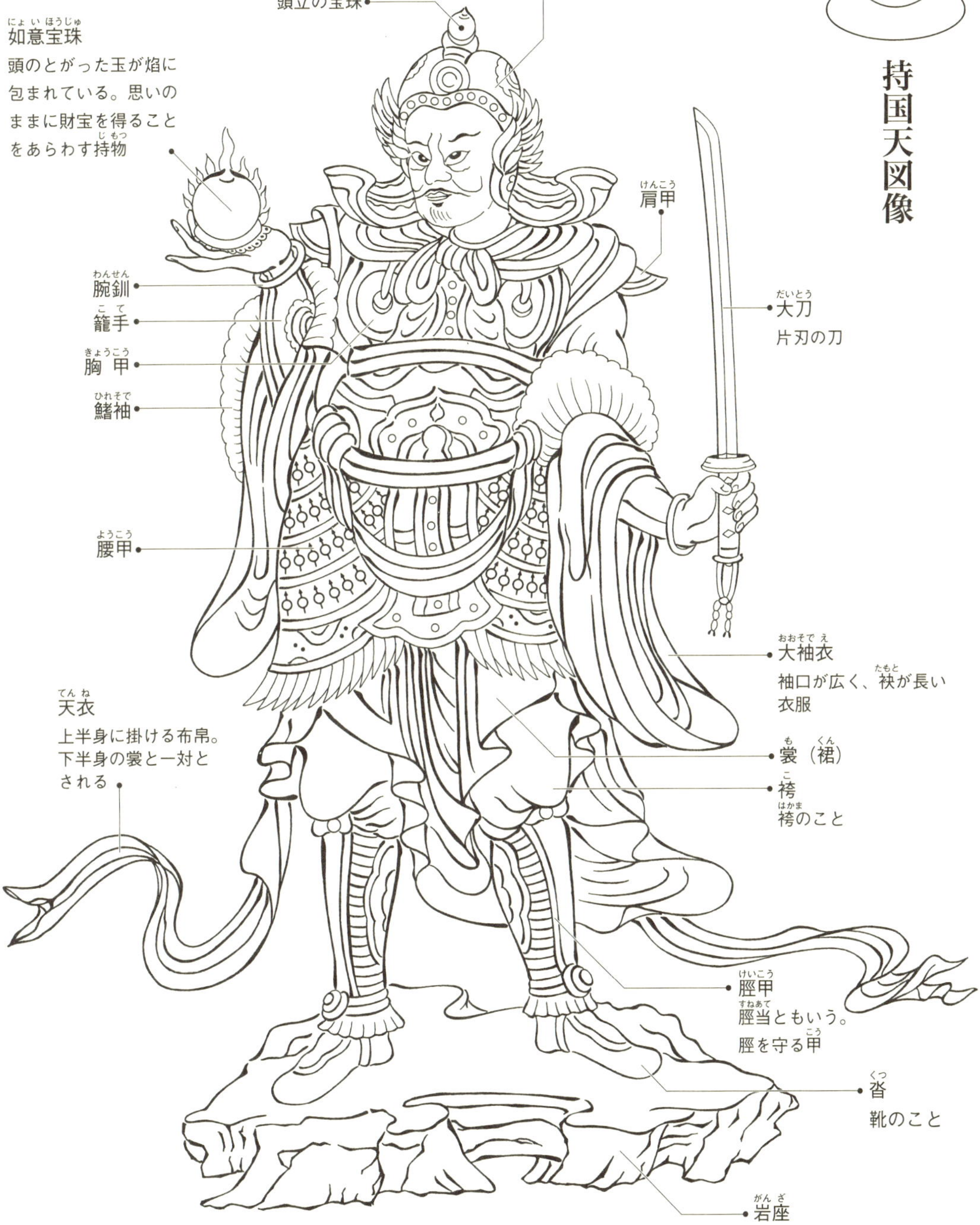
変化形冑《へんげぎょうかぶと》
立物《たてもの》が取りつけられた冑。冑の前部の立物は「前立《まえだて》」、頂部は「頭立《ずたて》」、脇部は「脇立《わきだて》」、後部は「後立《うしろだて》」と称した。また後方に流したのを「尾後立《びごたて》」という
立物《たてもの》
頭立《ずたて》の宝珠
如意宝珠《にょいほうじゅ》
頭のとがった玉が焔に包まれている。思いのままに財宝を得ることをあらわす持物《じもつ》
肩甲《けんこう》
腕釧《わんせん》
籠手《こて》
大刀《だいとう》
片刃の刀
胸甲《きょうこう》
鰭袖《ひれそで》
腰甲《ようこう》
大袖衣《おおそでえ》
袖口が広く、袂《たもと》が長い衣服
天衣《てんね》
上半身に掛ける布帛。下半身の裳と一対とされる
裳《も》（裙《くん》）
袴《こ》
袴《はかま》のこと
脛甲《けいこう》
脛当《すねあて》ともいう。脛を守る甲《こう》
沓《くつ》
靴のこと
岩座《がんざ》
岩をかたどった台座

増長天

ぞうちょうてん

四天王《してんのう》のひとつで、毘楼勒叉《びるろくしゃ》・毘盧勒迦《びるろくか》・毘嚕陀迦《びろだか》とも称され、「ぞうじょうてん」とも読む。須弥山《しゅみせん》の中腹《ちゅうぶく》瑠璃山《るりざん》に住し、鳩槃《くばん》茶《だ》（魔神《ましん》）、毘盧択《びるたく》（餓鬼《がき》）を眷属《けんぞく》にする。増長天は鬼神の長《おさ》とされる。須弥壇《しゅみだん》の南方を護るため、増長天は西南に配される。胎《たい》蔵界曼荼羅《ぞうかいまんだら》では外金剛院《げこんごういん》の南方の護法神とされる。形像《ぎょうぞう》は身は赤《しゃく》肉色《にくじき》で甲冑《かっちゅう》の上に天衣《てんね》を重ね、左手は拳《こぶし》にて腰に置き、右手は胸に当て剣を握る。持物《じもつ》には左手に刀《とう》か槊《さく》、右手に矟《ほこ》か抜折羅《ばっせつら》をとることもあり、また弓《きゅう》と箭《せん》を持つものもあり、一定はしていない。二天王とする場合には増長天と持国天を組み合わせるのが普通である。奈良県・東大寺大仏殿の増長天立像《りゅうぞう》は運慶《うんけい》作といわれる。

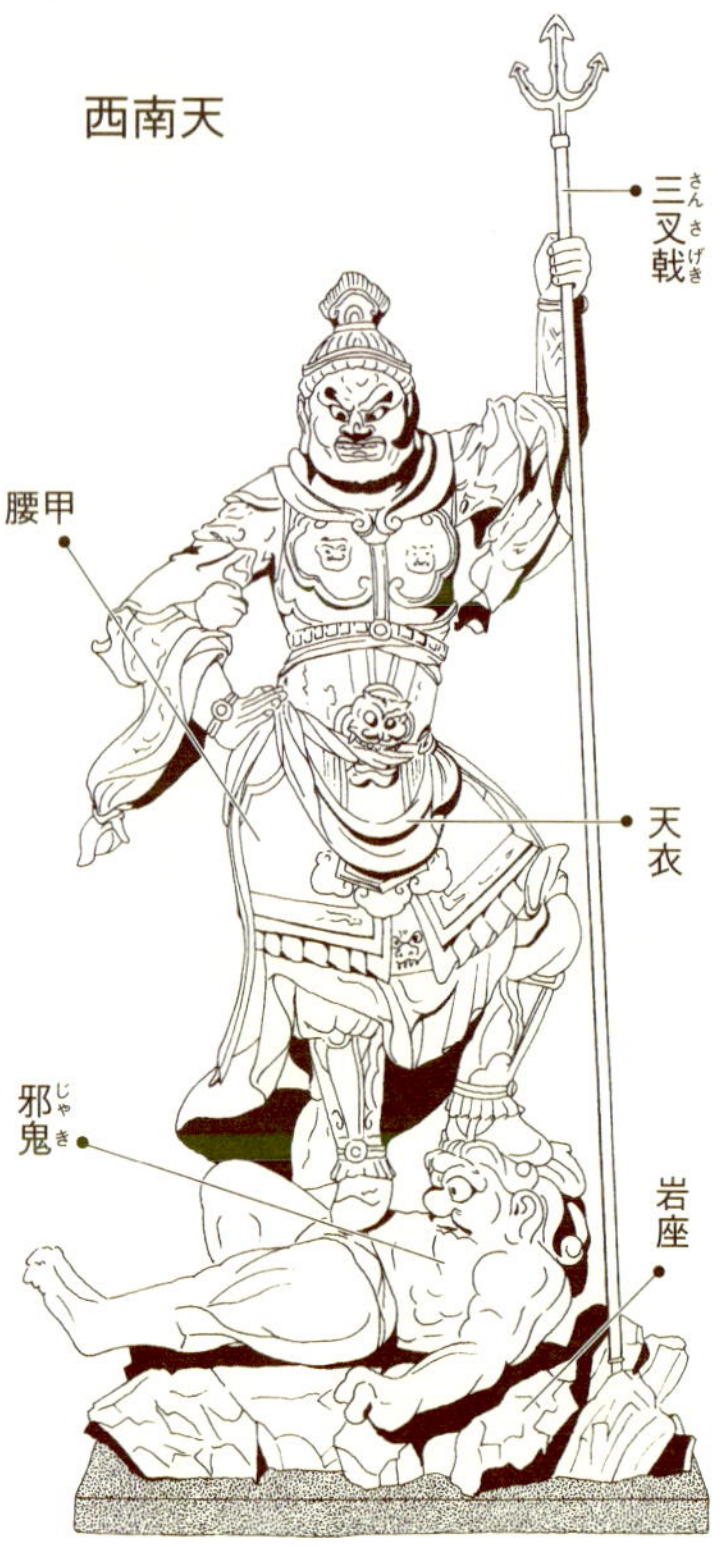

仏語の手引き

二十八部衆《ぶしゅう》（その二）

⑦ 満善車王《まんぜんしゃおう》：満善車真陀羅《しんだら》ともいい、常に受持者《じゅじしゃ》を擁護する。武装《ぶそう》形《ぎょう》で、左手に蛇を握り、右手に木槌《きづち》を持する。

⑧ 沙羯羅王《しゃかつらおう》：娑伽羅《しゃから》ともいう。頭髪をなびかせ、頭上に五頭《ごず》の蛇を戴く龍王で、左手に蛇、右手に剣を持つ。武装形で甲冑《かっちゅう》を纏《まと》う。

⑨ 金大王《きんだいおう》：千手観音《せんじゅかんのん》の眷属《けんぞく》とされるが『千手陀羅尼経《だらにきょう》』には、独鈷《とっこ》杵《しょ》を持ち、天衣をまとう武装形であるとの記述のみである。

⑩ 金毘羅王《こんぴらおう》：十二神将《しんしょう》のひとつでもあり、宮毘羅大将《くびらたいしょう》ともいう。武装形で弓と箭《せん》を持つ。釈尊《しゃくそん》の化身《けしん》と説かれる。鬼神《きしん》でもある。

⑪ 五部《ごぶ》浄居天《じょうきょてん》：『千手経』には色界四禅《しきかいしぜん》天の聖者《しょうじゃ》とある。武装形で左手に宝珠《ほうじゅ》、右手に太刀《たち》を持つ。天龍八部衆《てんりゅうはちぶしゅう》のひとつ。

⑫ 神母天《じんもてん》（訶梨帝母《かりていも》）：鬼子母神《きしもじん》ともいう。諸天部の中では天女《てんにょ》形《ぎょう》の天部とされる。銅拍子《どうびょうし》を持物《じもつ》とする。

⑬ 東方天《とうほうてん》：四天王《してんのう》のひとつである持国天《じこく》とされる。武装形で、左手には太刀、右手には三鈷杵《さんこしょ》を持つ。経軌には、合掌する尊とある。

⑭ 毘沙門天王《びしゃもんてんのう》：法を聞く故に多聞天《たもんてん》とも称される。須弥山の北に鎮《ちん》座《ざ》する四天王のひとつ。宝塔《ほうとう》と三叉戟《さんさげき》を持する。

南方を守護する増長天
………増大生長する尊

増長天図像

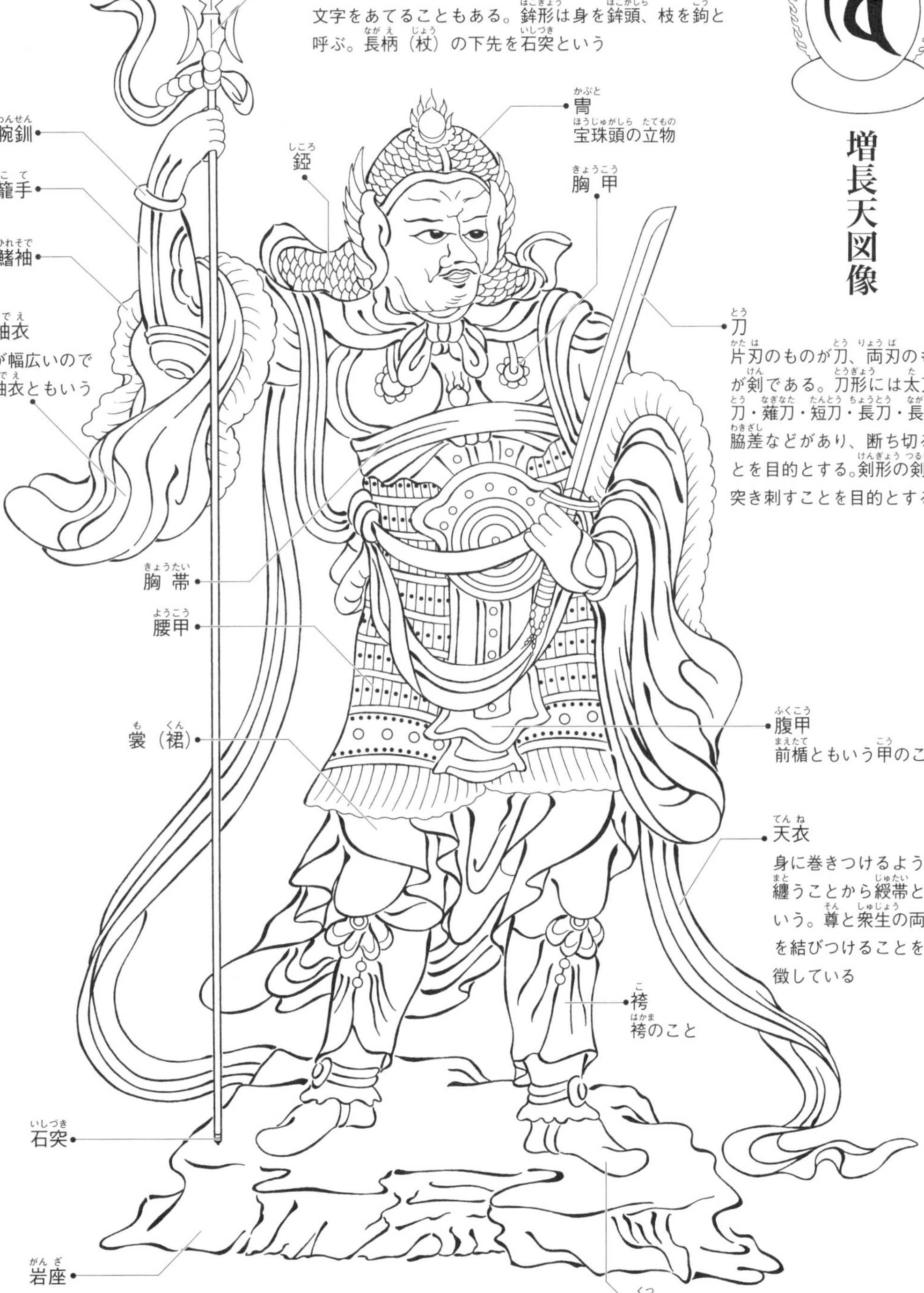
三叉鉾《さんさほこ》
刺し突く武器の一種で、鉾には矛《ほこ》・戈《か》・戟《げき》・鋒《ほう》・槍《やり》の文字をあてることもある。鉾形《ほこぎょう》は身を鉾頭《ほこがしら》、枝を鉤《こう》と呼ぶ。長柄《ながえ》（杖《じょう》）の下先を石突《いしづき》という
冑《かぶと》
宝珠頭《ほうじゅがしら》の立物《たてもの》
錏《しころ》
胸甲《きょうこう》
腕釧《わんせん》
籠手《こて》
鰭袖《ひれそで》
大袖衣《おおそでえ》
袂《たもと》が幅広いので
広袖衣《ひろそでえ》ともいう
刀《とう》
片刃《かたは》のものが刀《とう》、両刃《りょうば》のものが剣《けん》である。刀形《とうぎょう》には太刀《たち》・刀《とう》・薙刀《なぎなた》・短刀《たんとう》・長刀《ちょうとう》・長巻《ながまき》・脇差《わきざし》などがあり、断ち切ることを目的とする。剣形《けんぎょう》の剣《つるぎ》は、突き刺すことを目的とする
胸帯《きょうたい》
腰甲《ようこう》
裳《も》（裙《くん》）
腹甲《ふくこう》
前楯《まえたて》ともいう甲《こう》のこと
天衣《てんね》
身に巻きつけるように纏《まと》うことから綬帯《じゅたい》ともいう。尊《そん》と衆生《しゅじょう》の両者を結びつけることを象徴している
袴《こ》
袴《はかま》のこと
石突《いしづき》
岩座《がんざ》
沓《くつ》
踝《くるぶし》の下をおおうものは浅沓《あさぐつ》、脛《すね》までのものは深沓《ふかぐつ》、毛皮のものは毛沓《けぐつ》という

広目天

こうもくてん

梵名《ぼんみょう》を毘留博《びるはく》・鼻溜部波阿叉《びるべはあしゃ》といい、広目《こうもく》、醜目《しゅうもく》、悪目《あくもく》、不具《ふぐ》目《もく》などと、特殊な力を持った目という意から広目天《こうもくてん》と呼ばれている。常に浄天眼《じょうてんげん》で仏教的宇宙観の世界を守護している。四天王のひとつで、眷属《けんぞく》に八大龍王（難陀《なんだ》・跋難陀《ばつなんだ》・沙伽羅《しゃから》・和脩吉《わしゅきち》・徳《とく》叉迦《さか》・阿那婆達多《あなばたった》・摩那須《まなす》・優鉢羅《うばら》の各龍王）がいる。広目天は西方の護世神《ごせしん》として須弥壇《しゅみだん》では西北に配置する。胎蔵界外金剛部《たいぞうかいげこんごうぶ》院《いん》では、甲冑《かっちゅう》をつけ、左手を拳《こぶし》にして腰に当て、右手に三叉戟《さんさげき》を持つとされる。『陀羅尼集経《だらにじっきょう》』では般若《はんにゃ》十六善神《ぜんじん》の毘盧博叉《びるはくしゃ》善神と称され、左手に経巻を、右手に筆を持つ嗔怒形《しんぬぎょう》と記される。奈良県・東大寺大仏殿の立像は快慶《かいけい》作といわれる。

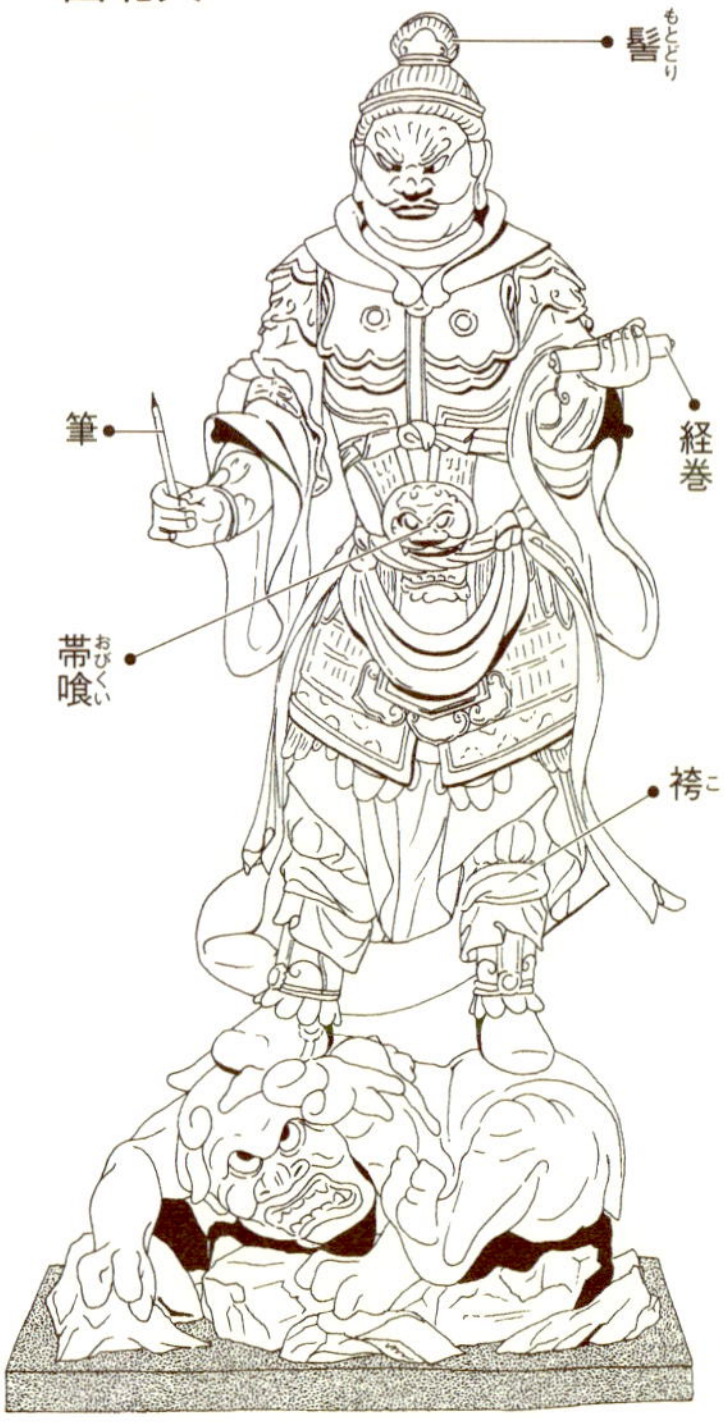

西北天

仏語の手引き

二十八部衆《ぶしゅう》（その三）

⑮ 毘楼博叉天王《びるはくしゃてんのう》：広目天《こうもくてん》ともいう。四天王《してんのう》のひとつ。龍王を眷属とし、武装形《ぶそうぎょう》で三叉戟《さんさげき》と独鈷杵《とっこしょ》を持つ。邪鬼《じゃき》を踏みつける。

⑯ 毘楼勒叉天王《びるろくしゃてんのう》：増長天《ぞうちょうてん》ともいい、南方を守護する四天王のひとつである。武装形で独鈷杵を持つ。

⑰ 迦楼羅王《かるらおう》：金翅鳥《こんじちょう》・妙翅鳥《みょうじちょう》といい、八部衆《はちぶしゅう》の一尊でもある。大《だい》自在天《じざいてん》、梵天《ぼんてん》、毘紐天《ひしゅてん》の化身ともいう。

⑱ 摩和羅女《まわらにょ》：薩遮《さつしゃ》摩和羅ともいい、『千手経《せんじゅきょう》』には天部《てんぶ》の女形《にょぎょう》であり両手で合掌すると記載される。常に受持者《じゅじしゃ》を守護する。

⑲ 難陀龍王《なんだりゅうおう》：八大龍王の上首《じょうしゅ》にして水天《すいてん》の眷属。羂索《けんさく》と刀を持する武装形で、外院《げいん》の西門を守護する。頭上に七龍を戴く。

⑳ 婆藪仙人《ばすせんにん》：梵名を婆蘇《はそ》と称し、婆羅門《ばらもん》の仙人。左に宝杖《ほうじょう》、右に経《きょう》巻《かん》を持つ半裸形《はんらぎょう》で露足《ろそく》の老仙形である。

㉑ 摩醯首羅王《まけいしゅらおう》：大自在天《だいじざいてん》ともいう。仏教の守護神で、種々の宝杖《ほうじょう》を持する。伊舎那天《いしゃなてん》の忿怒身《ふんぬしん》といわれる。

㉒ 畢婆迦羅王《ひばからおう》：髪を逆立て、忿怒の相で、甲冑《かっちゅう》をつけ、左手は拳にし、右手には柄《え》の長い宝棒《ほうぼう》を持つ。左手に金剛杵を持つこともある。

西方を守護する広目天
………浄天眼の目を持する尊

広目天図像

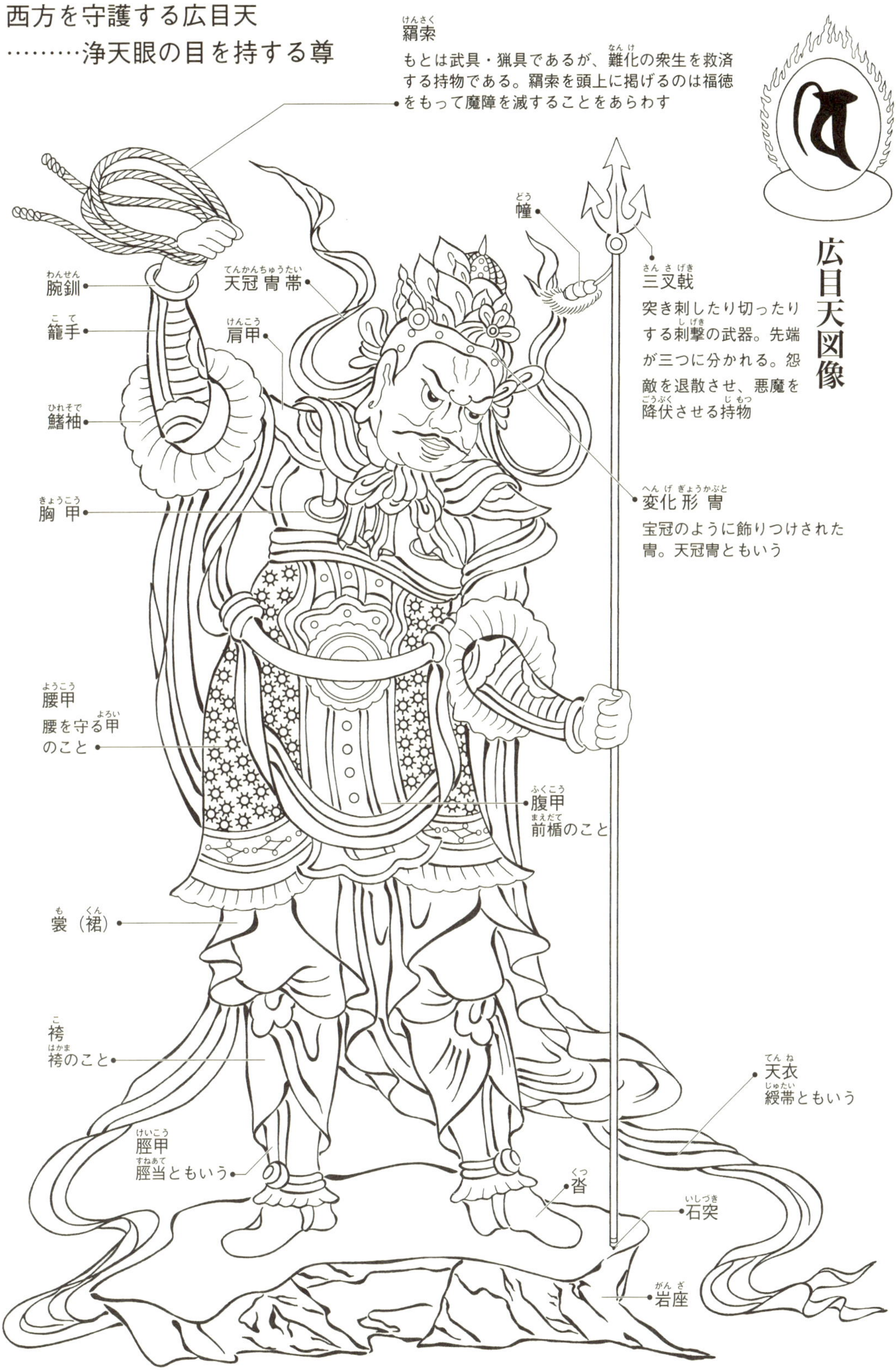

羂索《けんさく》
もとは武具・猟具であるが、難化《なんけ》の衆生を救済する持物である。羂索を頭上に掲げるのは福徳をもって魔障を滅することをあらわす
幢《どう》
三叉戟《さんさげき》
突き刺したり切ったりする刺撃《しげき》の武器。先端が三つに分かれる。怨敵を退散させ、悪魔を降伏《ごうぶく》させる持物《じもつ》
腕釧《わんせん》
籠手《こて》
天冠冑帯《てんかんちゅうたい》
肩甲《けんこう》
鰭袖《ひれそで》
胸甲《きょうこう》
変化形冑《へんげぎょうかぶと》
宝冠のように飾りつけされた冑。天冠冑ともいう
腰甲《ようこう》
腰を守る甲《よろい》のこと
腹甲《ふくこう》
前楯《まえだて》のこと
裳《も》（裙《くん》）
袴《こ》
袴《はかま》のこと
天衣《てんね》
綬帯《じゅたい》ともいう
脛甲《けいこう》
脛当《すねあて》ともいう
沓《くつ》
石突《いしづき》
岩座《がんざ》

多聞天

たもんてん

多聞天《たもん》は四天王《してんのう》のなかで最強神・戦勝神とされ、毘沙門天《びしゃもんてん》の名で独立した信仰も集める護世神《ごせしん》である。須弥壇《しゅみだん》においては東北方に配され、北方を守護する。甲冑《かっちゅう》で身を固め武装形《ぶそうぎょう》の忿怒相《ふんぬそう》で二臂《ひ》像であらわされる。わが国では、後に財富神として七福神《しちふくじん》に組み込まれた。毘沙門天の項も参照いただきたい。

奈良県・東大寺大仏殿の立像は定覚《じょうかく》作といわれる。

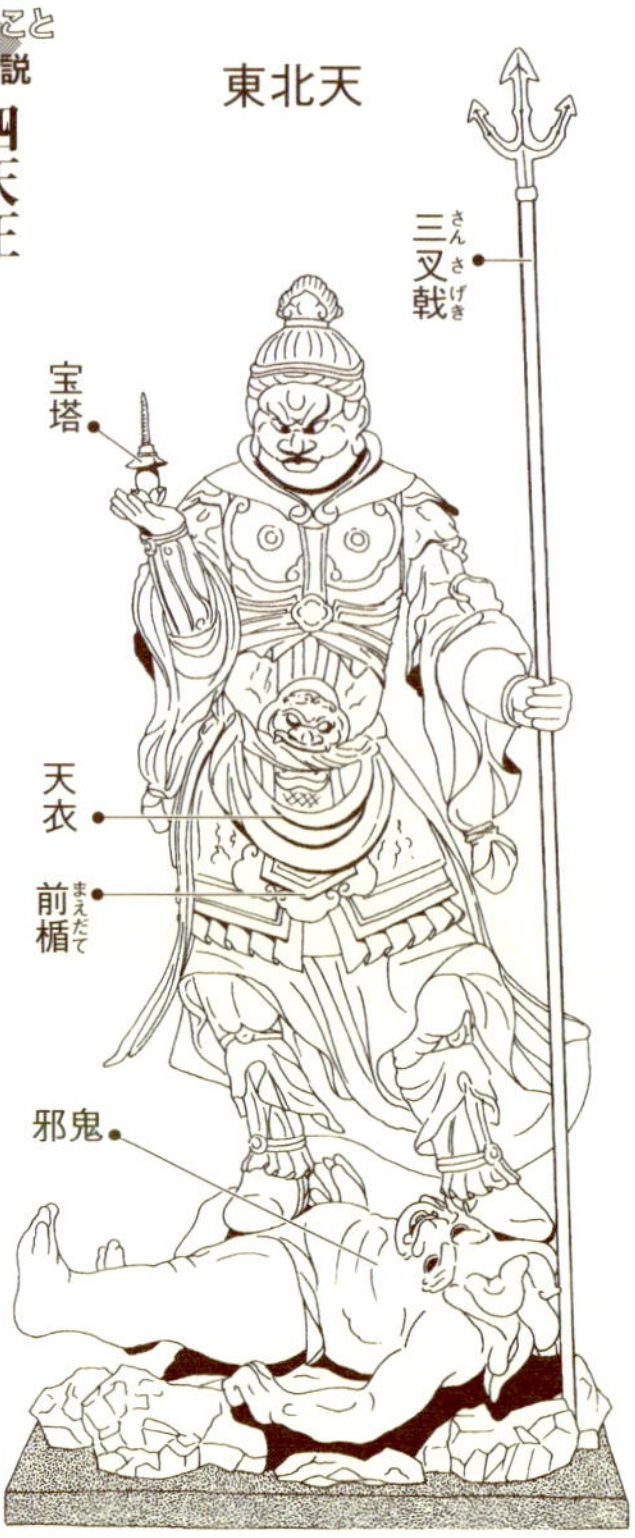

ひとこと解説
四天王

護世四王《ごせしおう》ともいい、須弥山《しゅみせん》下の四方四州を守護する。東方の勝《しょう》身州《しんしゅう》を持国天《じこくてん》、南方の贍部《せんぶ》州を増長《ぞうちょう》天、西方の牛貨《ぎゅうか》州を広目《こうもく》天、北方の倶盧《くろ》州を多聞《たもん》天が守るとされる。甲冑をつけた忿怒相で四体一組とする彫像《ちょうぞう》の例は多いが、儀軌《ぎき》にある持物《じもつ》は変化して、必ずしも一定ではない。

仏語の手引き

二十八部衆《ぶしゅう》（その四）

㉓ 阿修羅王《あしゅらおう》：三面六臂《さんめんろっぴ》で甲冑《かっちゅう》をつけ、合掌し、武器を持つ。忉利天《とうりてん》の帝釈天《たいしゃくてん》と常に戦闘を成す。一面二臂は右手に宝棒を持つ善神《ぜんじん》。

㉔ 帝釈天王《たいしゃくてんのう》：十二天のひとつでもあり、因陀羅《いんだら》といい、能天帝《のうてんてい》と訳される。天部形《てんぶぎょう》で宝鏡《ほうきょう》を持つ。三十三天尊とも称する。

㉕ 散脂大将《さんしたいしょう》：密神《みっしん》と訳される。鬼子母神《きしぼじん》の夫で、毘沙門天《びしゃもんてん》の眷属《けんぞく》八大将のひとつ。戟を持つ武装形《ぶそうぎょう》。

㉖ 満仙王《まんせんおう》：左手に三叉戟《さんさげき》を、右手に独鈷杵《とっこしょ》を持ち、武装形である。形相は甲冑《かっちゅう》をつけた仙人である。

㉗ 摩睺羅伽王《まごらかおう》：摩呼洛伽《まこらくか》ともいう。武装形の楽神《がくしん》で琵琶《びわ》を弾く。八《はち》部衆《ぶしゅう》のひとつで、釈迦如来《しゃかにょらい》の眷属。

㉘ 密迹金剛力士《みっしゃくこんごうりきし》：散那《さんな》とも金剛手ともいい、仏尊《ぶっそん》を警固する夜叉《やしゃ》神《しん》であり、仏の三密《さんみつ》（仏の身《み》・口《く》・意《い》の三業《さんごう》）に通ずるという。

ひとこと解説
風神《ふうじん》・雷神《らいじん》

風神・雷神は、二十八部衆《ぶしゅう》とともに千手《せんじゅ》観音を守護する眷属である。人体に獣を合わせた鬼神像《きしんぞう》で、雲に乗り下界を見下ろす。風神は風の袋を担ぎ、雷神は太鼓を打ち鳴らす姿であらわされる。

北方を守護する多聞天
………仏の説法を多く聞く尊

多聞天図像（独像は毘沙門天という）

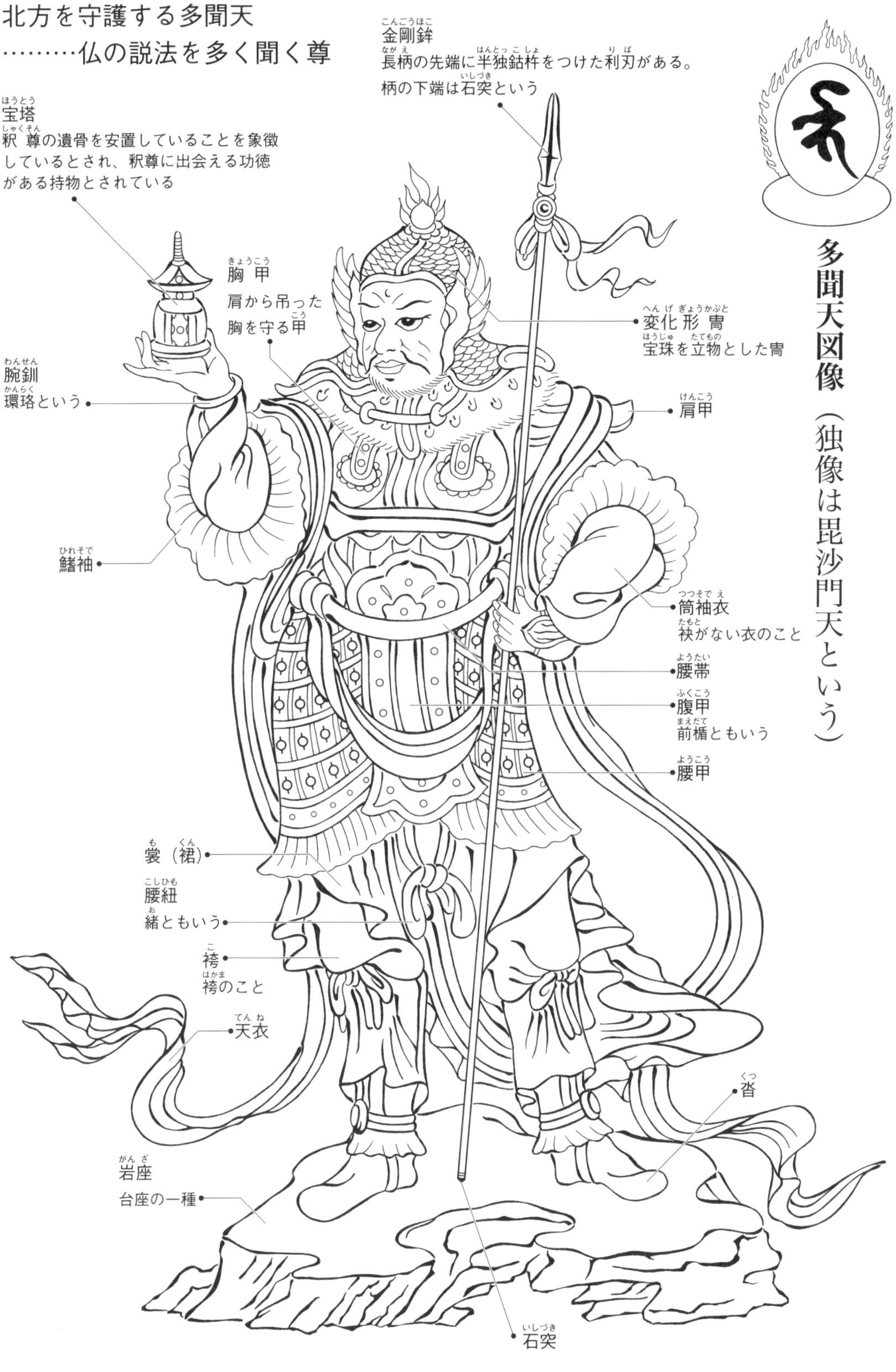
金剛鉾《こんごうほこ》
長柄《ながえ》の先端に半独鈷杵《はんとっこしょ》をつけた利刃《りば》がある。
柄の下端は石突《いしづき》という
宝塔《ほうとう》
釈尊《しゃくそん》の遺骨を安置していることを象徴しているとされ、釈尊に出会える功徳がある持物とされている
胸甲《きょうこう》
肩から吊った胸を守る甲《こう》
変化形冑《へんげぎょうかぶと》
宝珠《ほうじゅ》を立物《たてもの》とした冑
腕釧《わんせん》
環珞《かんらく》という
肩甲《けんこう》
鰭袖《ひれそで》
筒袖衣《つつそでえ》
袂《たもと》がない衣のこと
腰帯《ようたい》
腹甲《ふくこう》
前楯《まえだて》ともいう
腰甲《ようこう》
裳《も》（裙《くん》）
腰紐《こしひも》
緒《お》ともいう
袴《こ》
袴《はかま》のこと
天衣《てんね》
沓《くつ》
岩座《がんざ》
台座の一種
石突《いしづき》

吉祥天

きちじょうてん

天部《てんぶ》に住する天女尊《てんにょそん》の代表格である。縁起《えんぎ》が良いとされ、吉祥天《きちじょうてん》は摩訶室利《まかしり》とも功徳天《くどくてん》ともいわれる。『金光明最勝王経《こんこうみょうさいしょうおうきょう》』でその功徳が説かれ、吉祥天を本尊《ほんぞん》とする吉祥悔過会《きっしょうけかえ》（一年間の罪障《ざいしょう》を懺悔《さんげ》し新年の至福を祈る法会）が営まれていた。これは天下泰平、五穀豊饒《ごこくほうじょう》を誓願《せいがん》する修法《しゅほう》である。京都府・浄瑠璃寺《じょうるりじ》のの像はその本尊といわれているが、『浄瑠璃寺流記事《るきのこと》』には、この天女像は秘仏《ひぶつ》ゆえに厨子《ずし》の中に安置されるとある。その白い顔はふくよかで、三日月のような眉、切れ長の目、品がある口もとは魅力的な天平《てんぴょう》の雰囲気を漂わせ、後壁の内には財福神の弁財天《べんざいてん》も描かれ、扉を開くと二財福神の功徳が放たれるという。

吉祥天の形像《ぎょうぞう》は、宋風《そうふう》の貴婦人の服装で、左手に如意宝珠《にょいほうじゅ》をとり、右手は施無畏印《せむいいん》をなす豊麗《ほうれい》たる美天女形《びてんにょぎょう》である。

吉祥天は毘沙門天《びしゃもんてん》の妃であり、善膩師童子《ぜんにしどうじ》はその子とされ、吉祥天と童子が毘沙門天の脇侍《わきじ》となる三尊像《さんぞん》もある。吉祥天の兄は婆藪仙人《ばすせんにん》である。妹は貧乏神の黒耳天《こくにてん》で、吉祥天のそばにいるとされるが、この黒耳天の機嫌を損ねると不幸が起きるといわれる。

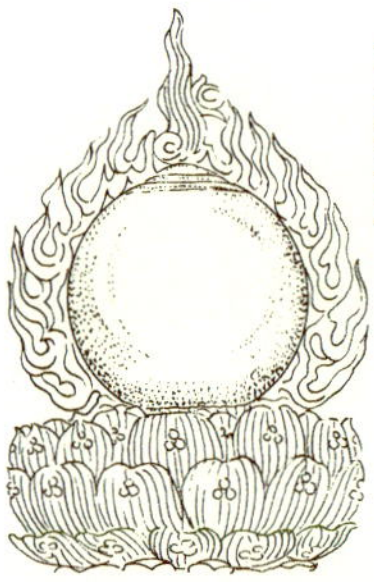
如意宝珠

吉祥天印仏《いんぶつ》
（版木に陽刻し、朱をつけて和紙に捺《なつ》した）

［吉祥天像の胎内］による

仏語の手引き

秘仏《ひぶつ》

厨子の中などに納めて扉を閉じ、普段は礼拝させない仏像をいう。秘仏の風習の起因は明らかではないが、『広隆寺来由記《こうりゅうじらいゆうき》』には、仏《ほとけ》に霊が宿るため、清浄《しょうじょう》にしておかないと禍《わざわい》を受けるとあり、修法が終わったら帛《はく》（絹布）で本尊をおおうべきであることが記述されている。

吉祥天立像　[京都府・浄瑠璃寺蔵] による

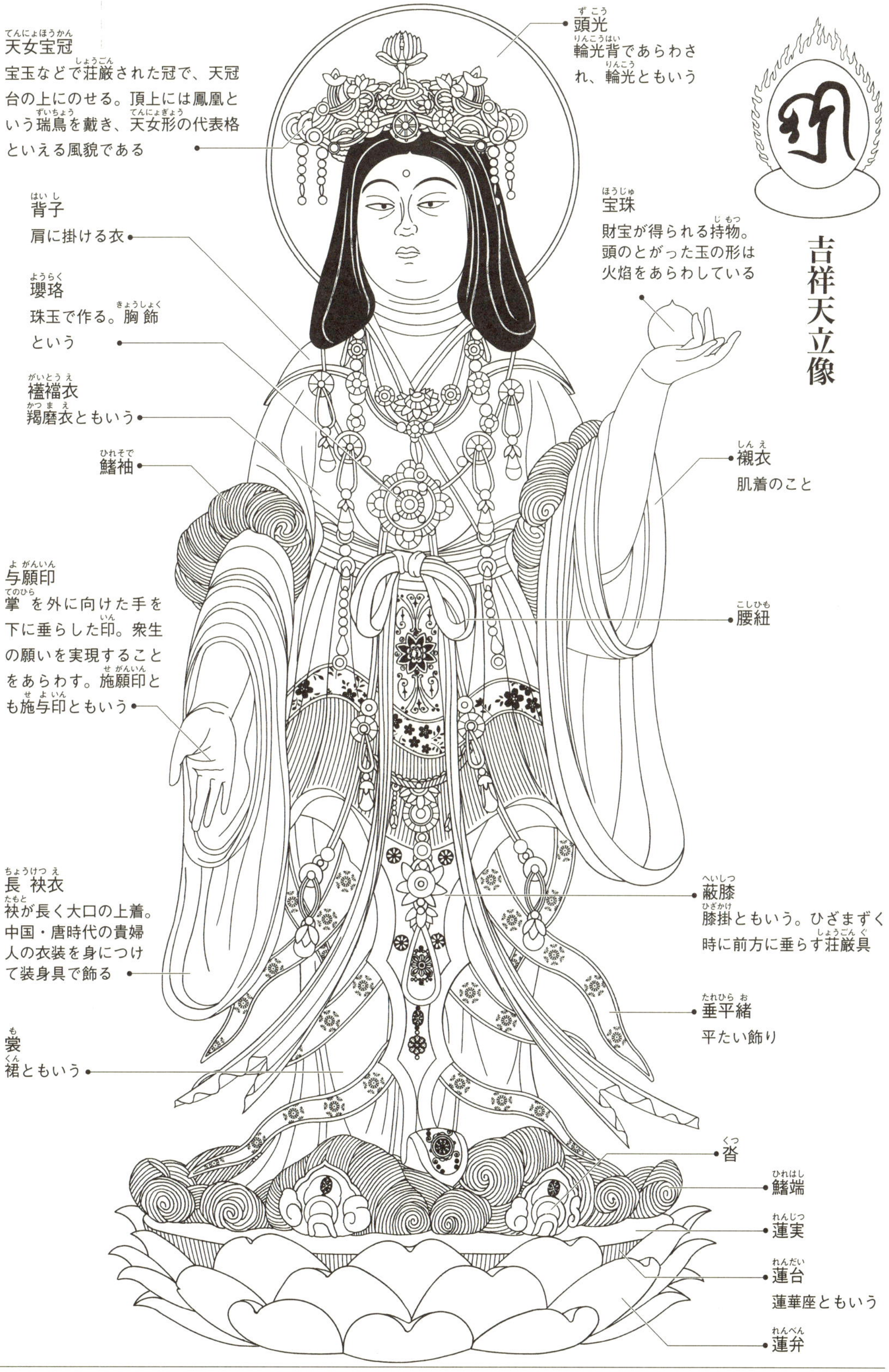

天女宝冠《てんにょほうかん》
宝玉などで荘厳《しょうごん》された冠で、天冠台の上にのせる。頂上には鳳凰という瑞鳥《ずいちょう》を戴き、天女形《てんにょぎょう》の代表格といえる風貌である
頭光《ずこう》
輪光背《りんこうはい》であらわされ、輪光《りんこう》ともいう
背子《はいし》
肩に掛ける衣
宝珠《ほうじゅ》
財宝が得られる持物《じもつ》。頭のとがった玉の形は火焔をあらわしている
吉祥天立像
瓔珞《ようらく》
珠玉で作る。胸飾《きょうしょく》という
蓋襠衣《がいとうえ》
羯磨衣《かつまえ》ともいう
鰭袖《ひれそで》
襯衣《しんえ》
肌着のこと
与願印《よがんいん》
掌《てのひら》を外に向けた手を下に垂らした印《いん》。衆生の願いを実現することをあらわす。施願印《せがんいん》とも施与印《せよいん》ともいう
腰紐《こしひも》
長袂衣《ちょうけつえ》
袂《たもと》が長く大口の上着。中国・唐時代の貴婦人の衣装を身につけて装身具で飾る
蔽膝《へいしつ》
膝掛《ひざかけ》ともいう。ひざまずく時に前方に垂らす荘厳具《しょうごんぐ》
垂平緒《たれひらお》
平たい飾り
裳《も》
裙《くん》ともいう
沓《くつ》
鰭端《ひれはし》
蓮実《れんじつ》
蓮台《れんだい》
蓮華座ともいう
蓮弁《れんべん》

鬼子母神

きしもじん

東京の入谷鬼子母神《いりやきしもじん》（真源寺《しんげんじ》）にちなみ〝おそれいりやの鬼子母神〟と語呂合わせにいわれたり、悪い事をすると鬼子母神にさらわれて食い殺されるぞといわれたりする鬼女神《きにょしん》である。鬼子母神は薬叉女《やしゃめ》として生まれ、鬼神王般闍迦《きしんおうはんじゃか》の妻として王舎城《おうしゃじょう》に住み、五百人とも千人ともいわれる子がいたとされ、鬼子母《きしも》ともいわれる。性格凶暴な鬼子母は、須弥山下《しゅみせんか》の四大州のひとつ南方贍《せん》部州《ぶしゅう》において、人間の子どもを奪って殺し、食料とするので、釈《しゃく》尊《そん》がその悪行《あくぎょう》を懲《こ》らしめるため、末っ子である嬪伽羅《びんから》を隠してしまう。鬼子母は嬪伽羅を捜し回ったがみつからず、苦しんでいるところを釈尊に諭されたという。釈尊は子どもを奪われた親の嘆きを鬼子母に悟らせ、戒めて三帰依《さんきえ》し、五戒《ごかい》（特に不殺生《ふせっしょう》）を誓わせた後に、末っ子を返したと『鬼子母経《きしもきょう》』『摩訶摩耶経《まかまや》』に記される。

『毘奈耶雑事《びなやざつこと》』『有部毘奈耶《うぶ》』には、鬼子母神は青色鬼《しょうじきき》とも施《せ》食《しょくき》鬼とも記され、〝薬叉女《やしゃにょ》となって五百の菴沒羅薬《あんぼつらやく》を施《ほどこ》し奉《たてま》つり、発源《はつげん》する故に五百の子供を生み、人の精氣《しょうけ》を食噉《しょくたん》する〟とあり、五百の子を眷属《けんぞく》にして大威力を持つとされる。『法華経《ほけきょう》』（陀羅尼《だらに》品《ほん》）には、鬼子母と十羅刹女《じゅうらせつにょ》が修法《しゅほう》の本尊として崇《あが》められ、信じて受持《じゅじ》するものを擁護することが説かれている。

鬼子母神は、忿怒《ふんぬ》の相《そう》に総髪《そうはつ》で、下顎《したあご》に髭《ひげ》を生やし、合掌する鬼神形《きしんぎょう》であらわされるが、千葉県・中山法華寺《なかやまほっけじ》にはその立像《りゅうぞう》がある。破邪顕正《はじゃけんしょう》して調伏《ちょうぶく》させることからの鬼神形であるが、天女《てんにょ》形《ぎょう》もあり、安産、子供を庇護《ひご》する善女神《ぜんにょしん》として大いに信仰された。

ひとこと解説

鬼神《きしん》

特別な力を持った八部衆《はちぶしゅう》の類《たぐい》で、鬼と神とが一体となったもの。広い意味で人間と神の中間的なものである。鬼は威《い》のあるもの、神は能《のう》あるものをあらわすともいわれる。『論衡《ろんこう》』には、鬼は人間の死んだあとの精《しょう》をいい、神は薬叉《やしゃ》のことであると説かれる。『釈摩訶衍論《しゃくまかえんろん》』には身を害するのが鬼、心を害するのが神と説く。衆生《しゅじょう》に害を与えるのは悪神《あくしん》であるが、外道《げどう》でも帰依《きえ》するものは善《ぜん》神《じん》とされ、仏法の護法神となる。

種々の鬼神

鬼子母神立像（鬼神形）［奈良県・妙見宮蔵］による

鬼子母神立像（鬼神形）

兀僧頭髪《がっそうとうはつ》
総髪《そうはつ》・惣髪《そうはつ》ともいい、全体の髪を伸ばしたままの頭髪のことをいう

頂上環《ちょうじょうかん》
頭上に戴く輪の装飾具。宝珠《ほうじゅ》のかわりに輪光《りんこう》を放つ。ときには白毫《びゃくごう》のかわりに光明を放つとされる

胴衣《どうえ》
袖なしの肩衣《けんえ》。胴服《どうぶく》・胴着《どうぎ》ともいい、胴肩衣《どうけんえ》ともいう。修験僧《しゅげんそう》・行脚僧《あんぎゃ》・山伏《やまぶし》など、山岳信仰の密教的な霊験を修行する上級行者の不断着《ふだんぎ》にされる

鬚髪《あごひげ》

合掌印《がっしょういん》
蓮華合掌ともいう。両指《りょうし》同指《どうし》を合わせ、衆生に慕われることをあらわすとされる

長袂衣《ちょうけつえ》
袂《たもと》が長く広い上着。大衣《だいえ》とも呼ばれる仏界の礼服《らいふく》のひとつ

沓《くつ》
法衣《ほうえ》とともに着用する。錦で装飾したものであり、舃《せきのくつ》とも呼ぶ

裳《も》（裙《くん》）
下半身に巻いた長い布。踝《くるぶし》までをおおう

訶梨帝母

かりていも

歓喜母《かんきも》・愛子母《あいしも》・訶梨帝《かりてい》の名があり、訳して訶梨帝母《かりていも》と称するが、わが国では鬼子母神《きしもじん》という名のほうが有名である。鬼子母が釈尊《しゃくそん》によって改心して仏教に帰依《きえ》し、子ども・安産を守護する慈母相《じぼそう》の善神《ぜんしん》となったことから、訶梨帝母の名でも親しまれるようになった。

鬼子母神の項で述べたように、人間を食い殺す鬼女神《きにょしん》であったが、改心後の天女神《てんにょしん》としての姿は幼児《ようじ》を抱きかかえ、訶梨帝母とすぐにわかる。形像《ぎょうぞう》は天女形《てんにょぎょう》で、長袂衣《ちょうけつえ》（礼服《らいふく》のひとつ。袂《たもと》が長い）を身につけ、左手で末っ子の嬪伽羅《びんから》を抱え、右手に吉祥果《きっしょうか》（石榴《ざくろ》）を持ち、周囲に幼児数人を配する母らしい姿が特徴的である。母性を神格化した、多産の女神《にょしん》として祀られ、信仰される。

『南海寄帰内法伝《なんかいききないほうでん》』には、寺院の厨下《ちゅうか》に、子を抱いた訶梨帝母があり、その前にひざまずいて食物を供えると願いが叶うと記される。また夫婦円満、病気治癒、息災《そくさい》除去、恋愛成就などにも利益があるとして信仰される。

［図像抄　十巻］による

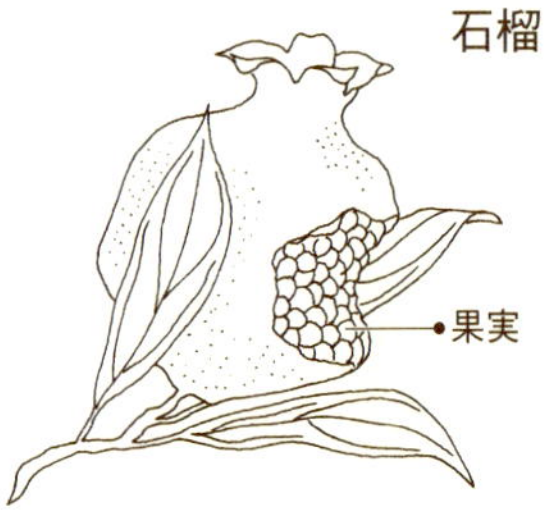

ひとこと解説

氷掲羅天《ひょうぎゃらてん》

天部《てんぶ》の童神《どうしん》である。訶梨帝母の最愛の末っ子である嬪伽羅とされる。畢哩孕迦羅《ひりようから》ともいわれる。『童子経《どうしきょう》』にはこの天は施福徳《しふくとく》守護の尊《そん》とある。『愛子成就経《あいしじょうじゅきょう》』には、童子形《どうしぎょう》にして相好円満《そうこうえんまん》、花葉《かしょう》の上に坐し、左手に吉祥果を持するとある。

仏語の手引き

天女《てんにょ》

天部《てんぶ》に属し、智慧《ちえ》、弁才《べんざい》、慈悲、福徳《ふくとく》が円満な諸尊《しょそん》であり、女性的な豊麗《ほうれい》な姿であるため天女《てんにょ》と称する。仏《ほとけ》・菩薩《ぼさつ》よりも地位は低い。『現図胎蔵界曼荼羅《げんずたいぞうかいまんだら》』にあっては、外金剛部院《げこんごうぶいん》の天部に住するとされる。元より天女形《てんにょぎょう》であらわされる尊は吉祥天《きちじょうてん》・弁才天《べんざい》・宝蔵《ほうぞう》天女・訶梨《かり》帝母《ていも》・伎芸《ぎげい》天女などである。仏・菩薩においては、女性的にあらわされる姿は慈悲で衆生《しゅじょう》を救済することの表現であり、性別としての天女の表現とは性格が異なる。

訶梨帝母図像（天女形）

天蓋《てんがい》
尊《そん》の頭上にかかる蓋《がい》のこと。説法にあたる尊を日射から避けるために傘を用いたとされることから、仏像が造立《ぞうりゅう》されると頭上に皿形《べいぎょう》の天蓋を設けるようになった
宝珠《ほうじゅ》
幢《どう》
飾り具
頭光《ずこう》
宝冠《ほうかん》
法輪《ほうりん》
天冠台の飾り
吉祥果《きっしょうか》（石榴《ざくろ》）
実の多さから多産の象徴となる。安産を守護する
嬪伽羅《びんから》
訶梨帝母の最愛の子ども
払子《ほっす》
獣の毛を束ねて、柄をつけたもの。煩悩や魔障を払うとされる。白払《びゃくふつ》、払塵《ふつじん》ともいう
天衣《てんね》
両肩から肘に巻き垂らす細長い布。下方に垂らして荘厳《しょうごん》とする
襯衣《しんえ》
鰭袖《ひれそで》
長袂衣《ちょうけつえ》
袂《たもと》が広くて長い衣
裳《も》
侍女《じじょ》
敷座《しきざ》
腰紐《こしひも》
裙《くん》
沓《くつ》
石榴《ざくろ》
竹馬《たけうま》
葉のついた竹の元を握り、馬に見立ててまたがって遊ぶ
幼児
母性の象徴とされる
宣台座《せんだいざ》
正面からみると「宣」の字に似ることからの名称。宣字座ともいう

訶梨帝母図像（天女形）［図像抄 十巻］による

弁財天

べんざいてん

聖なる河を神格化した水神で、本来、土地の豊饒と繁栄を願う天女《てんにょ》神である。薩羅薩伐底《さらさばち》ともいい、大弁功徳天《だいべんくどくてん》の異名もある。三大女神（弁財天・吉祥天《きちじょうてん》・訶梨帝母《かりていも》）のひとつであり、このなかでわが国で初めて信仰されたのは弁財天といわれる。

『金光明最勝王経《こんこうみょうさいしょうおうきょう》』（大弁財天女品《だいべんざいてんにょほん》）には、この弁財天が八臂《はっぴ》で、左手に弓・剣・斧《おの》・羂索《けんさく》、右手に箭《せん》（矢）・三叉戟《さんさげき》・独鈷杵《とっこしょ》・法《ほう》輪《りん》を持ち、仏法を護る天《てん》として闘う女神であり、戦闘の神としての功徳があると説かれる。この『金光明最勝王経』（大弁財天女品）によって弁財天（弁天《べんてん》）の信仰が起こったとされる。

さらに、わが国でつくられた「弁天五部経《べんてんごぶきょう》」㈠『仏説最勝護《ぶっせつさいしょうご》国宇賀耶頓得如意宝珠陀羅尼経《こくうがやとんとくにょいほうじゅだらにきょう》』、㈡『仏説大宇賀神功徳弁財天《だいうがしんくどくべんざいてん》経《きょう》』、㈢『仏説即身貪転福徳円満宇賀神将菩薩白蛇示現三日成《そくしんどんてんふくとくえんまんうがしんしょうぼさつびゃくじゃじげんさんにちじょう》就経《じゅきょう》』、㈣『仏説宇賀神王福徳円満陀羅尼経《うがしんのうふくとくえんまんだらにきょう》』、㈤『大弁財天女秘《だいべんざいてんにょひ》密陀羅尼経《みつだらにきょう》』）は、財富神《ざいふしん》としての性格を強化させたが、偽経《ぎきょう》とされている。ちなみに経の名にある宇賀神とは、わが国古来の穀《こく》物《もつ》の福神である。

［図像抄　十巻］による

仏語の手引き

弁財天の眷属《けんぞく》十五童子《どうじ》

前述の偽経とされるものに説かれる眷属である。これらに善財《ぜんざい》（乙《いつ》護《ご》）童子を加え、十六童子とすることもある。（　）内に別称を添え、以下に童子名を挙げる。

印鑰《いんやく》（麝香《じゃこう》）　官帯《かんたい》（赤音《しゃくおん》）　筆硯《ひっけん》（香精《こうしょう》）　金財《こんざい》（招請《しょうじょう》）
稲籾《いなもみ》（大神《たいしん》）　計升《けいしょう》（悪女《あくにょ》）　飯櫃《はんき》（質月《しつがつ》）　衣裳《いしょう》（除嗰《じょき》）
蚕養《さんよう》（悲満《ひまん》）　酒泉《しゅせん》（密跡《みつせき》）　愛敬《あいきょう》（施願《せがん》）　生命《せいめい》（臍虚空《せいこくう》）
従者《じゅうしゃ》（施無畏《せむい》）　牛馬《ぎゅうば》（随令《ずいれい》）　船車《せんしゃ》（光明《こうみょう》）

弁財天図像（福徳財宝の神）

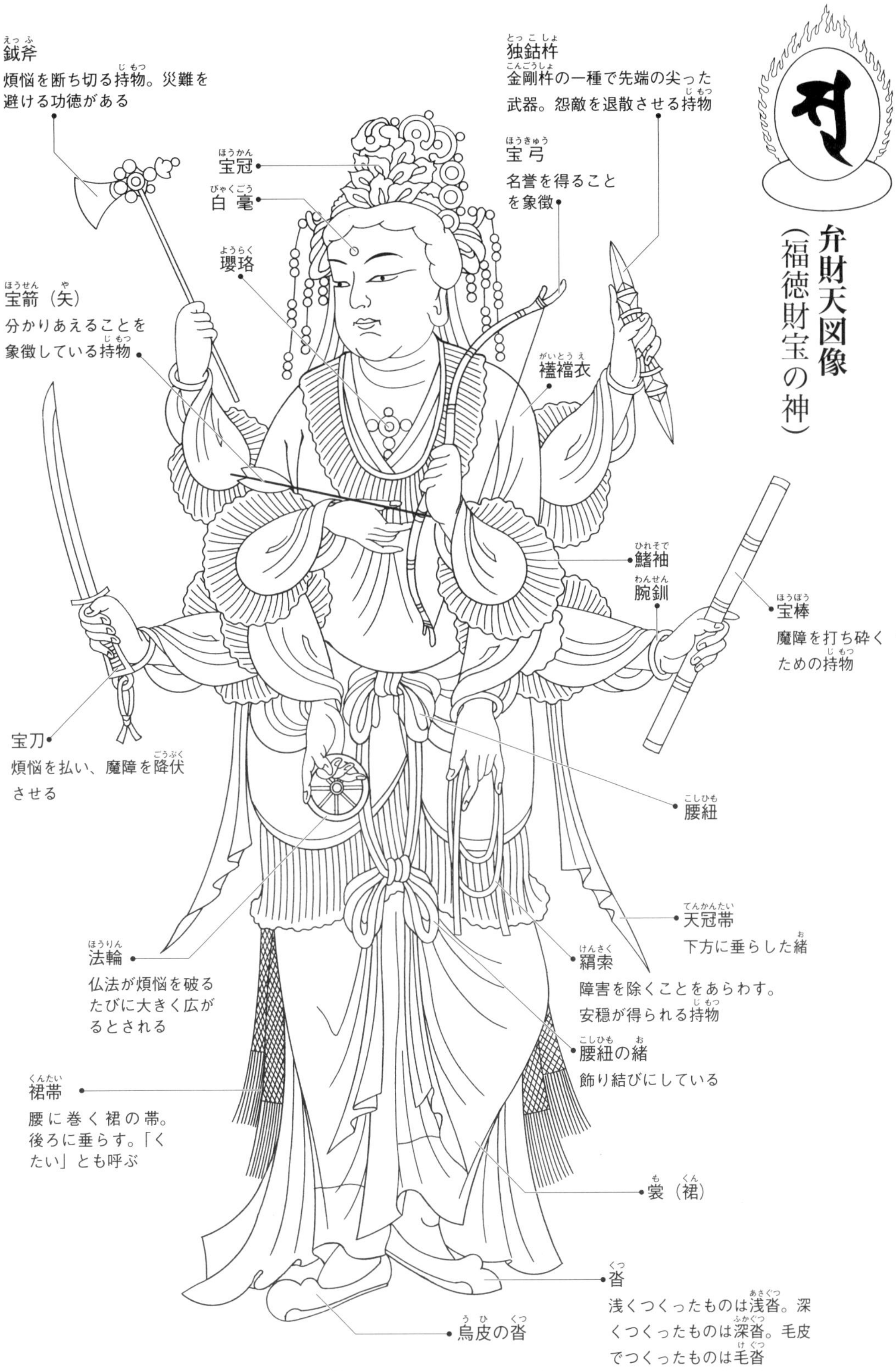
鉞斧《えっふ》
煩悩を断ち切る持物《じもつ》。災難を避ける功徳がある
独鈷杵《とっこしょ》
金剛杵《こんごうしょ》の一種で先端の尖った武器。怨敵を退散させる持物《じもつ》
宝冠《ほうかん》
白毫《びゃくごう》
宝弓《ほうきゅう》
名誉を得ることを象徴
瓔珞《ようらく》
宝箭《ほうせん》（矢《や》）
分かりあえることを象徴している持物《じもつ》
䙡襠衣《がいとうえ》
鰭袖《ひれそで》
腕釧《わんせん》
宝棒《ほうぼう》
魔障を打ち砕くための持物《じもつ》
宝刀
煩悩を払い、魔障を降伏《ごうぶく》させる
腰紐《こしひも》
天冠帯《てんかんたい》
下方に垂らした緒《お》
法輪《ほうりん》
仏法が煩悩を破るたびに大きく広がるとされる
羂索《けんさく》
障害を除くことをあらわす。安穏が得られる持物《じもつ》
腰紐《こしひも》の緒《お》
飾り結びにしている
裙帯《くんたい》
腰に巻く裙の帯。後ろに垂らす。「くたい」とも呼ぶ
裳《も》（裙《くん》）
沓《くつ》
浅くつくったものは浅沓《あさぐつ》。深くつくったものは深沓《ふかぐつ》。毛皮でつくったものは毛沓《けぐつ》
烏皮《うひ》の沓《くつ》

弁才天

べんざいてん

弁才天は水の女神であったが、川の流れる音から、妙音天《みょうおんてん》とも美音《みおん》天とも音楽《おんがく》天とも称されるようになり、音楽の神、弁才（智《ち》慧《え》）の神、学問の神ともされ、二臂《ひ》の弁才天（略して弁天《べんてん》）が造られた。白衣《びゃくえ》をまとい、琵琶《びわ》や箜篌《くご》を持つ姿であらわされる。この弁才天の功徳《くどく》はわが国でも広く信仰され、近江《おうみ》の竹生島《ちくぶしま》に弁才天の祠《ほこら》が祀《まつ》られたのが最初といわれている。その後に相模《さがみ》の江ノ島《えのしま》、安芸《あき》の厳島《いつくしま》、大和《やまと》の天川《てんかわ》、陸前の金華山《きんかざん》の寺院や神社の水辺に祠が造られた。また、七福神のひとつとして福徳神としても信仰され、今日でも「弁天様《べんてんさま》」と親しまれている。

正倉院《しょうそういん》楽器

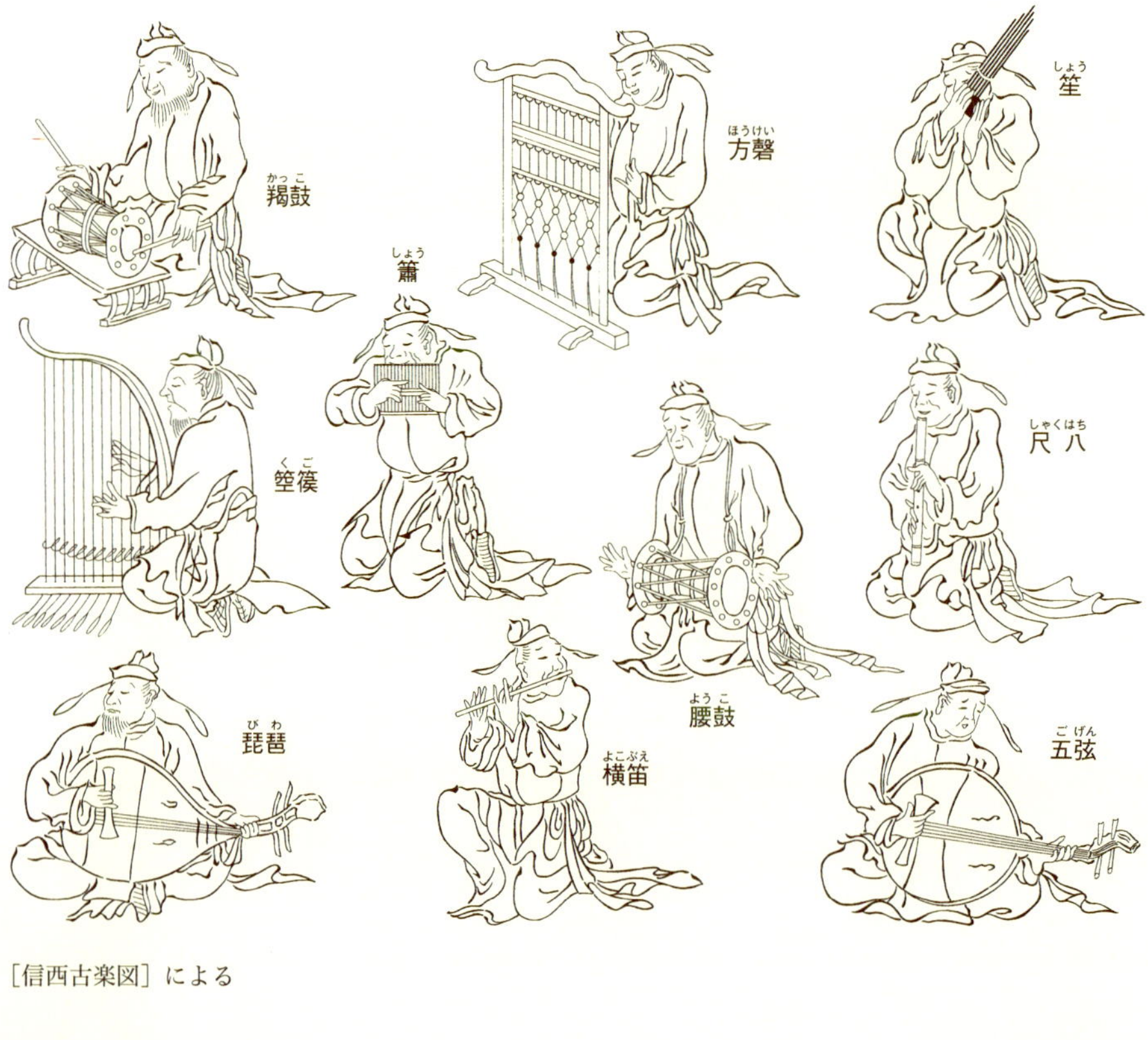

［信西古楽図］による

弁才天図像（学問芸術の神）

髻《もとどり》

天冠帯《てんかんたい》

布帛《ふはく》

宝冠《ほうかん》

荘《しょう》厳《ごん》された冠のこと。如来は五智宝冠、観音・菩薩は五仏宝冠か化仏冠を戴くが、明王・天は特殊な冠を戴くか、髻《もとどり》を装飾して冠のかわりとする

瓔珞《ようらく》

撥《ばち》

裳《も》（裙《くん》）

琵《び》琶《わ》

撥《ばち》で弦を弾き鳴らす茄《な》子《す》形《ぎょう》の胴《どう》に弦を張った弦楽器。弦を前方に弾くことを琵といい、そこから手前に弾くことを琶といったことからの名称である。通常は四弦とされる

敷座《しきざ》

筵《むしろ》の台座

腰紐《こしひも》

竪箜篌《たてくご》

弦楽器の一種で、百済琴《くだらこと》ともいう。箜篌には竪箜篌、臥箜篌《がくご》、鳳首箜篌《ほうしゅくご》の三種がある。この形の竪箜篌は、奈良県東大寺の正倉院宝物として残されているために正倉院箜篌とも呼ばれる。胴と棹《さお》の間に八本から二十三本の弦を垂直に張ってある

宝髻《ほうけい》

弦《げん》

絃とも書く

天衣《てんね》

綬帯《じゅたい》ともいう。如来の衲衣《のうえ》は全身を包むように着るが、観音・菩薩・天《てん》は上半身に帯状の布帛《ふはく》をまとい、下方へなびかせる。裳と一対で着用される

散脂大将

さんしたいしょう

散支大将《さんしたいしょう》とも書かれ、またの名を散脂《さんし》・散脂迦《か》・散脂修摩《しゅま》・僧慎爾耶《そうしんにゃ》・半只迦《はんしか》・半支迦・正了知《しょうりょうち》ともいい、密神《みつしん》・薬叉神《やしゃしん》と訳される。鬼子母神《きしもじん》の夫であり、毘沙門天《びしゃもんてん》の眷属《けんぞく》八大将や千手《せんじゅ》観音二十八部衆のひとつとされる。または独尊神《どくそんしん》として護法善神《ぜんじん》のひとつとされ、毘沙門天の弟ともいわれる。『大薬叉女歓喜母《だいやしゃにょかんきも》並《ならびに》愛子法《あいしほう》』には〝大薬叉女ありて、名づけて歓喜という は容貌端厳《ようぼうたんげん》にして五千の眷属あり、常に世界を護持す。これ散脂大将の女なり。五百の子を生み大威力《だいいりょく》あり〟とある。『大日経《だいにちきょう》』に〝毘沙門天を配し、その左右に薬叉八大将を置き、その中に散支あり〟と説かれるように、この散脂大将は、毘沙門天に親侍《しんじ》し、所管《しょかん》を巡《じゅん》行《ぎょう》して、有情《うじょう》の善悪を比較商量《ひかくしょうりょう》して守護する天部の尊とされる。

形相は四天王《してんのう》と同じような武装形天部《ぶそうぎょうてんぶ》で、甲冑《かっちゅう》を着て、髪が逆立つ忿怒相《ふんぬそう》で、三叉戟《さんさげき》を持ち、雲を踏むと『金光明最勝王経《こんこうみょうさいしょうおうきょう》』に説かれる。『別尊雑記《べっそんざつき》』には左手に如意宝珠《にょいほうじゅ》を持ち、右手に柄《え》の長い三叉戟《さんさげき》を持って盤石座《ばんじゃくざ》に立つとされる。遺例は少ないが、京都府・浄瑠璃寺《じょうるりじ》の吉祥天厨子《きちじょうてんずし》の扉絵に着色されたものがある。

ひとこと解説　**深沙大将《じんじゃたいしょう》**

深沙神《しん》・大聖《だいじょう》深沙・神沙菩薩《じんじゃぼさつ》・深沙童子《どうじ》ともいう。玄奘三蔵《げんじょうさんぞう》が印度《いんど》（天竺《てんじく》）に赴くとき、流沙《るさ》（蒙古《もうこ》）にて取経《しゅきょう》の大業《だいごう》を感得《かんとく》する際に、砂漠の風の危険から玄奘を守ったのがこの深沙大将である。悪疫の難も除く鬼神《きしん》とされる。多聞天《たもんてん》の化身《けしん》ともいわれ、散脂《さんし》大将と同類とされる。『法華経《ほけきょう》』の行者《ぎょうじゃ》に仕え、『般若経《はんにゃきょう》』の守護神でもある。大般若十六善神《ぜんじん》図様《ずよう》の中では、玄奘三蔵とは対置して描かれる。形像としては、左手に青蛇《しょうじゃ》を巻き、腹部に小児の顔をあらわし、髑髏《どくろ》の瓔珞《ようらく》をつけた大忿怒形《だいふんぬぎょう》の奇《き》っ怪《かい》像である。他にも頭に八蛇を戴き、両手で鉾《ほこ》を持つ姿や、左手を前に向け、右手に三叉戟《さんさげき》を持ち、蓮華を踏む姿などあるが、図像が多くあり、彫像は少ない。

［奈良県・関生院蔵］による

［大正大蔵経図像］による

散脂大将図像

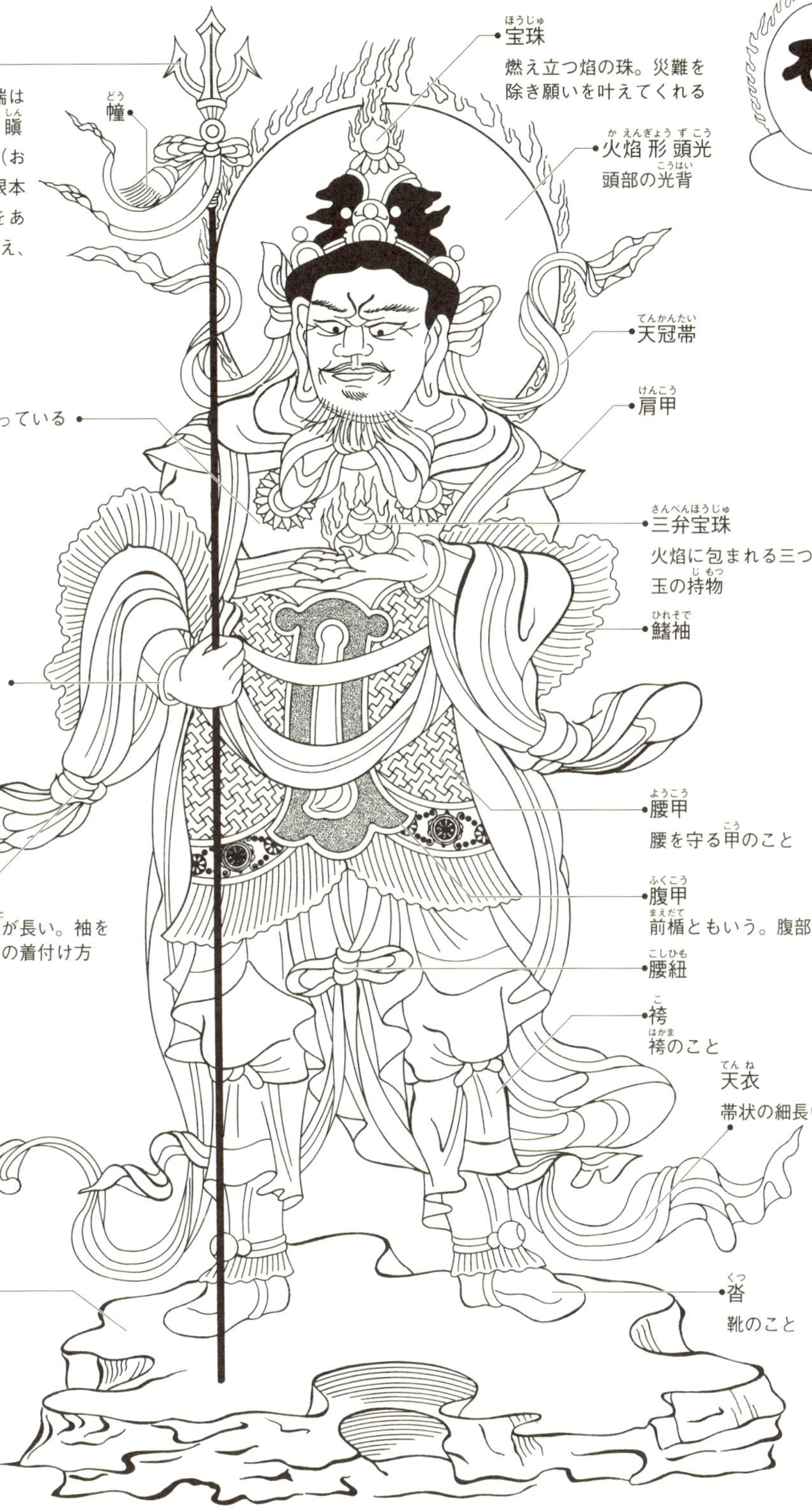
宝珠《ほうじゅ》
燃え立つ焔の珠。災難を除き願いを叶えてくれる
三叉戟《さんさげき》
三つにわかれた先端は貪欲《どんよく》（むさぼり）・瞋恚《しんい》（いかり）・愚痴《ぐち》（おろかさ）の三毒（根本的な三種の煩悩）をあらわす。悪魔を抑え、退散させる持物《じもつ》
幢《どう》
火焔形頭光《かえんぎょうずこう》
頭部の光背《こうはい》
天冠帯《てんかんたい》
肩甲《けんこう》
胸甲《きょうこう》
胸の甲《こう》。肩から吊っている
三弁宝珠《さんべんほうじゅ》
火焔に包まれる三つの玉の持物《じもつ》
鰭袖《ひれそで》
腕釧《わんせん》
環珞《かんらく》という
腰甲《ようこう》
腰を守る甲《こう》のこと
大袖衣《おおそでえ》
袖口が広く、袂《たもと》が長い。袖を結ぶのは武装形の着付け方
腹甲《ふくこう》
前楯《まえだて》ともいう。腹部の甲《こう》
腰紐《こしひも》
袴《こ》
袴《はかま》のこと
天衣《てんね》
帯状の細長い布のこと
盤石座《ばんじゃくざ》
岩座《がんざ》ともいう
沓《くつ》
靴のこと

散脂大将図像　［図像抄 十巻］による

伎芸天女

ぎげいてんにょ

◎天

『伎芸天女念誦法《ぎげいてんにょねんじゅほう》』によれば、大自在天《だいじざいてん》（摩醯首羅天《まけいしゅらてん》）が天界において伎楽《ぎがく》の歌舞《うたまい》をしている最中に、その髪の生え際から化《け》生《しょう》した天女神《てんにょしん》だとされる。顔容端正《がんようたんせい》にして伎芸《ぎげい》第一といわれる。大自在天女とも称される。大自在天の化身である歓喜天の修法《しゅほう》では、この尊を祈ると効果があるとされる。儀軌《ぎき》には左手で天華《てんげ》を捧げ、右手は裙《くん》をとるとある。奈良県・秋篠寺《あきしのでら》に伎芸天と伝承される像があるが持物《じもつ》のない二臂《ひ》であり、伎芸天である確証はない。

ひとこと解説

伎楽《ぎがく》

伎楽とは、仏教の法会《ほうえ》や供養のために、舞人が伎楽面を被り、器楽《ぎがく》にあわせて呉歌舞《くれのうたまい》を演じたものである。すなわち楽器の伴奏がある無言仮面劇であるが、その内容は滑稽《こっけい》なものや卑猥《ひわい》なものであり、使われる楽器もその都度《つど》違った。奈良時代に百済《くだら》から伝えられ、聖徳太子《しょうとくたいし》によって奨励されたが、平安時代に入ると雅楽《ががく》に圧倒されて衰えた。しかし今日の師子舞《ししまい》に、伎楽の名残《なごり》をみることができる。

伎楽の師子舞の演奏

［信西古楽図］による

伎楽面

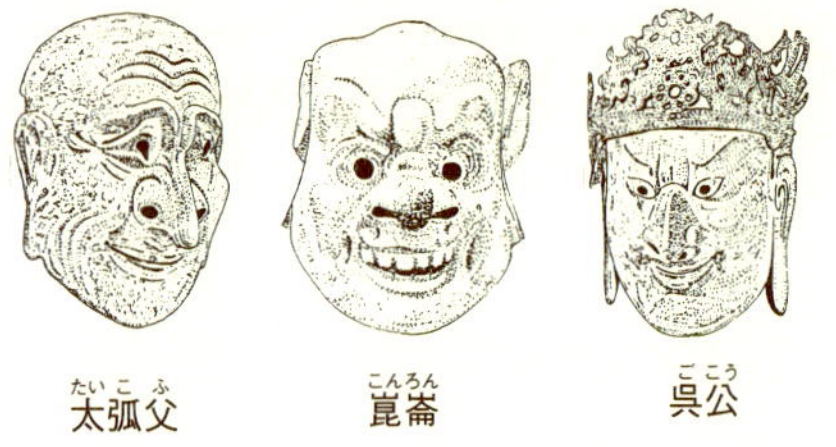

師子舞

伎芸天女図像（大自在天女とも）

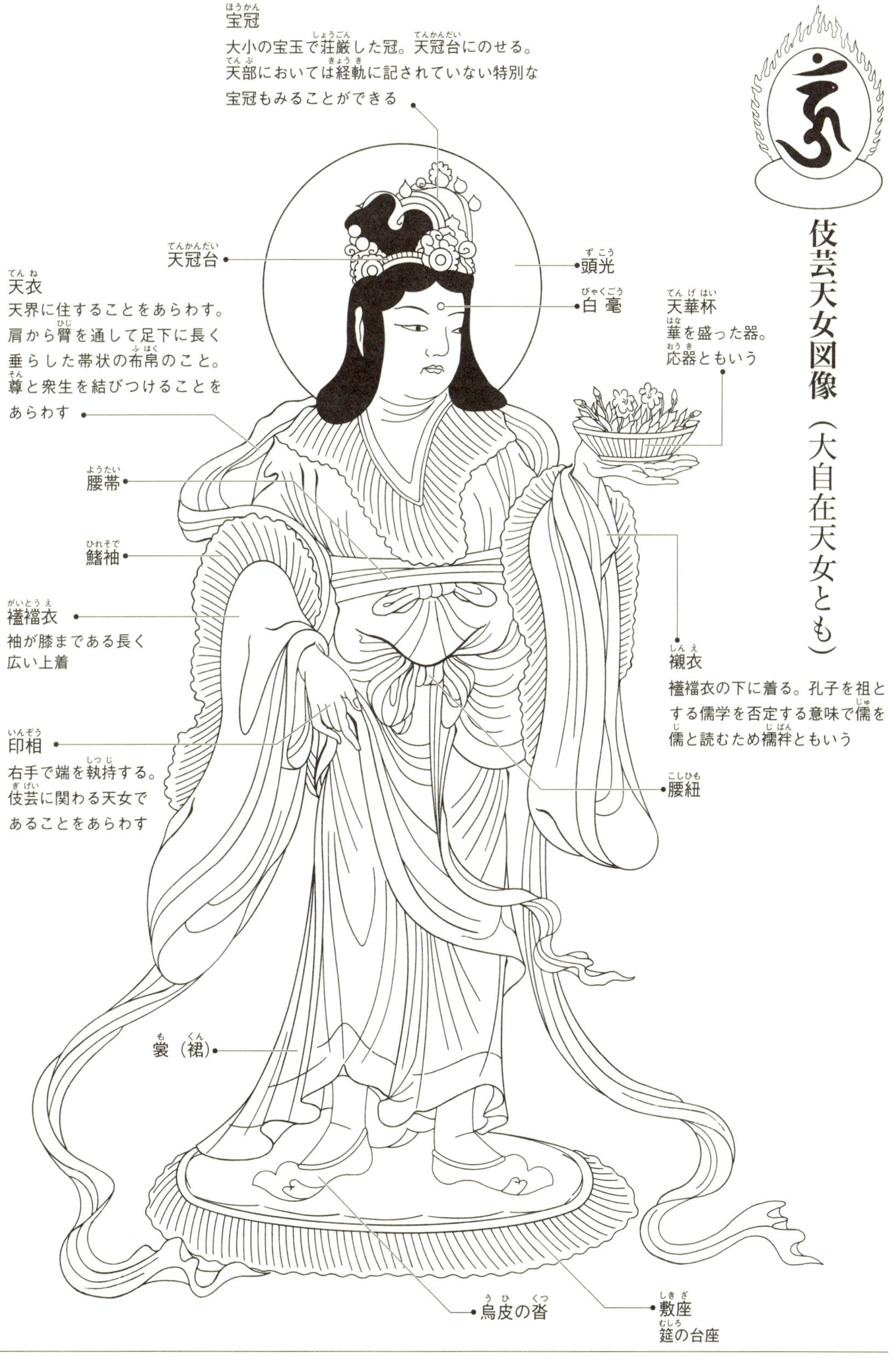
宝冠《ほうかん》
大小の宝玉で荘厳《しょうごん》した冠。天冠台《てんかんだい》にのせる。
天部《てんぶ》においては経軌《きょうき》に記されていない特別な
宝冠もみることができる
天冠台《てんかんだい》
頭光《ずこう》
白毫《びゃくごう》
天華杯《てんげはい》
華《はな》を盛った器。
応器《おうき》ともいう
天衣《てんね》
天界に住することをあらわす。
肩から臂《ひじ》を通して足下に長く
垂らした帯状の布帛《ふはく》のこと。
尊《そん》と衆生を結びつけることを
あらわす
腰帯《ようたい》
鰭袖《ひれそで》
襤襠衣《がいとうえ》
袖が膝まである長く
広い上着
襯衣《しんえ》
襤襠衣の下に着る。孔子を祖と
する儒学を否定する意味で儒《じゅ》を
儒《じ》と読むため襦袢《じばん》ともいう
印相《いんぞう》
右手で端を執持《しつじ》する。
伎芸《ぎげい》に関わる天女で
あることをあらわす
腰紐《こしひも》
裳《も》（裙《くん》）
烏皮《うひ》の沓《くつ》
敷座《しきざ》
筵《むしろ》の台座

宝蔵天女

ほうぞうてんにょ

この尊《そん》は白描図《はくびょうず》にしかみられないが、『宝蔵天女陀羅尼経《ほうぞうてんにょだらにきょう》』で説かれており、吉祥天《きちじょうてん》と同一視される福徳施与《ふくとくせよ》の神と思われる。吒羅佉《だりぎゃ》と訳され、宝蔵天女と名付けられ、常に福徳増長《ぞうちょう》の誓願《せいがん》をなすためにこの天を祀《まつ》るとある。さらには〝摩醯首羅天王《まけいしゅらてんのう》は諸天女衆とともに宝蔵天女の名、吒羅佉を讃《さん》じ、大威徳色力無比《だいいとくしきりきむひ》なり。廻天《かいてん》・動地《どうち》に応じ、殊勝《しゅしょう》の事を行い、財宝を山岳《さんがく》の如く積まれり〟とある。形相《ぎょうそう》は左手に如《にょ》意宝珠を、右手に蓮華《れんげ》をとる。また宝蔵天女は五月五日の節供を神格化したものとの説もあり、このことは『陀羅尼経』に記され、その姿は極めて美しき天女形《てんにょぎょう》とある。

ひとこと解説　鐘馗《しょうき》

鐘馗は年の暮に邪魔《じゃま》を払うとされる。鎮宅《ちんたく》鐘馗像が祀られ、魔除けの神とされ、鐘馗を門番とする風習もある。わが国では五月五日の端午《たんご》の節《せち》に、右手に剣を持つ鐘馗の姿を五月人形として飾ったり、幟《のぼり》に描いて掲げたりするようになった。また朱色で描いた鐘馗は、魔物を払い、疱瘡《ほうそう》（天然《てんねん》痘《とう》）を治すとされた。

鍾馗像［鳥居清倍画］による

仏語の手引き　天部《てんぶ》の形相《ぎょうそう》

天の尊《そん》を成立・服飾・容姿の違いから、以下のように分けることができる。

◉**貴人形《きにんぎょう》**：菩薩《ぼさつ》のような慈悲深い表情をたたえ、官服をまとう身分の高き貴顕《きけん》紳士風。（梵天《ぼんてん》・帝釈天《たいしゃくてん》・月《がっ》天・善女龍王《ぜんにょりゅうおう》など）

◉**天女形《てんにょ》**：菩薩の天衣《てんね》をつけ、宝冠《ほうかん》を戴き、瓔珞《ようらく》で荘厳《しょうごん》した女性神で、豊麗《ほうれい》な姿で表現される。（吉祥天《きちじょう》・訶梨帝母《かりていも》・伎芸《ぎげい》天女・弁財《べんざい》天・氷掲羅《ひょうぎゃら》天・宝蔵天女など）

◉**武装形《ぶそう》**：甲冑《かっちゅう》をつけ、戦闘のために装備し、威嚇的な容貌で忿《ふん》怒《ぬ》の相をしている。守護する尊が多い。（毘沙門《びしゃもん》天・十二神将《しんしょう》・四天王《してんのう》・韋駄《いだ》天など）

◉**禽獣形《きんじゅう》**：全身が翅《はね》でおおわれる鳥のような姿や、特異な獣《けもの》の顔《がん》容《よう》をしており、胸甲《きょうこう》・腰甲《ようこう》をつける。（迦陵頻伽《かりょうびんが》・緊那羅《きんなら》・迦《か》楼羅《るら》・歓喜《かんぎ》天など）

◉**鬼神形《きしん》**：頭髪をなびかせ、異様な雰囲気を持った奇《き》っ怪《かい》な守護神。夜叉《やしゃ》や羅刹《らせつ》の類《たぐい》でもある。（散脂大将《さんしたいしょう》・深沙《じんじゃ》大将・歓喜天《かんぎてん》・蔵王権現《ざおうごんげん》など）

宝蔵天女図像

蓮華《れんげ》
煩悩《ぼんのう》を離れ、清浄無垢であることをあらわす。青蓮華《しょうれんげ》は極楽浄土に再び生まれ、紫《し》蓮華は仏に出会うことができ、白《びゃく》蓮華は功徳が得られ、紅《ぐ》蓮華は慈悲の心を得られるとされる。また開き方によって、未敷《みふ》蓮華、開敷《かいふ》蓮華と大別した

荷葉《かしょう》
蓮華の葉

頭光《ずこう》

宝冠《ほうかん》

白毫《びゃくごう》

天衣《てんね》
天部《てんぶ》の天女形《てんにょぎょう》ではこれを上半身に纏《まと》うとされる。観音・菩薩の条帛《じょうはく》と区別するための名称ともいわれる。また尊《そん》と衆生《しゅじょう》の両者を結びつける象徴であり、端《はし》緒《お》を長く垂らしている

如意宝珠《にょいほうじゅ》
願いがすべて叶う珠

長袂衣《ちょうけつえ》
袂《たもと》が広く長い衣。大袖衣《おおそでえ》・広《ひろ》袖衣《そでえ》・筒袖衣《つつそでえ》とも呼ばれる

襯衣《しんえ》
襦袢《じばん》ともいう

腰紐《こしひも》
腰帯《ようたい》のこと

天衣の端緒《てんねのはしお》

裙《くん》
裙子《くんす》とも裳《も》ともいう。天部では武装形以外の尊が用いた

足釧《そくせん》

敷座《しきざ》
筵《むしろ》で編んだ台座。儀軌《ぎき》成立以前は、天部では草座を用いた。後に敷座となり、師子に乗るときも敷座を用いた

摩醯首羅天

まけいしゅらてん

◎天

印度《いんど》の湿婆神《しばしん》が、仏教の天部《てんぶ》に護法神として取り入られ、摩醯《まけい》首羅天《しゅらてん》と称される。摩醯首羅天は摩醯伊湿伐羅《まけいしゅばら》の略であり、訳して大自在天《だいじざいてん》とも称される。密教の十二天とされる伊舎那天《いしゃなてん》および伎芸天《ぎげいてん》は、摩醯首羅天の忿怒身《ふんぬしん》と伝えられている。胎蔵界曼荼羅《たいぞうかいまんだら》の外院《げいん》に位置し、妃は烏摩妃《うまひ》である。降三世明王《ごうざんぜみょうおう》の像においては、左足下に摩醯首羅天、右足下に烏摩妃が踏みつけられている。降三世明王の項も参照されたい。

摩醯首羅天の像容としては、『迦楼《かる》羅王密言経《らおうみつごんきょう》』には三面《さんめん》三つ目四臂《しひ》像が説かれる。正面は天王形《てんのうぎょう》、左面は美麗な天女《てんにょ》形、右面は忿怒相の夜叉《やしゃ》形とされ、持物《じもつ》は左上手に三叉戟《さんさげき》、下手は軍《ぐん》持《じ》(水瓶《すいびょう》)、右上手は本尊を供養する花、下手は数珠《じゅず》を持ち、最外院《さいげいん》で羅刹眷属《らせつけんぞく》の左隅に配されている。他に、水牛に乗っての二臂《ひ》・四臂・八臂・十八臂の諸像がある。わが国では図像以外の作例をみることはほとんどない。

ひとこと解説　**他化自在天《たけじざいてん》／青面金剛《しょうめんこんごう》**

◎他化自在天：大自在天《だいじざいてん》に似た名を持つ他化自在天は、欲界《よくかい》の第六天とも称され、『大智度論《だいちどろん》』には〝この天は他《た》の所化《しょけ》を奪って自から娯楽する故に他化自在天という〟とある。つまりこの天は、快楽をなすため下天の楽事を自在に遊戯《ゆうげ》するので他化自在天といわれるのである。欲界の主《しゅ》である摩醯首羅天とともに正法《せいほう》に害をもたらす魔王とされ、弓と箭《せん》(矢)を持つ。

◎青面金剛：青色大金剛薬叉神《しょうじきだいこんごうやしゃしん》ともいう。もとは人の精氣《しょうけ》を奪い、鬼病《きびょう》を流行させる神であったが、太元帥明王《たいげんすいみょうおう》に降伏《ごうぶく》して善神《ぜんじん》となった。この尊の呪法《じゅほう》を修すると悪鬼・病魔・悪霊を除くと『陀羅尼集経《だらにじっきょう》』に説かれる。中国の道教《どうきょう》の天帝《てんてい》と仏教の帝釈天《たいしゃくてん》を同体とし、庚申信仰《こうしんしんこう》の本尊と祀られた。わが国では庚申信仰により、人の体内には三尸虫《さんしちゅう》という虫がおり、庚申の夜、人が寝ていると人の罪状を天帝に告げにいき、その人は死ぬとされていたため、夜通し眠らずに過ごす庚申待《こうしんまち》の行事が行われた。

三尸虫

［玉函秘伝］による

摩醯首羅天図像（大自在天とも）

宝鉤《ほうこう》
曲がった先で引っ掛けて、意欲を押さえ、災難を取り除くとされる持物《じもつ》。三つの先端は三毒《さんどく》を取り除く功徳を持つ
頭光《ずこう》
三叉戟《さんさげき》
先端は貪欲《どんよく》・瞋恚《しんい》・愚痴《ぐち》をあらわす。悪霊や悪魔を退散させる持物《じもつ》
宝珠幢《ほうじゅどう》
頂上に宝珠をつけた旗。宝珠（摩尼《まに》）は、願いと財欲が叶う象徴である
腕釧《わんせん》
宝螺《ほうら》
善尊《ぜんそん》が集まるとされる持物《じもつ》
法輪《ほうりん》
煩悩を打ち消す持物
臂釧《ひせん》
条帛《じょうはく》
宝棒《ほうぼう》
宝剣《ほうけん》
怨霊を除き、切り刻む持物
白水牛《びゃくすいぎゅう》
泥状の濁水（苦界を象徴）でも悠々閑々に歩き進むことから、あらゆる障害を勢いよく突破することをあらわす。戦勝をもたらす騎牛《きぎゅう》
半跏踏下坐《はんかふみさげざ》
儀軌《ぎき》に定められた禽獣座《きんじゅうざ》、鳥獣座といわれる台座への坐り方。白水牛《びゃくすいぎゅう》の背に乗って左足を下げ、右足を曲げる。さらに崩《くず》した坐り方は遊戯坐《ゆうげ》という
敷座《しきざ》
筵《むしろ》の台座

摩醯首羅天図像（大自在天とも）［図像抄 十巻］による

鳩摩羅天

くまらてん

拘摩羅《くまら》天・倶摩羅天とも書く。鳩摩羅迦《くまらか》と訳され、童子《どうじ》天とも称される。その顔は童子のようで、執着《しゅうじゃく》のない徳を象形するとされ。摩醯首羅天《まけいしゅらてん》の子といわれる。『中論疏《ちゅうろんしょ》』にも〝鳩摩羅迦天は童子天という〟とあり、これは初禅天《しょぜんてん》の梵天《ぼんてん》の顔で、童子のようであるからこの名とされるとある。また『大疏《たいしょ》』には〝倶摩羅は鈴印《れいいん》（鈴丸《れいがん》）につくれる大自在天《だいじざいてん》の子なる〟とある。また火天《かてん》の子ともいわれる。『広軌《こうき》』では塞建《そくけん》那《な》（塞建童子）と倶摩羅《くまら》は同体天とされ、戦神の韋駄《いだ》天《てん》とも同一という。その形容《ぎょうよう》は孔雀《くじゃく》に乗る童子が一般的である。胎蔵界曼荼羅《たいぞうかいまんだら》では、西方の弁財天《べんざいてん》の眷族《けんぞく》十五童子のかたわらに住する。金剛界《こんごうかい》曼荼羅では東方に配される。両界において童顔六首であり、胎蔵界では右手に三叉戟《さんさげき》をとり、左手でその柄《え》を受け、金剛界では右手に鈴《れい》をとり、荷葉座《かしょうざ》に坐す。『秘蔵記《ひぞうき》』には、六面《めん》の童子形にして鉤《こう》（かぎ）を持ち、孔雀に乗るとあり、『広軌』に記される説と同じである。

［万福寺蔵］による

ひとこと解説 **那羅延天《ならえんてん》／羅刹童《らせつどう》／遮文茶《しゃもんだ》／鳩槃茶《くばんだ》**

◎**那羅延天**：毘紐《びしゅ》・毘瑟紐《びしつしゅ》を訳し、堅固《けんご》ともいうと『大日経《だいにちきょう》』に説かれる。帝釈天《たいしゃくてん》の眷属《けんぞく》であり、大力無双にして勧善懲悪《かんぜんちょうあく》を本誓《ほんぜい》とする。『法華義疏《ほけぎしょ》』に力士《りきし》那羅延《ならえん》とも称し、端正猛健《たんせいもうけん》とあり、梵釈《ぼんしゃく》（梵天と帝釈天）とともに仏教の守護神とされる。『覚禅鈔《かくぜんしょう》』には左手に毒蛇《どくじゃ》を握《にぎ》り、右手に宝輪《ほうりん》を持ち、迦楼羅《かるら》（金翅鳥《こんじちょう》）に乗るとある。密迹金剛《みっしゃくこんごう》とともに金剛力士《こんごうりきし》と称され、守門神として立つ。

◎**羅刹童**：童形《どうぎょう》の悪鬼で羅刹の類《たぐい》である。暴悪可畏《ぼうあくかい》と訳され、阿《あ》刹婆《せつば》・羅叉婆《らさば》とも称される。羅刹国に住み、外金剛院《げこんごういん》の羅刹天の眷属として東南の隅《すみ》にある。男女神とも宝棒《ほうぼう》を持つ。

◎**遮文茶**：夜叉趣《やしゃしゅ》ともいう。毘陀羅《びだら》法に用いる悪鬼の類とされ、焰魔七母《えんましちも》の上首《じょうしゅ》である。金剛界曼荼羅《こんごうかいまんだら》では金剛面天ともいい、猪頭《ちょず》に冠《かん》を戴き、髑髏形《どくろぎょう》の伏魔《ふくま》の印《いん》をあらわす。

◎**鳩槃茶**：倶槃陀《くばんだ》・拘槃茶ともいい、訳して厳眉鬼《げんびき》とも冬瓜鬼《とうがき》ともいう。増長《ぞうちょう》天の眷属で、馬頭《めず》人身であらわされ、人の精氣《しょうけ》を噉《くら》う鬼とされる。『探玄記《たんげんき》』では厭眉鬼《いやびき》と名づけ、南方の毘《び》楼勒《るろく》（増長天王）の十二部の鬼を領《りょう》するのは鳩槃茶と記される。

鳩摩羅天図像

孔雀尾形光背《くじゃくびぎょうこうはい》
尊が発する浄光《じょうこう》を後光《ごこう》といい、これを形に表現したのを光背《こうはい》という。光を放射状にあらわすため傘《さん》光背とも呼ばれる。孔雀は上《じょう》尾筒《びとう》という尾を扇状に広げ、極めて美麗であるため貴獣《きじゅう》といわれる
頂上面《ちょうじょうめん》
三面とも童子形《どうじぎょう》で執着心《しゅうじゃくしん》のなさをあらわす
頭光《ずこう》
宝冠《ほうかん》
瓔珞《ようらく》
胸飾《きょうしょく》という
印相《いんぞう》
掌《てのひら》を上に向け、拘泥《こうでい》のない功徳を象徴する手印《しゅいん》
条帛《じょうはく》
腕釧《わんせん》
臂釧《ひせん》
孔雀尾
裳《も》（裙《くん》）
孔雀座
孔雀の背に敷座を敷いて坐す。鳥獣座ともいう
宝鈴《ほうれい》
鈴鐸《れいたく》ともいう
半跏趺坐《はんかふざ》
結跏趺坐《けっかふざ》の略坐
白《びゃく》孔雀
孔雀は毒蛇や毒草を食べることから、衆生の三毒である貪欲《どんよく》・瞋恚《しんい》・愚痴《ぐち》の業障《ごうしょう》を取り除くとされている

摩利支天（天女神）

◎天

まりしてん（てんにょしん）

日月《にちがつ》の光明《こうみょう》の徳を持つとされ、摩利支《まりし》・末里支・摩利支提婆《ていば》と称される。威光《いこう》・陽焔《ようえん》・威光菩薩《ぼさつ》ともいわれ、陽炎《かげろう》を神格化した天部《てんぶ》の尊である。日天《にってん》とともに帝釈《たいしゃく》天の眷属《けんぞく》とされ、『摩利支天経《きょう》』によると、持物《じもつ》に天扇《てんせん》を持つのは隠形《おんぎょう》（姿を隠して身を守る）のためであり、常に日（太陽）の前にあっても姿をあらわすことはなく、障難《しょうなん》を除くという。この天女形《てんにょぎょう》は二臂《ひ》像で、『大摩里支《だいまりし》菩薩経《ぼさつきょう》』『末利支提婆華鬘経《まりしていばけまんきょう》』には、左手には卐《まんじ》が書かれた天扇（払《はら》い）を持ち、右手は垂下して与願印《よがんいん》をとり、蓮華座《れんげざ》に坐《ざ》す像が説かれている。さらに『摩利支天経』は〝天女あり、摩利支と名づく、大神通自在《だいじんつうじざい》の力あり、常に日天《にってん》の前に行くが、日天・月《がっ》天《てん》ともにこれを見ることかなわず〟と説く。

摩利支天は護国護民《ごこくごみん》の神であり、一切の衆生《しゅじょう》の難儀《なんぎ》を除き、財宝福利を与える神とされ、摩利支天・大黒天《だいこくてん》・弁財天《べんざいてん》の三天は蓄財・福徳の神として商工者に崇拝され信仰される。

この摩利支天は天扇を持つため風神《ふうじん》のひとつともいわれ、梵天《ぼんてん》の子として特に密教に取り込まれた。また、威光菩薩《いこうぼさつ》の化身《けしん》とされる威光摩利支天という別称もあるのである。

仏語の手引き

左旋《させん》の卍《まんじ》、右旋《うせん》の卐《まんじ》

万字《まんじ》、徳字《とくじ》の意であり、吉祥《きっしょう》の証《あかし》として用いられる。太陽の象徴であり、右旋の卐は日中の光明、左旋の卍は夜中の破壊の印とされている。印度《いんど》では男性神を右旋、女性神を左旋であらわす。仏教では仏陀《ぶつだ》の胸の旋毛《せんもう》ともされ、これは三十二相の吉祥相であり、仏心の象徴とされ、右旋を正しい印としている。また、香炉《こうろ》の一種に卍字火舎《まんじかしゃ》（卍字香炉）という香炉があり、蓋《がい》（煩悩をあらわす）から左旋の卍形に煙が出るようになっており、東密で用いられ、卍は大空の意とされる。台密では万字が用いられることはない。

ひとこと解説

天女人《てんにょにん》

天界に住み、宝冠《ほうかん》をつけ、天衣《てんね》の羽衣《はごろも》をまとって空中を自由自在に飛行するという天女人（飛天）の姿であらわされる。『近江国風《おうみのくにふう》土記《どき》』には八人の天女が白鳥となって水浴《すいよく》をしていたが、そのうちの一人が羽衣を奪われて天界に戻れなかったという「羽衣伝説」が記される。

摩利支天図像（天女神）

頭光《ずこう》形《ぎょう》光背《こうはい》
光背とは後光《ごこう》ともいい、尊《そん》の身体から発する光明の相であり智慧の象徴とされる。頭光は白毫《びゃくごう》からの眉間光《みけんこう》ともされ、円光としてあらわされる。儀軌《ぎき》にも光背について言及がないため、このようにあらわされることになったと思われる
天扇《てんせん》
姿を隠し、病魔を払う持物《じもつ》。右旋《うせん》の卐《まんじ》は虚空《こくう》の煩悩を除く太陽の象徴とされる
天冠帯《てんかんたい》
天冠《てんかん》
髻《もとどり》
白毫《びゃくごう》
三道《さんどう》
ふくよかさをあらわす三本の筋《すじ》
褴襠衣《がいとうえ》
肘まで袖がある上着の一種
胸帯《きょうたい》
胸紐《むねひも》
鰭袖《ひれそで》
白衣《びゃくえ》
白色の下着のこと。清浄無垢のあらわれとして尊ばれる
蓮肉《れんにく》
天衣《てんね》
纏《まと》う意から纏衣《てんね》とも書く
胸紐《むねひも》の端《はし》
与願印《よがんいん》
衆生を哀れみ、慈しむ心をもって救済し願いを成就する印相《いんぞう》
半跏趺坐《はんかふざ》
結跏趺坐《けっかふざ》の略坐
蓮弁《れんべん》

摩利支天（武神）

まりしてん（ぶしん）

陽炎《かげろう》を神格化した天部の尊である摩利支天《まりしてん》には、もうひとつ、武士を守護する忿怒形《ふんぬぎょう》武神《ぶしん》としての姿がある。猪《いのしし》の背の三日月上で、踏割《ふみわり》の蓮華座《れんげざ》に両足を別々にして立つ三面六臂《ひ》または三面八臂の像であらわされる。帝釈天《たいしゃくてん》と阿修羅《あしゅら》が戦闘した際、摩利支天は三日月の光明《こうみょう》を放ち、阿修羅をたじろかせ、帝釈天を助け、猪に乗って疾走したという言い伝えからの像である。わが国では中世にこの摩利支天像を武士の守護本尊と崇拝し、隠身《おんしん》・護身・遠行《えんこう》の修法《しゅほう》たる摩利支天法が勝利を得るために修された。

また龍王法《りゅうおうほう》が説くところによると、この摩利支天《まりしてん》が持つ三叉《さんさ》戟《げき》・金剛杵《こんごうしょ》・弓・箭《せん》や、特に龍索《りゅうさく》を振りかざすと、立ちどころに天部の八大龍王があらわれて、得財《とくざい》・争論《そうろん》・利益《りやく》に勝利するとされ、摩利支天は風神《ふうじん》の化身ともされている。

武神の六臂の摩利支天

［葛飾北斎画］による

仏語の手引き

風神

十二天の風天《ふうてん》とは違い、雷神《らいじん》と一対で作られる天部の鬼神形《きしんぎょう》の護法神である。風を神格化した風の神は、わが国では古くから風師《ふうし》とも呼ばれ、星宿部《せいしゅくぶ》二十八宿《しゅく》の南方七宿のひとつ箕宿《きしゅく》（射手座《いてざ》）の星とされ、これが農具の箕《み》に似ていることから風の象徴とされたと思われる。『日本国開闢《かいへき》由来記』には、男女の風神を祀ったことが記されている。

ひとこと解説

金剛杵《こんごうしょ》

両端に鋭い刃がついた杵形《きねぎょう》の法具で、鈷《こ》の数により独鈷杵《とっこしょ》・三鈷杵《さんこしょ》・五鈷杵《ごこしょ》と称されるが、金剛鈴《れい》とは金剛杵の一方の端に鈴をつけたものである。密教では、智慧《ちえ》の堅固《けんご》と煩悩《ぼんのう》の摧破《さいは》を象徴し、尊《そん》の持物《じもつ》や修法《しゅほう》の法具として用いられる。

金剛杵（五鈷杵）

金剛鈴《れい》（五鈷鈴）

摩利支天図像（武神）

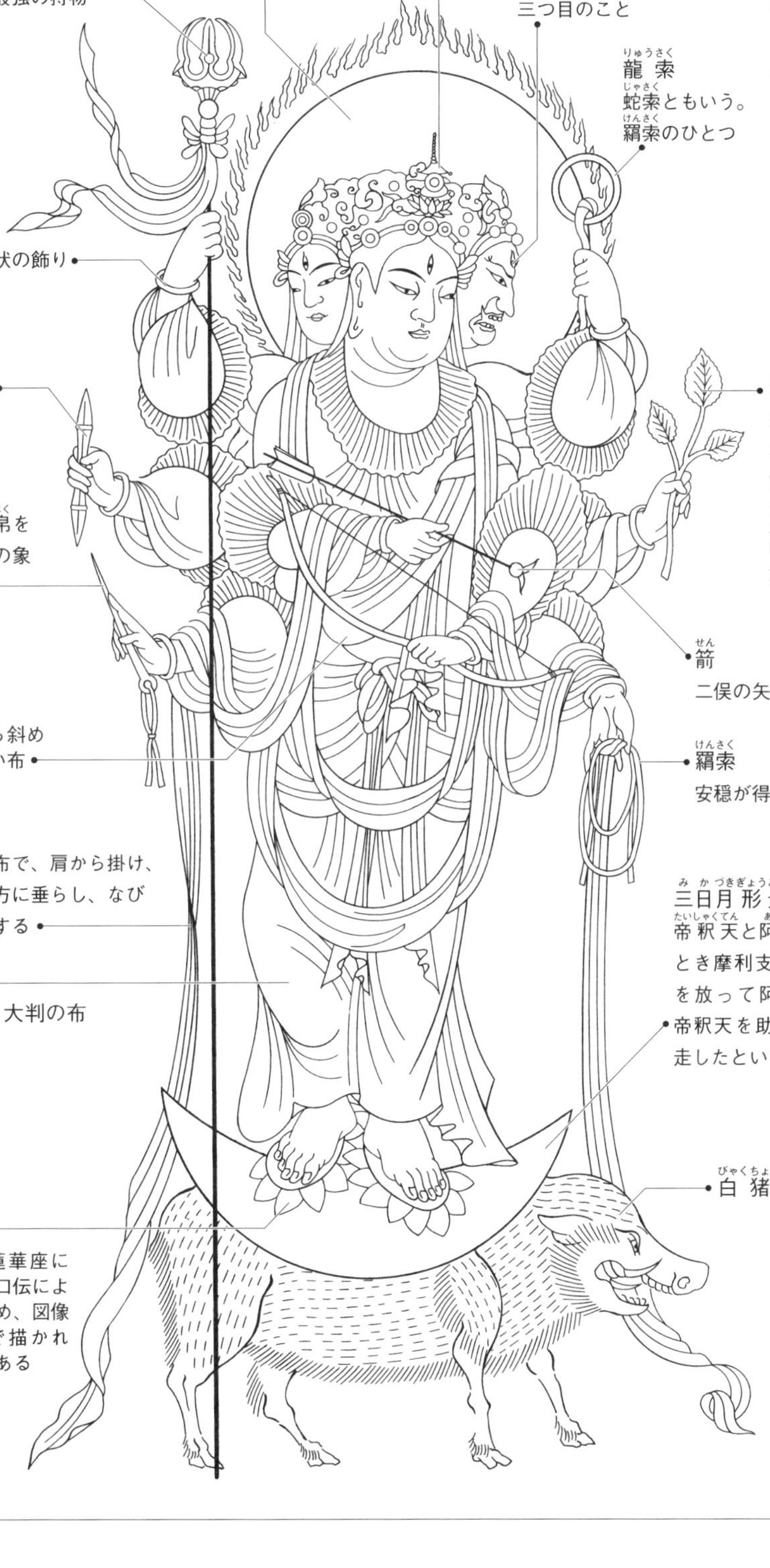
三叉戟《さんさげき》
三毒（貪《どん》・瞋《しん》・愚《ぐ》）を取り除くとされる。衆生の煩悩をおさえることを意とする矛《ほこ》と戈《か》を組み合わせた最強の持物《じもつ》
火焔形《かえんぎょう》頭光《ずこう》
燃え立つ焔で頭部の光背《こうはい》をあらわす
宝塔冠《ほうとうかん》
天眼《てんげん》
三つ目のこと
龍索《りゅうさく》
蛇索《じゃさく》ともいう。羂索《けんさく》のひとつ
腕釧《わんせん》
手首につける環状の飾り
独鈷杵《とっこしょ》
金剛杵《こんごうしょ》ともいう
鍼《しん》
縫針のこと。条帛《じょうはく》を縫う持物《じもつ》で戒めの象徴とする
条帛《じょうはく》
上半身に肩から斜めに掛ける細長い布
天衣《てんね》
帯状の細長い布で、肩から掛け、腕に巻いて下方に垂らし、なびかせて荘厳《しょうごん》とする
裳《も》（裙《くん》）
下半身に巻く大判の布
踏割蓮華座《ふみわりれんげざ》
両足を別々の蓮華座にのせる。教義や口伝により異説が多いため、図像集では蓮華座で描かれるのが一般的である
無憂樹《むうじゅ》
この樹の下で釈尊《しゃくそん》が生まれたとされ、安産であったところからの名である。阿輸伽樹《あしゅかじゅ》ともいう。花を無憂華《むうげ》という
箭《せん》
二俣の矢
羂索《けんさく》
安穏が得られる持物《じもつ》
三日月形光《みかづきぎょうこう》
帝釈天《たいしゃくてん》と阿修羅《あしゅら》が戦っていたとき摩利支天は三日月の光明を放って阿修羅を動揺させ、帝釈天を助け、白猪《びゃくちょ》に乗り遁走したという
白猪《びゃくちょ》

迦陵頻伽

かりょうびんが

◎天

歌羅頻伽《からびんが》・羯羅頻伽《かつらびんが》・羯毘伽羅《かつびがら》・迦羅頻伽《からびんが》とも称される。童《どう》女面《にょめん》で上半身が人で、下半身が鳥の翼を持つ姿とされる。その声は比類なき美声といわれ、仏陀《ぶつだ》の声の形容とされ、そのため美音鳥《びおんちょう》・妙声《みょうせい》鳥の名もある。『揮玄記《きげんき》』には、〝迦毘伽鳥《かびがちょう》とも迦羅《から》頻伽《びんが》ともいい、美音鳥というは「迦羅《から》」は美音、「頻伽《びんが》」は語言《ごげん》をいう〟と記される鳳鳥《ほうちょう》である。また『阿弥陀経《あみだきょう》』には極楽浄《ごくらくじょう》土《ど》に住する鳥と説かれ、浄土曼荼羅には人頭鳥身《じんとうちょうしん》にして両翼《りょうよく》を持つとされ、童女面で天衣《てんね》をまとった鳳凰《ほうおう》の姿であらわされている。仏殿内の荘厳《しょうごん》のために法具の透彫《すかしぼり》にされることが多く、華鬘《けまん》などにみられる。

迦陵頻の演奏

迦陵頻の舞

鳳凰《ほうおう》の羽
銅拍子《どうびょうし》

［信西古楽図］による

童舞の迦陵頻

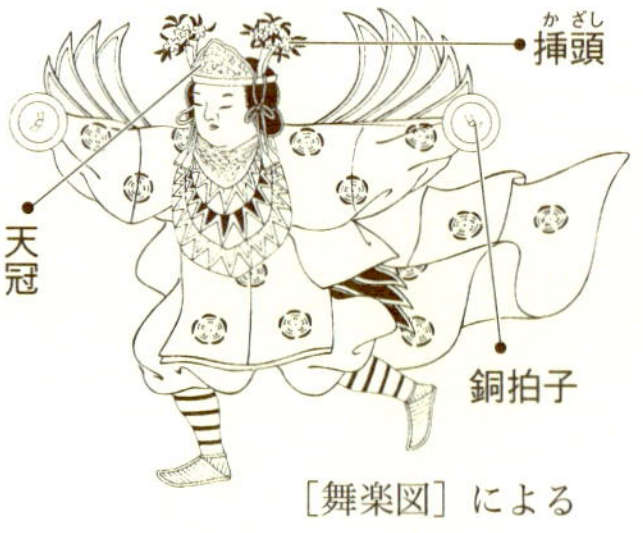
挿頭《かざし》
天冠
銅拍子

［舞楽図］による

また、鳥の羽をつけたかわいらしい姿の童《わらわ》が舞う「迦陵頻《かりょうびん》」は迦陵頻伽に由来する。「迦陵頻」は童舞《わらわまい》（女舞《おんなまい》）で、雅楽《ががく》（舞楽《ぶがく》）の舞曲《ぶきょく》であり、林邑《りんゆう》八楽のひとつである。仏説によると、迦陵頻伽は妙声《みょうせい》を発して修法《しゅほう》を説き、供養《くよう》の際には飛天《ひてん》して舞ったという。それをあらわすように、童《わらわ》が天冠《てんかん》をかぶり、翼と羽《は》衣《ごろも》をつけ、銅拍子《どうびょうし》を打ちながら舞う。

ひとこと解説

天狗《てんぐ》

あから顔で鼻の高いのが特徴で、修験服《しゅげんふく》をつけ、右手に羽天扇《はねてんせん》を持ち、腰に大小の刀をさして、山中に住むという。わが国では、天狗は仏教に由来する外法《げほう》（外道《げどう》）とされる。源　義経《みなもとのよしつね》（一一五九〜一一八九）が幼名の牛若丸《うしわかまる》を名のっていたころ、鞍馬山《くらまやま》の僧正《そうじょう》ガ谷《だに》で、天狗相手に剣法の稽古を重ねたという伝説は有名である。

天狗

羽天扇
頭巾《ときん》
雲座《うんざ》

［絵本江戸紫］による

迦陵頻伽立像（人頭鳥身）

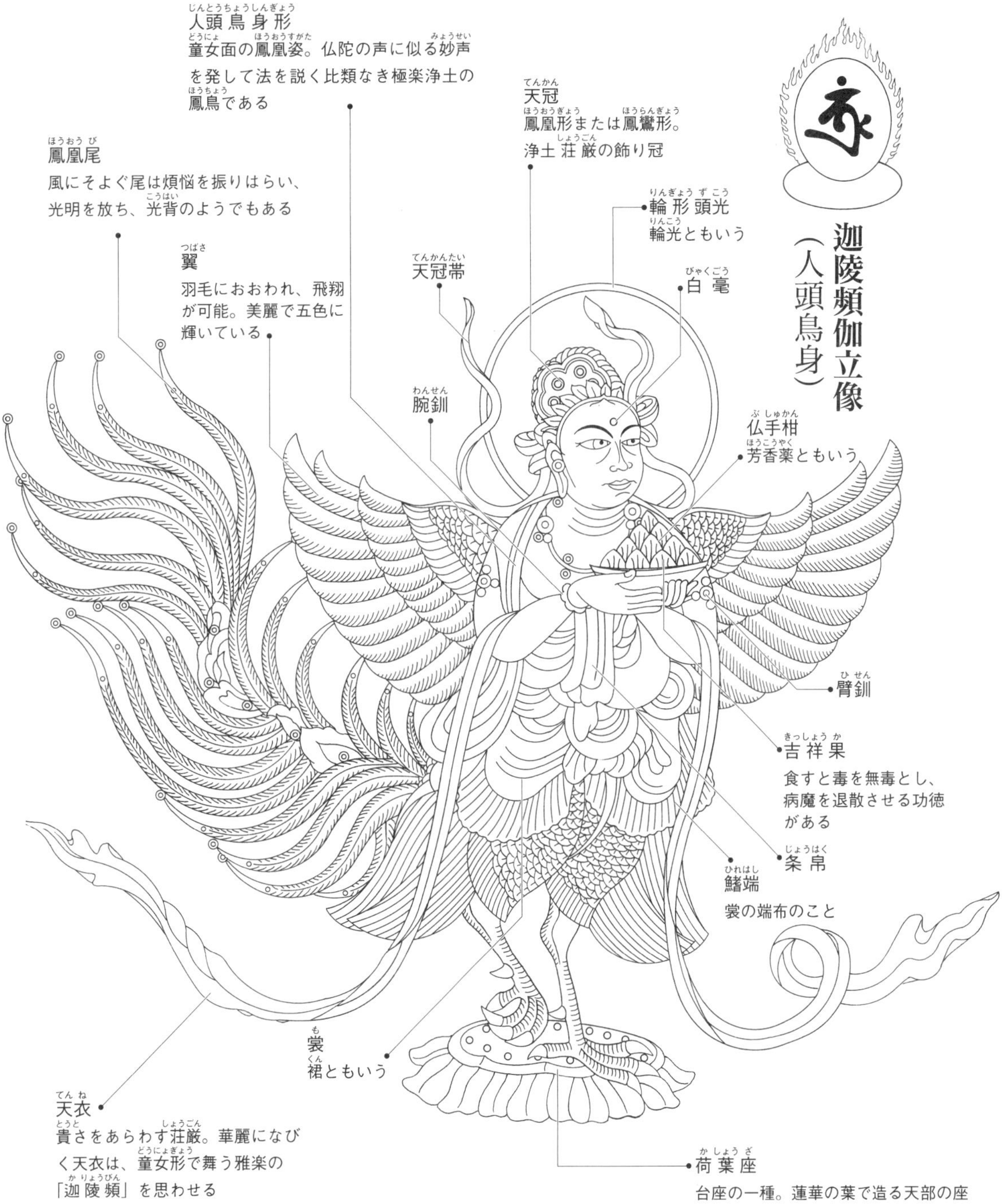
人頭鳥身形《じんとうちょうしんぎょう》
童女面《どうにょ》の鳳凰姿《ほうおうすがた》。仏陀の声に似る妙声《みょうせい》を発して法を説く比類なき極楽浄土の鳳鳥《ほうちょう》である
天冠《てんかん》
鳳凰形《ほうおうぎょう》または鳳鸞形《ほうらんぎょう》。浄土荘厳《しょうごん》の飾り冠
鳳凰尾《ほうおうび》
風にそよぐ尾は煩悩を振りはらい、光明を放ち、光背《こうはい》のようでもある
輪形頭光《りんぎょうずこう》
輪光《りんこう》ともいう
翼《つばさ》
羽毛におおわれ、飛翔が可能。美麗で五色に輝いている
天冠帯《てんかんたい》
白毫《びゃくごう》
腕釧《わんせん》
仏手柑《ぶしゅかん》
芳香薬《ほうこうやく》ともいう
臂釧《ひせん》
吉祥果《きっしょうか》
食すと毒を無毒とし、病魔を退散させる功徳がある
条帛《じょうはく》
鰭端《ひれはし》
裳の端布のこと
裳《も》
裙《くん》ともいう
天衣《てんね》
貴《とうと》さをあらわす荘厳《しょうごん》。華麗になびく天衣は、童女形《どうにょぎょう》で舞う雅楽の「迦陵頻《かりょうびん》」を思わせる
荷葉座《かしょうざ》
台座の一種。蓮華の葉で造る天部の座

迦陵頻伽立像（人頭鳥身）　須弥壇《しゅみだん》格狭間《こうざま》より模写　［岩手県・中尊寺蔵］による

迦楼羅

かるら

蘖魯拏《がるだ》ともいう。虚空を飛ぶことから、金翅鳥《こんじちょう》・妙翅鳥《みょうじ》とも呼ばれる。釈尊に教化《きょうけ》され、仏法《ぶっぽう》を守護する八部衆《はちぶしゅう》のひとつとなる。火と太陽を神格化したもので、龍を捕えては常食とする鳥王（天《てん》王形《のうぎょう》）とされる。美麗さは鳳凰《ほうおう》にも、巨大さは大鵬《たいほう》にも比較できないほどだという。鳥頭人身であらわされ、口から火焔を吐き、足下に龍を踏み、両手に龍を握るという特異な姿である。『迦楼羅密言経《みつごんきょう》』には、大自在天《だいじざいてん》、梵天《ぼんてん》、毘紐天《ひしゅてん》の化身《けしん》とある。『金翅鳥品《ほん》』には、文殊菩薩《もんじゅぼさつ》の化身《けしん》で、恐怖可畏《くふかい》の形《ぎょう》と記される。『海龍王経《かいりゅうおうきょう》』には、妙翅鳥《みょうじ》とあり、翼を広げると三百三十六万里《り》になるとある。阿尾奢法《あびしゃほう》には、那羅延天《ならえんてん》が乗る鳥と説かれる。

また、不動明王《ふどうみょうおう》の火焔光《かえんこう》背《はい》は、迦楼羅が翼を広げる姿や口から吐く火焔に似ることから、迦楼羅焔《かるらえん》と称される。

金翅鳥

［地獄草紙］による

仏語の手引き

八部衆

『法華経《ほけきょう》』『顕密経《けんみつきょう》』の譬喩品《ひゆほん》によると、天・龍・夜叉《やしゃ》・乾闥婆《けんだつば》・阿《あ》修羅《しゅら》・迦楼羅《かるら》・緊那羅《きんなら》・摩睺羅伽《まごらか》の八神をいうとされる。半獣半人や鳥頭人身の天部の鬼神《きしん》である。天と龍が特に優れていることから、天龍八部衆とも呼ばれる。各名称には諸説あるが、釈尊《しゃくそん》に教化《きょうけ》された外《げ》道《どう》の神を仏の眷属として再編成した八神である。

天：印度《いんど》の神々を仏教に取り入れ、再編成された天部の総称名。

龍：蛇を神格化した水中の神。神通力《じんつうりき》を持つ龍王。

夜叉：人に害を与える鬼神であったが、仏法を守護する神となった。

乾闥婆：帝釈天《たいしゃくてん》に仕える音楽の神。師子冠《しかん》をつけている。

阿修羅：須弥山《しゅみせん》下の海底に住するともいわれ、呼吸・戦闘の神とされる。教化され、善神と称される。

迦楼羅：金翅鳥《こんじちょう》ともいう。龍を常食する鳥中の天王《てんのう》。

緊那羅：角《つの》があり、人に似るが人非人《にんぴにん》である。音楽の天伎神。

摩睺羅伽：無足大腹行《むそくだいふっこう》の蛇神。蛇冠を戴く歌神。

※奈良県・興福寺《こうふくじ》の像においては、天に五部浄《ごぶじょう》、龍に沙羯羅《さから》、夜叉に鳩《く》槃荼《ばんだ》、摩睺羅伽に畢婆迦羅《ひばから》があてられている。

迦楼羅図像（金翅鳥とも）［図像抄 十巻］による

迦楼羅図像（金翅鳥とも）

喙《くちばし》
三蔵法師伝に “人の身、鳥の喙にして…” とあるように、上半身のみが人身の鳥形。虚空を飛行し、龍蛇《りゅうじゃ》を常食とする

焔髪《えんぱつ》
逆立つ髪。風に揺れる焔のようである

迦楼羅尾《かるらび》
幾条もの尾を散らし、火焔のように燃える光背《こうはい》のようである

鶏冠《とさか》の冠《かんむり》
単冠《たんかん》に天冠台《てんかんだい》をつけた宝冠

大鵬翅《たいほうばね》
翼翅形《よくしぎょう》であらわされる。広げた長さは三百三十六万里で、高さ四十里の鉄叉樹《てっしゃじゅ》から飛行する

虚心合掌印《こしんがつしょういん》

瓔珞《ようらく》

迦楼羅焔《かるらえん》
口から火焔を吐く。嘴《くちばし》は鷹のようで、鷹嘴《ようし》という

臂釧《ひせん》

腕釧《わんせん》

与願印《よがんいん》

条帛《じょうはく》

施願印《せがんいん》
施無畏印《せむいいん》ともいう。畏れを取り除くという印相《いんぞう》

腰紐《こしひも》

天衣《てんね》

海中岩座《かいちゅうがんざ》
迦楼羅座《かるらざ》ともいう。また、龍蛇《りゅうじゃ》がとぐろを巻く踏割形《ふみわりぎょう》の台座もあり、この尊《そん》の特殊な座とされる

宝爪《ほうそう》
爪は鋭利で自身を守るともされ、爪から才気《さいき》が放たれるという

聖天

しょうでん

大聖歓喜天《だいしょうかんぎてん》・大聖歓喜自在天《だいしょうかんぎじざいてん》を略して聖天《しょうでん》といい、天尊《てんそん》とも称される。古くから智慧《ちえ》の神とされ、仏教に取り入れられてからも仏事の障害を起こす力を持つ反面、その障礙《しょうげ》を除く力も持ち、現世利益《げんぜりやく》の福をもたらすことで長く信仰されている。外道《げどう》的な性格が強く、象頭《ぞうず》人身の形《ぎょう》であらわされる。象《ぞう》という動物は、穏やかで少々のことで怒《いか》ることはなく調馴者《ちょうじゅんしゃ》にも従順であることから、御法《みのり》によく帰依《きえ》する象徴とされている。象頭人身は仏法を守護する天となって智慧を持ち、威神力《いしんりき》で吉凶《きっきょう》禍福《かふく》をもたらすことをあらわしている。密教においては、富貴《ふうき》・福徳《ふくとく》をもたらす聖《しょう》天法《でんぽう》の本尊として祀《まつ》られ、その効能は秘法中の秘法とされている。形像《ぎょうぞう》は、儀軌《ぎき》によってさまざまであり、持物《じもつ》も一定しないが、主だったものを次に挙げる。

六臂の聖天

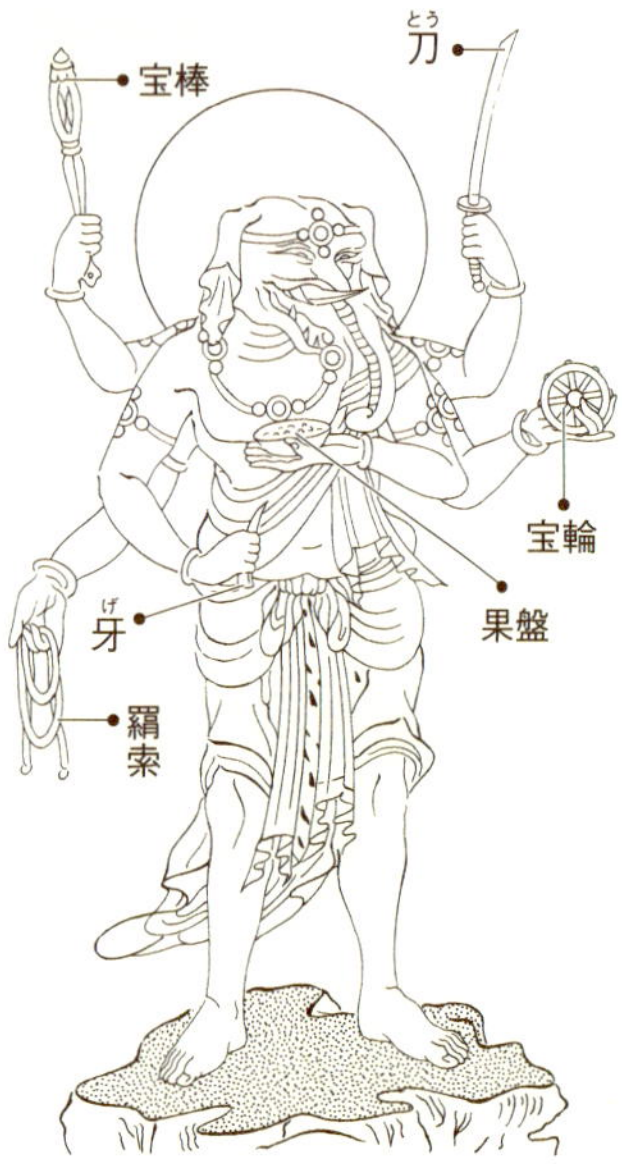

［大正大蔵経図像］による

◉二臂像《ひ》：左手に歓喜団《かんぎだん》、右手に大根《だいこん》を持ち、荷葉座《かしょうざ》に坐《ざ》す。または左手に大根、右手に鉞斧《えっふ》を持ち、草座《そうざ》に半跏趺坐《はんかふざ》をなす。

◉四臂像：七宝冠《しちほうかん》・天衣《てんね》をつけ、左手に宝棒《ほうぼう》と牙《げ》（象頭《ぞうず》の左牙）、右手に鉤《こう》と羂索《けんさく》を持ち、岩上に立つ立像《りゅうぞう》であらわされる。

◉六臂像：象頭《ぞうず》人身で、左手に剣《けん》・果盤《かばん》・宝輪《ほうりん》、右手に宝棒・羂索《けんさく》・牙を持ち、岩上に立つ。

◉感見像《かんけんぞう》：象頭の童子形《どうじぎょう》で、左手に宝棒・歓喜団、右手に戟《げき》・大根を持つ坐像《ざぞう》。摂津《せっつ》の勝尾寺《かちおでら》の以空《いくう》（江戸初期・生没年不詳）が感見した像。

また金剛杵《こんごうしょ》・宝珠《ほうじゅ》を持つ像や八臂像、十二臂像など、他に十余もの異像がある。

仏語の手引き

聖天供《しょうでんく》

聖天を供養《くよう》する隠密《おんみつ》に修する修法《しゅほう》である。慈悲と功徳《くどく》の力で障礙《しょうげ》を除き、歓喜をもたらす。供養法には浴油供《よくゆく》・華水供《けすいく》・酒供《しゅく》の三種がある。供物《くもつ》には酒、大根、歓喜団を供える。歓喜団とは、米粉を餅《もち》にして、中に小豆粉、薬味、香料などを入れ、石榴形《ざくろぎょう》にして油で揚げたもので、聖天と雙身毘沙門天《そうしんびしゃもんてん》だけに供えられる供物とされている。

聖天図像

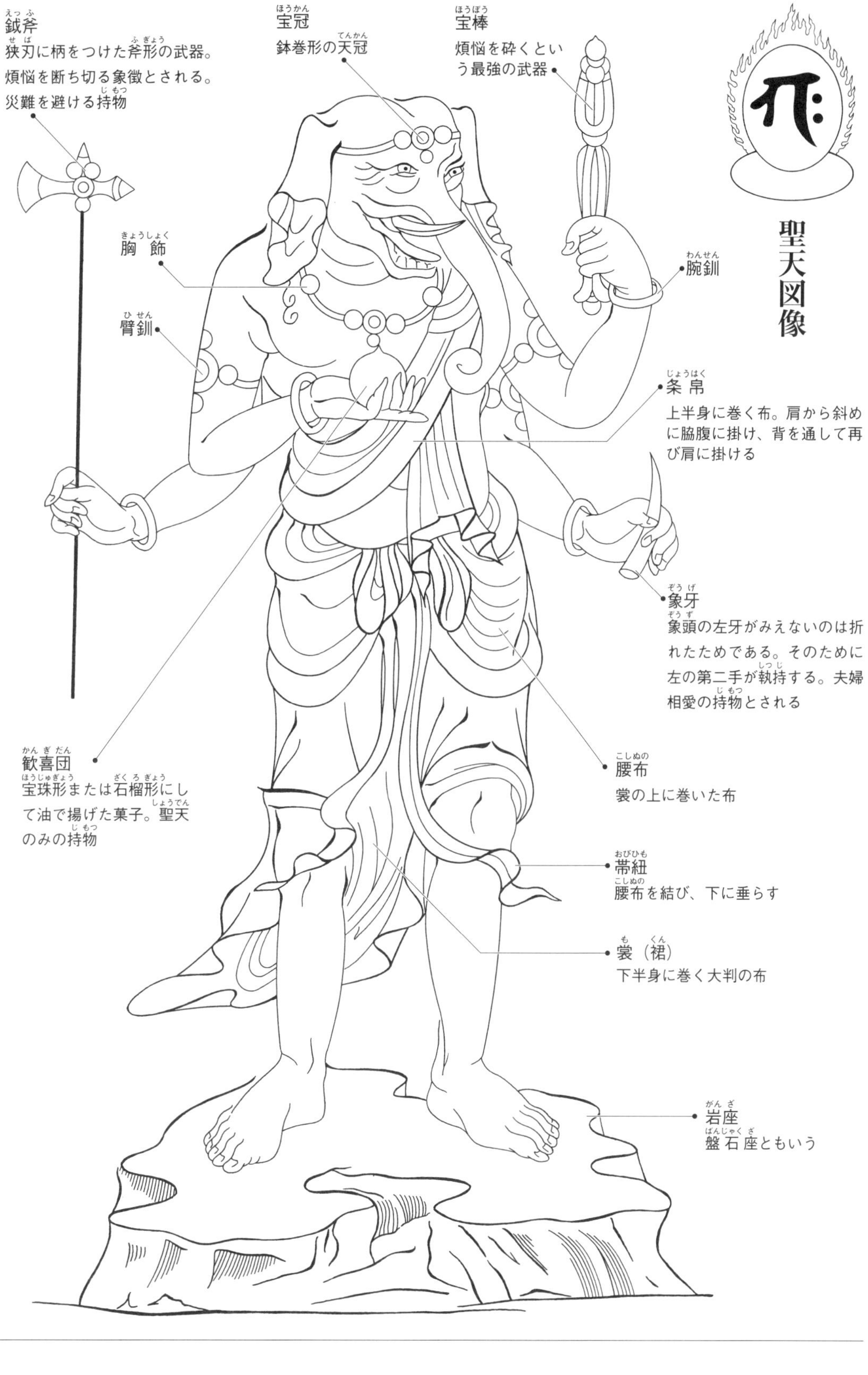
鉞斧《えっふ》
狭刃《せば》に柄をつけた斧形《ふぎょう》の武器。煩悩を断ち切る象徴とされる。災難を避ける持物《じもつ》
宝冠《ほうかん》
鉢巻形の天冠《てんかん》
宝棒《ほうぼう》
煩悩を砕くという最強の武器
胸飾《きょうしょく》
臂釧《ひせん》
腕釧《わんせん》
条帛《じょうはく》
上半身に巻く布。肩から斜めに脇腹に掛け、背を通して再び肩に掛ける
象牙《ぞうげ》
象頭《ぞうず》の左牙がみえないのは折れたためである。そのために左の第二手が執持《しつじ》する。夫婦相愛の持物《じもつ》とされる
歓喜団《かんぎだん》
宝珠形《ほうじゅぎょう》または石榴形《ざくろぎょう》にして油で揚げた菓子。聖天《しょうでん》のみの持物《じもつ》
腰布《こしぬの》
裳の上に巻いた布
帯紐《おびひも》
腰布《こしぬの》を結び、下に垂らす
裳《も》（裙《くん》）
下半身に巻く大判の布
岩座《がんざ》
盤石座《ばんじゃくざ》ともいう

歓喜天

かんぎてん

歓喜自在《かんぎじざい》の意から歓喜自在天と呼ばれる。大自在天と烏摩妃《うまひ》の子で誐那鉢底《がなばち》とも称される。大自在天の軍隊統率者《とうそつ》で象鼻天《ぞうびてん》大将とも、一切の仏事の災禍《さいか》を滅却《めっきゃく》させ富貴《ふうき》を与える毘那夜迦《びなやか》ともいわれる。毘那夜迦法には、誐那鉢底と毘那夜迦は元《もと》は別とあるが、胎蔵《たいぞう》・金剛界曼荼羅《こんごうかいまんだら》では同体とし、この二つの名称を用いた。特に、智慧《ちえ》の神となった毘那夜迦が信仰されている。

仏語の手引き

四方六部の毘那夜迦《びなやか》

金剛界曼荼羅《こんごうかいまんだら》の外院《げいん》二十天の中に配置される毘那夜迦《びなやか》（歓喜天《かんぎてん》）の六尊は次の通りである。

東方　金剛摧砕天《こんごうさいすいてん》（別称：傘蓋毘那夜迦《さんがいびなやか》）
南方　金剛飲食天《おんじき》（別称：華鬘《けまん》毘那夜迦）
西方　金剛衣服天《いふく》（別称：拘弓《くきゅうせん》箭毘那夜迦）
北方　金剛面天《めん》（別称：象頭天《ぞうず》）
北方　金剛調伏天《ちょうぶく》（別称：拘刀《くとう》毘那夜迦）
北方　毘那夜迦天《びなやか》（別称：歓喜天《かんぎ》）

『大聖歓雙身毘那夜迦天形像品儀軌《だいしょうかんそうしんびなやかてんぎょうぞうほんぎき》』にも東南西北方に毘那夜迦天を配したと記されている。

『雙身歓喜天法《そうしんかんぎてんほう》』には供養して一切の善事を成就《じょうじゅ》し、一切の災禍を消滅させるとして、歓喜天は降魔神《ごうましん》・常随魔神《じょうずい》と記される。奈良県・宝山寺《ほうざんじ》の生駒山《いこまさん》の雙身歓喜天は、夫婦相愛・富貴敬愛《ふうきけいあい》を祈る本尊《ほんぞん》として信仰されている。象頭《ぞうず》の男神と女神の二天が抱き合い、相手の右肩に頭をのせ合うもの、二天の象頭が同じ方向を向くものの二種がある。

右肩にのせ合う雙身歓喜天

［図像抄　十巻］による

互いに同じ方向を向く雙身歓喜天

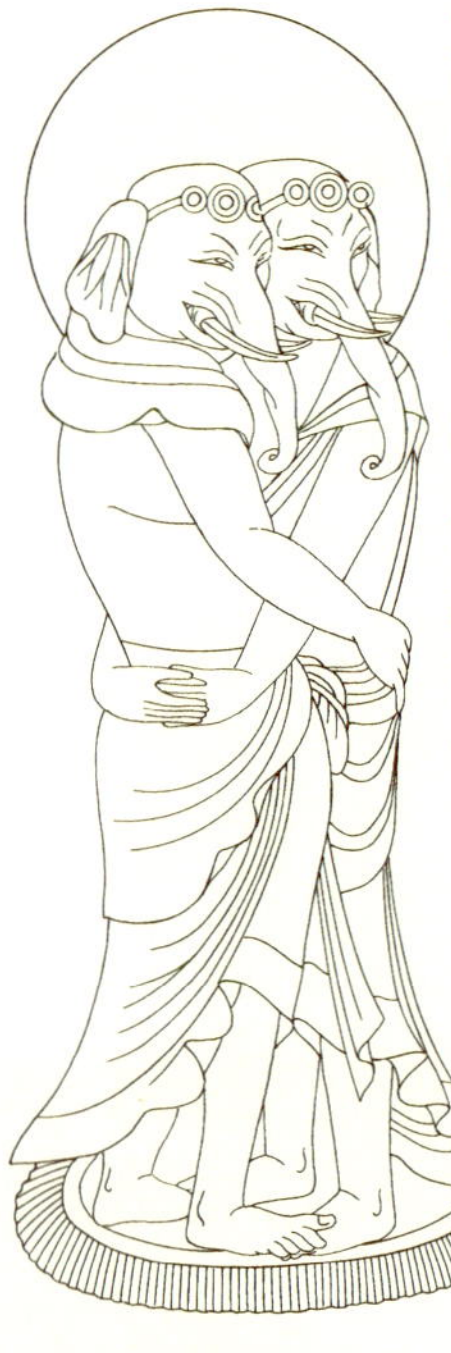

［覚禅鈔］による

歓喜天図像

歓喜天図像［図像抄 十巻］による

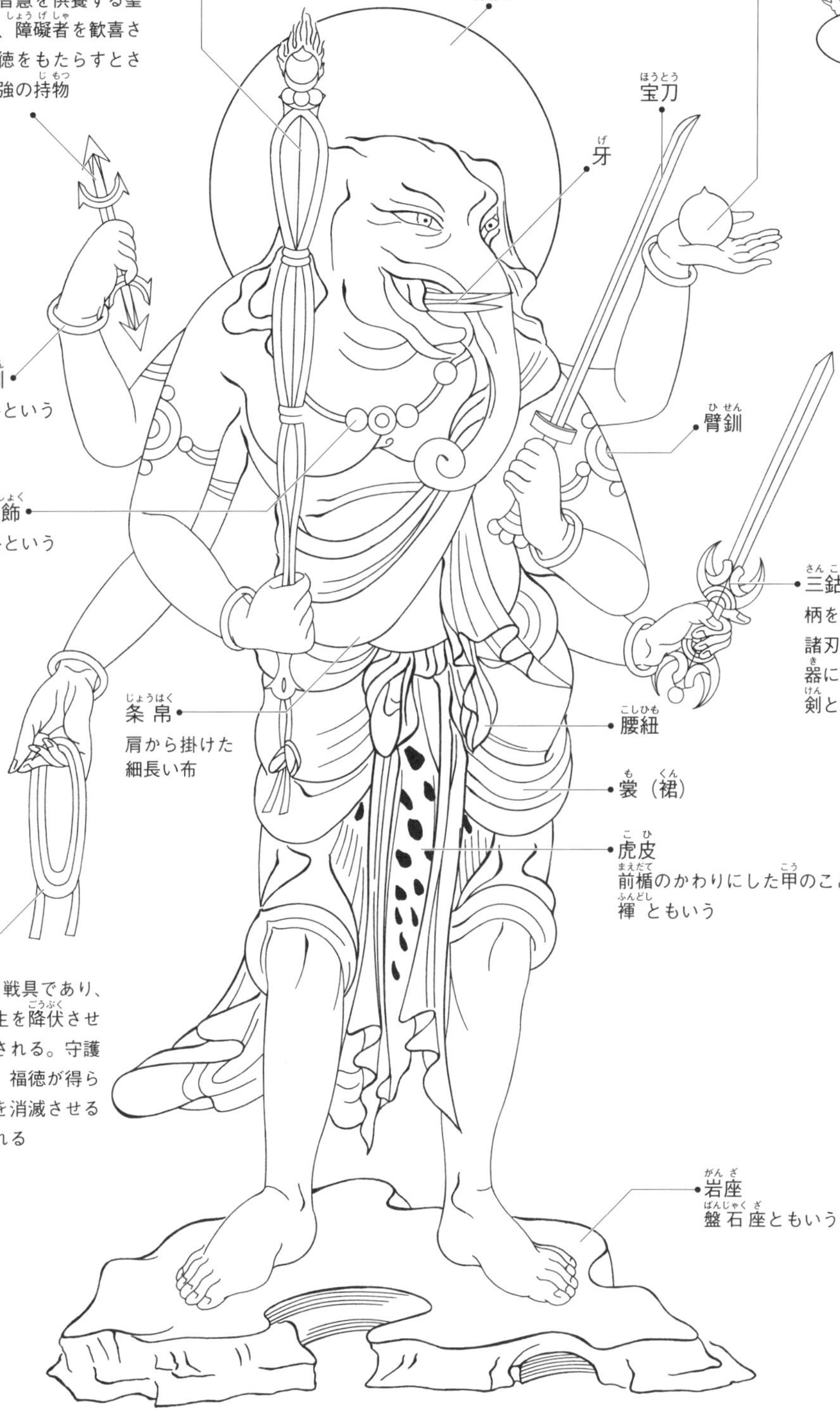
宝棒《ほうぼう》
仁王《におう》が持物《じもつ》とする金剛杵《こんごうしょ》と同様、煩悩を打ち砕くとされる。そのため、金剛杵宝棒とも呼ばれる
金剛三叉杵《こんごうさんさしょ》
慈悲と智慧を供養する聖《しょう》天法《でんほう》で、障碍者《しょうげしゃ》を歓喜させ、福徳をもたらすとされる最強の持物《じもつ》
頭光《ずこう》
歓喜団《かんぎだん》
菓子の一種。歓喜天《かんぎてん》に供える。これを食べると福が来るという。歓喜丸《かんぎがん》ともいう
宝刀《ほうとう》
牙《げ》
腕釧《わんせん》
環珞《かんらく》という
臂釧《ひせん》
胸飾《きょうしょく》
瓔珞《ようらく》という
三鈷剣《さんこけん》
柄を三鈷形《さんこぎょう》に作った諸刃の剣。仏法の儀《ぎ》器《き》に使用するのは聖《しょう》剣《けん》と呼ばれる
条帛《じょうはく》
肩から掛けた細長い布
腰紐《こしひも》
裳《も》（裙《くん》）
虎皮《こひ》
前楯《まえだて》のかわりにした甲《こう》のこと。
褌《ふんどし》 ともいう
羂索《けんさく》
元は猟具・戦具であり、難化《なんけ》の衆生を降伏《ごうぶく》させる持物《じもつ》とされる。守護の意から、福徳が得られ、罪障を消滅させるともいわれる
岩座《がんざ》
盤石座《ばんじゃくざ》ともいう

阿修羅

あしゅら

「修羅場《しゅらば》」「修羅の巷《ちまた》」「修羅物《もの》」「修羅出立《でたち》」などの言葉があるほど、最も戦闘的な神である。修羅界の暴虐《ぼうぎゃく》・暴悪な鬼神で、天部の忉利天《とうりてん》に住む帝釈天《たいしゃくてん》とは幾度となく激しい戦いを繰り返したというが、その理由は帝釈天が阿修羅の娘を奪いとり、妻にしたためといわれる。

阿修羅はまたの名を阿須羅《あすら》・阿修羅王《おう》・阿蘇羅《あそら》・阿須倫《あすら》・阿素洛《あそら》ともいい、無漏《むろ》・無酒《むしゅ》・非同類《ひどうるい》・不端正《ふたんせい》とも訳される。また〝天に似たれども天に非ざる〟と儀軌《ぎき》に記される。阿修羅は六道《ろくどう》の中で、天道《てんどう》・人間道《にんげんどう》の下に置かれる。

胎蔵界曼荼羅《たいぞうかいまんだら》に描かれる形像《ぎょうぞう》は、一面二臂《いちめんにひ》の忿怒相《ふんぬそう》で甲冑《かっちゅう》をつけ、左手は腰に当て、右手に宝棒《ほうぼう》（宝杖《ほうじょう》）を持つ姿である。また右手に剣を持する像もあり、侍者《じしゃ》は左が独鈷戟《とっこげき》を、右は皿を持つとある。

奈良県・興福寺《こうふくじ》の阿修羅像は、三面六臂の無垢な赤ら顔の童子《どうじ》形像《ぎょうぞう》であり、合掌以外は持物《じもつ》は失われているが、四臂は異様に長く、まるで虚空に何かを支えているようにみえる。

阿修羅はその左手に火頗胝《かはてい》（太陽）・刀杖《とうじょう》、右手に水《すい》頗胝（月）・鉤《こう》を持つとされている。密教《みっきょう》の『摂無礙経《しょうむげきょう》』にも三面六臂像を説かれるが、持物は記されていない。

『法華経《ほけきょう》』『顕教経《けんぎょうきょう》』には、天龍《てんりゅう》八部衆のひとつとして記される。戦闘を好む神に甲冑《かっちゅう》を外させ、仏法を守護させ、眷属《けんぞく》にするとは、釈尊《しゃくそん》によるこの教化《きょうけ》は実に示唆に富むものといってよいであろう。

仏語の手引き

六道《ろくどう》

六趣《ろくしゅ》ともいう。衆生《しゅじょう》が死んだ後に、その生前の業《ごう》（行為）によって六道の世に生まれかわり、生前の悪い行為の重さによって地獄道《じごくどう》・餓《が》鬼《き》道・畜生《ちくしょう》道・阿修羅《あしゅら》道・人間《にんげん》道・天《てん》道の六道を輪廻《りんね》するといわれる。それが宿命であるとされる。仏教の因果応報《いんがおうほう》の思想に基づいており、人々に厭離穢土《えんりえど》（この現世を穢《けが》れた世界として厭《いと》い離れること）し、欣求浄土《ごんぐじょうど》（喜んで浄土に往生《おうじょう》するを願うこと）せよと教化《きょうけ》を進めるのである。そのため、「六道絵《ろくどうえ》」と呼ばれる六道の情景を描いた説話的な仏教絵画も生まれた。

また、棺《ひつぎ》の中に六道銭《せん》を入れてもらうのは、三途《さんず》の川の渡し賃として払い、地蔵菩薩（六道能化《のうけ》菩薩）にすがるという教えとされている。

阿修羅立像

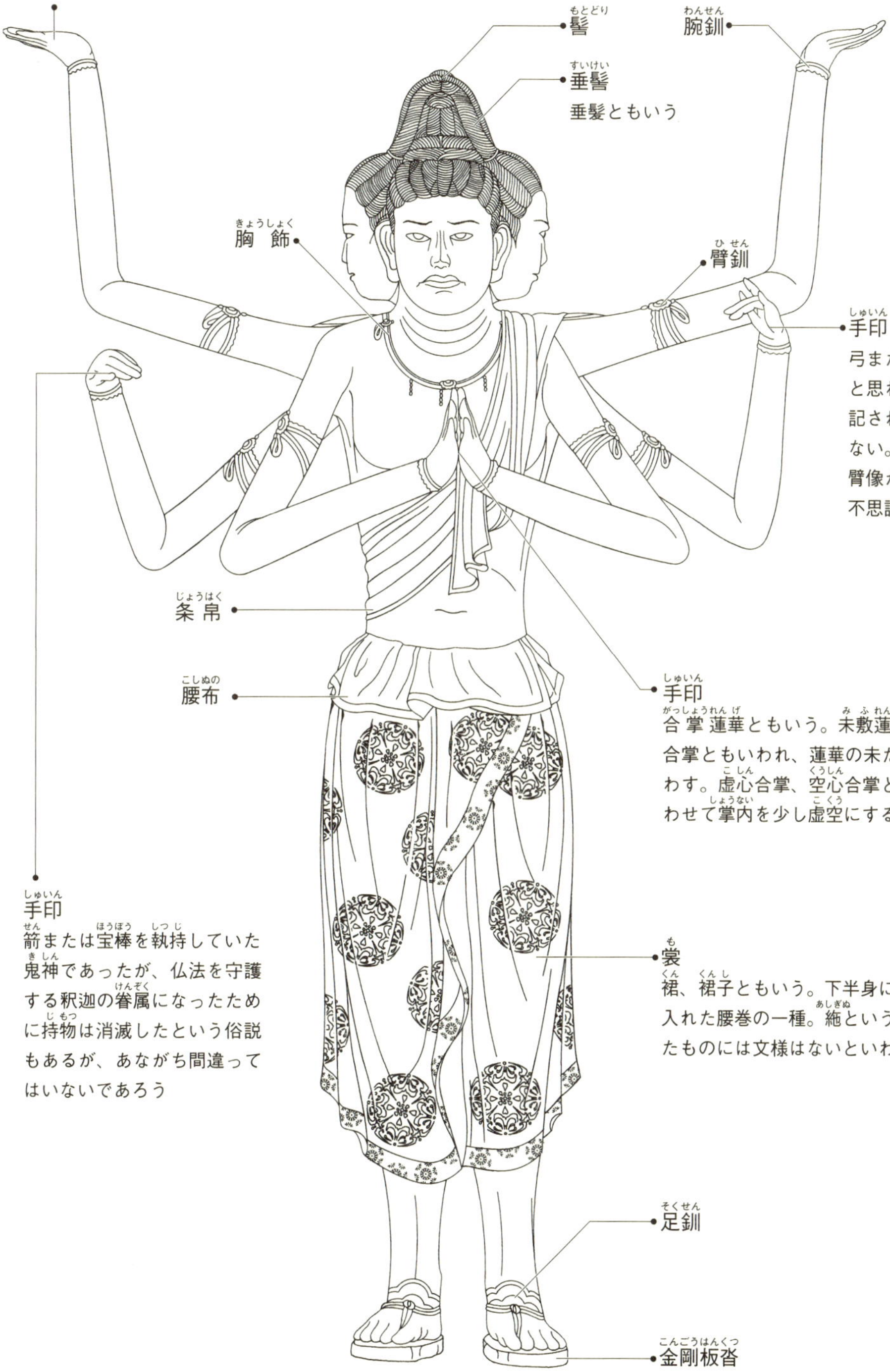

虚空手印《こくうしゅいん》

第三の両手で虚空を支えているともいわれる。ある経典によると、空間の一切の万物を包容しているとされる。教化《きょうけ》されたので、他の天部を持ち上げ、衆生をすべて支えようとしているともみえる。あるいは、左手に日輪《にちりん》を、右手に月輪《がちりん》を掲げているのかもしれない

髻《もとどり》

腕釧《わんせん》

垂髻《すいけい》

垂髪ともいう

胸飾《きょうしょく》

臂釧《ひせん》

手印《しゅいん》

弓または宝剣を執持《しつじ》すると思われるが、儀軌《ぎき》には記されも、描かれてもいない。この童顔の三面六臂像からは持物《じもつ》の闕如《けつじょ》に不思議さが感じられない

条帛《じょうはく》

腰布《こしぬの》

手印《しゅいん》

合掌蓮華《がっしょうれんげ》ともいう。未敷蓮華《みふれんげ》合掌、未開《みかい》蓮華合掌ともいわれ、蓮華の未だ開かない形をあらわす。虚心《こしん》合掌、空心《くうしん》合掌といわれる十指を合わせて掌内《しょうない》を少し虚空《こくう》にする合掌でもある

手印《しゅいん》

箭《せん》または宝棒《ほうぼう》を執持《しつじ》していた鬼神《きしん》であったが、仏法を守護する釈迦の眷属《けんぞく》になったために持物《じもつ》は消滅したという俗説もあるが、あながち間違ってはいないであろう

裳《も》

裙《くん》、裙子《くんし》ともいう。下半身に纏《まと》う布で、文様を入れた腰巻の一種。絁《あしぎぬ》という粗製の絹布《きぬぬの》で織ったものには文様はないといわれている

足釧《そくせん》

金剛板沓《こんごうはんくつ》

下駄の歯を取り除いた履物

韋駄天

いだてん

違陀天《いだてん》・塞建陀《すけんだ》・私建陀《しけんだ》・建駄《けんだ》・陰天《いんてん》とも称す。『慧琳音義《えりんおんぎ》・金光明経《こんこうみょうきょう》』など、建を違と誤字し、陀と駄を訳し誤り、韋駄と記述したため韋駄天の名となったと思われている。印度《いんど》の婆羅門《ばらもん》に仕える天神であり、悪魔を破る軍神といわれる。仏教に取り入れられ、大般若守護《だいはんにゃしゅご》十六善神《ぜんじん》のひとつ、毘盧勒叉《びるろくしゃ》善神と異称される。また増長《ぞうちょう》天の八大将軍のひとつともされ、四天王《してんのう》とともに仏法の護法神《ごほうしん》として、衆生《しゅじょう》を救済すると説かれる。単独像では伽《が》藍《らん》の守護神となって、寺院にて祀られ、食事には不自由しないとされる。伝説に釈尊《しゃくそん》の涅槃《ねはん》の際、仏牙《ぶつげ》（遺歯《いし》）を盗んで逃げた捷《しょう》疾鬼《しっき》を駿足《しゅんそく》で追い掛け、取り戻したとされる。また、比丘《びく》が障魔《しょうま》に襲われた時や、修行僧が悪鬼に惑わされた時には速やかに駆けつけ、その障害を取り除くといわれる。「韋駄天走り《いだてんばし》」の表現はこのような伝説から生まれた。その像容は中国からそのままに伝えられ、京都府・泉涌寺《せんにゅうじ》の像は甲冑《かっちゅう》をつけて、両手を合掌にし、宝剣《ほうけん》を横たえて捧げ、天衣《てんね》をなびかせる木彫像である。『法華経《ほけきょう》』（陀羅尼品《だらにほん》）に、その相は勇猛《ゆうもう》であると説かれている。

ひとこと解説 **護法神《ごほうしん》**

仏教に取り入られて天部に属し、仏法を守護する諸神のことをいう。そのため、甲冑《かっちゅう》をつけ、威嚇《いかく》的で勇猛果敢な武装形《ぶそうぎょう》であらわされ、剣・戟《げき》・棒《ぼう》などを持った忿怒相《ふんぬそう》の形容《ぎょうよう》をとることが多い。四天王《してんのう》の持国天《じこくてん》・増長《ぞうちょう》天・広目天《こうもくてん》・多聞《たもん》天や、薬師如来《やくしにょらい》の眷属《けんぞく》の十二神将《しんしょう》、大般若《だいはんにゃ》守護の十六善神《ぜんしん》、王城鎮護《ちんご》の兜跋毘沙門《とばつびしゃもん》天《てん》、毘沙門天八大将の散脂《さんし》大将、多聞天の化身の深沙《じんじゃ》大将、湿婆《しば》神の子の韋駄天などである。また忿怒相ではない護法神は、密教の十二天や、釈迦《しゃか》に教化《きょうけ》された天龍《てんりゅう》八部衆、千手観音《せんじゅかんのん》の信者を守る善神の二十八部衆、転法輪菩薩《てんぼうりんぼさつ》の眷属で密教の護法の十六大護（十大薬叉《やくしゃ》と三大龍王《りゅうおう》と三大天后《てんご》）などである。法華経護持《ほけきょうごじ》の普賢菩薩《ふげんぼさつ》眷属の十人の羅刹女《らせつにょ》は天女形《てんにょぎょう》でもあるが、時には和装《わそう》形《ぎょう》であらわされる。これらは持物《じもつ》については必ずしも一定していない。

仏語の手引き

甲冑《かっちゅう》

「甲《こう》」は襟甲《えりこう》・胸《きょう》甲・腰《よう》甲などであり、「冑《かぶと》」は頭部を保護するための被《かぶ》り物《もの》である。他に籠手《こて》・前楯《まえだて》・脛当《すねあて》などからなる。冑を使わない天部尊も多い。

韋駄天立像　［京都府・万福寺蔵］による

韋駄天立像

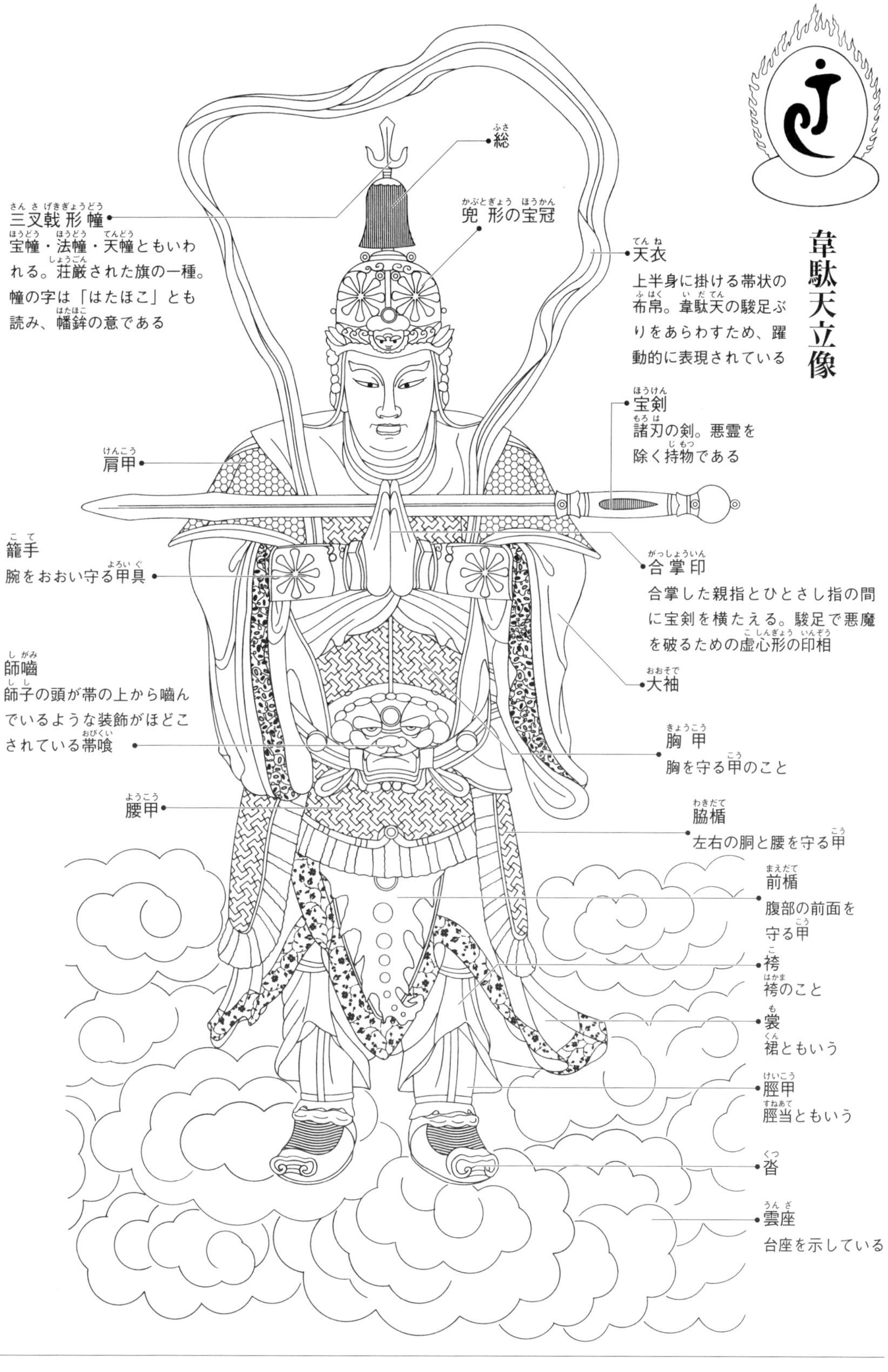
総《ふさ》
三叉戟形幢《さんさげきぎょうどう》
宝幢《ほうどう》・法幢《ほうどう》・天幢《てんどう》ともいわれる。荘厳《しょうごん》された旗の一種。幢の字は「はたほこ」とも読み、幡鉾《はたほこ》の意である
兜形の宝冠《かぶとぎょう　ほうかん》
天衣《てんね》
上半身に掛ける帯状の布帛《ふはく》。韋駄天《いだてん》の駿足ぶりをあらわすため、躍動的に表現されている
宝剣《ほうけん》
諸刃《もろは》の剣。悪霊を除く持物《じもつ》である
肩甲《けんこう》
籠手《こて》
腕をおおい守る甲具《よろいぐ》
合掌印《がっしょういん》
合掌した親指とひとさし指の間に宝剣を横たえる。駿足で悪魔を破るための虚心形《こしんぎょう》の印相《いんぞう》
大袖《おおそで》
師嚙《しがみ》
師子《しし》の頭が帯の上から嚙んでいるような装飾がほどこされている帯喰《おびくい》
胸甲《きょうこう》
胸を守る甲《こう》のこと
腰甲《ようこう》
脇楯《わきだて》
左右の胴と腰を守る甲《こう》
前楯《まえだて》
腹部の前面を守る甲《こう》
袴《こ》
袴《はかま》のこと
裳《も》
裙《くん》ともいう
脛甲《けいこう》
脛当《すねあて》ともいう
沓《くつ》
雲座《うんざ》
台座を示している

穰虞梨童女

じょうぐりどうにょ

観音《かんのん》の化身であり、解毒《げどく》の意から穰虞利毒女《じょうぐりどくにょ》の別称がある。常《じょう》瞿利《くり》・常求利《じょうくり》・穰虞利《じょうぐり》とも称する。雪山《せっせん》の北方香酔山《かすいざん》に住する。『童女経《どうにょきょう》』には、梵語《ぼんご》のままに真言《しんごん》・陀羅尼《だらに》を唱えると三毒《さんどく》（貪《どん》欲《よく》・瞋恚《しんい》・愚痴《ぐち》）を除き、種々の功徳《くどく》を受けると説かれる。また同経には〝世間の一切の諸毒を除き、一切の諸毒には害を受けずこの三毒を滅す〟とある。この童女は一切の有情《うじょう》の毒を受けることを防ぎ、一切の衆生《しゅじょう》の有する三毒の煩悩《ぼんのう》を除滅《じょめつ》させることを本《ほん》誓《ぜい》としている。形像《ぎょうぞう》は『観自在菩薩化身《かんじざいぼさつけしん》穰虞哩曳童女《じょうぐりびきどうにょ》銷伏毒《しょうぶくどく》害陀羅尼呪経《がいだらにじゅきょう》』に〝身は緑色《ろくじき》にして龍女《りゅうにょ》の如く、七頭四臂《しちずしひ》で頭上に円光《えんこう》があり、左手に黒蛇《こくじゃ》と施無畏印《せむいいん》をとり、右手に三叉戟《さんさげき》と三十五茎《けい》の孔雀《くじゃく》の尾をとる。また七宝・瓔珞《ようらく》・耳璫《じとう》・臂釧《ひせん》・腕釧《わんせん》をもって身を荘厳《しょうごん》し、さらには蛇を用いて瓔珞となし、それぞれの毛孔《もうこう》より火焔《かえん》が流出《るしゅつ》している〟と説かれている。『常瞿利毒女《じょうくりどくにょ》陀羅尼経《だらにきょう》』には、この二臂像は童女形《どうにょぎょう》で獣皮《じゅうひ》を衣とし、左手に管《かん》毒《どく》の木印《もくいん》を、右手に降毒《こうどく》の剣をとり、百福《ひゃくふく》の相好《そうごう》で荘厳し、遍身《へんしん》のため毒蛇《どくじゃ》を瓔珞とし、青蛇《しょうじゃ》を環釧《かんせん》とすると記される。

ひとこと解説

龍神《りゅうじん》

龍は蛇《じゃ》を神格化した架空の神霊獣《しんれいじゅう》である。『仏母大孔雀明王《ぶつもだいくじゃくみょうおう》経《きょう》』には百六十種の龍がいるとあるが、その長《おさ》を龍神《りゅうじん》・龍王《りゅうおう》という。大海に住み、雲雨《うんう》を自在に操り、雨を降らし、虚空を飛行し、角《つの》と四本足を持つ。わが国では釈尊《しゃくそん》に教化《きょうけ》され、仏法を守護する天龍八部衆《てんりゅうはちぶしゅう》に配されている。釈迦《しゃか》生誕の時に二龍が灌水《かんすい》したと仏伝に記される。『法華経《ほけきょう》（提婆達多品《だいばたったぼん》）』には八歳の龍女《りゅうにょ》が成仏した「龍女成仏《じょうぶつ》」が説かれ、信仰される。また『法華経』には八大龍王が説かれる。龍には三つの苦悩があるとされ、一に熱風に焼かれること、二に悪風に吹かれ宝や衣《え》を奪われること、三に迦楼羅《かるら》（金翅鳥《こんじちょう》）に喰われることであり、これを三患禍《かんか》という。また不動明王《ふどうみょうおう》の化身《けしん》とされる倶利迦羅龍王《くりからりゅうおう》は、剣にまとわりつき、剣を呑《の》む形容《ぎょうよう》であらわされ、不動明王の三昧耶形《さんまやぎょう》とされる。

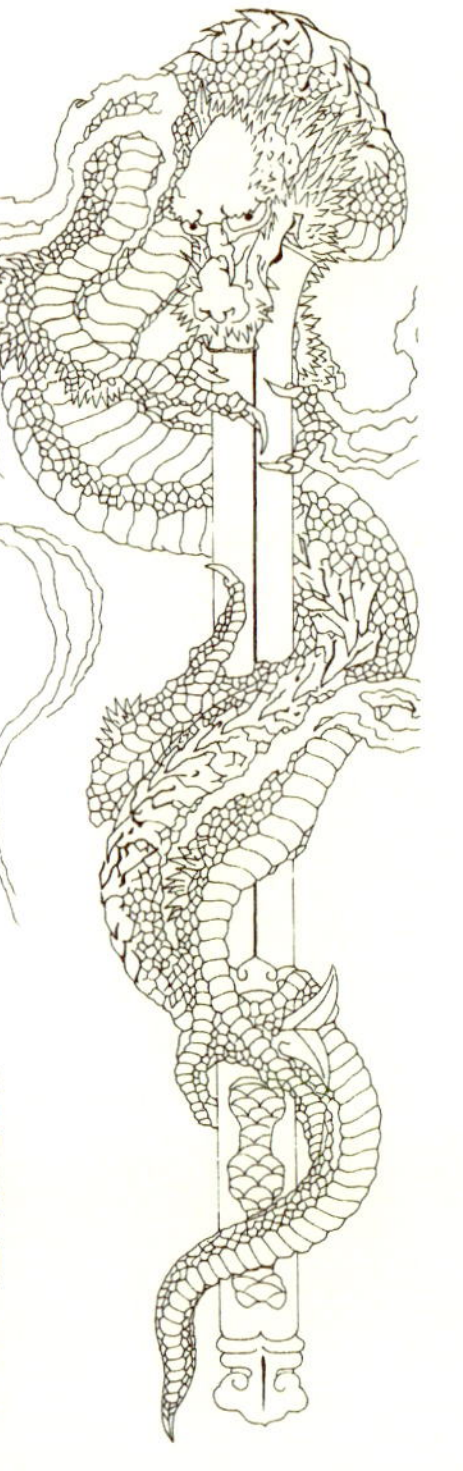

剣を呑み込む倶利迦羅龍王

［葛飾北斎画］による

穰虞梨童女図像（七頭四臂）

穰虞梨童女図像（七頭四臂）　京都国立博物館蔵　［密教図像］による

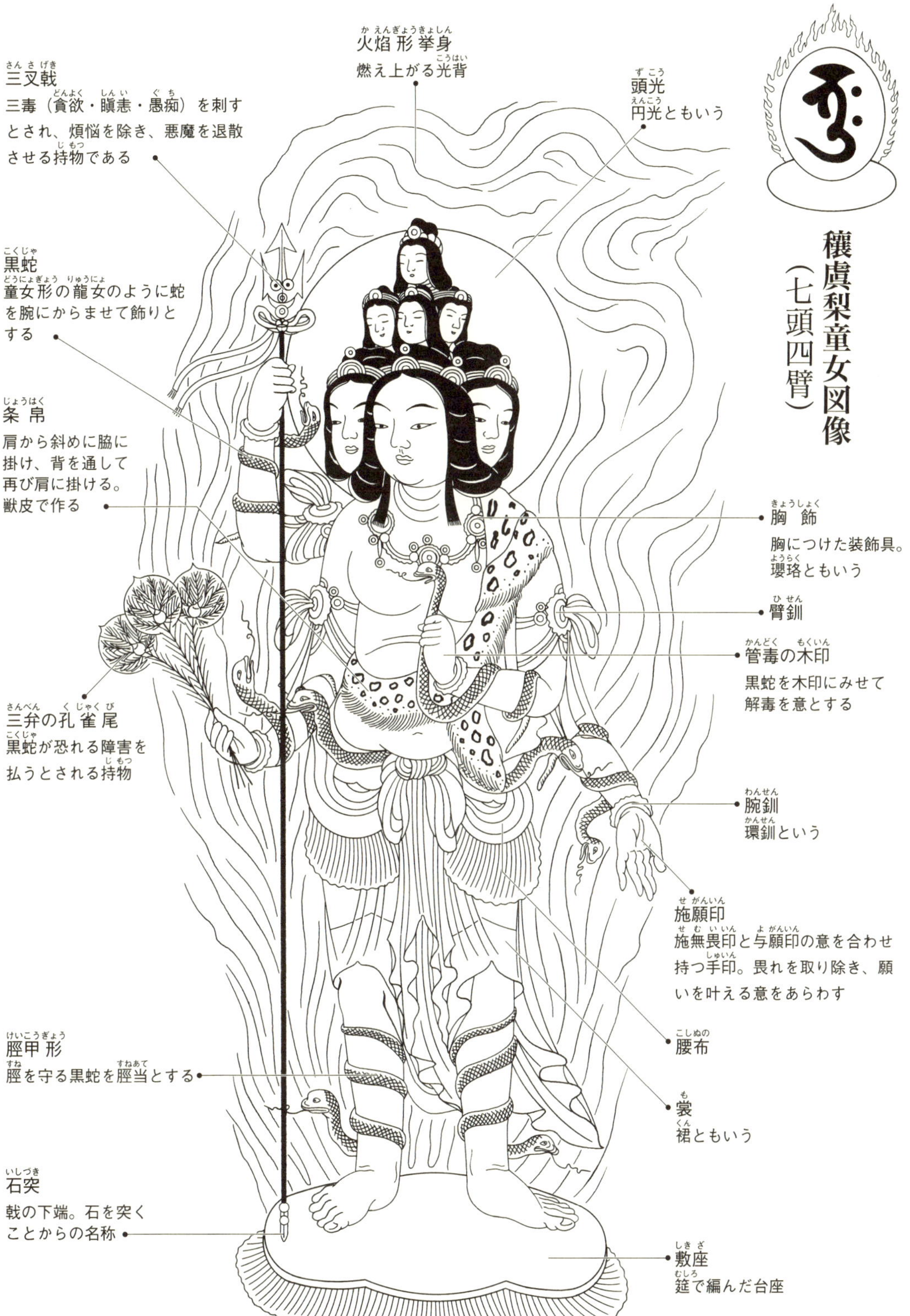
火焔《かえん》形《ぎょう》挙身《きょしん》
燃え上がる光背《こうはい》
頭光《ずこう》
円光《えんこう》ともいう
三叉戟《さんさげき》
三毒（貪欲《どんよく》・瞋恚《しんい》・愚痴《ぐち》）を刺すとされ、煩悩を除き、悪魔を退散させる持物《じもつ》である
黒蛇《こくじゃ》
童女形《どうにょぎょう》の龍女《りゅうにょ》のように蛇を腕にからませて飾りとする
条帛《じょうはく》
肩から斜めに脇に掛け、背を通して再び肩に掛ける。獣皮で作る
三弁《さんべん》の孔雀尾《くじゃくび》
黒蛇《こくじゃ》が恐れる障害を払うとされる持物《じもつ》
胸飾《きょうしょく》
胸につけた装飾具。瓔珞《ようらく》ともいう
臂釧《ひせん》
管毒《かんどく》の木印《もくいん》
黒蛇を木印にみせて解毒を意とする
腕釧《わんせん》
環釧《かんせん》という
施願印《せがんいん》
施無畏印《せむいいん》と与願印《よがんいん》の意を合わせ持つ手印《しゅいん》。畏れを取り除き、願いを叶える意をあらわす
腰布《こしぬの》
脛甲形《けいこうぎょう》
脛《すね》を守る黒蛇を脛当《すねあて》とする
裳《も》
裙《くん》ともいう
石突《いしづき》
戟の下端。石を突くことからの名称
敷座《しきざ》
筵《むしろ》で編んだ台座

大黒天

だいこくてん

福袋《ふくぶくろ》（嚢《のう》）を持つことから、この大黒天《だいこくてん》と布袋《ほてい》は七福神の二神とされるが、元来、大黒天は湿婆神《しばしん》の化神とされる戦闘の神である。摩訶迦羅《まかから》天・大黒天神ともいう。仏教に取り入れられ、『大疏《だいしょ》』に毘盧遮那如来《びるしゃなにょらい》の化身として記され、自在の神通力を持つ鬼神《きしん》である荼吉尼天《だきにてん》を降伏《ごうぶく》し、破壊を司る大黒天となった。この天を祀れば加護を受け、戦いに勝つとされる。大自在天《だいじざいてん》（摩醯首羅《まけいしゅら》天）の化身《けしん》ともいわれ、閻魔大王《えんまだいおう》とは同格神であり、伊舎那《いしゃな》天の眷属《けんぞく》として人間の血と肉を喰う凶暴な戦闘神である。『大黒天神法《だいこくてんじんほう》』によれば、身色は青黒色で三面六臂《さんめんろっぴ》、火焔髪《かえんぱつ》で、左右二手で剣を横にして持ち、左二手は牝羊《めよう》の角《つの》を、右二手は人間の髻《もとどり》を握り、左右の三手で背負うように象皮《ぞうひ》を支える。髑髏《どくろ》を瓔珞《ようらく》として首にかけ、三面とも雙牙《そうげ》を出し、獰悪《どうあく》な相の忿怒形《ふんぬぎょう》の姿であると胎蔵界曼荼羅《たいぞうかいまんだら》の外院《げいん》に描かれる。『大疏』には摩訶迦羅が「黒暗天《こくあんてん》」と訳されているが、大黒天のことである。

ひとこと解説　**六大黒天《ろくだいこくてん》／黒暗天《こくあんてん》**

◎**六大黒天**：近世になってつくられたに過ぎないが、摩訶迦羅大《まかからだい》黒天《こくてん》・比丘《びく》大黒・夜叉《やしゃ》大黒・摩迦羅《まから》大黒・真陀羅経《まだらきょう》大黒・王《おう》子迦羅《じから》大黒の六形像とされている。

◎**黒暗天**：閻魔大王《えんまだいおう》の后である。梵名《ぼんみょう》を迦羅囉底嘿《からららていこく》といい、訳して黒夜天《こくやてん》・闇夜《あんや》天・黒闇《こくあん》天ともいう。無明《むみょう》の闇黒《あんこく》を護《まも》り、中夜を司る鬼魅《きみ》（鬼と妖怪）を防御する尊《そん》とされる。胎蔵界曼荼羅《たいぞうかいまんだら》外金剛部院《げこんごうぶいん》の南方、閻魔大王の後ろに配され、肉色《にくじき》にして、左手に人頭杖《じんとうじょう》を持ち、掬勢《きくせい》（神水《しんすい》を手で掬《すく》う）をなして筵《むしろ》の上に坐す。『演秘鈔《えんぴしょう》』には、迦羅囉底嘿の名について〝迦羅は黒《こく》といい、囉底嘿は夜《や》といい、黒夜神《こくやしん》なり〟と説かれている。

仏語の手引き

大黒天信仰

比叡山《ひえいざん》の主神が大物主《おおものぬし》（大国主《おおくにぬし》の和御魂《にきみたま》）であり、「大黒」「大国」の読みが「だいこく」で通じることから、神仏習合《しんぶつしゅうごう》された。また大黒天は七福神《しちふくじん》のひとつとしても信仰された。

大黒天
福袋《ふくぶくろ》と打出の小槌《こづち》を持つ

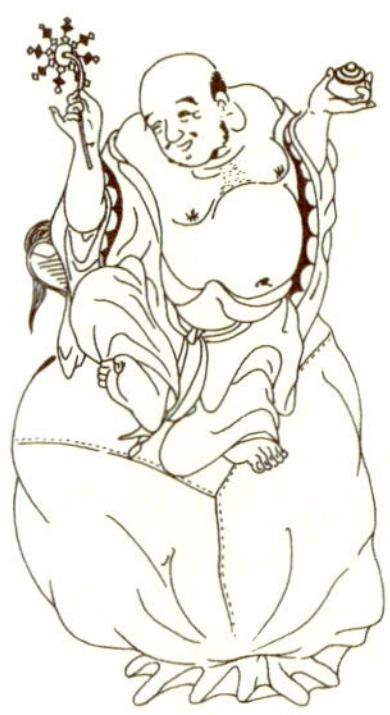

福袋にのる聖姿《ひじり》の布袋

大黒天図像（戦闘の神）

象皮《ぞうひ》形《ぎょう》光背《こうはい》
大黒天は自己の姿を隠して身を守ること（隠形法《おんぎょうほう》）から、第三の手で象皮を支え、これを後光《ごこう》の光背としている。光背は智慧の象徴とされるが、大黒天の光背は破壊の象徴である
焔髪《えんぱつ》
風の勢いであおられ、揺れる焔のような怒りの髪。忿怒形《ふんぬぎょう》である
宝冠《ほうかん》
象皮《ぞうひ》
牙《げ》
臂釧《ひせん》
腕釧《わんせん》
環釧《かんせん》のひとつ
胸飾《きょうしょく》
髑髏《どくろ》の瓔珞《ようらく》を首に掛ける。髑髏の環珞《かんらく》ともいう
牝羊《めよう》
角を掴まれた生《い》け贄《にえ》
人間
髻《もとどり》を掴まれた生《い》け贄《にえ》
胡坐《こざ》（趺坐《ふざ》）
あぐらとも読み、両足を横にひろげて組んだ座り方
敷座《しきざ》
台座の一種
刀剣
横たえて、まさに羊の首を刺そうとしている
裳《も》（裙《くん》）

その他の諸尊

ここでは、冥界《めいかい》部や垂迹《すいじゃく》部、祖師《そし》部、また天部《てんぶ》なども含めた諸尊をまとめる。

冥界とは「あの世」のことで、冥界部の尊としては閻《えん》魔大王《まだいおう》がいる。垂迹とは、仏《ほとけ》・菩薩《ぼさつ》が衆生《しゅじょう》の済度《さいど》のために神の姿をとることであり、垂迹部の尊として蔵王権現《ざおうごんげん》を、また、祖師とは一宗一派《いっしゅういっぱ》を開いた聖人《せいじん》のことで、祖師部の尊として聖徳太子《しょうとくたいし》を取り上げる。天部からは四《し》天王《てんのう》と十二神将《じゅうにしんしょう》を、その他、不動明王《ふどうみょうおう》の二眷属《けんぞく》と、現在に至っても広く庶民信仰を集める福徳の神である七福《しちふく》神《じん》(恵比須《えびす》・大黒天《だいこくてん》・毘沙門《びしゃもん》天・弁財《べんざい》天・福禄寿《ふくろくじゅ》・寿老《じゅろう》人《じん》・布袋《ほてい》)を、ここにまとめたい。

蔵王権現《ざおうごんげん》

奈良時代、修験道《しゅげんどう》の開祖《かいそ》である役行者《えんのぎょうじゃ》（七世紀・生没年不詳）が、奈良県吉野《よしの》の金峯山《きんぷせん》（大峯山《おおみねさん》）に参籠《さんろう》中、済生利益《さいせいりやく》のために祈請《きせい》し、感得《かんとく》（感じ会得《えとく》すること）したとされる。この伝承によると、金峯山を開山《かいさん》中に、役行者の眼前《がんぜん》に、釈迦如来《しゃかにょらい》、千手観音《せんじゅかんのん》、弥勒《みろく》菩薩《ぼさつ》があらわれ、さらに祈願《きがん》し念じると、山上《さんじょう》の巨岩から涌出《ゆうしゅつ》したのが、その三尊がひとつになって化身《けしん》した蔵王権現《ざおうごんげん》であったという。忽然《こつぜん》とあらわれたその姿は、身は青黒色で髪を逆立てた忿《ふん》怒相《ぬそう》であり、一面三つ目二臂《ひ》で、左足は岩につけ、右足を蹴《け》りあげてまさに跳びあがらんとしており、一瞬にして稲妻のような霊《れい》妙《みょう》を感じたという。それを受け、役行者が刻んだ木彫像《もくちょうぞう》が、魔《ま》障降伏《しょうごうぶく》の菩薩として山上（大峯山寺）・山下《さんげ》（金峯山寺）に祀られたとされる。

現在、金峯山寺蔵王堂《きんぷせんじざおうどう》には釈迦・千手・弥勒を本地《ほんじ》とする、高さ約八メートルの木彫の蔵王権現三体が祀られ、本尊とされる。蔵王権現は金峯山権現、蔵王菩薩、金峯菩薩とも呼ばれる。経軌《きょうき》には記載がなく、明王部《みょうおうぶ》の金剛童子《こんごうどうじ》を左右逆にした忿怒像を基にしてつくりだされたと思われる。最古の像に、東京都・総持寺《そうじじ》の毛彫《けぼり》の鏡像《きょうぞう》があり、その形像は左手を剣印《けんいん》にして腰に当て、右手には金剛杵《こんごうしょ》を持つ。

ひとこと解説

役行者《えんのぎょうじゃ》

奈良初期の大和葛城山《やまとかつらぎさん》の呪術《じゅじゅつ》者で、名は役小角《えんのおづぬ》という。『続《しょく》日本紀《にほんぎ》』には、六九九年、この役行者は呪術をもって秩序を乱したため伊豆島《いずとう》に流されるとあり、鬼神《きしん》に水を汲ませ、薪《たきぎ》を採らせ、従わなければ呪縛《じゅばく》したと伝えている。また『日本霊異記《にほんりょういき》』『扶桑《ふそう》略記《りゃっき》』にも役行者についての説話が多くみられる。平安時代になると仏教の発展に伴って、役行者・役優婆塞《えんのうばそく》と呼ばれるようになる。孔雀明王《くじゃくみょうおう》の呪法《じゅほう》を使って鬼神を操《あやつ》るとされることから神聖視され、さまざまな言い伝えが生まれることになり、富士登山を行ったともいわれる。平安末期には修験道《しゅげんどう》の開祖《かいそ》に崇《あが》められ、各地の名山・山岳は役行者の伝説を伴いながら、修験者の霊場《れいじょう》として権威を高めていった。役君《えんのきみ》・役公《えんのこう》・神変大菩薩《じんべんだいぼさつ》とも呼ばれていった。

仏語の手引き

権現《ごんげん》

仏や菩薩が衆生《しゅじょう》を救うためにあらわれるときの仮の姿を権現という。わが国の神々は、仏・菩薩が垂迹《すいじゃく》（済度《さいど》のため仮の姿をとること）したものとされる。春日《かすが》権現、山王《さんのう》権現、熊野《ゆや》権現など。

蔵王権現立像　伝 仏師 源慶作 [奈良県・如意輪寺蔵] による

蔵王権現立像

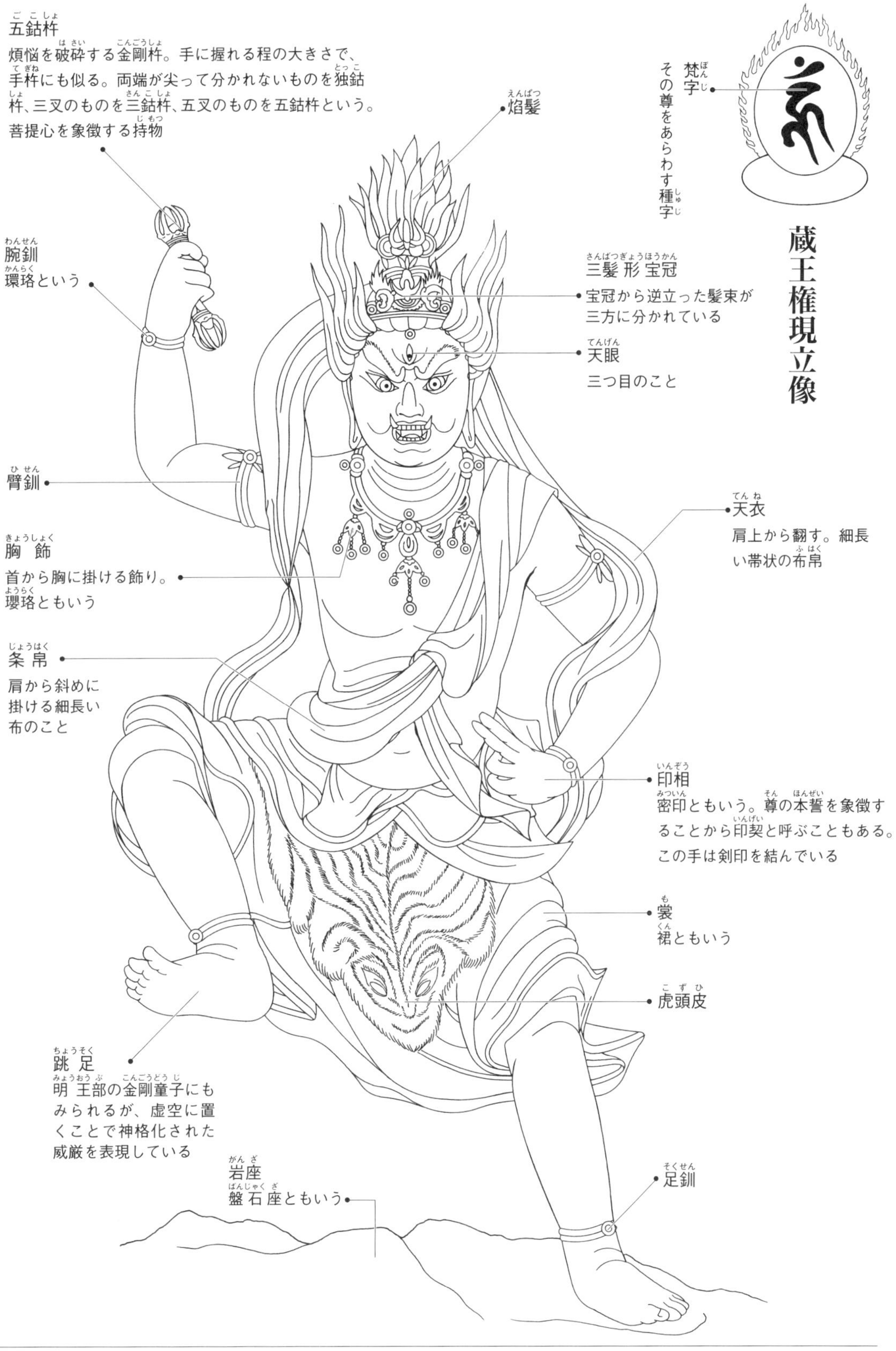
梵字《ぼんじ》
その尊をあらわす種字《しゅじ》
五鈷杵《ごこしょ》
煩悩を破砕《はさい》する金剛杵《こんごうしょ》。手に握れる程の大きさで、手杵《てぎね》にも似る。両端が尖って分かれないものを独鈷《とっこ》杵《しょ》、三叉のものを三鈷杵《さんこしょ》、五叉のものを五鈷杵という。
菩提心を象徴する持物《じもつ》
焔髪《えんぱつ》
腕釧《わんせん》
環珞《かんらく》という
三髪形宝冠《さんばつぎょうほうかん》
宝冠から逆立った髪束が三方に分かれている
天眼《てんげん》
三つ目のこと
臂釧《ひせん》
天衣《てんね》
肩上から翻す。細長い帯状の布帛《ふはく》
胸飾《きょうしょく》
首から胸に掛ける飾り。瓔珞《ようらく》ともいう
条帛《じょうはく》
肩から斜めに掛ける細長い布のこと
印相《いんぞう》
密印《みついん》ともいう。尊《そん》の本誓《ほんぜい》を象徴することから印契《いんげい》と呼ぶこともある。この手は剣印を結んでいる
裳《も》
裙《くん》ともいう
虎頭皮《こずひ》
跳足《ちょうそく》
明王部《みょうおうぶ》の金剛童子《こんごうどうじ》にもみられるが、虚空に置くことで神格化された威厳を表現している
岩座《がんざ》
盤石座《ばんじゃくざ》ともいう
足釧《そくせん》

蔵王権現銅板像

焰髪《えんぱつ》
頭光《ずこう》
三鈷杵《さんこしょ》
瓔珞《ようらく》
天衣《てんね》
剣印《けんいん》
虎皮《こひ》
盤石座《ばんじゃくざ》
極めて堅固な岩座

太刀《たち》
波形大刀《はぎょうだいとう》
宝矟《ほうさく》
三葉形光背《さんしょうぎょうこうはい》
尺棒《しゃくぼう》
三叉鉾《さんさほこ》
長刀《ちょうとう》
宝鉤《ほうこう》
鉞斧《えっふ》
武器を携えて取り囲む眷属《けんぞく》たちは毛彫で表現される

◎裏面には梵字《ぼんじ》と刻銘《こくめい》が双鉤体《そうこうたい》であらわされている

蔵王権現銅板像　右上／［奈良県・大峯山寺《おおみねさんじ》蔵］による　左／［東京都・西新井大師総持《そうじ》寺蔵］による

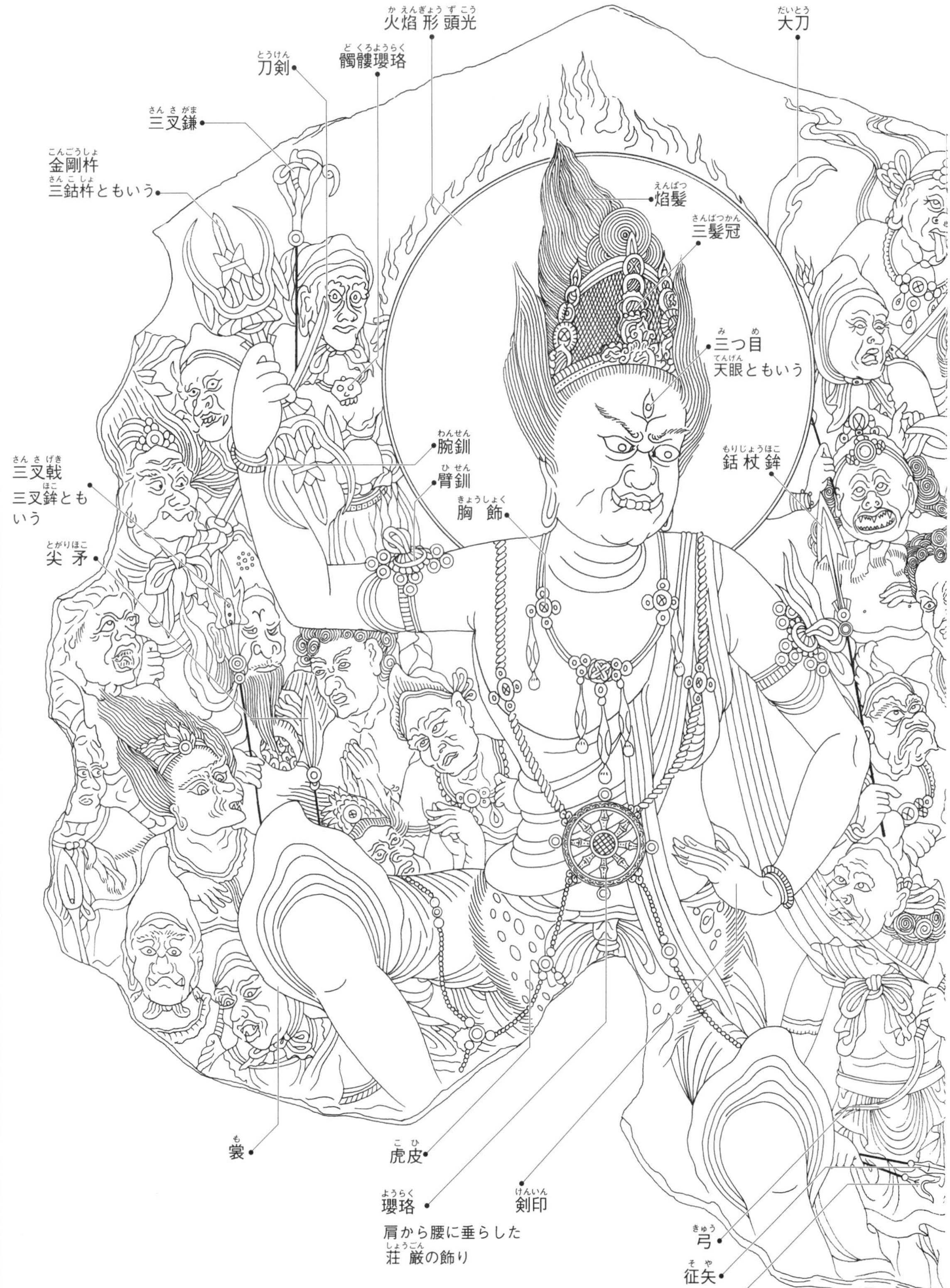

火焔形頭光《かえんぎょうずこう》
刀剣《とうけん》
髑髏瓔珞《どくろようらく》
大刀《だいとう》
三叉鎌《さんさがま》
金剛杵《こんごうしょ》
三鈷杵《さんこしょ》ともいう
焔髪《えんぱつ》
三髪冠《さんぱつかん》
三《み》つ目《め》
天眼《てんげん》ともいう
腕釧《わんせん》
臂釧《ひせん》
胸飾《きょうしょく》
銛杖鉾《もりじょうほこ》
三叉戟《さんさげき》
三叉鉾《ほこ》ともいう
尖矛《とがりほこ》
裳《も》
虎皮《こひ》
瓔珞《ようらく》
肩から腰に垂らした
荘厳《しょうごん》の飾り
剣印《けんいん》
弓《きゅう》
征矢《そや》
鏑矢《かぶらや》

奈良県吉野郡・金峯山《きんぶせん》出土の線刻《せんこく》金剛像

閻魔大王

えんまだいおう

閻羅《えんら》王・夜摩《やま》王・炎摩《えんま》王・閻摩羅闍《えんまらじゃ》ともいい、訳して縛《ばく》という。これは罪人《ざいにん》を縛《しば》ることからの名である。閻魔大王《えんまだいおう》は双子であり、弟が焔摩《えんま》であるともいわれるが、この焔摩は閻魔大王の子どもともいわれている。また、焔摩は密教で護法神とされ、閻魔大王は道教の関係から地獄の王とされる。そのようなことから、この王は、雙世《そうせい》・雙王、また、遮止《しゃし》・静息《せいそく》・可怖畏《かふい》ともいわれる。

十王の首《しゅ》であり、地獄の総主《そうしゅ》であり、閻魔大王となったと『慧《え》苑音義《えんおんぎ》』に記される。『瑜伽論記《ゆかろんき》』には、婆羅門教《ばらもんきょう》の夜摩王が人《にん》界《かい》第一の死者として冥界《めいかい》に入り、次第に闇黒《あんこく》の地獄界の王となり、鬼官《きかん》の総主《そうしゅ》として死者の罪を判ずる閻魔大王になったと記される。わが国では古くから地獄と閻魔とは不離の概念として伝承され、その像も多い。

閻魔大王は、冥界の王として死者の生前の罪を裁き、六道《ろくどう》（六《ろく》趣《しゅ》）の行先を決めるとされる。

冥府で死者を裁く閻魔大王と初江王《しょこうおう》

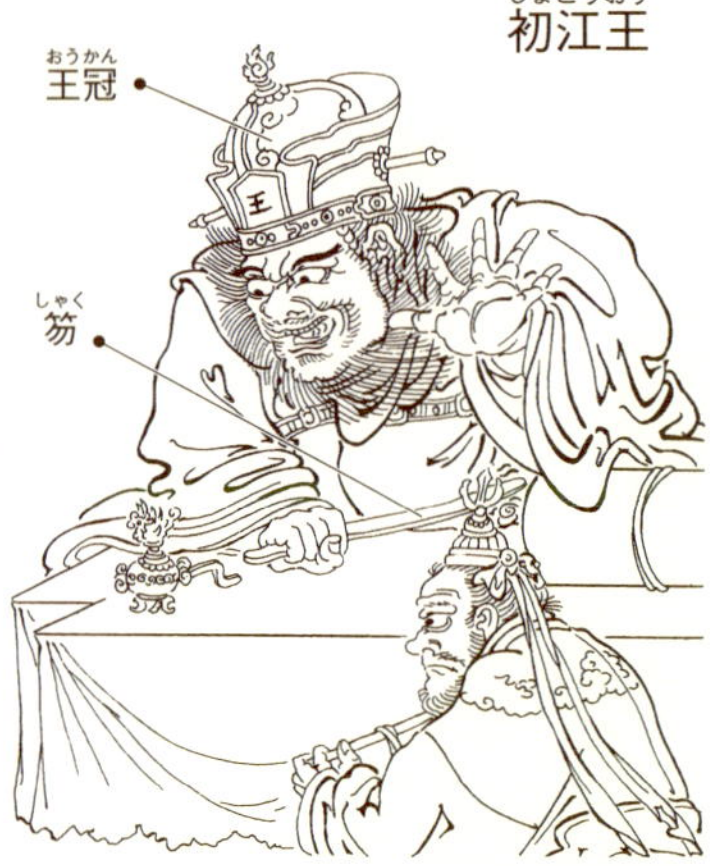

[河鍋暁斎画] による

仏語の手引き

十王《じゅうおう》と十三仏《じゅうさんぶつ》

十王とは冥土《めいど》で死者の罪を裁く十人の判官《はんがん》で、その総主が閻魔大王《えんまだいおう》である。十三仏とは十三回の追善法事《ついぜんほうじ》の本尊《ほんぞん》とされる十三の仏をいう。以下、判官としての名、仏としての名、司る追善法事を順に挙げる。

	十王	十三仏
①	秦《しん》広《こう》王《おう》	不動明王《ふどうみょうおう》（初七日）
②	初《しょ》江《こう》王	釈迦如来《しゃかにょらい》（二十七日）
③	宋《そう》帝《てい》王	文殊菩薩《もんじゅぼさつ》（三十七日）
④	五《ご》官《かん》王	普賢《ふげん》菩薩（四十七日）
⑤	閻《えん》魔《ま》王	地蔵《じぞう》菩薩（五十七日）
⑥	変《へん》成《じょう》王	弥勒《みろく》菩薩（六十七日）
⑦	太《たい》山《ざん》王	薬師《やくし》如来（七十七日）
⑧	平《びょう》等《どう》王	聖観音《しょうかんのん》（百ケ日）
⑨	都《と》市《し》王	大勢至《だいせいし》菩薩（一周忌《き》）
⑩	五道転輪《ごどうてんりん》王	阿弥陀《あみだ》如来（三回忌）
⑪	蓮《れん》上《じょう》王	阿閦《あしゅく》如来（七回忌）
⑫	抜《ばっ》苦《く》王	大日《だいにち》如来（十三回忌）
⑬	慈《じ》恩《おん》王	虚空蔵《こくうぞう》菩薩（三十三回忌）

※以上、『地蔵菩薩発心因縁十王経《じぞうぼさつほっしんいんねんじゅうおうきょう》』による。

（ただし、追善法事の日取りと期日については宗派や寺社によって多くの異説がある）

閻魔大王坐像　［奈良県・白毫寺蔵］による

真如堂縁起絵巻《しんにょどうえんぎえまき》には、闇黒《あんこく》王宮で閻魔《えんま》大王が罪状を映す浄玻璃《じょうはり》の鏡の前で裁く地獄の様子が表現されている。傍らには不動明王の姿もみられる。

閻魔大王坐像

王冠《おうかん》
王字《おうじ》の印《しるし》を佩《お》びた冠

笄《こうがい》
王冠がずり落ちないように頭髪に差し込む

道服《どうぶく》
仏法の修行僧が着る丈の長い上着。広く長い袖で衿《えり》がつく。羽織形《ぎょう》で、前を綬《じゅ》で結んだ。後に戦陣用に胴服《どうぶく》と呼ばれる上着が生まれ、区別のために道服を「どうふく」とも読むようにもなった

笏《しゃく》
元は威儀を調《ととの》えるための細長い板で、手板《しゅばん》と呼ばれていた。わが国では長さがほぼ一尺あったところからしゃくと称されたともいわれている。裏に紙を貼って大切なことを書き記す備忘《びぼう》のための持物《じもつ》ともいわれる。笏木《しゃくぎ》には一位《いちい》・杉・桜・榊《さかき》・柊《ひいらぎ》などの木製が用いられたが、象牙製の牙笏《げしゃく》や百木《びゃくぎ》笏もあった

胸帯《きょうたい》

木沓《きぐつ》
舄《せきのくつ》ともいう

綬《じゅ》
袈裟《けさ》を着用する際、輪を通し肩掛けにして使うこともある平絎《ひらぐけ》の紐。道服《どうぶく》の胸帯《きょうたい》につけて垂らす。幅の広い平緒《ひらお》を荘厳《しょうごん》とした。官職の印《しるし》を佩《お》びるのにも用いられたという

釈迦仏と四天王

しゃかぶつとしてんのう

釈迦三尊《しゃかさんぞん》の片脇侍《かたわきじ》である帝釈天《たいしゃくてん》は、釈尊《しゃくそん》の遺嘱《いしょく》（遺言《いげん》）を賜わり、仏法と国家を守護すると誓願《せいがん》し、世界の中央にそびえる須弥山《しゅみせん》の中腹（忉利天《とうりてん》）に住するが、その帝釈天に仕える持国《じこく》天、増長《ぞうちょう》天、広目《こうもく》天、多聞《たもん》天を四天王《してんのう》と呼ぶ。欲界《よくかい》第六天の四方、四大州《しだいしゅう》（四天下《してんげ》）を守護する武装忿怒形《ぶそうふんぬぎょう》の天部の護法神《ごほうしん》として、諸経典《しょきょうてん》に説かれている。東方を持国天、南方を増長天、西方を広目天、北方を多聞天が守護するといわれる。奈良時代、摂政《せっしょう》に就いた聖徳太子《しょうとくたいし》（五七四〜六二二）が仏教興隆《こうりゅう》の誓いを果たすべく、難波津《なにわのつ》（摂津《せっつ》難波）に四天王を祀る伽藍《がらん》を創建した四天王寺《してんのうじ》はわが国最古の官寺《かんじ》であるとされ、その境内には「大日本佛法最初四天王寺」の石柱が立っている。当時、難波津は湊《みなと》であり、海に向かって開かれた四天王寺は、都の西方を鎮護《ちんご》するための官寺であったと『金光明最勝王経《こんこうみょうさいしょうおうきょう》』（四天王護国品《してんのうごこくほん》）に説かれている。

しかし、その後、顕教《けんぎょう》においては、四天王は須弥壇《しゅみだん》（仏像を安置する壇）の四隅に配置されるものとなり、密教《みっきょう》では、護世《ごせい》天・護方《ごほう》天として修法《しゅほう》を守護する十二天《てん》が重要視されるようになった。また、多聞天は毘沙門天《びしゃもんてん》として七福神《しちふくじん》に組み入れられた。

なお、武勇の者を四人集め、四天王《してんのう》と称することがある。源《みなもとの》義経《よしつね》四天王は鎌田盛政《かまたもりまさ》・鎌田光政《かまたみつまさ》・佐藤継信《さとうつぐのぶ》・佐藤忠信《さとうただのぶ》であり、徳川家康《とくがわいえやす》四天王は井伊直政《いいなおまさ》・酒井忠次《さかいただつぐ》・本多忠勝《ほんだただかつ》・榊原康政《さかきばらやすまさ》とされる。

ひとこと解説

四天王寺《してんのうじ》

四天王寺は略して天王寺《てんのうじ》とも呼ばれ、古くは荒陵寺《あらはかでら》、難波《なにわ》寺、堀江《ほりえ》寺、護国大《ごこくだい》寺と称された。仏教が渡来し、聖徳太子は極楽《ごくらく》浄土《じょうど》信仰に支えられ、物部守屋《もののべのもりや》の乱においては蘇我馬子《そがのうまこ》に味方し、仏教に反対した守屋軍を討伐《とうばつ》した。その後、太子が創建した四天王寺の伽藍（寺院の建築物）は幾度も焼失したが、その都度《つど》復旧され、当時の伽藍配置を遺《のこ》している。その配置は四天王寺様式と称され、法隆寺《ほうりゅうじ》様式とならぶ飛鳥《あすか》時代の伽藍配置様式である。人々は親しみをこめ「天王寺さん」と呼ぶ。

仏語の手引き

四大護《しだいご》

『轉字輪品曼荼羅《てんじりんほんまんだら》』では、四天王と相対して四方の門を守護している、東方の無畏結護者《むいけつごしゃ》（無畏神《むいしん》）、南方の金剛無勝《こんごうむしょう》結護者（滅怖畏神《めつふいしん》）、西方の難降伏《なんごうぶく》結護者（難勝神《なんしょうしん》）、北方の壊諸怖《えしょふ》結護者（解除怖畏神《げじょふいしん》）の四者を四大護としており、『青軌《しょうき》』にも同様に説かれる。

釈迦仏と四天王図像

方形天蓋《ほうぎょうてんがい》
笠状の飾り。瓔珞《ようらく》・幡《ばん》・宝華《ほうげ》・鳳凰《ほうおう》などで荘厳《しょうごん》される。光明が変化して蓋になった説や日射を避ける傘蓋《さんがい》から起こった説などもある。仏殿の仏像の上に天井から取りつけた釣天蓋《つりてんがい》は仏蓋《ぶつがい》・懸蓋《かけがい》とも呼ばれる
北方の多聞天《たもんてん》
南方の増長天《ぞうちょうてん》
仮託《かたく》
弘法大師の幼年の姿を釈尊《しゃくそん》に事寄《ことよ》せる
三叉戟《さんさげき》
東方の持国天《じこくてん》
宝刀《ほうとう》
宝戟《ほうげき》
見立て絵
ある人物や場面を他の人物や場面に仮託《かたく》して描いた機知的な絵のこと。江戸時代の浮世絵・錦絵に多くみられるものだが、この絵巻からは上代よりそのような仮託が行われていたことがみてとれる
西方の広目天《こうもくてん》
竹馬《ちくば》の友《とも》
釈迦の十大弟子の迦葉《かしょう》と阿難《あなん》を幼年の姿で描く
羂索《けんさく》
竹馬《たけうま》

聖徳太子

しょうとくたいし

『日本書紀《にほんしょき》』に、推古九（六〇一）年、皇太子《ひつぎのみこ》（聖徳太子）が大和斑鳩《やまといかるが》に斑鳩宮《みや》（宮殿）を造営したとある。聖徳太子（五七四〜六二二）は、父である用明《ようめい》天皇（不詳〜五八七）が自らの病気平癒《へいゆ》を祈願し発願した斑鳩寺（法隆寺《ほうりゅうじ》）をこの地に建立したといわれるが、創建の時期については謎も多い。しかしこの奈良県・法《ほう》隆寺《りゅうじ》（斑鳩寺）は世界最古の木造建築物であり、一九九三年ユネスコの世界遺産に登録された。六五〇体もの仏像を蔵し、その金堂《こんどう》などの伽藍《がらん》や至宝は、国宝や重要文化財にも指定されている。

仏教興隆《こうりゅう》の祖である聖徳太子も伝説に包まれている部分も多い。用明天皇が豊後《ぶんご》（大分県）において玉世姫《たまよひめ》を妃とし、生まれたのが聖徳太子であるという伝説もあり、玉世姫は聖観世音菩《しょうかんぜおんぼ》薩《さつ》、用命天皇は阿弥陀如来《あみだにょらい》の化身《けしん》とされ、そのため聖徳太子には妃の聖《しょう》という名を付けたという言い伝えもある。そのようなことからも太子を釈尊《しゃくそん》に准《じゅん》じるものとする太子信仰が広まり、さまざまな造像が生まれた。合掌《がっしょう》して南無仏《なむぶつ》と唱えたという二歳のときの姿の南無仏太子童形像《なむぶつたいしどうぎょうぞう》、袈裟《けさ》をつけ柄香炉《えこうろ》を持ち、父の病気平癒を祈る十六歳の姿での孝養太子立像《きょうようたいしりゅうぞう》、勝鬘経《しょうまんぎょう》を講讃《こうさん》する四十歳の姿の摂政太子坐像《せっしょうたいしざぞう》などが有名だが、この他にも馬上の形像や水鏡《すいきょう》御影《みえい》像などもある。

ひとこと解説　**聖徳太子絵伝《えでん》／三経義疏《さんぎょうぎしょ》**

◎**聖徳太子絵伝**：『聖徳太子伝暦《でんりゃく》』などによる聖徳太子の生涯を絵に描いて説明したものである。太子信仰がさまざまな伝説とともに隆盛を迎え、掛幅《かけふく》、絵巻《えまき》、屏風《びょうぶ》、壁画《へきが》、障子絵《しょうじえ》などの作品が生まれた。太子と関係の深いとされる四天王寺《してんのうじ》、法隆寺、広隆寺《こうりゅうじ》では絵殿《えどの》を設け、その壁に「太子絵伝」を描き、絵解法師《えときほうし》が参拝《さんぱい》者に太子の伝記を語った。『斑鳩嘉元記《いかるがかげんき》』によると、法隆寺絵殿の壁画は五面の絹絵《きぬえ》であり、秦致貞《はたのむねさだ》（または到真《ちしん》）（九世紀・生没年不詳）が描いたとされる。現在では五双《そう》の屏風となって東京国立博物館に保管されている。

◎**三経義疏**：聖徳太子が仏教への非凡な理解をもって、注釈したとされる『法華経《ほけきょう》義疏』四巻、『維摩経《ゆいまきょう》義疏』三巻、『勝鬘《しょうまん》経《ぎょう》義疏』一巻の総称である。独自の解釈を加えたと聖徳宗法《しょうとくしゅうほう》則《そく》に記されている。

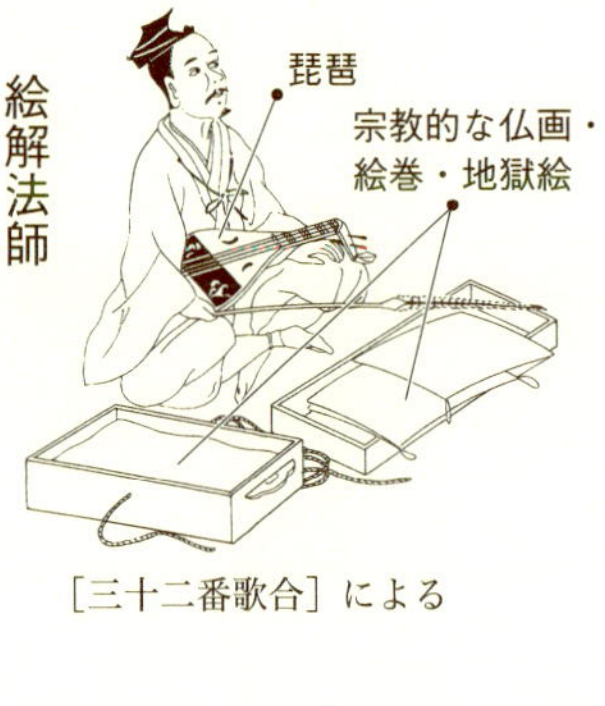
琵琶
宗教的な仏画・
絵巻・地獄絵
絵解法師
［三十二番歌合］による

聖徳太子図像［北辺随筆］による

聖徳太子図像

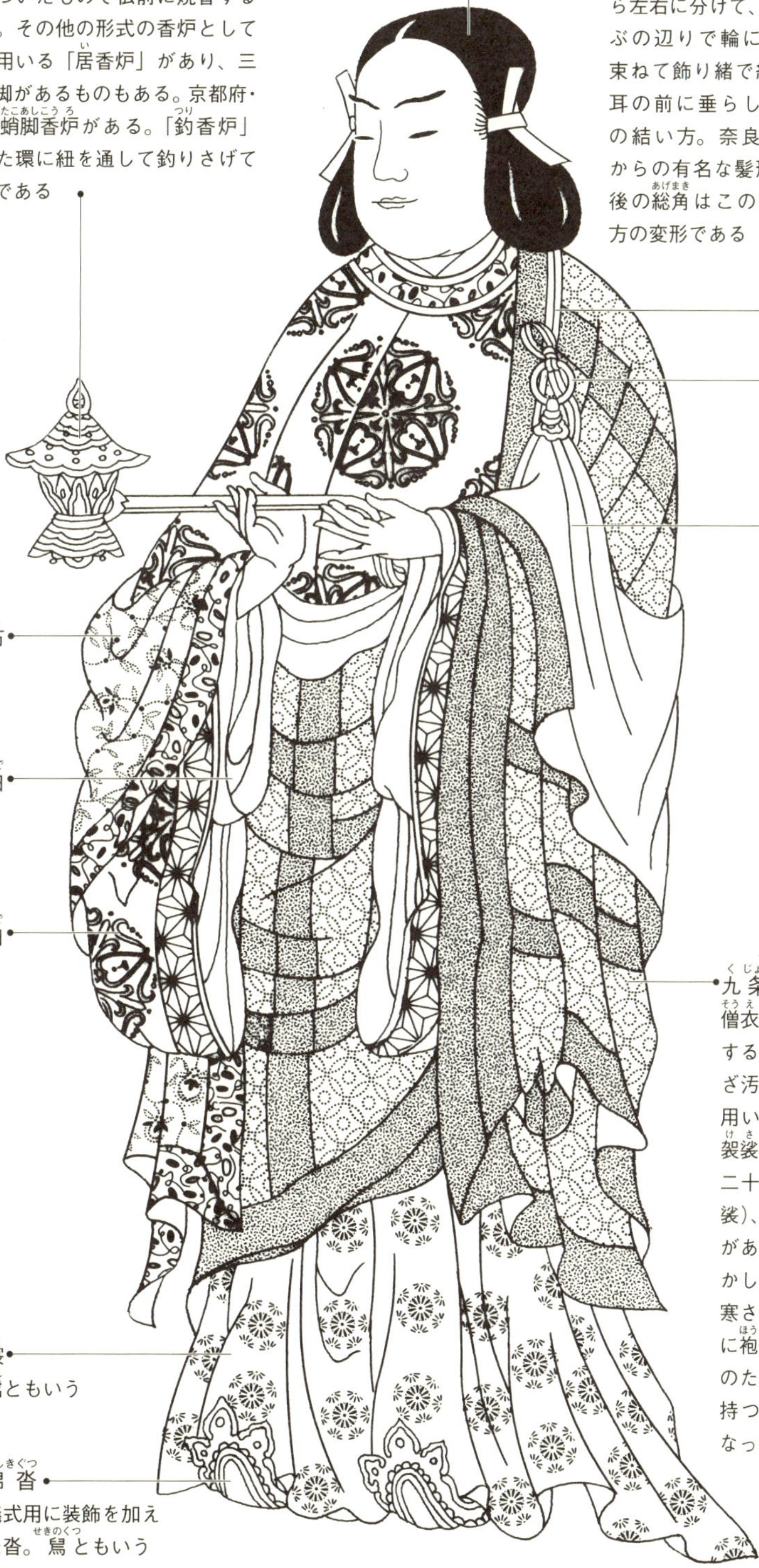

柄香炉《えこうろ》

香を焚《た》く器物。不浄な煩悩・悪霊を払うために香料を焚いた。「柄香炉」は鵲尾《じゃくび》形《ぎょう》・鎮子形《ちんしぎょう》（重石《おもし》）・蓮華形《れんげぎょう》などの香炉に長い柄がついたもので仏前に焼香《しょうこう》するのに用いる。その他の形式の香炉としては、置いて用いる「居《い》香炉」があり、三脚か五脚の脚があるものもある。京都府・興聖寺には蛸脚香炉《たこあしこうろ》がある。「釣《つり》香炉」は取りつけた環に紐を通して釣りさげて用いる香炉である

角髪《みずら》

角子・鬟とも書き、みみずら・びずらとも読む。頂の髪を中央から左右に分けて、耳たぶの辺りで輪にして束ねて飾り緒で結び、耳の前に垂らした髪の結い方。奈良時代からの有名な髪形で、後の総角《あげまき》はこの結い方の変形である

結《むす》び紐《ひも》

環《かん》

天衣《てんね》

肩からつるして着る布帛《ふはく》。綬《じゅ》のかわりともされるので綬帯形《じゅたいぎょう》天衣とも呼んだ。階級によって定められた色を着用する

腰布《ようふ》

小袖《こそで》

大袖《おおそで》

九条袈裟《くじょうけさ》

僧衣《そうえ》の上に右肩より掛けて着用する衣のこと。修行者がわざわざ汚い色のくすんだ色を好んで用いた。これを袈裟色《けさじき》という。袈裟衣《けさえ》には大衣《だいえ》（九条袈裟から二十五条袈裟）、上衣《かみえ》（七条袈裟）、下衣《しもえ》（五条袈裟）の三種があり、これを三衣《さんえ》という。しかし、わが国では三衣だけでは寒さを凌《しの》げないので、袈裟の下に袍裳《ほうも》を着用するに至った。そのために袈裟は装飾的な意味も持つものになり、僧の象徴となった

裳《も》

裙《くん》ともいう

錦沓《にしきぐつ》

儀式用に装飾を加えた沓。舃《せきのくつ》ともいう

日光菩薩と六神将

日光菩薩は、薬師如来《やくしにょらい》の左脇侍《わきじ》で、薬師瑠璃光浄土《るりこうじょうど》の代表的な菩薩《ぼさつ》として説かれ、薬師如来の法を伝えるとされる。『仏説薬《ぶっせつやく》師如来本願功徳経《しにょらいほんがんくどくきょう》』には日光遍照《にっこうへんじょう》、『灌頂抜除過罪生死得度経《かんじょうばつじょかざいしょうしとくどきょう》』には日耀《にちよう》と記される。この日光菩薩は梵名《ぼんみょう》を蘇利也波羅皮遮那《そりやはらひしゃな》といい、密号《みつごう》を威徳金剛《いとくこんごう》とも称する。金剛光《こんごうこう》菩薩と同体とされ、地《じ》蔵《ぞう》菩薩の光明の遍《あまね》く際限なき徳を司る。薬師三尊像では立像《りゅうぞう》で日輪《にちりん》を持つが、奈良県・薬師寺の日光菩薩は何も持たずに通仏印《つうぶついん》（施無畏《せむい》・与願印《よがんいん》）を結んでいる。『秘蔵記《ひぞうき》』には身は肉色《にくじき》で、左手に宝幢《ほうどう》を持ち、右手は与願印にして赤蓮華座《しゃくれんげざ》に坐すと記述されている。

日輪《にちりん》
蓮華台《れんげだい》
宝冠《ほうかん》
与願印《よがんいん》
踏割座《ふみわりざ》
白緑《びゃくろく》の雲《うん》

日光菩薩《にっこうぼさつ》

ひとこと解説

十二神将《じゅうにしんしょう》（その一）

十二神将は守護神とされる。個々の名称、十二支との対応などについては『陀羅尼集経《だらにじっきょう》』『妙見菩薩神呪経《みょうけんぼさつしんじゅきょう》』『薬師観行儀軌《やくしかんぎょうぎき》』などに記されるが、それぞれ相違がある。異説が多く一定しないが、以下二回にわけ、一説としての名称などを挙げる。

十二支《じゅうにし》	薬師経《やくしきょう》での名（他の経典での名）	本地仏《ほんじぶつ》	身色《みじき》	持物《じもつ》
子《ね》神《しん》	宮毘羅《くびら》（金毘羅《こんびら》）大将《たいしょう》	弥勒《みろく》	黄色《こうじき》	金剛杵《こんごうしょ》
丑《うし》神	伐折羅《ばさら》（和耆羅《わぎら》）大将	大勢至《だいせいし》	白《びゃく》色	宝剣《ほうけん》
寅《とら》神	迷企羅《めきら》（弥佉羅《みはら》）大将	阿弥陀《あみだ》	黄色	宝棒《ほうぼう》
卯《う》神	安底羅《あんてら》（安陀羅《あんだら》）大将	聖観音《しょうかんのん》	緑《ろく》色	宝鎚《ほうづち》
戌《いぬ》神	招杜羅《しょうとら》（照頭羅《しょうとら》）大将	金剛手《こんごうしゅ》	青《しょう》色	狗頭鎚《くずづち》
亥《い》神	毘羯羅《びから》（毘伽羅《びから》）大将	釈迦《しゃか》	紅《ぐ》色	宝輪《ほうりん》

日光菩薩と六神将図像 [桑実寺縁起絵巻] による

戌神《いぬしん》
寅神《とらしん》
金剛杵《こんごうしょ》
卯神《うしん》
錫 杖《しゃくじょう》
丑神《うししん》
宝刀《ほうとう》
亥神《いしん》
宝珠《ほうじゅ》
子神《ねしん》
金剛 杖《こんごうじょう》
一切の煩悩を破る長い棒
払子《ほっす》
煩悩を払う

毘羯羅
招杜羅
安底羅
迷企羅
伐折羅
宮毘羅
← 薬師経での名
毘伽羅
照頭羅
安陀羅
弥佉羅
和耆羅
金毘羅
← 他の経典での名

上図は［武装十二支神像 拓本］・下図は［日本図誌 十二支神将］による

月光菩薩と六神将

薬師如来《やくしにょらい》の右脇侍《わきじ》の月光菩薩《がっこうぼさつ》は宝髻《ほうけい》を結い、胸飾《きょうしょく》をつけている。『本願経《ほんがんきょう》』では月光遍照《へんじょう》といい、『灌頂経《かんじょうきょう》』では月浄《がつじょう》という。この月光菩薩は、梵名《ぼんみょう》を阿利也賛坦羅鉢羅波《ありやさんたらはらは》とも称し、訳して聖《しょう》月光《がっこう》といわれる。密号《みつごう》は威徳金剛《いとくこんごう》と称する。『薬師瑠璃光七仏本《やくしるりこうしちぶつほん》願功徳経《がんくどくきょう》』には、月の如き清涼《しょうりょう》の法楽《ほうらく》をもって衆《しゅ》生《じょう》に与え、生死の煩悩《ぼんのう》の焦熱《しょうねつ》から離れさせることを本誓《ほんぜい》とするとある。半月幢《はんがちどう》を持する。

宝斧《ほうふ》
辰神《たつしん》
宝珠《ほうじゅ》
宝冠《ほうかん》
半月形《はんがちぎょう》
月輪《がちりん》
蓮華台《れんげだい》
月光菩薩《がっこうぼさつ》
白茶の雲《びゃくちゃうん》
踏割座《ふみわりざ》
施無畏印《せむいいん》

ひとこと解説　十二神将《じゅうにしんしょう》（その二）

十二支《じゅうにし》	薬師経《やくしきょう》での名（他の経典での名）		本地仏《ほんじぶつ》	身色《みじき》	持物《じもつ》
辰神《たつしん》	頞儞羅《あにら》（摩尼羅《まにら》）	大将	摩利支《まりし》	紅色《ぐじき》	三叉戟《さんさげき》
巳神《み》	珊底羅《さんてら》（素藍羅《そらんら》）	大将	虚空蔵《こくうぞう》	煙色《えん》	宝剣《ほうけん》
午神《うま》	因達羅《いんだら》（因陀羅《いんだら》）	大将	地蔵《じぞう》	紅色	宝棍《ほうこん》
未神《ひつじ》	波夷羅《はいら》（婆耶羅《ばやら》）	大将	文殊《もんじゅ》	紅色	宝鎚《ほうづち》
申神《さる》	摩虎羅《まごら》（摩休羅《まくら》）	大将	薬師《やくし》	白色《びゃく》	宝斧《ほうふ》
酉神《とり》	真達羅《しんだら》（真特羅《しんどら》）	大将	普賢《ふげん》	黄色《こう》	羂索《けんさく》

月光菩薩と六神将図像　［桑実寺縁起絵巻］による

上図は［武装十二支神像　拓本］・下図は［日本図誌　十二支神将］による

矜羯羅童子
こんがらどうじ

制吒迦童子
せいたかどうじ

矜羯羅童子《こんがらどうじ》と制吒迦《せいたか》童子は、不動八大童子《ふどうはちだいどうじ》のうちの二童子である。不動八大童子は、八大金剛《こんごう》童子ともいい、不動明王《みょうおう》の眷属《けんぞく》とされる。不動明王の帰敬《きけい》（尊《そん》に帰依《きえ》して敬《うやま》う）の使者であり、八大童子の種字《しゅじ》が不動明王の一字に帰結《きけつ》することから、不動明王から出生したと説かれることもあるが、他の四大明王（降三世《ごうさんぜ》・軍荼利《ぐんだり》・大威徳《だいいとく》・金剛夜叉《やしゃ》）にも従属することがあり、異説は多い。

八大童子が不動明王に付属するのは四智《ち》・四波羅蜜《はらみつ》の徳を備えるとされるからである。『聖無動尊一字出生八大童子要法品《しょうむどうそんいちじしゅっせいはちだいどうじようほうほん》』には各尊について記されている。『勝軍不動明王《しょうぐんふどうみょうおう》四十八使者《ししゃ》秘密《ひみつ》成就儀軌《じょうじゅぎき》』『聖不動経《しょうふどうきょう》』『修験聖典《しゅげんしょうてん》』にも八大童子について説かれるが、不動明王の両脇侍《わきじ》としては、矜羯羅童子と制吒迦童子の二童子が従い、三尊像として作られることが多い。

ひとこと解説

不動八大童子

◉**矜羯羅《こんがら》童子**：緊迦羅《きんから》ともいい、慈悲の化現《けげん》であり、訳して随順《ずいじゅん》ともいう。身は白肉色《びゃくにくじき》で童子形《どうじぎょう》、蓮華冠《れんげかん》を戴き、天衣《てんね》と袈裟《けさ》で飾る。合掌した両手に独鈷杵《とっこしょ》を横にしてはさむ。

◉**慧光《えこう》童子**：廻光《えこう》とも称し、悟りを求める心を司る。わずかに忿怒《ふんぬ》の形相で、天冠《てんかん》をつけ、袈裟と瓔珞《ようらく》で荘厳《しょうごん》し、左手に月輪《がちりん》のある蓮華《れんげ》を、右手に五智《ごち》の金剛杵《しょ》を持つ。

◉**阿耨達《あのくた》童子**：訳して無熱《むねつ》といい、真《まこと》の智慧《ちえ》を持つ。阿耨多《あのくた》とも称する。頭に金翅鳥《こんじちょう》を戴き、左手に紅蓮華《ぐれんげ》を持って清浄無垢《しょうじょうむく》であることをあらわし、右手は独鈷杵《とっこしょ》を持ち、龍王に乗る。

◉**烏倶婆誐《うぐばが》童子**：憂丘婆丘《うくばく》ともいう。超越《ちょうえつ》三世の意をあらわす。悟りの修行者を救う使者とされるが、暴悪相《ぼうあくそう》で五鈷冠《ごこかん》を戴き、左手は金剛杵を持ち、右手は拳印《けんいん》を結び腰に当てる。

◉**制吒迦《せいたか》童子**：性格は悪く、怒りの心を持つ相であらわされ、もともとは瞋恚悪性《しんいあくしょう》の暴れ者である。訳して業波羅蜜《ごうはらみつ》と称し、左手には縛日羅《ばざら》を、右手には金剛《こんごう》棒をとる。

◉**慧喜《えき》童子**：廻喜《えき》とも称し、福智《ふくち》をもって喜びとなすとされる。左手は摩尼宝珠《まにほうじゅ》を持って福徳《ふくとく》の智慧《ちえ》をあらわし、右手は三叉鉤《さんさこう》を持ち、廻喜菩薩の別称もある。

◉**指徳《しとく》童子**：また忠徳《ちゅうとく》ともいい、三つ目で甲冑《かっちゅう》を着て、慧喜《えき》・慧光《えこう》・阿耨達《あのくた》の三徳《さんとく》で智慧を発揮するために志徳菩薩《しとくぼさつ》と呼ばれる。左手には輪宝《りんぼう》、右手には三叉戟《げき》を持つ。

◉**清浄比丘《しょうじょうびく》**：比丘形《ぎょう》の修行僧で、法宝《ほうぼう》を守護する。修行して智慧を得よと説く。『経典』には目が青蓮華《しょうれんげ》のように青いとある。左手に梵篋《ぼんきょう》を、右手に五鈷杵《ごこしょ》を持つ。

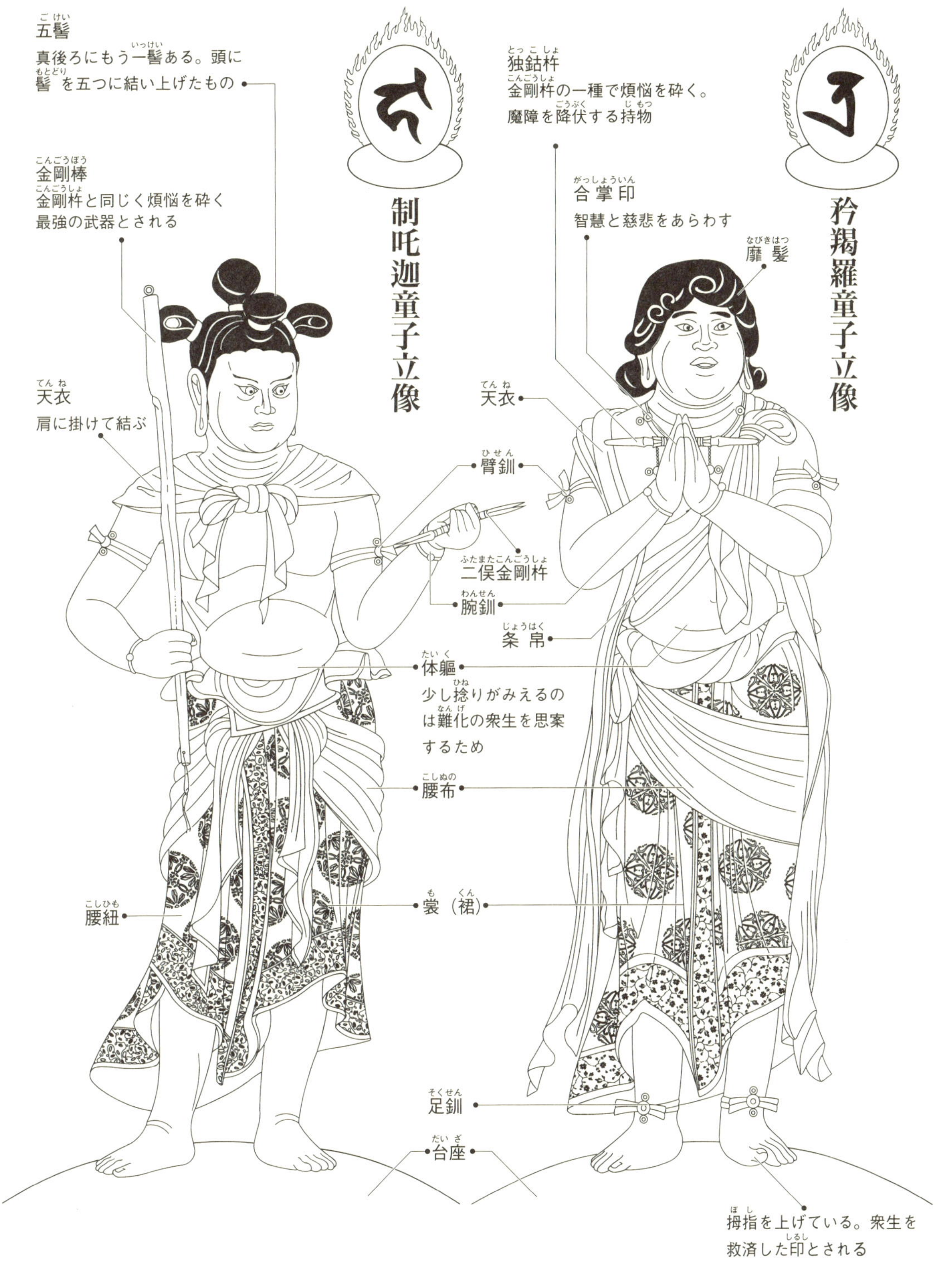

矜羯羅童子立像／制吒迦童子立像　伝 大仏師 運慶作　[和歌山県・金剛峯寺像] による

制吒迦童子立像

五髻（ごけい）
真後ろにもう一髻ある。頭に髻を五つに結い上げたもの

金剛棒（こんごうぼう）
金剛杵（こんごうしょ）と同じく煩悩を砕く最強の武器とされる

天衣（てんね）
肩に掛けて結ぶ

臂釧（ひせん）

二俣金剛杵（ふたまたこんごうしょ）

腕釧（わんせん）

体躯（たいく）
少し捻（ひね）りがみえるのは難化（なんげ）の衆生を思案するため

腰布（こしぬの）

腰紐（こしひも）

裳（も）（裙（くん））

足釧（そくせん）

台座（だいざ）

矜羯羅童子立像

独鈷杵（とっこしょ）
金剛杵の一種で煩悩を砕く。魔障を降伏する持物

合掌印（がっしょういん）
智慧と慈悲をあらわす

靡髪（なびきはつ）

天衣

条帛（じょうはく）

拇指（ぼし）を上げている。衆生を救済した印（しるし）とされる

七福神

しちふくじん

福徳《ふくとく》をもたらす神として、わが国で俗信される七神をいう。『仁王経《にんのうきょう》』に説かれる「七難即滅、七福即生」（七難七福）がこの信仰に結びついたとされる。中国の「竹林《ちくりん》の七賢《しちけん》」と称される七人の賢者にならって組み合わせたものともいわれる。

仏教の大黒天《だいこくてん》・毘沙門天《びしゃもんてん》・弁財天《べんざいてん》・布袋《ほてい》、道教《どうきょう》の福禄寿《ふくろくじゅ》・寿老《じゅろう》人《じん》、神道《しんとう》の恵比須《えびす》をこの福徳の七神とした。一説には弁財天のかわりに吉祥天《きちじょうてん》としたり、寿老人のかわりに猩猩《しょうじょう》（猿田《さるた》彦尊《ひこのみこと》）を配することもあると『七福神伝《しちふくじんでん》』に記される。この七福神信仰は、財貨《ざいか》と長寿を求める庶民感情をもとに、室町時代の末期からはじまり、江戸時代に盛んとなって今日に至っている。

仏語の手引き

竹林《ちくりん》の七賢《しちけん》

中国の三国時代の魏《ぎ》・晋《しん》の頃に、世塵《せじん》を避け、儒学《じゅがく》の礼教《らいきょう》に反して、老荘《ろうそう》の空理《くうり》を談じるために、しばしば竹林に集まり酒を飲みながら瑟《しっ》を奏でて、清談《せいだん》（魏晋時代の談論）を行った賢者をいう。阮籍《げんせき》、嵆《けい》康《こう》、山濤《さんとう》、向秀《しょうしゅう》、劉伶《りゅうれい》、阮咸《げんかん》、王戎《おうじゅう》の七人である。

七福神

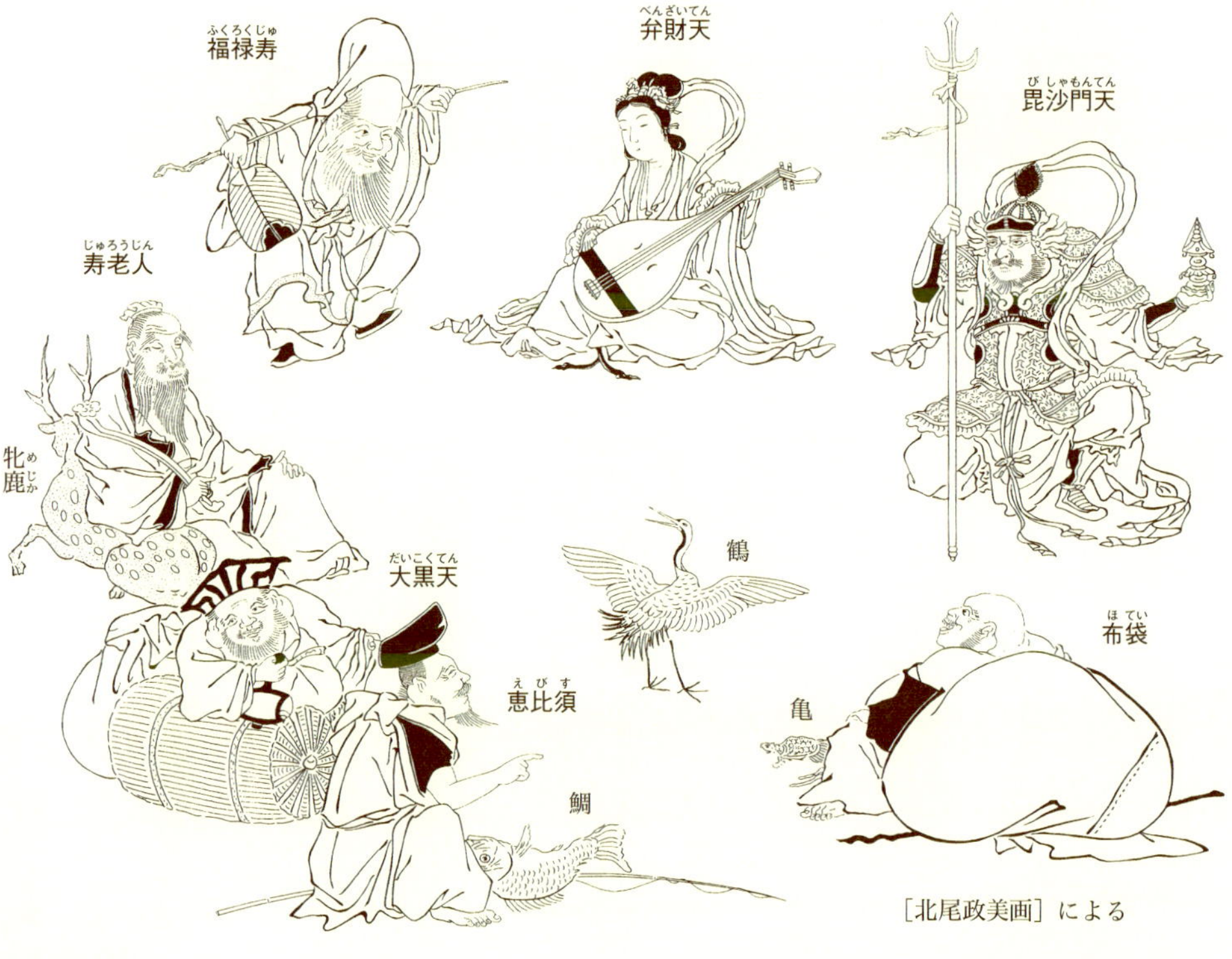
福禄寿《ふくろくじゅ》
弁財天《べんざいてん》
毘沙門天《びしゃもんてん》
寿老人《じゅろうじん》
牝鹿《めじか》
鶴
大黒天《だいこくてん》
布袋《ほてい》
恵比須《えびす》
亀
鯛

［北尾政美画］による

七福神図像

七福神図像　一勇斎国芳画［錦絵 七福神図絵］による

五山形《ござんぎょう》頭巾《ずきん》
後ろの側面までおおうため、五山形という
寿老人《じゅろうじん》 中国神
長寿・福徳の神
打出《うちで》の小槌《こづち》
打てば何でも叶う不思議な持物《じもつ》
福袋《ふくぶくろ》
布袋《ほてい》 印度神
吉凶・天候の神
天扇《てんせん》
宝塔《ほうとう》
大黒頭巾《だいこくずきん》
大黒天《だいこくてん》 印度神
財貨・福利の神
恵比須《えびす》 日本神
海運・商業の神
鯛
宝珠《ほうじゅ》
珊瑚《さんご》

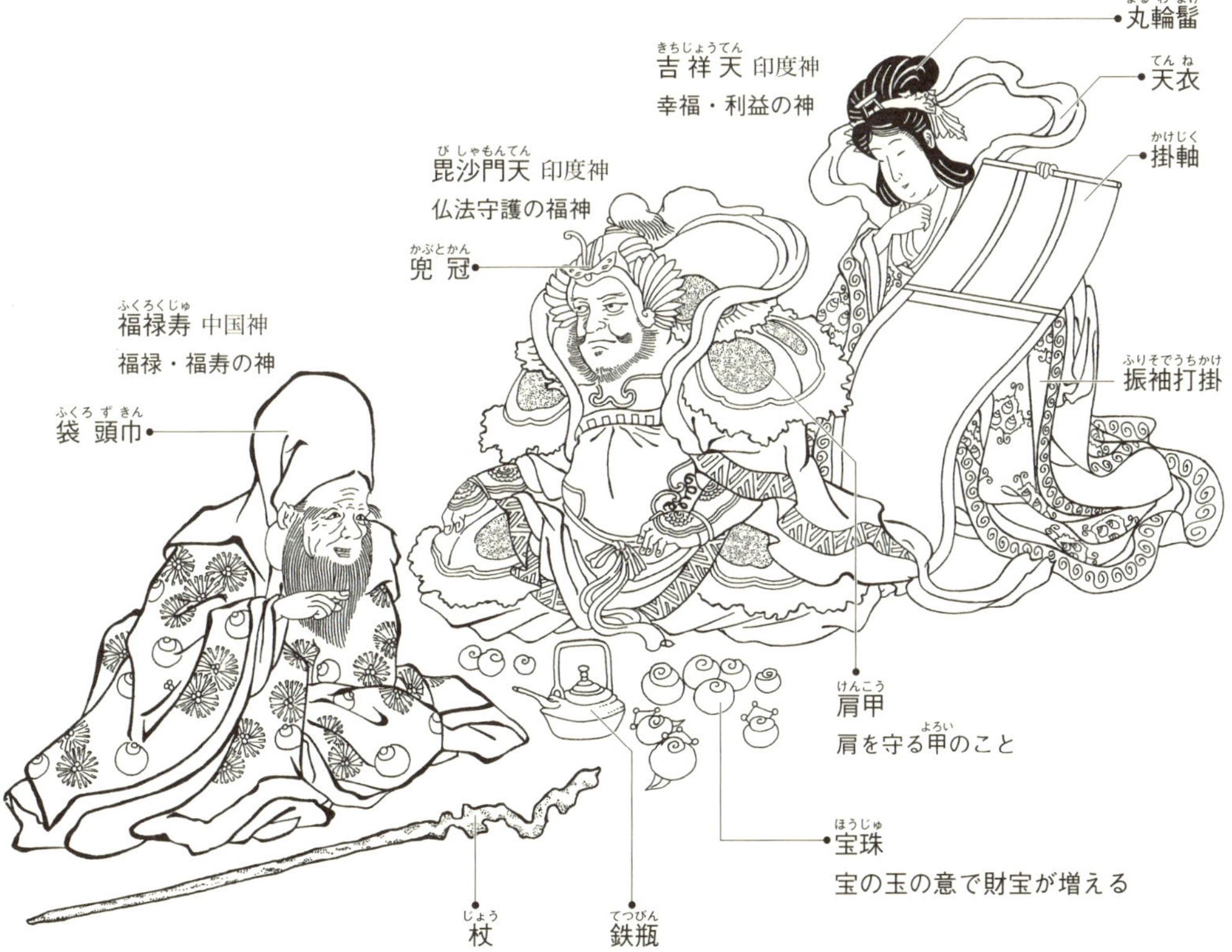
丸輪髷《まるわまげ》
吉祥天《きちじょうてん》 印度神
幸福・利益の神
天衣《てんね》
掛軸《かけじく》
毘沙門天《びしゃもんてん》 印度神
仏法守護の福神
兜冠《かぶとかん》
福禄寿《ふくろくじゅ》 中国神
福禄・福寿の神
袋頭巾《ふくろずきん》
振袖打掛《ふりそでうちかけ》
肩甲《けんこう》
肩を守る甲《よろい》のこと
宝珠《ほうじゅ》
宝の玉の意で財宝が増える
杖《じょう》
鉄瓶《てつびん》

宝船と七福神

たからぶねとしちふくじん

七福神への信仰は室町末期頃にはじまる。恵比須《えびす》は漁民の信仰対象であったところから転じ、海運・商業の神となり、七神を宝船に乗せるようになったと思われる。正月の恵方《えほう》（歳徳神《としとくじん》）参《まい》りに、宝船の絵図が売り出されるようになった。古くは室町幕府が宝船の絵を将軍様に献じたと、年中行事として記録されている。

宝船売

“おたから、おたから” と呼びながら宝船を売り歩く

［四時交加］による

仏語の手引き

宝《たから》船《ぶね》の回文《かいぶん》

丸に宝と書いた帆を上げ、七福神《しちふくじん》を乗せた龍頭船の絵に、回文《かいぶん》を記したものを枕の下にして寝ると良い初夢をみると信じられた。その回文は〝長《なか》き世《よ》の遠《とお》の眠《ねふ》りの皆目覚《みなめさ》め波乗《なみの》り舟《ふね》の音《おと》の良《よ》きかな〟と書かれ、一説ではこれは聖徳太子の作ともいわれる。

七福龍《りゅう》頭《ず》の宝船

［宝船版画図絵］による

宝船と七福神図像　北尾重政画［錦絵　宝船に乗る七福神］による

宝船と七福神図像

鶴《つる》
千年という吉祥《きっしょう》の象徴
帆柱《ほばしら》
帆《ほ》
三叉戟《さんさげき》
宝塔《ほうとう》
釣竿《つりざお》
弁財天《べんざいてん》（仏教）
妙音天《みょうおんてん》ともいう
琵琶《びわ》
毘沙門天《びしゃもんてん》（仏教）
多聞天《たもんてん》ともいう
経巻《きょうかん》
寿老人《じゅろうじん》（道教《どうきょう》）
猩猩《しょうじょう》を配置する
こともある
杖《じょう》
布袋《ほてい》（仏教）
大黒天《だいこくてん》（仏教）
福禄寿《ふくろくじゅ》（道教《どうきょう》）
打出《うちで》の小槌《こづち》
恵比須《えびす》（神道《しんとう》）
夷《えびす》とも書く
鯛《たい》
縁起物の象徴
亀《かめ》
万年という長寿
の象徴

附　録

［正倉院《しょうそういん》宝物（八花形鏡《やつはなぎょうきょう》の文様）］による

仏語解説

阿吽（あうん） 阿は口を開いて発す初めの字音を持ち、吽は口を閉じた終わりの字音を持つ。万物《ばんぶつ》の最初と最後を象徴する。

閼伽（あか） 神仏に供えるものを意味する語。とくに清浄水《しょうじょうすい》をさす。

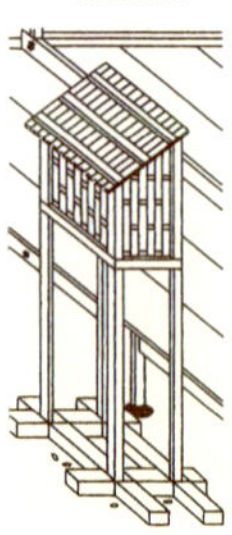
閼伽棚《だな》

阿字（あじ） 梵語《ぼんご》の第一字母。阿字はことばの根源、万物の根源を象徴し、それを体得させてくれる字である。

行脚（あんぎゃ） 僧《そう》が徒歩で諸国を巡って、自己の修行をすること。そのような僧を行脚僧・雲水《うんすい》僧・遊行《ゆぎょう》僧といった。

生仏（いきぼとけ） 生きている仏の意味から、徳の高い僧や人を仏のようにあがめていう。生如来《いきにょらい》・生菩薩《いきぼさつ》ともいう。

一念（いちねん） 仏を信じて念仏を一度唱えること。悟《さと》りを求めて仏を信じる一瞬間。また、仏の姿を観想《かんそう》すること。

位牌（いはい） 死者を祀《まつ》るために法号《ほうごう》(法名)や戒名《かいみょう》を記した木の札で、神霊《しんれい》を招き寄せる依代《よりしろ》として祀《まつ》った。

忌詞（いみことば） 不吉な意味から、使用を避けることば。また、そのために言い換えて使うことば。四《し》を「よ」「よん」と読むのもその一例である。

因業（いんごう） 前世からの因縁による因（原因）と業（行為）をいう。一般的には無慈悲《むじひ》、頑固《がんこ》を意味し、そのような人を因業者《いんごうもの》という。

有無(うむ) 有《あ》ることと無《な》いこと。あるなし。仏教には一切を有とみるか無とみるかの説があり、それぞれの有法と無法をいう。

回向（えこう） 自ら修めた功徳《くどく》（慈悲）を衆生《しゅじょう》に振り向けること。特に死者のために冥福《めいふく》を祈ること、つまり追善《ついぜん》をいうこともある。

縁起（えんぎ） 因縁《いんねん》によって関係が起こるとする仏教の根本的思想。物事のいい前《まえ》触《ぶ》れを「縁起が良い」というのはこのような意味からである。

往生（おうじょう） この世を去り、往《ゆ》きて仏の極楽浄土に生まれ変わること。蓮華《れんげ》の中に生まれることを望む往生思想がある。

開帳（かいちょう） 寺院で厨子《ずし》の扉や帳《とばり》を開いて、その中の秘仏《ひぶつ》とされる本尊や仏像を特定期間に一般者に拝観させること。

戒名（かいみょう） 法名《ほうみょう》ともいい、受戒《じゅかい》した出家者や在家信者に与えられる名。平安後期から、死後の成仏のために与えられるようになった。

加持（かじ） 仏《ほとけ》・菩薩《ぼさつ》が摩訶不思議《まかふしぎ》な力で衆生を加護すること。仏の三密《さんみつ》と行者《ぎょうじゃ》の三業《さんごう》が一体となり、加護される。

呵責（かしゃく） 訶嘖とも書く。大声で叱責《しっせき》すること、責《せ》め呵《さいな》むことから「良心の呵責に苦しむ」と使われるようになった。

合掌（がっしょう） 仏や菩薩を礼拝する時、顔や胸の前で、両方の掌《てのひら》を合わせる敬礼法。

果報（かほう） 因果応報《いんがおうほう》の略。過去の善悪の業《ごう》から、現在に幸・不幸の原因が生じ、未来の果報となることをあらわす語。

灌頂（かんじょう） 印度《いんど》での国王即位の際、

頭頂に水を注いだ儀式が転じ、仏が成仏《じょうぶつ》を約束したり、その教法を受けたりするときの儀式に発展した。

勧進（かんじん） 人々に仏道を勧め、功徳《くどく》をもたらす善行をいう。寺院・仏像の建立や修繕に浄財《じょうざい》を募ることをいうこともある。勧化《かんげ》ともいう。

帰依（きえ） 威徳を仰ぎ、頼りにする意。神仏や優れた高僧を深く信仰して、心身を捧げ、祈念し、信奉《しんぽう》すること。

忌日（きにち） 命日《めいにち》ともいい、その人の死亡した月日をいう。その日に毎年、回向《えこう》する。また、人の死後、七日《なぬか》ごとに営む法会《ほうえ》の日をいう。

功徳（くどく） 善い行いをして得られる福徳（御利益《ごりやく》）をいう。功利的なものでなく自然にもたらされる恩恵である。

供養（くよう） 三宝《さんぼう》（仏・法・僧）や、死者の霊《れい》に対し、花などの供物を捧げ、読《ど》経《きょう》し、礼拝すること。

袈裟（けさ） 僧侶が法衣《ほうえ》の上に、左肩から右脇の下にかけて斜めに掛けてつける布。

解脱（げだつ） 苦悩の束縛から解放されて、悟りの境地に到達し、涅槃《ねはん》の境界《きょうがい》（境地）に入ること。

外道（げどう） 仏教（内道《ないどう》）に対して仏教以外の宗教（教え）を信奉する者を指していう。または道に外れし者をいう。

降伏（ごうぶく） 調伏《ちょうぶく》ともいう。神仏の力や法力《ほうりき》によって仏敵・怨敵《おんてき》・魔障《ましょう》・悪魔・煩悩を鎮めることをいう。

五戒（ごかい） 在家《ざいけ》の守るべき五種の禁戒。不殺生《ふせっしょう》・不偸盗《ふちゅうとう》・不邪淫《ふじゃいん》・不妄語《ふもうご》・不《ふ》飲酒《おんじゅ》をいう。外面的な行為の戒《いましめ》である。

極楽（ごくらく） 阿弥陀仏《あみだぶつ》がいるとされる極楽浄土（浄仏国土）をいう。この世界から西方十万億の仏土を経たところに極楽があるといわれる。

後生（ごしょう） 後世《ごせ》（死後に生まれかわって住む世《よ》）のこと。前生《ぜんしょう》・今生《こんじょう》に対する語で、後《のち》の世ともいう。来世《らいせ》のこと。

護摩（ごま） 護摩木を焚いて、本尊に息災・降伏・敬愛などを祈るもの。印度《いんど》の祭祀《さいし》法《ほう》から密教の秘法にとりいれられた。

勤行（ごんぎょう） 勤《つと》めて仏道の修行をすること。また、仏前で時を定めて焼香《しょうこう》、礼拝、読経《どきょう》をすること。

権現（ごんげん） 仏《ほとけ》・菩薩《ぼさつ》が衆生《しゅじょう》を救うために権《かり》（仮）の姿に身を変えて、この世にあらわれること。そのあらわした姿を化身《けしん》という。

坐禅（ざぜん） 両足を組む結跏趺坐《けっかふざ》で背筋を伸して坐《すわ》り、右掌の上に左掌を置き、精神を統一する。禅宗の修行の法。

悟り（さとり） 煩悩を脱し、涅槃《ねはん》を得ること。迷いの世界から去って真理を会得すること。覚《さと》りとも書く。

散華（さんげ） 仏・菩薩の説法が終わると天空から華《はな》が舞い降りたとされることから、法要の際に華を散布し、仏を供養すること。

懺悔（さんげ） 過去に犯した自己の罪障を神仏や僧に告白して許しを請うこと。無意識の罪も懺悔する。

三方（さんぽう） 神仏への供物をのせる檜《ひ》の木造《づくり》の台。前・左・右の三方に刳方《くりかた》の穴がある。

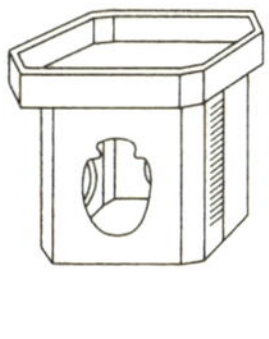

三昧（さんまい） ひとつのことに心が統一され、安定していること。死者の冥福を祈り、念仏三昧を修するため、墓地を三《さん》昧場《まいば》といい、その僧を三昧僧《そう》という。

地獄（じごく） 六道の一つで、現世にて悪業《あくごう》をなした者が死後にその報いとして苦果にあう地下の世界。

十界（じっかい）　迷《まよ》いと悟《さと》りの世界を十に分け、地獄・餓鬼・畜生・修羅《しゅら》・人間・天上・声聞《しょうもん》・縁覚《えんがく》・菩薩《ぼさつ》・仏と称する。十法界《じっぽうかい》ともいう。

慈悲（じひ）　仏《ほとけ》・菩薩《ぼさつ》が衆生《しゅじょう》すべてをいつくしみ、喜びを与える（慈）ことと、すべての者を哀れみ、苦しみを除く（悲）ことをあらわす。

錫杖（しゃくじょう）　僧や修験者《しゅげんじゃ》が持ち歩く杖《つえ》。頭部に錫《すず》の環《かん》を六個掛けた持物《じもつ》。

折伏（しゃくぶく）　煩悩《ぼんのう》や迷いをおさえて、悪法や悪者をくじき伏せ、屈服させること。摂受《しょうじゅ》と対をなす教化《きょうけ》方法である。

娑婆（しゃば）　煩悩から逃れることのできない衆生が、苦しみが多くても耐えながら生きている俗世間のこと。現世。

邪魔（じゃま）　悟りの道に入る道筋《みちすじ》を求めて修行している人に、誤った教えを説き、仏法に害をなす邪《よこしま》な悪魔をいう。

舎利（しゃり）　聖者の遺骨を意味する。釈《しゃ》迦《か》の遺骨をいう。舎利を安置する塔を仏《ぶっ》舎利塔《しゃりとう》という。米粒《こめつぶ》を「しゃり」というのはこの語からである。

修行（しゅぎょう）　「すぎょう」とも読む。悟りを求め、正しい行為で仏の道を修め実践すること。托鉢《たくはつ》し、巡礼すること。行脚《あんぎゃ》。

衆生（しゅじょう）　一切の命《いのち》あるもの、生きとし生けるものをさした言葉だが、今ではすべての人間をあらわすことに用いられている。

出家（しゅっけ）　在家《ざいけ》に対する語で、仏門に入ること。俗世間を捨てて、仏道修行に入り、僧になること。

寿命（じゅみょう）　命《いのち》がある間の長さ、生命、命数、齢《よわい》のこと。無量寿如来《むりょうじゅにょらい》は無限の寿命を持つところからの名である。

修羅（しゅら）　阿修羅《あしゅら》を略した語。阿修羅は戦闘を好む神であるところから、激しい戦闘が行われることをあらわす語。修《しゅ》羅場《らば》などのように用いる。

巡礼（じゅんれい）　信仰のために仏教の霊場《れいじょう》をまわり、参拝すること。またその巡拝する人をいう。

巡礼者

成就（じょうじゅ）　大事を成し遂げること、難事を成し終えることの意。また願望がかなうことにも用いられる。

小乗（しょうじょう）　大乗の立場からの侮《ぶ》蔑的《べってき》な言い方であるが、小さな乗り物の意から、衆生済度《さいど》せずに自己の解脱《げだつ》と悟《さと》りを目的とする仏教をいう。

精進（しょうじん）　ひたすら仏道修行に努力して励むこと。転じて、仏事にあたり、一定期間、身を清めて不浄《ふじょう》を避けること。

浄土（じょうど）　穢土《えど》に対し、仏・菩薩の住する国。仏国土《ぶっこくど》ともいう。特に、阿弥《あみ》陀如来《だにょらい》の住する西方の極楽浄土をさす。

成仏（じょうぶつ）　煩悩を脱し、悟りを開き、仏になること。得仏《とくぶつ》・成道《じょうどう》・成菩提《じょうぼだい》・成仏道・現等覚《げんとうがく》・成正覚《じょうしょうがく》などともいう。

除夜（じょや）　除日《じょじつ》の夜の意であり、大晦《おおみそ》日《か》の夜をいう。除夕《じょせき》ともいう。除夜十二時に各寺院で鐘《かね》を撞き、百八の煩悩《ぼんのう》を除去する。

真言（しんごん）　真理を示す秘密の言葉。陀羅尼《だらに》・呪文《じゅもん》・密呪《みつじゅ》・密言《みつごん》・呪《じゅ》と訳され、仏・菩薩の偽《いつわ》りのない真実の言葉をいう。

頭陀(ずだ)　杜多《ずだ》とも書き、抖擻《とそう》と訳される。貪欲《どんよく》を払うこと、すなわち衣食住に対する欲を払う修行をいう。十二種ある修行を十二頭陀行《ずだぎょう》という。

殺生(せっしょう)　生き物を殺すこと。十戒のひとつに殺生戒《かい》があり、特に人を殺すことを戒められる。

雪隠(せっちん)　「せんち」「せついん」とも読む。厠《かわや》、便所のこと。寺院では西側におかれ、西浄《せいちん》と呼んでいたことからの転訛語《てんかご》である。

刹那(せつな)　仏語でいうところのわずかの間、瞬間《しゅんかん》である。「須臾《しゅゆ》」もしばらくの間をいう語であり、同義語といえる。

節分(せつぶん)　宮中で行われる疫病を払う追儺《ついな》・鬼遣《おにや》らいの儀式。昔は大晦日に行われた。今では「福は内、鬼は外」の豆撒《まめま》き行事となった。

僧綱(そうごう)　僧尼を統率し、法務を司る僧官の僧正《そうじょう》・僧都《そうず》・律師《りっし》と三僧位の総称。その位の衣の襟《えり》を僧綱襟という。

僧綱襟

大乗(だいじょう)　大きな乗り物の意であり、広く衆生《しゅじょう》救済を説き、済度《さいど》して、悟りに到達させる仏教をいう。

題目(だいもく)　書物などの標題のことであるが、日蓮宗《にちれんしゅう》で唱える南無《なむ》妙法蓮華《みょうほうれんげ》経《きょう》の七文字は「御題目」と称され、尊重される。

托鉢(たくはつ)　修行僧が経文を唱えながら、鉢《はち》を携えて各戸で布施《ふせ》を受けること。

托鉢僧

荼毘(だび)　闍毘《じゃび》、闍維《じゃゆい》とも書く。焼身・焚焼《ふんしょう》の意から火葬をあらわす。火葬することを「荼毘に付《ふ》す」という。

啖呵(たんか)　江戸っ子弁の歯切れのよい鋭い語調をいうが、仏語の弾呵《だんか》(小乗にとどまっているものを叱ること)が転訛《てんか》した語ともいわれる。

檀那(だんな)　布施をほどこす者へ対し、仏家が呼ぶ名。檀那に支えられている寺を檀那寺、菩提寺《ぼだいじ》という。

智慧(ちえ)　智《ち》(認識)と慧《え》(判断)は同義であり、仏教としての物事の真理を悟り、本質を理解し処理する能力をいう。

畜生(ちくしょう)　人に畜《やしな》われて生きているものの意から禽獣《きんじゅう》・虫魚《ちゅうぎょ》の総称。畜生道は、六道の一つで悪業を行う者が行くところである。

中陰(ちゅういん)　中有《ちゅうう》ともいう。衆生の死有《しう》(死ぬ)から次の生有《しょうう》(生を得る)までの期間。すなわち本有《ほんぬ》を生きた期間をいう。

中道(ちゅうどう)　二つの立場のいずれにも偏《かたよ》らない不偏《ふへん》中正《ちゅうせい》の道をいう。中論という意味ではなく。絶対な道理をさす。

追善(ついぜん)　死者の冥福《めいふく》を祈って、善事を行うこと。または死者の年忌《ねんき》に仏事を営むこと。追福《ついふく》、追薦《ついせん》とも書く。

転変(てんぺん)　古くは「てんべん」と読んだ。転化変異《てんかへんい》(移り変わり変動する)を意味し、仏・菩薩が仏法を自在に変質させることをいう。

道場(どうじょう)　仏が悟りを開く修行の場所とされ、釈迦《しゃか》が悟《さと》りを成道《じょうどう》した菩提《ぼだい》樹下《じゅか》の場所を菩提道場、菩提場《じょう》という。

道理(どうり)　物事がそうあるべき筋道《すじみち》のことをいう。道義ともいう。仏法では理と書き、「ことわり」と読む。

貪欲(どんよく)　仏語では「とんよく」とも読む。貪瞋癡《どんしんち》三毒《さんどく》のひとつで、むさぼりを意味する。自己の飽《あ》くことなき欲望のことをいう。

奈落（ならく）　地獄のこと。那落・捺落とも書く。また地獄に堕《お》ちる意から、物事のどん底《ぞこ》をあらわす。

仁王（にんのう）　古い読み方で一般的には「におう」と読む。仏法を守護するとされ、一対《いっつい》に安置した金剛力士像であらわされる。

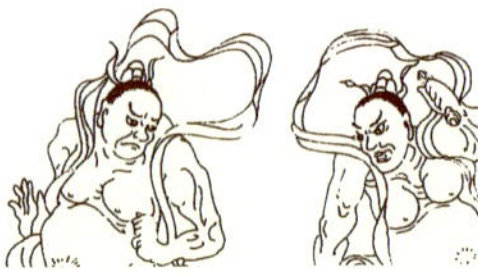

涅槃（ねはん）　煩悩《ぼんのう》の火が吹き消され、不生不滅の状態をいう。転じて仏・菩薩、特に釈迦の死をいう。

年忌（ねんき）　人の死後に毎年巡ってくる当月当日の祥月命日《しょうつきめいにち》をいう。その日に行なう法要をさすこともある。年回《ねんかい》とも称する。

念仏（ねんぶつ）　心に仏の相好《そうごう》や功徳《くどく》を思い、観ずること。また仏の名を口で唱えること。

般若（はんにゃ）　嫉妬《しっと》をあらわす恐ろしい表情をした鬼女の面をいう。般若坊という

般若面

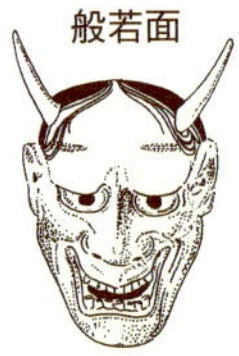

僧が作ったとされる。

彼岸（ひがん）　生きているこの世界を此岸《しがん》といい、生死の海を渡り、到達する向こう岸が悟りの彼岸である。

非業（ひごう）　前世の業によるのではなく、思いがけなく現在の災難にあうことをいう。それによって死ぬことを「非業の死」という。

非道（ひどう）　道理にあらざる（道理に外れる）こと、すなわち仏法にはずれることをいう。「ひどい」は非道が転じた語。

秘密（ひみつ）　仏語の秘奥深密《ひおうじんみつ》の略である。もとの意味は、奥深い物事を公開せず、他に教えないことをいう。略されて、一般的に隠すことをいう語になった。

無事（むじ）　「ぶじ」と読むことも多い。有事の反意語。取り立てて言うほどのことも起こらず、かわらず平穏《へいおん》であること。

普請（ふしん）　普《あまね》く請《こ》う、すなわち僧を集めて労役に従事させることをいう。また多くの人から寄付を仰ぎ、建立《こんりゅう》することもいう。転じて構築工事などもいう。

布施（ふせ）　僧が読経《どきょう》の礼として、金銭や品物などの施《ほどこ》しを受けること。信者から僧への施しを財施《ざいせ》という。

不断（ふだん）　絶《た》え間なく続けること。普段とも書き、平生《へいぜい》という意味でもある。阿弥陀《あみだ》仏の放つ光明を不断光という。

仏滅（ぶつめつ）　釈迦《しゃか》（釈尊《しゃくそん》）の入滅日（亡くなった日）をいうが、暦《こよみ》の六輝の一つである仏滅《ぶつめつ》は「物滅」のことであって、釈迦の入滅とは無関係とされる。

分別（ふんべつ）　仏語で、理性で物事の道理を区別・分析してわきまえることをいう。一般的な語になり、「分別盛《ざか》り」「分別臭《くさ》い」のように用いられる。

変化（へんげ）　神仏が衆生救済のために仮の姿をとってあらわれること。権化《ごんげ》ともいう。変化した姿を変化身《へんげ》・化身《けしん》という。

変相（へんそう）　極楽・地獄の相状や、仏教説話、経説などを絵図に描いてあらわしたものを変相図という。

法会（ほうえ）　経典を講説・読誦《どくじゅ》し、先祖への追善法要をすること。また仏法に関する仏事・行事・法養のことをいう。

方丈（ほうじょう）　維摩経《ゆいまぎょう》の主人公である維摩居士《こじ》が一丈四方（畳《たたみ》四畳半）の部屋に居住したという故事から、禅宗での住

房をいう。

方便（ほうべん）　仏教において、衆生《しゅじょう》を教えに導くための巧みな手段や方法のことをいう語。目的のための便宜的な手段の意として用いられるようになった。

菩提（ぼだい）　道《どう》・智《ち》・覚《かく》と訳し、煩悩を断って得られる悟《さと》りの智慧《ちえ》のことをいう。転じて死後の冥福《めいふく》をあらわす。

法螺（ほら）　山伏が携える大きく吹き鳴らす合図のための道具。転じて大袈裟に語ること、嘘をあらわす。嘘《うそ》を言うことを「法螺を吹く」という。

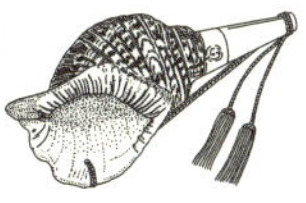

本願（ほんがん）　仏・菩薩が過去において衆生《しゅじょう》救済のため誓願《せいがん》。阿弥陀仏《あみだぶつ》の四十八願《しじゅうはちがん》、薬師仏《やくしぶつ》の十二大願《だいがん》など。

本尊（ほんぞん）　礼拝の対象として寺院に安置される仏・菩薩像のこと。本仏《ほんぶつ》ともいう。さらに個人的に信仰・祈禱《きとう》する仏像のこともいう。

煩悩（ぼんのう）　衆生《しゅじょう》の身心を煩《わずら》わせ、悩ませる一切の精神作用の総称。煩悩の種類は多く、一般的に百八の煩悩があるとされる。

末法（まっぽう）　釈迦《しゃか》入滅後の仏教流布の期間を三つに分け、正法《しょうぼう》・像法《ぞうほう》・末法という。最後の末法の時には修行する者や悟りを得る者もなくなり、仏の教法のみが残るだけとなり、実行されなくなるという。

密教（みっきょう）　深遠秘奥《しんえんひおう》なる荘厳《しょうごん》な仏法を密教という。最澄《さいちょう》の法を天台宗《てんだいしゅう》の台密、空海《くうかい》の法を真言《しんごん》宗の東密という。

名号（みょうごう）　仏・菩薩の名。一般に尊称の意味を持っており、尊号・徳号と呼ぶ。阿弥陀仏《あみだぶつ》の四字を特に四字名号と称している。

冥利（みょうり）　神仏の陰の力により、知らず知らずのうちに与えられる恩恵のこと。転じて、幸運を意味するようになった。

無我（むが）　哲学的に我《われ》は存在するが、仏教的には我《が》の存在は否定する。我《が》は仮の存在で、仏教では永遠不変の実体は存在はしないとされる。

無常（むじょう）　一切が変化し、常に同じ状態ではないことをいう。一般的に人生のはかないことを無常という。

無念（むねん）　有念《うねん》をはなれて、妄念《もうねん》のない無我の境地にはいって何事も思慮しない状態をいう。残念であることをいうこともある。

冥途（めいど）　冥土とも書き、冥府《めいふ》・黄泉《よみ》ともいう。死者の霊魂《れいこん》が迷って行く三悪道（地獄《じごく》・餓鬼《がき》・畜生《ちくしょう》）の世界である。

滅相（めっそう）　有為四相《ういしそう》の一つ。ものが無くなった相をいう。転じて、とんでもないこと、法外なさまをいう。滅法《めっぽう》の意。

妄想（もうそう）　仏教では「もうぞう」と読む。ありえないことをみだりに想像すること。

厄除（やくよけ）　災厄を取り除くことをいう。魔除《まよけ》ともいう。厄には、前厄《まえやく》・本厄《ほんやく》・後厄《あとやく》がある。

魔除

法具

ほうぐ

仏具として仏教の儀式・法会《ほうえ》を遂行するにあたって必要な礼器《らいき》的な荘厳具《しょうごんぐ》・供養具《くようぐ》をいう。

両開きの厨子《ずし》

華鬘《けまん》

経机《きょうづくえ》・経典《きょうてん》を前にした上人様《しょうにんさま》

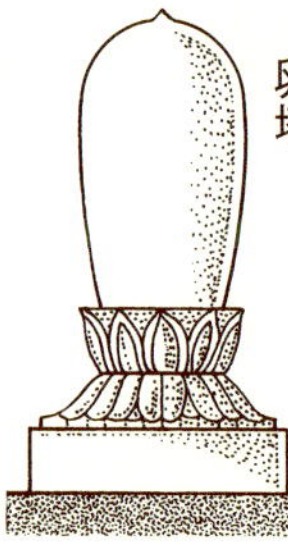
卵塔《らんとう》

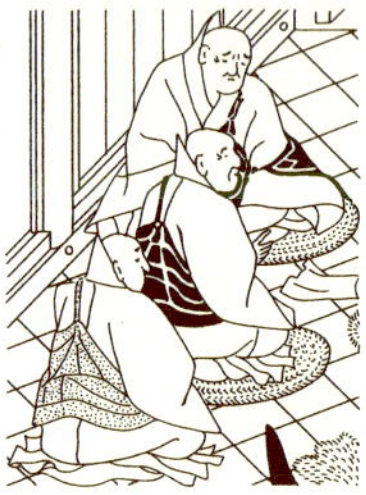
円座《えんざ》に坐す三人の僧

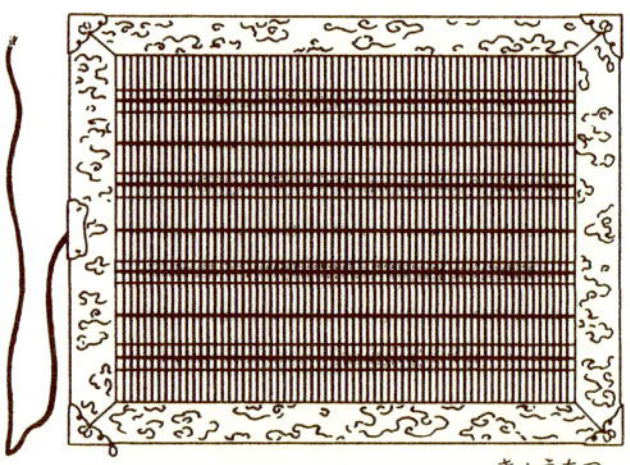
経帙《きょうちつ》

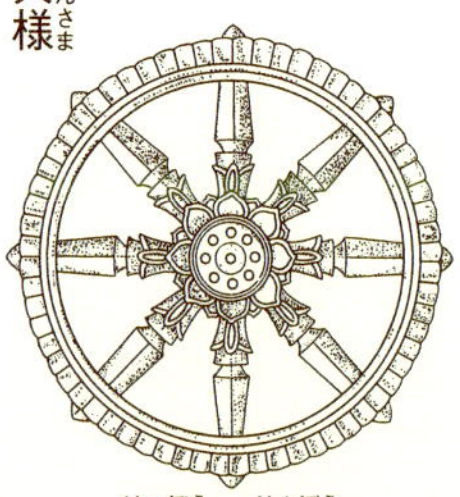
八鋒《はっぽう》の輪宝《りんぼう》

方形釣燈籠

僧綱襟姿《そうごうえり》

錫杖《しゃくじょう》

火舎《かしゃ》（香炉《こうろ》）

一面器《いちめんき》

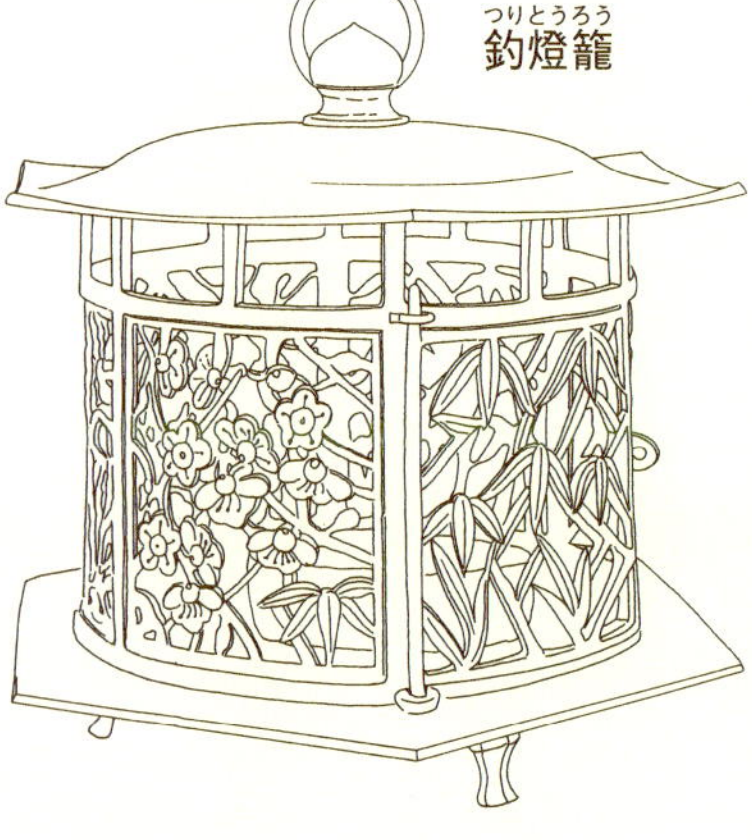
釣燈籠《つりとうろう》

経机《きょうづくえ》

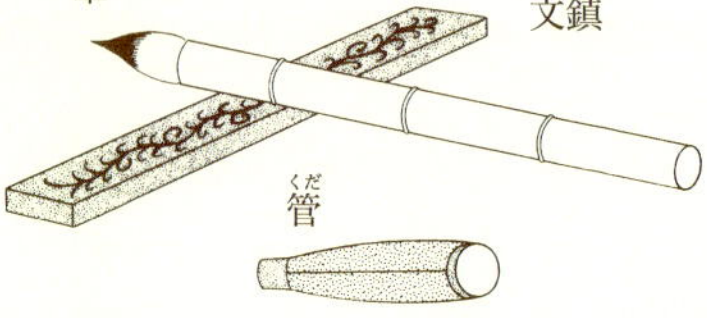

筆具《ふでぐ》

仏の錫杖

尼《あま》削《そ》ぎ髪《かみ》と閼《あ》伽《か》棚《だな》

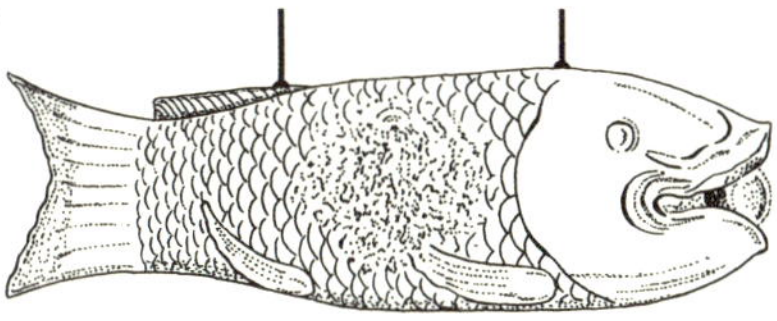
魚板《ぎょばん》（魚鼓《ぎょく》）

銅拍子《どうびょうし》

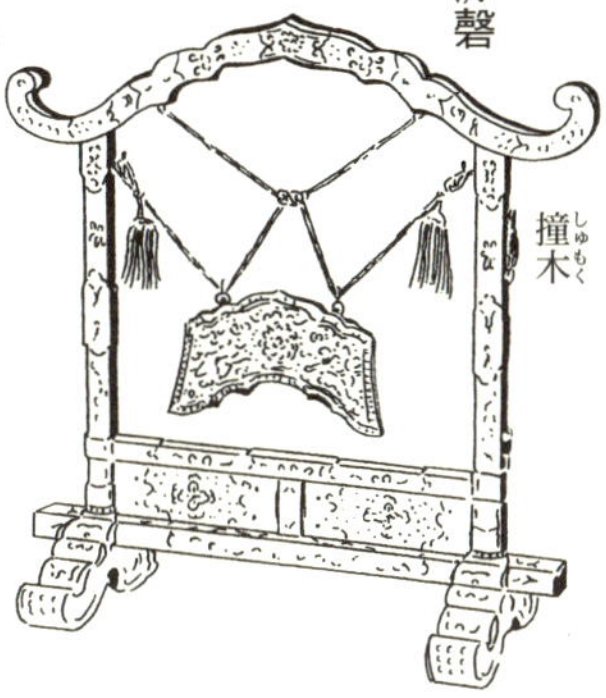
磬《けい》
撞木《しゅもく》

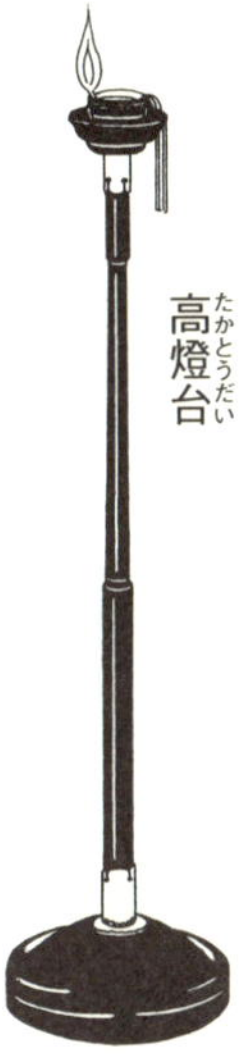
高燈台《たかとうだい》

燭台《しょくだい》

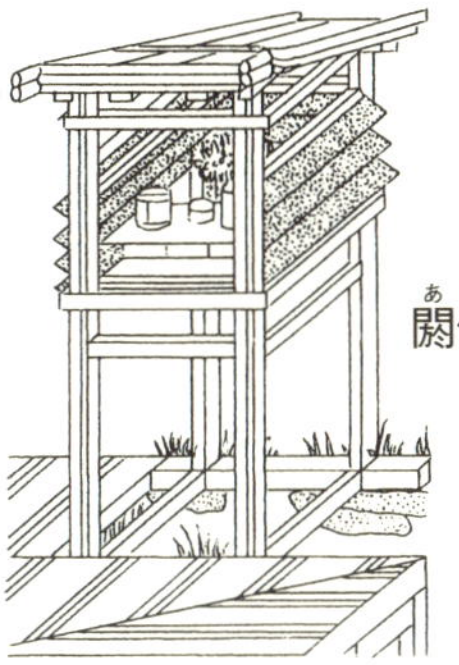
閼伽棚《あかだな》

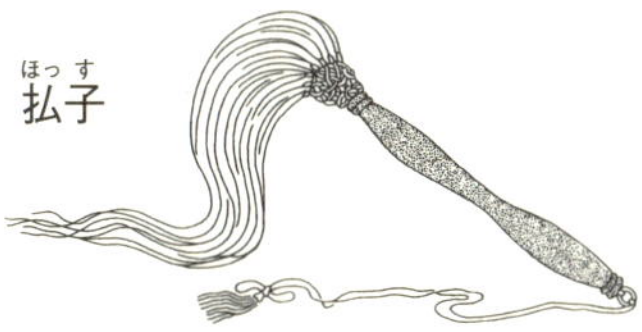
払子《ほっす》

竹篦《しっぺい》

五鈷杵《ごこしょ》

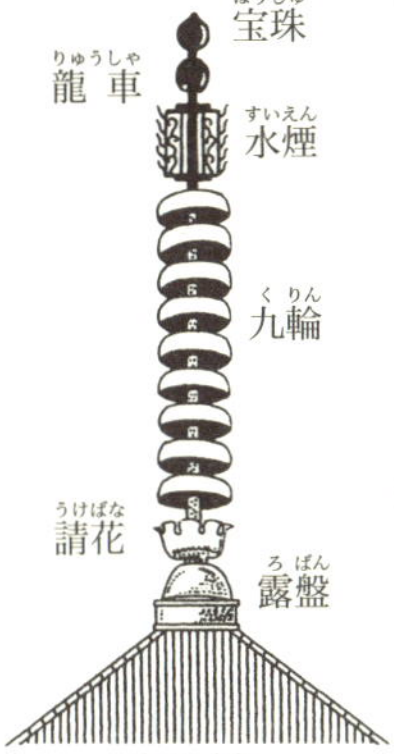

九輪塔《くりんとう》

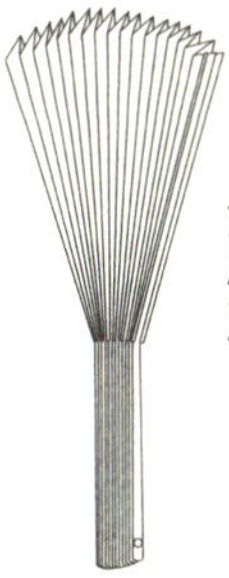
末広扇《すえひろおうぎ》

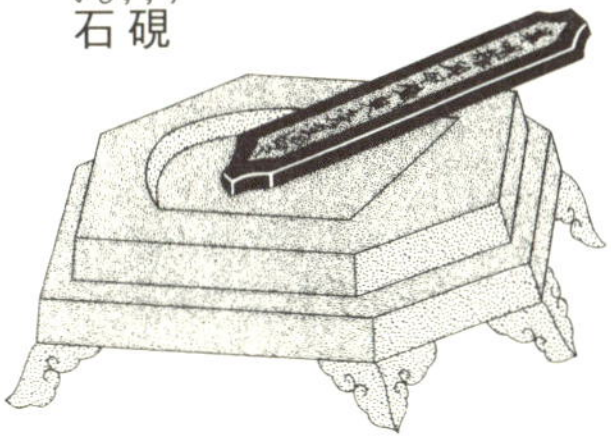
石硯《いしすずり》

僧侶用の角頭巾《すみずきん》

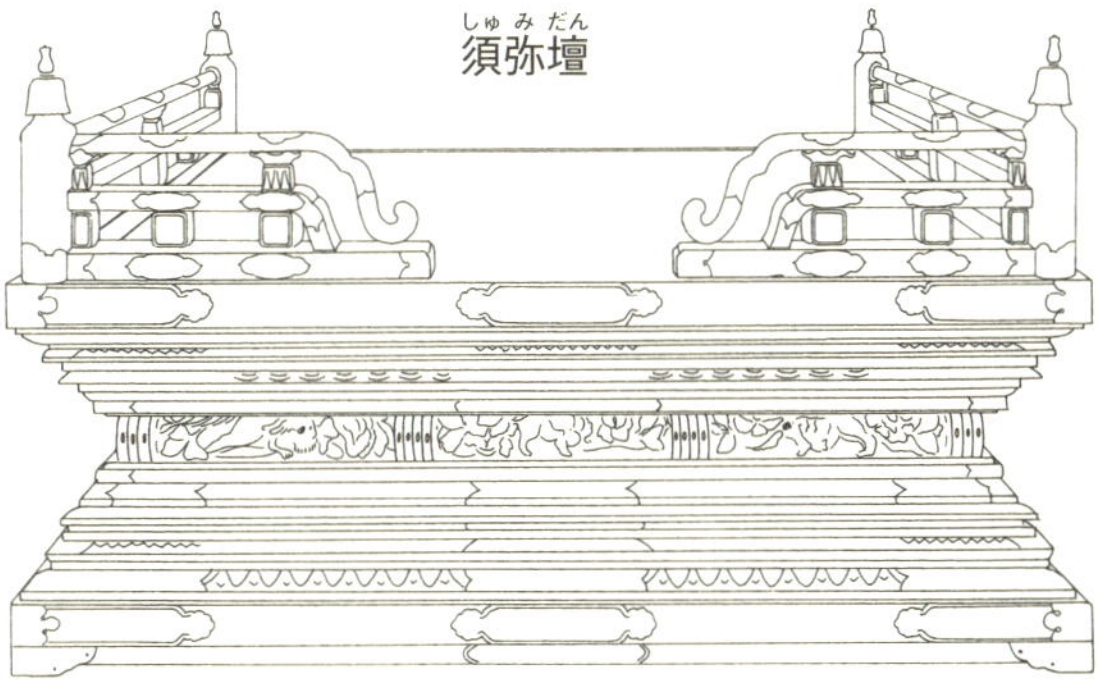
須弥壇《しゅみだん》

天皇の合葬墓陵《ごうそうぼりょう》
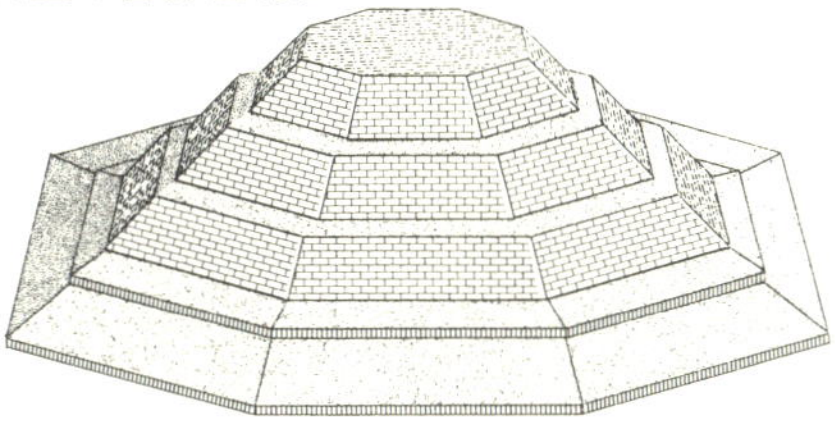

華籠《けこ》
袈裟懸姿《けさがけすがた》
桴《ばち》
銅鑼《どら》
香炉《こうろ》
燭台《しょくだい》
如意棒を持ち説法《せっぽう》する僧
七条《しちじょう》の袈裟《けさ》
三具足《みつぐそく》
花瓶《かびん》
応器《おうき》（托鉢《たくはつ》）
掛絡袈裟《からけさ》
帽子《もうす》を被る僧
箱笈《はこおい》
如意宝珠《にょいほうじゅ》
雲版《うんばん》
帽子《もうす》（頭巾《ずきん》）
端折傘《つまおりがさ》
経筒《きょうづつ》
銅鉢《どうばち》
曲彔《きょくろく》（椅子《いす》）
木鐸《もくたく》
五条《ごじょう》の袈裟《けさ》

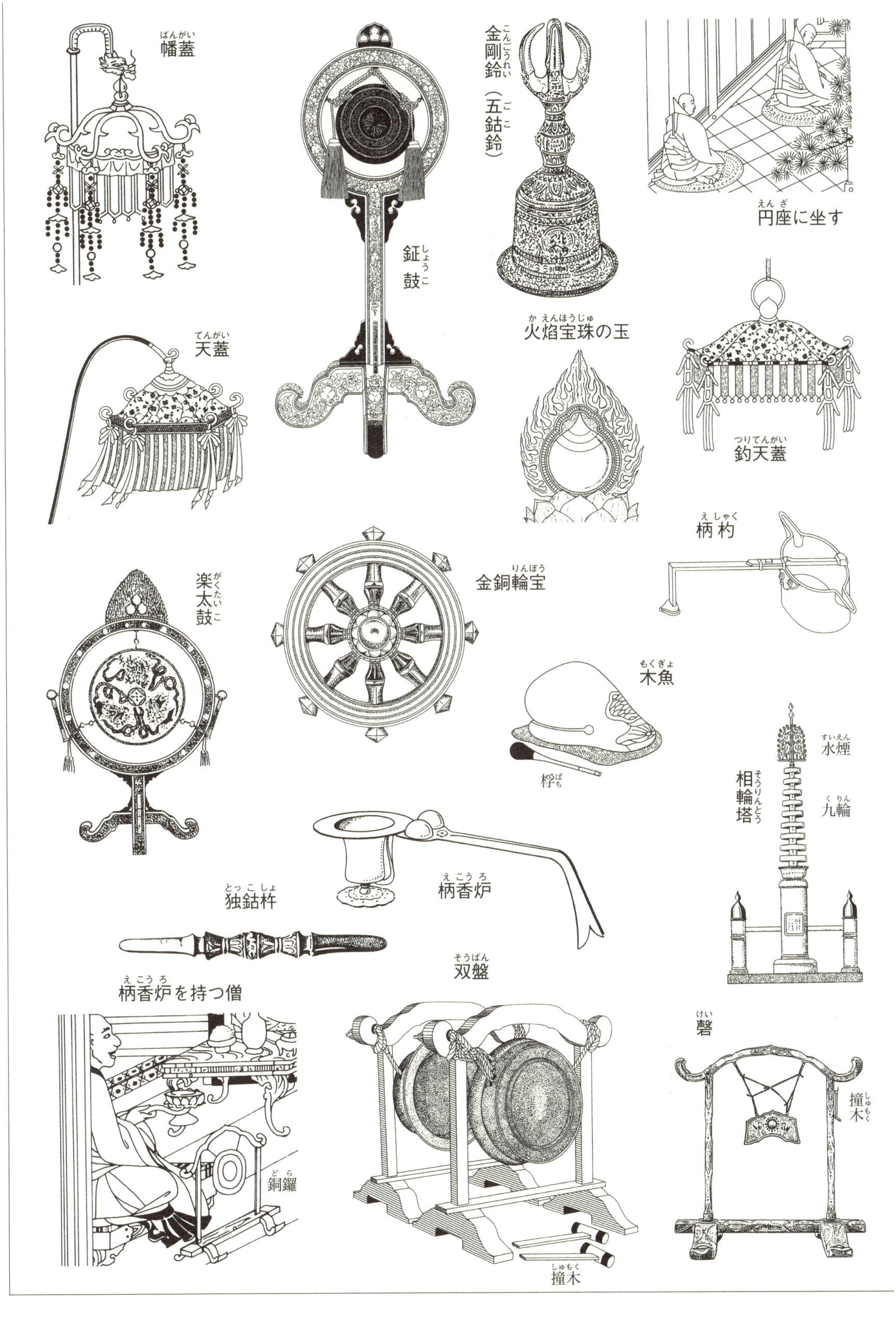
幡蓋《ばんがい》
鉦鼓《しょうこ》
金剛鈴《こんごうれい》（五鈷《ごこ》鈴）
円座《えんざ》に坐す
天蓋《てんがい》
火焔宝珠《かえんほうじゅ》の玉
釣天蓋《つりてんがい》
柄杓《えしゃく》
楽太鼓《がくたいこ》
金銅輪宝《りんぼう》
木魚《もくぎょ》
桴《ばち》
水煙《すいえん》
相輪塔《そうりんとう》
九輪《くりん》
柄香炉《えこうろ》
独鈷杵《とっこしょ》
双盤《そうばん》
柄香炉《えこうろ》を持つ僧
銅鑼《どら》
撞木《しゅもく》
磬《けい》
撞木《しゅもく》

僧服

そうふく

法会用は法会装束《ほうえそうぞく》、儀式用は鈍色衣《どんじきえ》装束、加行《けぎょう》用は律《りつ》装束と呼ばれる。

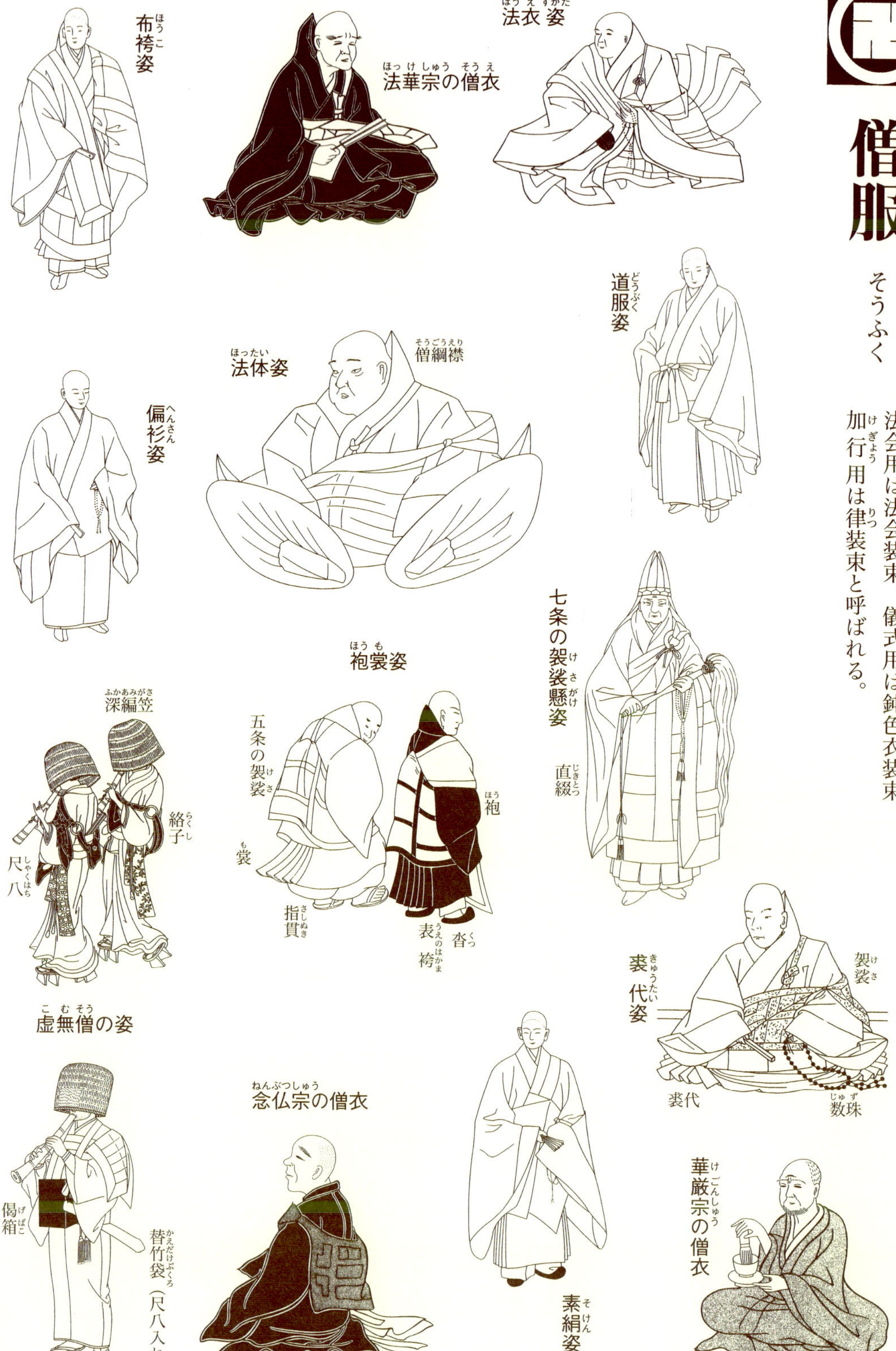
布袴《ほうこ》姿
法華宗《ほっけしゅう》の僧衣《そうえ》
法衣《ほうえ》 姿《すがた》
道服《どうふく》姿
法体《ほったい》姿
僧綱襟《そうごうえり》
偏衫《へんさん》姿
七条の袈裟《けさ》懸《がけ》姿
直綴《じきとつ》
袍裳《ほうも》姿
深編笠《ふかあみがさ》
五条の袈裟《けさ》
袍《ほう》
絡子《らくし》
尺八《しゃくはち》
裳《も》
指貫《さしぬき》
表袴《うえのはかま》
沓《くつ》
虚無僧《こむそう》の姿
裘代《きゅうたい》姿
袈裟《けさ》
裘代
数珠《じゅず》
念仏宗《ねんぶつしゅう》の僧衣
偈箱《げばこ》
替竹袋《かえだけぶくろ》（尺八入れ）
素絹《そけん》姿
華厳宗《けごんしゅう》の僧衣

葛笠《つづらがさ》
托鉢
托鉢僧《たくはつそう》の姿
奈良法師の僧兵姿
袍衣《ほうえ》姿
裹頭《かとう》の僧兵姿
(頭を袈裟《けさ》で包む)
倶舎宗《くしゃしゅう》の僧衣《そうえ》
五条の袈裟《けさ》懸《がけ》姿
直綴《じきとつ》
山法師の僧兵姿
禅宗《ぜんしゅう》の僧衣
盲 僧《めくらそう》の琵琶法師《びわほうし》姿
法師の法衣《ほうえ》
律宗《りっしゅう》の僧衣
数珠《じゅず》
裹頭《かとう》
太刀
僧兵《そうへい》の姿
琵琶法師《びわほうし》の姿
鉢坊主《はちぼうず》の姿

修験

しゅげん

『修験道十二箇条』附図による修験道の十二道具を挙げる。

・錫杖《しゃくじょう》　・結袈裟《むすびげさ》
・篠懸《すずかけ》　・金剛杖《こんごうじょう》
・法螺《ほら》　・班蓋《はんがい》
・兜巾《ときん》　・脛巾《はばき》
・引敷《ひっしき》　・肩箱《かたばこ》
・笈《おい》　・苛高数珠《いらたかじゅず》

山岳修行者（山伏《やまぶし》）
斧《おの》

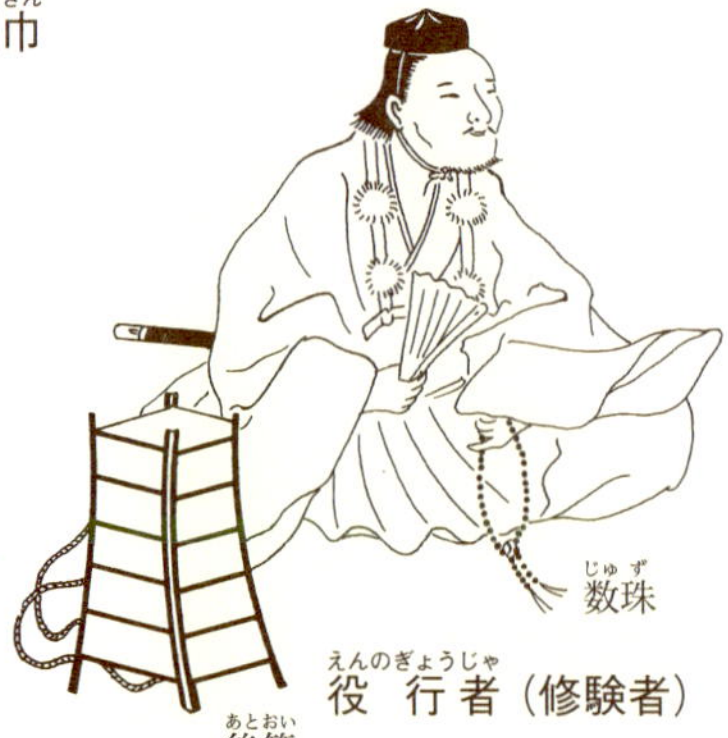

数珠《じゅず》
役行者《えんのぎょうじゃ》（修験者）
後笈《あとおい》

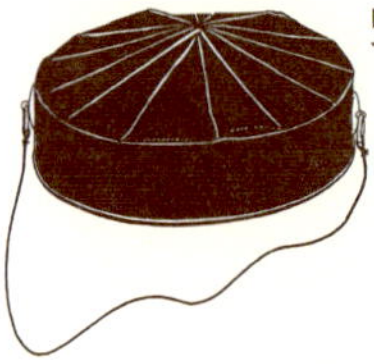

兜巾《ときん》

兜巾着用姿

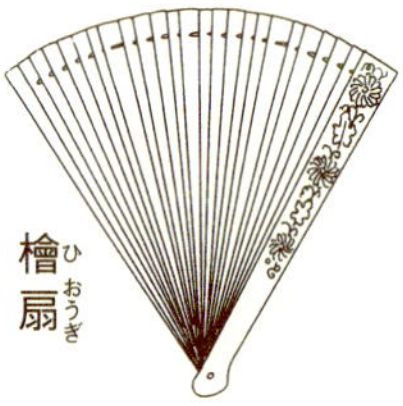

檜扇《ひおうぎ》

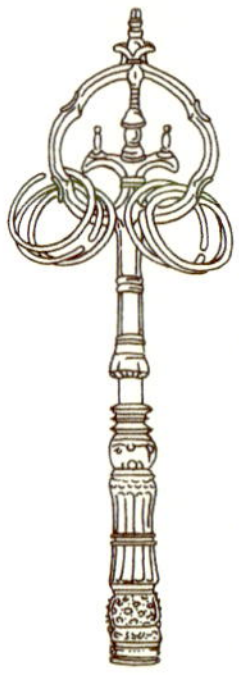

錫杖《しゃくじょう》（声明の時に使う具）

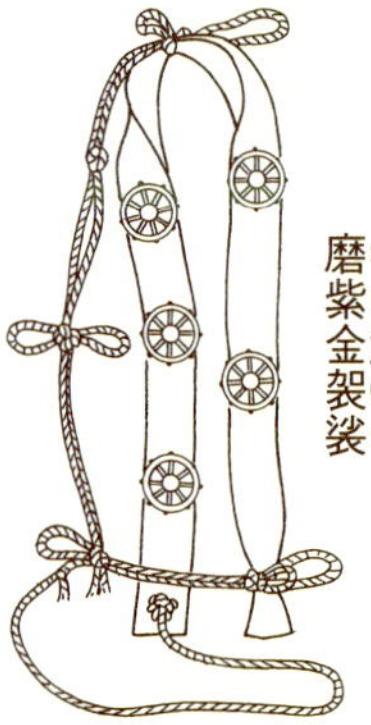

磨紫金袈裟《ましこんけさ》

山伏（修験者）
兜巾
法螺
箱笈
篠懸
袴
脛巾
錫杖
草履《ぞうり》

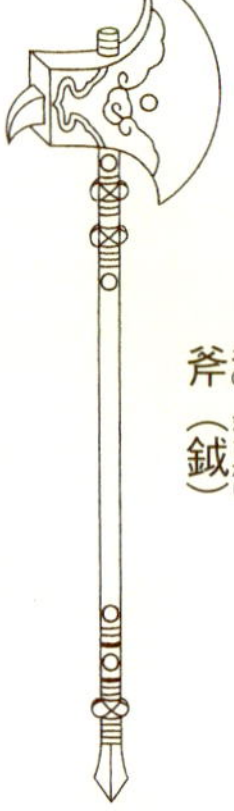

斧《おの》（鉞《まさかり》）

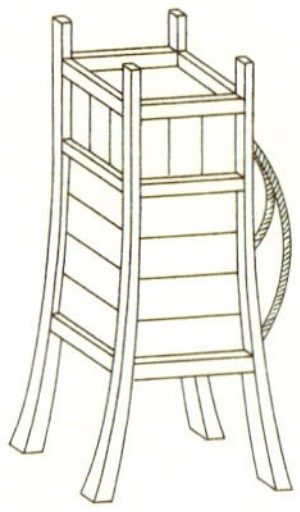

後笈《あとおい》

蒲葵扇《ほきせん》

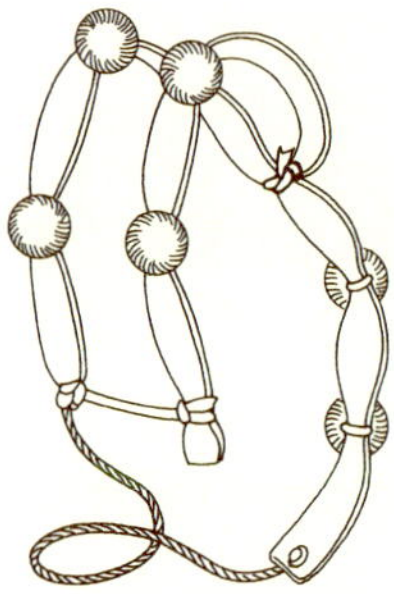

結袈裟《むすびげさ》

山岳修行者姿

棒杖《ぼうじょう》

走縄《はしりなわ》

引敷《ひっしき》

山伏《やまぶし》
笈を背負う修験者

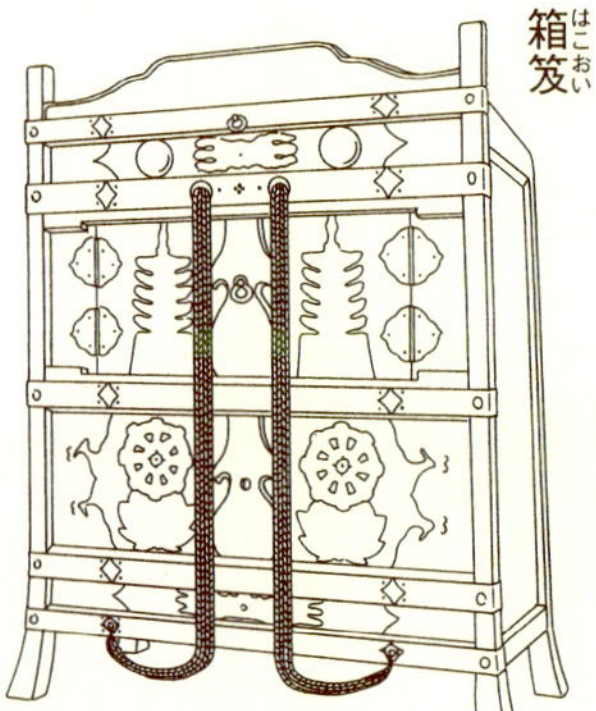

箱笈《はこおい》

法螺《ほら》
兜巾《ときん》
山野を修行（法螺《ほら》を吹く修験者）
霊験を修行する修験者
三鈷柄《さんこつか》の剣《けん》
肩箱《かたばこ》
蔵王権現（修験者が大菩薩と崇めた尊）
行脚僧《あんぎゃそう》（徒歩で修行）
金剛杖《こんごうじょう》
衣《え》
篠懸《すずかけ》
袴《はかま》
数珠《じゅず》
篠懸着用姿
脛巾《はばき》
苛高数珠《いらたかじゅず》
八《や》つ目《め》の草履《ぞうり》

魔除

まよけ

さまざまな死霊・妖魔・病魔を払う行儀。

師子《しし》《阿形《あぎょう》》
（狛犬と一対）

延年舞《えんねんのまい》（寿命を延ばす歌舞）

注連縄《しめなわ》

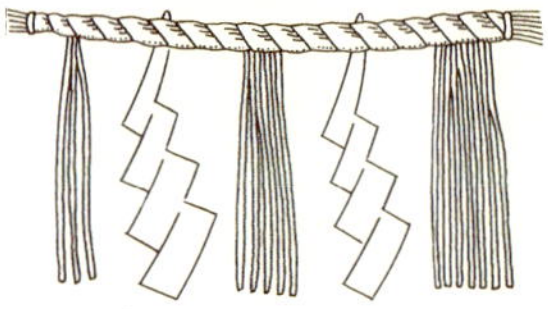

四手《しで》

三毬杖《さぎちょう》（注連縄を焼いて病魔を払う）

三義長《さぎちょう》（短冊を焼いて邪気を払う）

陰陽師《おんようじ》（吉凶を占う）

蘇民将来《そみんしょうらい》（厄除の護符）

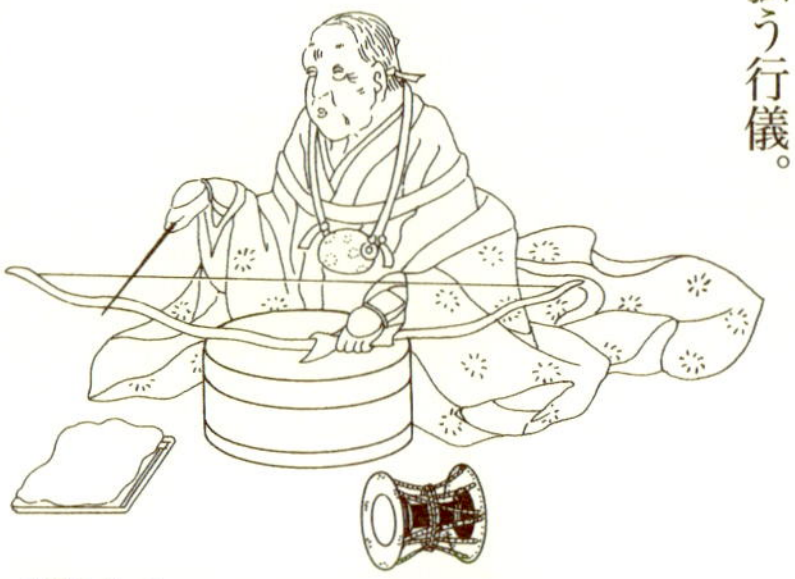

梓巫女《あずさみこ》（梓弓の弦を鳴らし悪霊を払う）

犬張子《いぬはりこ》
（一対のときは阿形・吽形とされている）

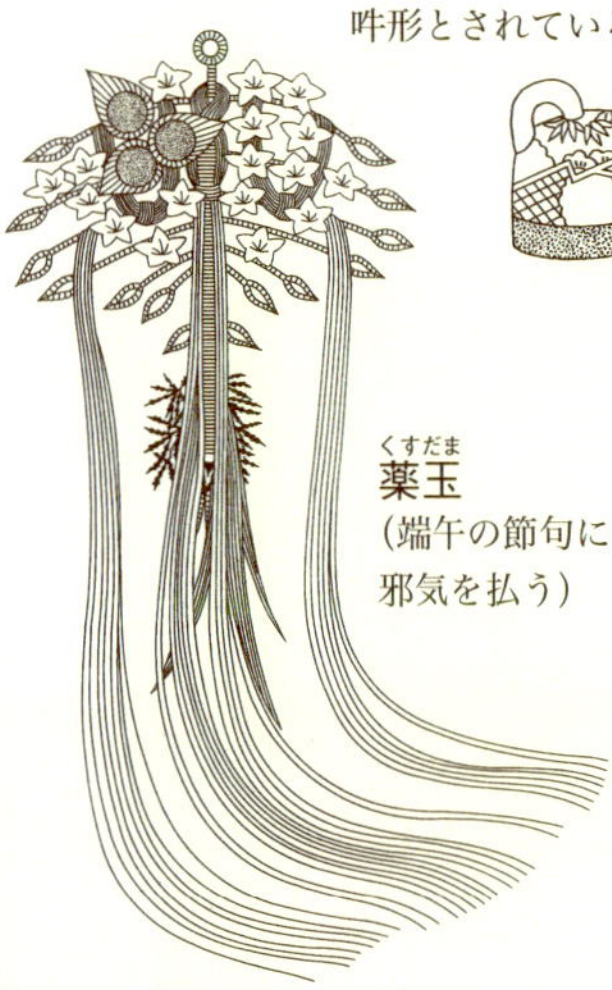

薬玉《くすだま》
（端午の節句に邪気を払う）

鳴弦《めいげん》（妖魔を払う呪《まじな》い）

水無月祓《みなづきばらえ》
（大祓の神事）

狛犬《こまいぬ》《吽形《うんぎょう》》
（護符像）

茅《ち》の輪《わ》（くぐりぬけて厄除とする）

卯槌《うづち》（邪気を払う）

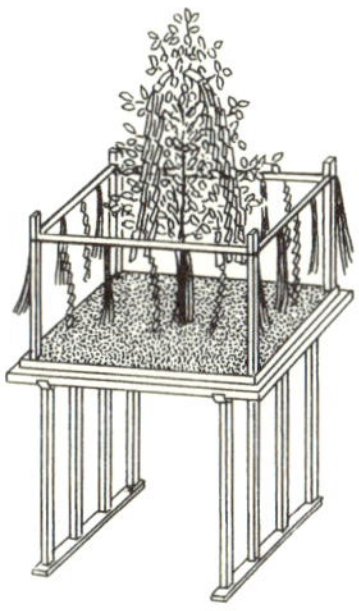
神籬《ひもろぎ》（悪霊を払う榊《さかき》）

熊野牛王《くまのごおう》（護符）

日本第一

卯杖《うづえ》（正月に邪気を払う）

削《けず》り掛《か》け（邪気を払う）

破魔弓《はまゆみ》
（魔障を払う）

玉串《たまぐし》
（霊を払う）

追儺《ついな》（鬼走《おにばしり》）

四つ目の面
楯《たて》
矛《ほこ》
方相氏《ほうそうし》
疫病神《やくびょうがみ》
大晦日《おおみそか》に疫病神を追い
疫病を除く
侲子《しんし》
（八人）

宝船

たからぶね

縁起物のひとつで、正月の夜にこの宝船の絵を枕の下にして寝ると初夢を吉善にするとされた。

鶴は千年、亀は万年といわれ、ともに長寿・吉祥《きっしょう》の霊鳥とされ、帆に描かれた。万葉集では鶴は「たづ」と歌われる。

帆にある丸に獏《ばく》の字は悪い夢を食べるという想像上の動物をあらわす。枕に獏を描いたものを獏枕《ばくまくら》と呼んだ。

獏とは——

鼻は象《ぞう》に、目は犀《さい》に、尾は牛《ぎゅう》に、足は虎《こ》に似る熊形《ゆうぎょう》の動物

(付録「聖獣」の頁を参照)

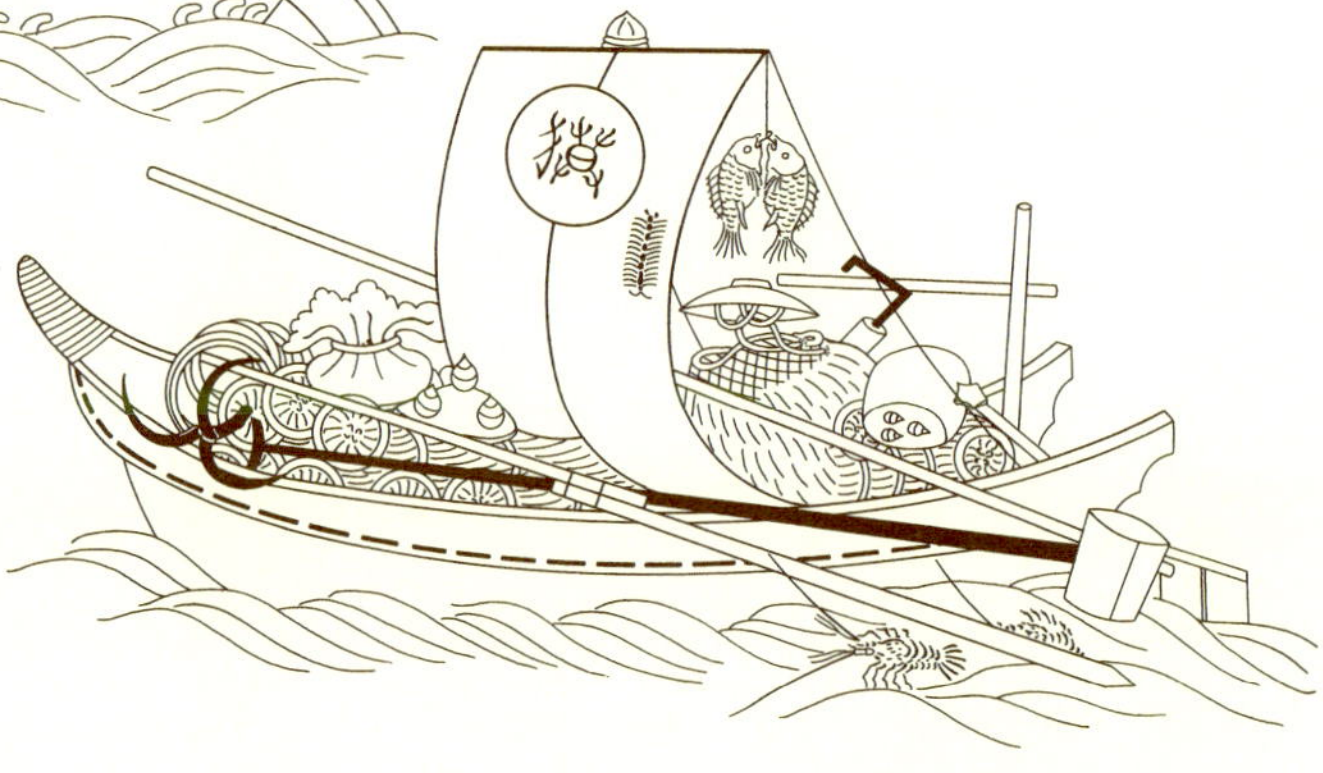

宝船に乗る同舟《どうしゅう》の七福神

宝船の七宝とは米俵・宝珠《ほうじゅ》・打出《うちで》の小槌《こづち》・金銀・財福の鍵・隠蓑《かくれみの》《いんさ》・隠笠《かくれかさ》《いんりゅう》をいう。

除夜に米俵を積んだ船を描いたものを枕の下に敷き、夢で米俵の重さで船が沈むと悪い夢で、その後に浮かぶと良い夢とされた。

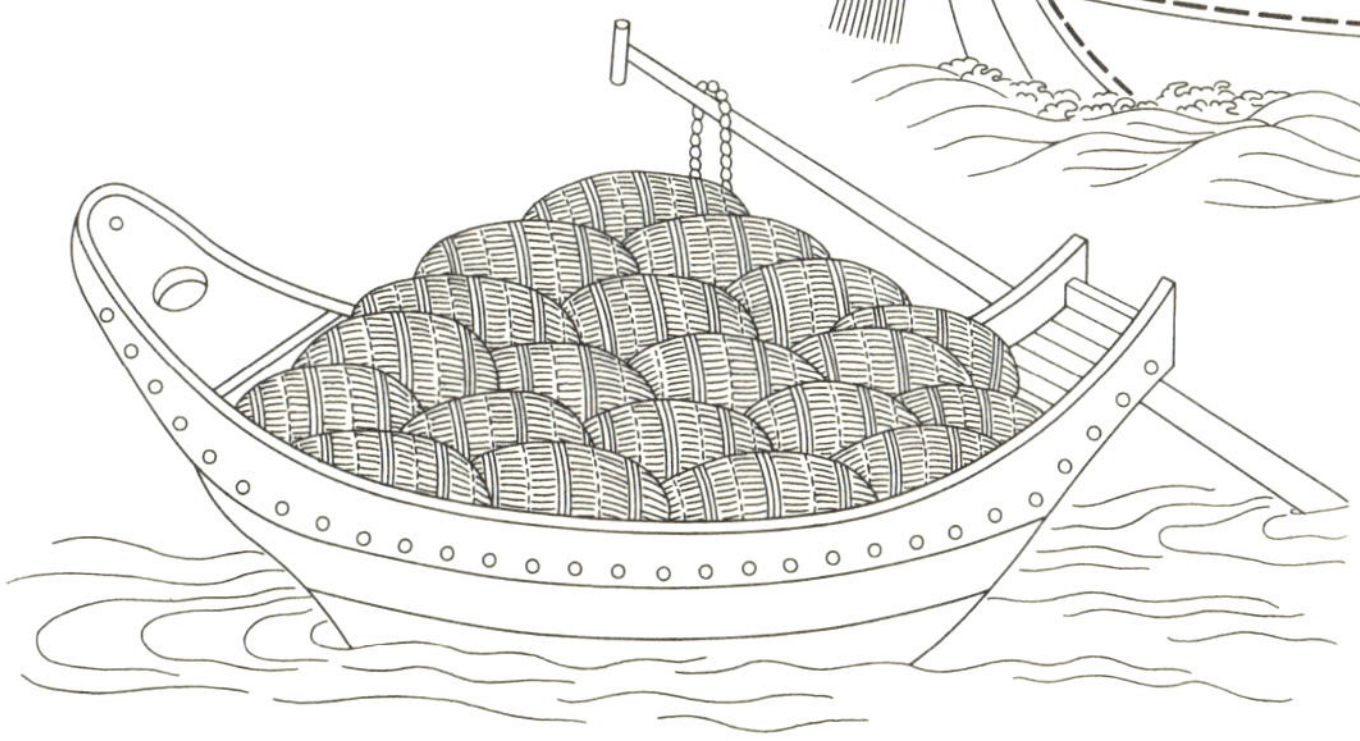

［風俗画報］による

聖獣

せいじゅう

神格化され、霊獣《れいじゅう》、神《しん》獣、瑞《ずい》獣、貴《き》獣として崇拝される。

鳳凰《ほうおう》
（雄）
（雌）
瑞鳥《ずいちょう》
飛龍《ひりゅう》
朱雀《すざく》
比翼鳥《ひよくちょう》
（雌雄一体）
鳳鸞《ほうらん》
（雌）
（雄）
神鳥《しんちょう》
鸑鷟《がくさく》
鶏冠《とさか》
神鷹《かみたか》
鶤鶏《とうまる》
うし
うさぎ
へび
ねずみ
ひつじ
うま
さる
りゅう
とら
いのしし
いぬ
とり
十二支獣
貘《ばく》
（雄）
麒麟《きりん》
片手長猿《かたてながざる》
白猿《びゃくえん》
一角獣《いっかくじゅう》（麒麟の別称）
（雌）
白虎《びゃっこ》
麝香獣《じゃこうじゅう》
暴虎《ぼうこ》
貙虎《ちゅこ》
（雄）
（雌）
虎子《こし》

蛟龍《こうりゅう》
雲龍《うんりゅう》
虯龍《きゅうりゅう》
青龍《しょうりゅう》
螭龍《みずちりゅう》
霊犀《れいさい》
羯羊《かつよう》
綿羊《めんよう》
水牛獣《すいぎゅうじゅう》
御神馬《ごしんめ》
祈馬《いのりうま》
飾馬《かざりうま》
神馬《しんば》
走馬《はしりうま》
駿馬《しゅんめ》
河童《かっぱ》
白鼠《びゃくそ》
瑞蛇神《ずいじゃしん》
鼩《く》
玄武《げんぶ》
両頭の蛇
玄武神獣《げんぶしんじゅう》
白蛇《びゃくじゃ》

達磨

だるま

中国の少林寺《しょうりんじ》において、九年にわたり壁に面して座り続けて一言も発せず、悟りを開いた。一心に坐禅に努力することが大切とする禅宗の開祖。寿命は百五十歳といわれるが不明である。

［蘭渓道隆筆画］による
（鎌倉中期の臨済宗の僧）

［葛飾北斎筆画］による

禅宗の六祖とは、達磨・慧可《えか》・僧璨《そうさん》・道信《どうしん》・弘忍《こうにん》・慧能《えのう》の六人をいう。

［祥啓筆画］による
（室町後期の画僧）

［禅僧の肉筆画］による

手足のない起き上がり小法師《こぼし》

（九年間も坐禅したので手足が腐ってなくなったとする達磨像。倒してもすぐに起き上がることから、開運の縁起物とされる）

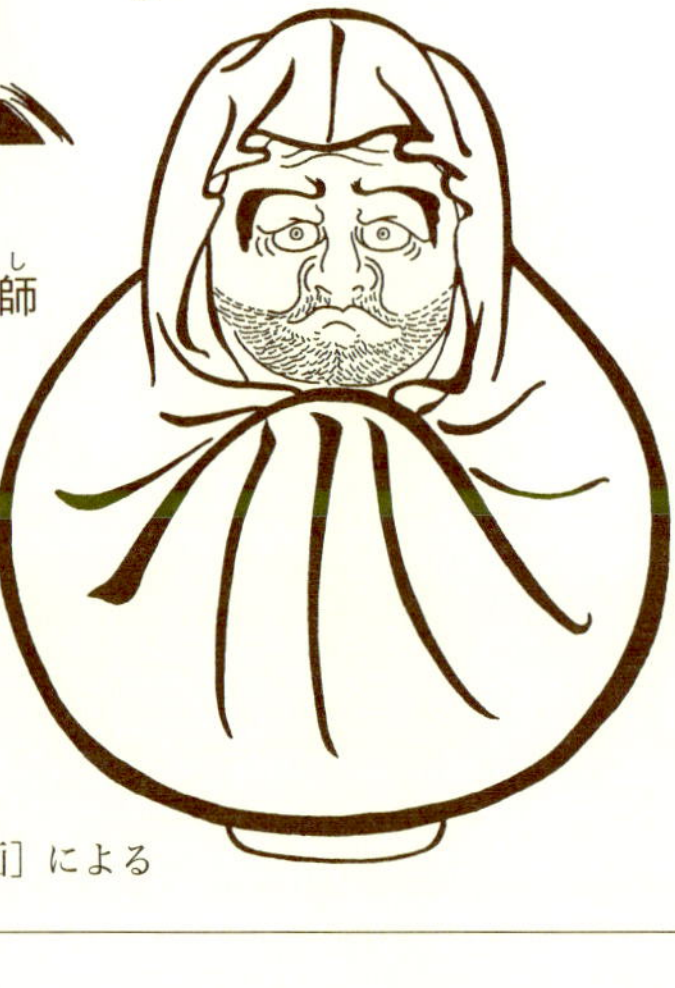

［北尾重政画］による

鍾馗

しょうき

もとは年の瀬に門や戸に貼ると病魔や邪鬼が入ってこないとされた鎮宅符《ちんたくふ》であった。わが国では剣を持つ像が五月人形とされたり、幟《のぼり》に描かれたりした。また、朱で描いた画は疱瘡除《ほうそうよけ》にもなった。

［鍬形《くわがた》蕙斎《けいさい》画］による

［葛飾北斎画］による

［歌川派の錦絵］による

唐の玄宗《げんそう》皇帝が天然痘にかかり、夢の中に出現した邪鬼を鍾馗が食い殺すと、帝の病がなおったとする故事から、鍾馗は魔物を払う神となった。

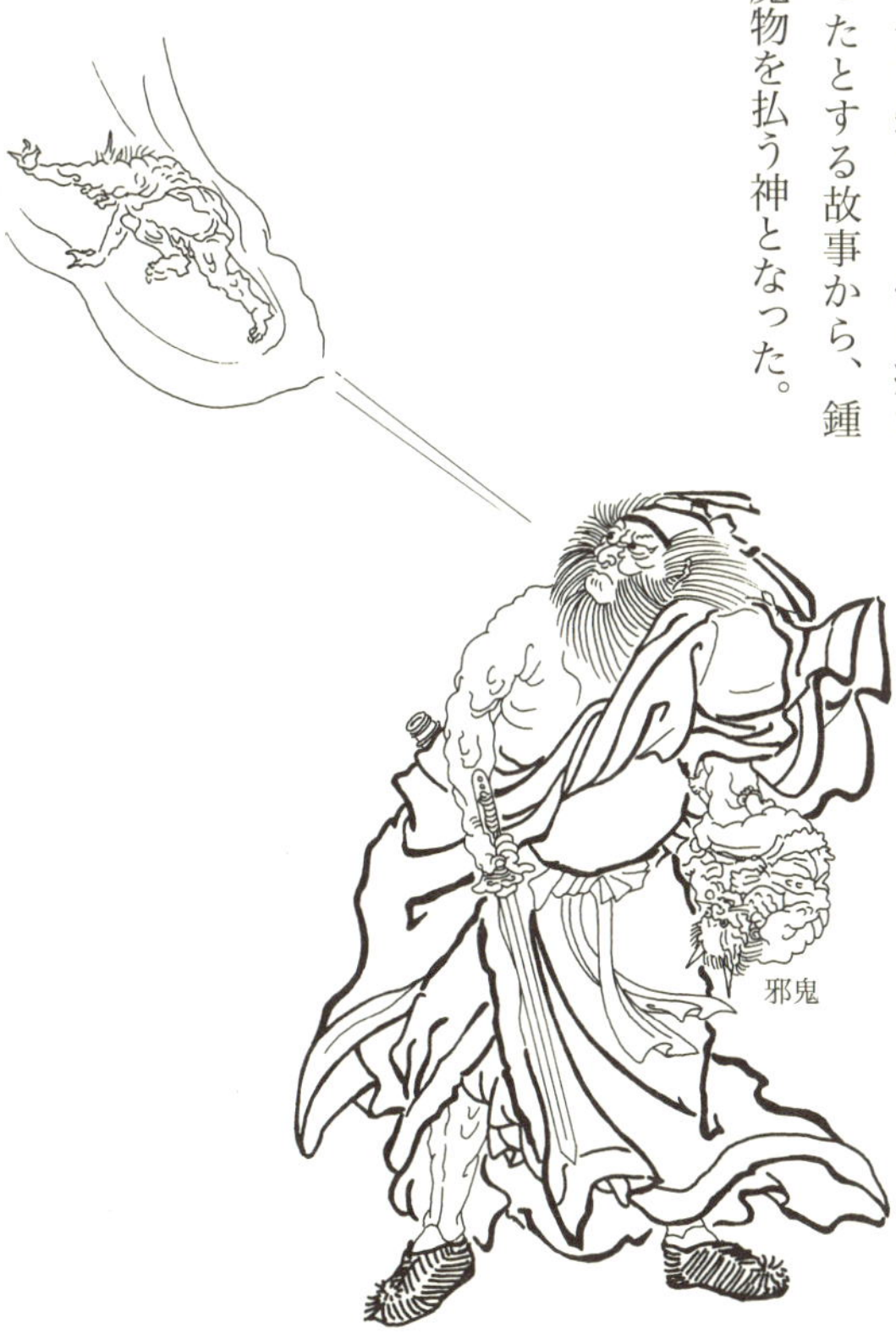

［歌川国芳画］による

守り本尊／供養本尊

守り本尊

生まれ年の干支《えと》によって運勢・安全を守る仏尊。

子《ね》	✿千手《せんじゅ》観音
丑《うし》 寅《とら》	✿虚空蔵菩薩《こくうぞうぼさつ》
卯《う》	✿文殊菩薩《もんじゅぼさつ》
辰《たつ》 巳《み》	✿普賢菩薩《ふげんぼさつ》
午《うま》	✿大勢至菩薩《だいせいしぼさつ》
未《ひつじ》 申《さる》	✿大日如来《だいにちにょらい》
酉《とり》	✿不動明王《ふどうみょうおう》
戌《いぬ》 亥《い》	✿阿弥陀如来《あみだにょらい》

供養本尊

仏事の供養本尊。
七日ごと・一年ごとの供養の仏尊。

初七日忌《しょなのかき》（死亡後七日目）	✿不動明王《ふどうみょうおう》
二七日忌《ふたなのかき》（同十四日目）	✿釈迦如来《しゃかにょらい》
三七日忌《みなのかき》（同二十一日目）	✿文殊菩薩《もんじゅぼさつ》
四七日忌《よなのかき》（同二十八日目）	✿普賢菩薩《ふげんぼさつ》
五七日忌《いつなのかき》（同三十五日目）	✿地蔵菩薩《じぞうぼさつ》
六七日忌《むなのかき》（同四十二日目）	✿弥勒菩薩《みろくぼさつ》
七七日忌《なななのかき》（同四十九日目）	✿薬師如来《やくしにょらい》
百《ひゃく》か日忌《にちき》（同百日目）	✿聖観音《しょうかんのん》
一周忌《いっしゅうき》	✿大勢至菩薩《だいせいしぼさつ》
三回忌《さんかいき》	✿阿弥陀如来《あみだにょらい》
十三回忌《じゅうさんかいき》	✿大日如来《だいにちにょらい》
三十三回忌《さんじゅうさんかいき》	✿虚空蔵菩薩《こくうぞうぼさつ》

注）追善法事の回数や日取りについては、今日では上記とするのが一般的と思われるが、宗派および寺社によって違いがある。

参考文献一覧

各宗派の経軌《きょうき》（経典《きょうてん》と儀軌《ぎき》のこと）と義疏《ぎそ》
教王護国寺《きょうおうごこくじ》蔵 聖天《しょうでん》（歓喜天《かんぎてん》）図像
華厳縁起絵巻《けごんえんぎえまき》
華厳五十五所《しょ》絵巻
五部心観《ごぶしんかん》の四印会《しいんえ》・一《いち》印会
四種護摩本尊《ししゅごまほんぞん》図像
諸尊《しょそん》図像集
蘇悉地儀軌契印図《そしっちぎきけいいんず》
醍醐寺《だいごじ》本最古の図像抄
大正新修大蔵経《たいしょうしんしゅうだいぞうきょう》図像
大悲胎蔵三昧耶形曼荼羅《だいひたいぞうさまやぎょうまんだら》集
高雄《たかお》曼荼羅図像
東寺《とうじ》（教王護国寺《きょうおうごこくじ》）・十二天屏風装画像《じゅうにてんびょうぶそうがぞう》

仁王経法本尊像《にんのうきょうほうほんぞんぞう》・五方尊《ごほうぞん》図像
大日本仏教全書
密教《みっきょう》大全書
密教百巻抄《ひゃっかんしょう》（密教図像集）
図像抄《ずぞうしょう》十巻《じっかん》
覚禅鈔《かくぜんしょう》
阿娑縛抄《あさばくしょう》
別尊雑記《べっそんざっき》
諸尊曼荼羅集《しょそんまんだらしゅう》
白宝口鈔《びゃくほっくしょう》

※以上、各宗派の寺社所蔵および個人蔵の粉本《ふんぽん》・転写本による。

無憂最勝吉祥王如来（むゆうさいしょうきちじょうおうにょらい）……6
無量光如来（むりょうこうにょらい）……20
無量光菩薩（むりょうこうぼさつ）……82
無量寿如来（むりょうじゅにょらい）……**20**
無量寿仏忿怒（むりょうじゅぶつふんぬ）……104
無量力吼菩薩（むりょうりきくぼさつ）……92
冥途（めいど）……231
迷企羅大将（めきらたいしょう）……214
馬頭（めず）……136
馬頭明王（めずみょうおう）……114, 116
滅悪趣菩薩（めつあくしゅぼさつ）……82
滅相（めっそう）……231
馬郎婦観音（めろうふかんのん）……58
裳（も）……43
妄想（もうそう）……231
網明菩薩（もうみょうぼさつ）……82
裳懸座（もかけざ）……3
目犍連（もくけんれん）……2
文殊師利（もんじゅしり）……66
文殊八大童子（もんじゅはちだいどうじ）……68
文殊菩薩（もんじゅぼさつ）……**66**, 114

や　行

薬王観音（やくおうかんのん）……56
薬王菩薩（やくおうぼさつ）……80, **82**
薬師如来（やくしにょらい）……**6**
薬上菩薩（やくじょうぼさつ）……80
薬師瑠璃光如来（やくしるりこうにょらい）……6
厄除（やくよけ）……231
夜叉（やしゃ）……136, 188
夜叉身（やしゃしん）……36
八咫烏（やたがらす）……146
薬壺（やっこ）……7
夜摩王（やまおう）……208
遊空天（ゆうくうてん）……146
遊戯観音（ゆうげかんのん）……58
遊戯坐（ゆうげざ）……61
夢違観音（ゆめちがいかんのん）……52
葉衣観音（ようえかんのん）……**52**, 58
腰鼓（ようこ）……170
瓔珞（ようらく）……9
楊柳観音（ようりゅうかんのん）……56, 58
欲金剛菩薩（よくこんごうぼさつ）……90
横笛（よこぶえ）……170

ら　行

来迎印（らいごういん）……4
雷神（らいじん）……160
雷電吼菩薩（らいでんくぼさつ）……92
羅睺羅（らごら）……2
羅刹天（らせつてん）……**136**, 146
羅刹童（らせつどう）……180
螺髪（らほつ）……1
龍（りゅう）……188
龍王（りゅうおう）……138
龍王吼菩薩（りゅうおうくぼさつ）……92
龍身（りゅうしん）……36
龍神（りゅうじん）……198
龍頭観音（りゅうずかんのん）……58
両頭愛染明王（りょうとうあいぜんみょうおう）……112
輪王坐（りんのうざ）……49
盧舎那仏（るしゃなぶつ）……30
瑠璃観音（るりかんのん）……58
蓮臥観音（れんがかんのん）……58
蓮華虚空蔵（れんげこくうぞう）……74
蓮華座（れんげざ）……21
蓮肉（れんにく）……17
蓮弁（れんべん）……15
鹿衣観音（ろくえかんのん）……40
六時観音（ろくじかんのん）……58
六地蔵（ろくじぞう）……78
六字尊（ろくじそん）……**30**
六字天（ろくじてん）……**30**
六字明王（ろくじみょうおう）……30, 116
六趣（ろくしゅ）……194
六大黒天（ろくだいこくてん）……200
六道（ろくどう）……34, 78, 194
鹿皮観音（ろくひかんのん）……40

わ　行

脇侍（わきじ）……2
和耆羅大将（わぎらたいしょう）……214
和脩吉龍王（わしゅうきちりゅうおう）……138

方丈（ほうじょう）……………………………230
宝生如来（ほうしょうにょらい）……………12
宝蔵天女（ほうぞうてんにょ）………………176
宝蔵菩薩（ほうぞうぼさつ）………………80
宝塔（ほうとう）………………………………65
宝幢如来（ほうどうにょらい）………………18
法然（ほうねん）………………………………80
宝鉢（ほうはつ）………………………………45
方便（ほうべん）……………………………231
宝輪（ほうりん）………………………………93
法輪（ほうりん）……………………………48, 84
宝蓮華座（ほうれんげざ）……………………23
北辰尊星妙見菩薩（ほくしんそんしょうみょうけんぼさつ）……………………………140
菩薩（ぼさつ）…………………………………63
菩提（ぼだい）………………………………231
菩提薩埵（ぼだいさった）……………………63
法界虚空蔵（ほっかいこくうぞう）…………74
法界定印（ほっかいじょういん）……………17
払子（ほっす）……………………………167, 215
布袋（ほてい）………………………………220
法螺（ほら）…………………………………231
本願（ほんがん）……………………………231
梵釈（ぼんしゃく）…………………………128
本尊（ほんぞん）……………………………231
梵天（ぼんてん）…………………………**126**
梵天王身（ぼんてんおうしん）………………36
煩悩（ぼんのう）……………………………231

ま 行

摩伽婆（まかば）……………………………128
摩訶毘盧遮那如来（まかびるしゃなにょらい）8
摩休羅大将（まくらたいしょう）……………216
摩醯首羅王（まけいしゅらおう）……………158
摩醯首羅天（まけいしゅらてん）…………**178**
摩睺羅伽（まごらか）………………………188
摩睺羅伽王（まごらかおう）………………160
摩睺羅伽身（まごらかしん）…………………36
摩虎羅大将（まごらたいしょう）……………216
末法（まっぽう）……………………………231
摩那須龍王（まなすりゅうおう）……………138
摩尼羅大将（まにらたいしょう）……………216
麻布菩薩（まふぼさつ）………………………84
マリア観音（まりあかんのん）………………55
摩利支天（天女神）（まりしてん てんにょしん）……………………………………**182**
摩利支天（武神）（まりしてん ぶしん）……**184**
摩和羅女（まわらにょ）……………………158
満賢（まんけん）………………………………84
慢金剛菩薩（まんこんごうぼさつ）…………90
卍（まんじ）…………………………………182
卐（まんじ）…………………………………182
満仙王（まんせんおう）……………………160
満善車王（まんぜんしゃおう）………………156
曼荼羅（まんだら）……………………………16
美音天（みおんてん）………………………170
密教（みっきょう）…………………………231
密迹金剛力士（みっしゃくこんごうりきし）160
弥佉羅大将（みはらたいしょう）……………214
明王（みょうおう）……………………………95
明王印（みょうおういん）……………………109
妙音天（みょうおんてん）……………………170
妙音菩薩（みょうおんぼさつ）………………66
妙吉祥菩薩（みょうきちじょうぼさつ）……66
妙見菩薩（みょうけんぼさつ）………………140
名号（みょうごう）…………………………231
妙翅鳥（みょうじちょう）……………………188
妙徳菩薩（みょうとくぼさつ）………………66
冥利（みょうり）……………………………231
弥勒菩薩（みろくぼさつ）…………………**64**
無畏観自在菩薩（むいかんじざいぼさつ）…60
無畏十力吼菩薩（むいじゅうりきくぼさつ）92
無憂樹（むうじゅ）…………………………185
無厭足（むえんそく）…………………………72
無我（むが）…………………………………231
無垢光童子（むくこうどうじ）………………68
無垢虚空蔵（むくこくうぞう）………………74
無事（むじ）…………………………………230
無常（むじょう）……………………………231
筵座（むしろざ）……………………………105
無盡意菩薩（むじんにぼさつ）………………82
無動業如来（むどうごうにょらい）…………10
無怒如来（むぬにょらい）……………………10
無念（むねん）………………………………231
無能勝明王（むのうしょうみょうおう）114, **118**
無辺身菩薩（むへんしんぼさつ）……………80

氷掲羅天（ひょうぎゃらてん）………………166
平等金剛（びょうどうこんごう）…………… 22
毘藍婆（びらんば）……………………… 72, 130
毘盧遮那如来（びるしゃなにょらい）……… 30
毘楼博叉天王（びるはくしゃてんのう）……158
毘楼勒叉天王（びるろくしゃてんのう）……158
鰭袖（ひれそで）……………………………137
琵琶（びわ）…………………………………171
嬪伽羅（びんから）…………………………164
賓頭盧尊者（びんずるそんじゃ）……………2
風神（ふうじん）……………………… 160, 184
風天（ふうてん）……………………… **140**, 146
風輪（ふうりん）……………………………141
不壊金剛（ふえこんごう）…………………108
不空王（ふくうおう）……………………… 28
不空羂索観音（ふくうけんじゃくかんのん） **40**
不空見菩薩（ふくうけんぼさつ）…………… 82
不空成就如来（ふくうじょうじゅにょらい） **14**
福智虚空蔵（ふくちこくうぞう）…………… 74
福徳虚空蔵（ふくとくこくうぞう）………… 74
福禄寿（ふくろくじゅ）……………………220
普賢延命菩薩（ふげんえんめいぼさつ）…… **72**
普賢行願（ふげんぎょうがん）……………… 70
普賢菩薩（ふげんぼさつ）…… **70**, 80, 82, 114
補沙毘摩龍王（ふさびまりゅうおう）……… 84
不思議慧童子（ふしぎえどうじ）…………… 68
不浄潔金剛（ふじょうけつこんごう）………108
普請（ふしん）………………………………230
布施（ふせ）…………………………………230
武装形（ぶそうぎょう）……………………176
不即不離（ふそくふり）…………………… 16
不断（ふだん）………………………………230
歩擲明王（ぶちゃくみょうおう）…………**114**
仏眼尊（ぶつげんそん）…………………… 26
仏眼仏母（ぶつげんぶつも）……………… 26
仏嗣弥勒（ぶっしみろく）………………… 64
仏身（ぶっしん）…………………………… 36
仏陀（ぶつだ）…………………………………2
仏陀波利（ぶつだはり）…………………… 66
仏滅（ぶつめつ）……………………………230
仏母身（ぶつもしん）……………………… 26
仏母尊（ぶつもそん）……………………… 26
不動威怒明王（ふどういぬみょうおう）…… 98
不動尊（ふどうそん）……………………… 98
不動如来（ふどうにょらい）……………… 10
不動八大童子（ふどうはちだいどうじ）……218
不動明王（ふどうみょうおう）………… **98**, 114
不二観音（ふにかんのん）………………… 58
婦女身（ぶにょしん）……………………… 36
普悲観音（ふひかんのん）………………… 58
踏割蓮華座（ふみわりれんげざ）…… 103, 185
普門示現（ふもんじげん）………………… 38
振鼓（ふりつづみ）…………………………170
富楼那（ふるな）………………………………2
分別（ふんべつ）……………………………230
吠室羅摩拏（べいしらまな）………………130
遍吉菩薩（へんきつぼさつ）……………… 70
変化（へんげ）………………………………230
変化観音（へんげかんのん）……………… 38
弁才天（べんざいてん）…………………**170**
弁財天（べんざいてん）……………… **168**, 220
偏衫（へんさん）…………………………… 79
辯積菩薩（べんしゃくぼさつ）…………… 82
変相（へんそう）……………………………230
偏袒右肩（へんたんうけん）…………………5
遍知眼（へんちげん）……………………… 26
弁髪（べんぱつ）…………………………… 98
法会（ほうえ）………………………………230
法海勝慧遊戯神通如来（ほうかいしょうえゆうげじんつうにょらい）…………………………6
法海雷音如来（ほうかいらいおんにょらい）…6
宝冠（ほうかん）……………………………171
宝弓（ほうきゅう）…………………………101
宝鏡（ほうきょう）………………………… 67
宝篋（ほうきょう）………………………… 69
方磬（ほうけい）……………………………170
宝髻文殊菩薩（ほうけいもんじゅぼさつ）… **68**
宝月智厳音自在王如来（ほうげつちごんおんじざいおうにょらい）……………………………6
宝華杯（ほうげはい）………………………145
宝剣（ほうけん）……………………………137
法護（ほうご）……………………………… 84
宝鉤（ほうこう）……………………………179
宝光虚空蔵（ほうこうこくうぞう）………… 74
法自在王菩薩（ほうじざいおうぼさつ）…… 80
鳳首箜篌（ほうしゅくご）……………… 61, 171

如来舌菩薩（にょらいぜつぼさつ）………… 10
如来相好尊（にょらいそうごうそん）……… 10
如来悲菩薩（にょらいひぼさつ）…………… 10
如来宝菩薩（にょらいほうぼさつ）………… 10
如来愍菩薩（にょらいみんぼさつ）………… 10
尼藍婆（にらんば）…………………………72, 130
人間道（にんげんどう）……………………… 34
人頭幢（にんとうどう）………………………133
仁王（にんのう）………………………………230
涅槃（ねはん）…………………………………230
年忌（ねんき）…………………………………230
念珠観音（ねんじゅかんのん）……………… 56
念仏（ねんぶつ）………………………………230
衲衣（のうえ）…………………………………… 1
能静観音（のうじょうかんのん）…………… 58
能満虚空蔵（のうまんこくうぞう）………… 74

は 行

波夷羅大将（はいらたいしょう）……………216
伐折羅大将（ばさらたいしょう）……………214
伐折羅陀羅（ばざらだら）……………………150
縛蘇枳龍王（ばすきりゅうおう）…………… 84
婆藪仙人（ばすせんにん）…………… 158, 162
長谷寺式十一面観音（はせでらしきじゅういちめんかんのん）……………………………… 38
八供養菩薩（はちくようぼさつ）…………… 86
八大金剛童子（はちだいこんごうどうじ）…218
八大菩薩（はちだいぼさつ）…………………114
八大明王（はちだいみょうおう）……………114
八大薬叉大将（はちだいやしゃたいしょう）……………………………………………130
八大龍王（はちだいりゅうおう）…… 138, 158
八部衆（はちぶしゅう）………………………188
八相成道（はっそうじょうどう）……………118
跋難陀龍王（ばつなんだりゅうおう）………138
馬頭観音（ばとうかんのん）…………………… **46**
馬頭根本印（ばとうこんぽんいん）………… 47
婆耶羅大将（ばやらたいしょう）……………216
娑羅樹王（はらじゅおう）…………………… 22
婆羅門身（ばらもんしん）…………………… 36
半跏趺坐（はんかふざ）………………… 29, 43
半跏趺鳥獣坐（はんかふちょうじゅうざ）… 61
半跏踏下坐（はんかふみさげざ）………64, 179
飯櫃童子（はんきどうじ）……………………168
坂東三十三観音札所（ばんどうさんじゅうさんかんのんふだしょ）…………………………… 60
般若（はんにゃ）………………………………230
般若仏母（はんにゃぶつも）………………… 88
般若菩薩（はんにゃぼさつ）………………… **88**
毘伽羅大将（びからたいしょう）……………214
毘羯羅大将（びからたいしょう）……………214
彼岸（ひがん）…………………………………230
比丘身（びくしん）…………………………… 36
毘倶胝観音（びくちかんのん）……………… 50
比丘尼身（びくにしん）……………………… 36
非業（ひごう）…………………………………230
毘沙門身（びしゃもんしん）………………… 36
毘沙門天（びしゃもんてん）……………………… **130**, 146, 162, 220
毘沙門天王（びしゃもんてんのう）…………156
毘舎羅門（びしゃらもん）……………………130
毘首羯磨（びしゅかつま）…………………… 84
篳篥（ひちりき）………………………………170
筆硯童子（ひつけんどうじ）…………………168
飛天（ひてん）………………………………… 44
非道（ひどう）…………………………………230
毘那夜迦（びなやか）…………………………192
非人身（ひにんしん）………………………… 36
畢婆迦羅王（ひばからおう）…………………158
秘仏（ひぶつ）…………………………………162
秘密（ひみつ）…………………………………230
白衣（びゃくえ）……………………………… 54
白衣観自在母（びゃくえかんじざいも）…… 54
白衣観音（びゃくえかんのん）………… **54**, 58
白衣子安観音（びゃくえこやすかんのん）… 54
白鵝鳥座（びゃくがちょうざ）………………126
白牛（びゃくぎゅう）…………………………105
白袈裟（びゃくけさ）………………………… 54
白毫（びゃくごう）…………………………9, 19
白師子（びゃくしし）………………………… 61
辟支仏身（びゃくしぶっしん）……………… 36
白身観音（びゃくしんかんのん）…………… 54
白水牛（びゃくすいぎゅう）…………………179
白象（びゃくぞう）…………………………… 71
白象王菩薩（びゃくぞうおうぼさつ）……… 80
被葉衣観自在（ひようえかんじざい）……… 52

檀那（だんな）……………………………229
智慧（ちえ）………………………………229
智慧虚空蔵（ちえこくうぞう）………… 74
地慧童子（ちえどうじ）………………… 68
畜生（ちくしょう）………………………229
畜生道（ちくしょうどう）……………… 34
竹林の七賢（ちくりんのしちけん）……220
智拳印（ちけんいん）……………… 9, 27
智證大師（ちしょうたいし）…………… 42
秩父三十四観音札所（ちちぶさんじゅうよんかんのんふだしょ）………………… 60
地天（ちてん）…………………………**144**
智幢菩薩（ちどうぼさつ）……………… 82
中陰（ちゅういん）………………………229
中道（ちゅうどう）………………………229
長袂衣（ちょうけつえ）…………………129
丁子立（ちょうじたち）…………………120
長者身（ちょうじゃしん）……………… 36
鳥獣座（ちょうじゅうざ）………… 144, 148
追善（ついぜん）…………………………229
天（てん）………………………… 123, 188
天狗（てんぐ）……………………………186
天鼓雷音如来（てんくらいおんにょらい）… **24**
天眼（てんげん）…………………………129
天身（てんしん）………………………… 36
天扇（てんせん）…………………………183
天大将軍身（てんたいしょうぐんしん）…… 36
天道（てんどう）………………………… 34
天女（てんにょ）…………………………166
天女形（てんにょぎょう）………………176
天女人（てんにょにん）…………………182
天人丈夫観音（てんにんじょうぶかんのん） 50
天衣（てんね）……………… 125, 151, 171
転変（てんぺん）…………………………229
伝法灌頂（でんぽうかんじょう）………144
転法輪印（てんぼうりんいん）………… 51
転法輪菩薩（てんぼうりんぼさつ）………… **84**
転輪聖王（てんりんしょうおう）……… 46
刀印（とういん）…………………………137
胴衣（どうえ）……………………………165
燈鬼（とうき）……………………………136
道場（どうじょう）………………………229
童男身（どうなんしん）………………… 36
童女身（どうにょしん）………………… 36
東方天（とうほうてん）…………………156
童目天女身（どうもくてんにょしん）…… 36
道理（どうり）……………………………229
忉利天（とうりてん）……………………128
渡海文殊（とかいもんじゅ）…………… 66
徳王観音（とくおうかんのん）………… 58
徳叉迦龍王（とくさかりゅうおう）……138
徳蔵菩薩（とくぞうぼさつ）…………… 80
得大勢菩薩（とくだいせいぼさつ）…… 80
兜率天（とそつてん）…………………… 64
独鈷杵（どっこしょ）……………………152
兜跋毘沙門天（とばつびしゃもんてん）……130
貪欲（どんよく）…………………………229

な 行

波切不動（なみきりふどう）…………… 98
那羅延堅固王（ならえんけんごおう）………154
那羅延天（ならえんてん）………… 146, 180
奈落（ならく）……………………………230
難陀龍王（なんだりゅうおう）……… 138, 158
仁王尊（阿形）（におうそん あぎょう）……**150**
仁王尊（吽形）（におうそん うんぎょう）…**152**
二十五菩薩（にじゅうごぼさつ）……… 80
二十八部衆（にじゅうはちぶしゅう）………154
日輪（にちりん）…………………………113
肉髻（にっけい）…………………………… 7
肉髻珠（にっけいしゅ）……………… 7, 19
日光菩薩（にっこうぼさつ）……………**214**
日照王菩薩（にっしょうおうぼさつ）……… 80
日天（にってん）…………………………**146**
日本百観音（にほんひゃくかんのん）……… 60
如意宝珠（にょいほうじゅ）…………… 48
如意輪観音（にょいりんかんのん）………… **48**
如来（にょらい）…………………………… 1
如来喜菩薩（にょらいきぼさつ）……… 10
如来牙菩薩（にょらいげぼさつ）……… 10
如来毫相菩薩（にょらいごうそうぼさつ）… 10
如来語菩薩（にょらいごぼさつ）……… 10
如来慈菩薩（にょらいじぼさつ）……… 10
如来鑠乞底菩薩（にょらいしゃきちぼさつ） 10
如来捨菩薩（にょらいしゃぼさつ）……… 10
如来笑菩薩（にょらいしょうぼさつ）……… 10

刹那（せつな）……………………………229
節分（せつぶん）…………………………229
説法印（せっぽういん）……………………4
施無畏印（せむいいん）……………………7
施薬観音（せやくかんのん）……………58
千眼千舌千臂千手千足観世音（せんげんせんぜつせんぴせんじゅせんぞくかんぜおん）… 42
千光眼（せんこうげん）…………………42
善財童子（ぜんざいどうじ）……………66, 168
船車童子（せんしゃどうじ）……………168
千手観音（せんじゅかんのん）……………**42**
千手千眼観世音（せんじゅせんげんかんぜおん）………………………………………42
宣台座（せんだいざ）……………………167
善膩師童子（ぜんにしどうじ）………130, 162
千臂観音（せんぴかんのん）……………42
善名称吉祥王如来（ぜんみょうしょうきちじょうおうにょらい）……………………………6
箏（そう）…………………………………170
僧綱（そうごう）…………………………229
増長天（ぞうちょうてん）……………………**156**
雙目天后（そうもくてんごう）…………84
素藍羅大将（そらんらたいしょう）…………216
孫婆明王（そんばみょうおう）…………100

た 行

大威徳王菩薩（だいいとくおうぼさつ）…… 80
大威徳明王（だいいとくみょうおう） **104**, 114
大衣（だいえ）……………………………1
大可畏明王（だいかいみょうおう）…………116
大迦葉（だいかしょう）……………………2
大堅固地蔵（だいけんごじぞう）………78
太元帥明王（たいげんすいみょうおう）…… **96**
太元帥明王（たいげんみょうおう）………… **96**
太元明王（たいげんみょうおう）………96
大光明地蔵（だいこうみょうじぞう）…… 78
大黒天（だいこくてん）…………… **200**, 220
大黒天信仰（だいこくてんしんこう）………200
台座（だいざ）……………………………148
太山府君（たいざんふくん）……………132
大自在王菩薩（だいじざいおうぼさつ）…… 80
大自在天（だいじざいてん）……………178
大自在天身（だいじざいてんしん）………… 36
大自在天女（だいじざいてんにょ）…………174
帝釈身（たいしゃくしん）………………36
帝釈天（たいしゃくてん）…………… **128**, 146
帝釈天王（たいしゃくてんのう）…………160
大乗（だいじょう）………………………229
大勝金剛（だいしょうこんごう）……………**26**
大清浄地蔵（だいしょうじょうじぞう）…… 78
大精進菩薩（だいしょうじんぼさつ）…… 82
大定智悲地蔵（だいじょうちひじぞう）…… 78
大随求菩薩（だいずいぐぼさつ）…………**86**
大勢至菩薩（だいせいしぼさつ）…………**80**
胎蔵界（たいぞうかい）…………………16
大徳清浄地蔵（だいとくしょうじょうじぞう）………………………………………78
大日如来（金剛界）（だいにちにょらい こんごうかい）……………………………………**8**
大日如来（胎蔵界）（だいにちにょらい たいぞうかい）……………………………………**16**
大般若守護十六善神（だいはんにゃしゅごじゅうろくぜんじん）………………………88
大悲観音（だいひかんのん）……………42
大毘盧遮那如来（だいびるしゃなにょらい）…8
大弁功徳天（だいべんくどくてん）… 154, 168
大梵天（だいぼんてん）…………………146
大梵天王（だいぼんてんおう）……………154
題目（だいもく）…………………………229
大力持明王（だいりきじみょうおう）……… 46
大輪金剛（だいりんこんごう）……………116
大輪明王（だいりんみょうおう）…… 114, **116**
宝船（たからぶね）……………………………**222**
荼吉尼天（だきにてん）…………………132
滝見観音（たきみかんのん）……………58
托鉢（たくはつ）…………………………229
他化自在天（たけじざいてん）…………178
奪一切衆生精氣（だついっさいしゅじょうしょうけ）…………………………………72
竪箜篌（たてくご）………………………171
荼毘（だび）………………………………229
多髪（たほつ）……………………………72
多聞天（たもんてん）…………………………**160**
多羅尊観音（たらそんかんのん）……… **56**, 58
陀羅尼菩薩（だらにぼさつ）……………80
啖呵（たんか）……………………………229

十六羅漢（じゅうろくらかん）……………………2
修行（しゅぎょう）………………………………228
珠賢（しゅけん）………………………………… 84
執金剛神（しゅこんごうしん）………… 36, 150
衆生（しゅじょう）………………………………228
受触金剛（じゅしょくこんごう）……………108
酒泉童子（しゅせんどうじ）…………………168
出家（しゅっけ）…………………………………228
衆宝王菩薩（しゅほうおうぼさつ）………… 80
衆宝観音（しゅほうかんのん）……………… 58
須弥山（しゅみせん）………………………… 30
寿命（じゅみょう）………………………………228
修羅（しゅら）……………………………………228
寿老人（じゅろうじん）…………………………220
准胝観音（じゅんていかんのん）…………… **50**
巡礼（じゅんれい）………………………………228
笙（しょう）………………………………………170
簫（しょう）………………………………………170
小王身（しょうおうしん）…………………… 36
聖観自在菩薩（しょうかんじざいぼさつ）… 33
聖観音（しょうかんのん）…………………… **34**
鐘馗（しょうき）…………………………………176
青頸観音（しょうきょうかんのん）………… **58**
上求菩提（じょうぐぼさつ）………………… 63
穣虞梨童女（じょうぐりどうにょ）…………**198**
将軍地蔵（しょうぐんじぞう）……………… 76
勝軍地蔵（しょうぐんじぞう）……………… 76
浄眼如来（じょうげんにょらい）…………… 82
勝三世明王（しょうざんぜみょうおう）……100
定自在王菩薩（じょうじざいおうぼさつ）… 80
成就（じょうじゅ）………………………………228
小乗（しょうじょう）……………………………228
上生信仰（じょうしょうしんこう）………… 64
請召童子（しょうじょうどうじ）…………… 68
清浄比丘（しょうじょうびく）………………218
清浄無垢地蔵（しょうじょうむくじぞう）… 78
精進（しょうじん）………………………………228
浄蔵如来（じょうぞうにょらい）…………… 82
聖天（しょうでん）………………………………**190**
聖天供（しょうでんぐ）…………………………190
浄土（じょうど）…………………………………228
青童子（しょうどうじ）…………………………120
聖徳太子（しょうとくたいし）………… 52, **212**
聖徳太子絵伝（しょうとくたいしえでん）…212
招杜羅大将（しょうとらたいしょう）………214
照頭羅大将（しょうとらたいしょう）………214
条帛（じょうはく）……………………………… 29
成仏（じょうぶつ）………………………………228
正法輪身（しょうほうりんじん）……………106
青面金剛（しょうめんこんごう）……………178
声聞身（しょうもんしん）…………………… 36
持瓔珞（じようらく）………………………… 72
除蓋障菩薩（じょがいしょうぼさつ）………114
触金剛菩薩（しょくこんごうぼさつ）……… 90
触地印（しょくちいん）……………………… 11
除障金剛（じょしょうこんごう）…………… 50
除夜（じょや）……………………………………228
除憂闇菩薩（じょゆうあんぼさつ）………… 82
持蓮観音（じれんかんのん）………………… 58
司録（しろく）……………………………………132
身光（しんこう）………………………………… 17
真言（しんごん）…………………………………228
深沙大将（じんじゃたいしょう）……………172
真手観音（しんしゅかんのん）……………… 42
人身（じんしん）………………………………… 36
真達羅大将（しんだらたいしょう）…………216
真特羅大将（しんどらたいしょう）…………216
神変大菩薩（じんべんだいぼさつ）…………204
神母天（じんもてん）……………………………156
水月観音（すいがつかんのん）……………… 58
垂迹（すいじゃく）………………………………204
彗星天（すいせいてん）…………………………146
水天（すいてん）………………………… **138**, 146
水天后（すいてんこう）…………………………138
水瓶（すいびょう）……………………………… 39
頭光（ずこう）………………………………………7
頭陀（ずだ）………………………………………229
須菩提（すぼたい）…………………………………2
蘇摩那龍王（すまなりゅうおう）…………… 84
勢至菩薩（せいしぼさつ）…………………… 80
制吒迦童子（せいたかどうじ）………………**218**
生命童子（せいめいどうじ）…………………168
臍輪形（せいりんぎょう）…………………… 11
施願虚空蔵（せがんこくうぞう）…………… 74
殺生（せっしょう）………………………………229
雪隠（せっちん）…………………………………229

散華（さんげ）……………………………227
懺悔（さんげ）……………………………227
三鈷杵（さんこしょ）……………………152
三鈷柄剣（さんこつかけん）………… 67, 99
三叉戟（さんさげき）……………………127
三叉鉾（さんさほこ）……………………157
散支大将（さんしたいしょう）…………172
散脂大将（さんしたいしょう）……… 160, **172**
三尸虫（さんしちゅう）…………………178
三十三応現身（さんじゅうさんおうげんしん）34
三十三観音（さんじゅうさんかんのん）…… 58
三十二相（さんじゅうにそう）………… 18
灑水観音（さんすいかんのん）………… 58
三大天后（さんだいてんごう）………… 84
三大龍王（さんだいりゅうおう）……… 84
珊底羅大将（さんてらたいしょう）……216
三道（さんどう）……………………………9
三方（さんぽう）…………………………227
三昧（さんまい）…………………………227
三昧王菩薩（さんまいおうぼさつ）…… 80
三面大黒天（さんめんだいこくてん）………**124**
三面宝冠（さんめんほうかん）…………105
三文殊（さんもんじゅ）………………… 68
蚕養童子（さんようどうじ）……………168
三輪身（さんりんじん）…………………106
師噛（しがみ）……………………………197
敷座（しきざ）…………………… 105, 177
持経観音（じきょうかんのん）………… 58
地獄（じごく）……………………………227
持国天（じこくてん）……………………**154**
地獄道（じごくどう）…………………… 34
自在天身（じざいてんしん）…………… 36
師子吼菩薩（ししくぼさつ）…………… 80
慈氏菩薩（じしぼさつ）………… 64, 82, 114
四摂菩薩（ししょうぼさつ）…………… 90
自性輪身（じしょうりんじん）…………106
地蔵菩薩（じぞうぼさつ）……………**76**, 114
耳朶（じだ）…………………………………7
四大護（しだいご）………………………210
四大神（しだいじん）……………………140
七倶胝仏母（しちくていぶつも）……… 50
七頭龍（しちずりゅう）…………………138
七頭龍宝冠（しちずりゅうほうかん）………139
七福神（しちふくじん）……………… **220, 222**
七仏薬師（しちぶつやくし）………………6
七宝雙蓮華座（しちほうそうれんげざ）……103
十界（じっかい）…………………………228
瑟瑟座（しつしつざ）……………………102
四天王（してんのう）……………… 160, **210**
四天王寺（してんのうじ）………………210
耳璫（じとう）…………………………… 69
指徳童子（しとくどうじ）………………218
慈悲（じひ）………………………………228
慈母観音（じぼかんのん）……………… 55
司令（しみょう）…………………………132
持明（じみょう）………………………… 84
釈迦（しゃか）………………………………2
沙羯羅王（しゃかつらおう）……………156
釈迦如来（しゃかにょらい）………………**2**
釈迦八相（しゃかはっそう）………………2
沙伽羅龍王（しゃからりゅうおう）……138
邪鬼（じゃき）……………………………136
錫杖（しゃくじょう）……………… 41, 228
釈尊（しゃくそん）…………………………2
尺八（しゃくはち）………………………170
折伏（しゃくぶく）………………………228
娑婆（しゃば）……………………………228
邪魔（じゃま）……………………………228
遮文荼（しゃもんだ）…………… 132, 180
舎利（しゃり）……………………………228
舎利弗（しゃりほつ）………………………2
十一面観音（じゅういちめんかんのん）…… **38**
十王（じゅうおう）………………………208
獣冠（じゅうかん）………………………137
十五童子（じゅうごどうじ）……………168
十三仏（じゅうさんぶつ）………………208
従者童子（じゅうしゃどうじ）…………168
十大弟子（じゅうだいでし）………………2
十大薬叉（じゅうだいやくしゃ）……… 84
十二神将（じゅうにしんしょう） 142, **214, 216**
十二天（じゅうにてん）…………………134
十二天屏風（じゅうにてんびょうぶ）………144
十二の大願（じゅうにのだいがん）………6
十羅刹女（じゅうらせつにょ）………… 72
十六善神（じゅうろくぜんじん）……… 88
十六大護（じゅうろくだいご）………… 84

業用虚空蔵（ごうゆうこくうぞう）…………74
蛤蜊観音（こうりかんのん）…………………58
香炉（こうろ）………………………………213
五戒（ごかい）………………………………227
黒暗天（こくあんてん）……………………200
虚空手印（こくうしゅいん）………………195
虚空蔵菩薩（こくうぞうぼさつ）
…………………………**74**, 80, 82, 114
黒歯（こくし）………………………………72
獄卒（ごくそつ）……………………………136
黒耳天（こくにてん）………………………162
極楽（ごくらく）……………………………227
護軍（ごぐん）………………………………84
五弦（ごげん）………………………………170
五鈷杵（ごこしょ）………………152, 205
胡坐（こざ）…………………………………201
居士身（こじしん）…………………………36
後生（ごしょう）……………………………227
牛頭（ごず）…………………………………136
護世四王（ごせしおう）……………………160
五大虚空蔵菩薩（ごだいこくうぞうぼさつ）74
五太子（ごたいし）…………………………130
五大明王（ごだいみょうおう）……………108
五大力吼菩薩（ごだいりきくぼさつ）………92
五大力尊（ごだいりきそん）………………92
五大力菩薩（ごだいりきぼさつ）…………**92**
五道大神（ごどうだいじん）………………132
五秘密菩薩（ごひみつぼさつ）……………**90**
五部浄居天（ごぶじょうきょてん）………156
五仏宝冠（ごぶつほうかん）………………17
護摩（ごま）…………………………………227
子安観音（こやすかんのん）………………55
五輪塔（ごりんとう）………………………12
矜羯羅童子（こんがらどうじ）……………**218**
勤行（ごんぎょう）…………………………227
欣求浄土（ごんぐじょうど）………………76
権現（ごんげん）…………………204, 227
金剛衣天（こんごうえてん）………………146
金剛王（こんごうおう）……………………**28**
金剛界（こんごうかい）……………………16
金剛界外院二十天（こんごうかいげいんにじゅってん）…………………………………146
金剛吼菩薩（こんごうくぼさつ）…………92
金剛光菩薩（こんごうこうぼさつ）…………12
金剛鉤菩薩（こんごうこうぼさつ）…………90
金剛虚空蔵（こんごうこくうぞう）…………74
金剛摧天（こんごうさいてん）……………146
金剛薩埵（こんごうさった）………………28
金剛鏁菩薩（こんごうさぼさつ）…………90
金剛食天（こんごうじきてん）……………146
金剛索菩薩（こんごうじゃくぼさつ）………90
金剛手菩薩（こんごうしゅぼさつ）………114
金剛杵（こんごうしょ）……………152, 184
金剛笑菩薩（こんごうしょうぼさつ）………12
金剛蔵菩薩（こんごうぞうぼさつ）……80, 82
金剛調伏天（こんごうちょうぶくてん）……146
金剛童子（こんごうどうじ）………………**120**
金剛幢菩薩（こんごうどうぼさつ）…………12
金剛宝剣（こんごうほうけん）……………105
金剛宝菩薩（こんごうほうぼさつ）…………12
金剛面天（こんごうめんてん）……………146
金剛夜叉明王（こんごうやしゃみょうおう）**106**
金剛鈴（こんごうれい）……………………184
金剛鈴菩薩（こんごうれいぼさつ）…………90
金財童子（こんざいどうじ）………………168
金色孔雀王（こんじきくじゃくおう）……154
金色相（こんじきそう）……………………15
金色宝光妙行成就王如来（こんじきほうこうみょうぎょうじょうじゅおうにょらい）………6
金翅鳥（こんじちょう）……………………188
金蔵菩薩（こんぞうぼさつ）………………80
金毘羅王（こんぴらおう）…………………156
金毘羅大将（こんぴらたいしょう）………214

さ 行

宰官身（さいかんしん）……………………36
西国三十三観音札所（さいこくさんじゅうさんかんのんふだしょ）…………………………60
最上金剛王（さいじょうこんごうおう）……28
最勝老人（さいしょうろうじん）…………66
最澄（さいちょう）…………………………124
蔵王権現（ざおうごんげん）………………**204**
坐禅（ざぜん）………………………………227
悟り（さとり）………………………………227
山海慧菩薩（さんかいえぼさつ）…………80
三経義疏（さんぎょうぎしょ）……………212

吉祥果（きっしょうか）……………… 111, 187
吉祥坐（きっしょうざ）…………………………9
忌日（きにち）…………………………………227
貴人形（きにんぎょう）………………………176
杵棒（きねぼう）………………………………151
牛馬童子（ぎゅうばどうじ）…………………168
憍尸迦（きょうしか）…………………………128
教令輪身（きょうりょうりんじん）…………106
巨亀（きょき）………………………………… 45
曲歯（きょくし）……………………………… 72
挙身形光背（きょしんぎょうこうはい）………7
魚籃観音（ぎょらんかんのん）……………… 58
禽獣形（きんじゅうぎょう）…………………176
金大王（きんだいおう）………………………156
緊那羅（きんなら）……………………………188
緊那羅王（きんならおう）……………………154
緊那羅身（きんならしん）…………………… 36
金輪仏頂尊（きんりんぶつちょうそん）…… 16
空海（くうかい）…………………………… 8, 98
倶縁果（くえんか）……………………………111
鼓音如来（くおんにょらい）………………… 24
箜篌（くご）……………………………………170
救護慧童子（くごえどうじ）………………… 68
孔雀王母菩薩（くじゃくおうもぼさつ）……110
孔雀座（くじゃくざ）…………………………111
孔雀尾（くじゃくび）…………………………111
孔雀仏母（くじゃくぶつも）…………………110
孔雀明王（くじゃくみょうおう）…………**110**
九頭龍（くずりゅう）…………………………138
救世観音（くぜかんのん）…………………… 52
百済観音（くだらかんのん）………………… 52
百済琴（くだらこと）…………………………171
沓（くつ）………………………………………129
功徳（くどく）…………………………………227
功徳虚空蔵（くどくこくうぞう）…………… 74
鳩槃荼（くばんだ）……………………………180
宮毘羅大将（くびらたいしょう）……………214
九品往生相（くほんおうじょうそう）…………4
鳩摩羅天（くまらてん）……………… 146, **180**
九面観音（くめんかんのん）………………… 52
供養（くよう）…………………………………227
倶利迦羅明王（くりからみょうおう）………116
倶利迦羅龍王（くりからりゅうおう）……… 98
裙（くん）……………………………………… 43
軍荼利印（ぐんだりいん）……………………103
軍荼利明王（ぐんだりみょうおう）… **102**, 114
髻設尼童子（けいしにどうじ）……………… 68
計升童子（けいしょうどうじ）………………168
熒惑天（けいわくてん）………………………146
下化衆生（げけしゅじょう）………………… 63
華厳王菩薩（けごんおうぼさつ）…………… 80
袈裟（けさ）……………………………………227
華歯（けし）…………………………………… 72
下生信仰（げしょうしんこう）……………… 64
解脱（げだつ）…………………………………227
解脱虚空蔵（げだつこくうぞう）…………… 74
結縁灌頂（けちえんかんじょう）……………144
結跏趺坐（けっかふざ）…………………………7
外道（げどう）…………………………………227
化仏（けぶつ）……………………………………3
剣印（けんいん）………………………………137
拳印（けんいん）……………………………… 25
賢劫十六尊（けんごうじゅうろくそん）…… 82
賢護菩薩（けんごぼさつ）…………………… 82
羂索（けんさく）………………………… 41, 99
乾闥婆（けんだつば）…………………………188
乾闥婆王（けんだつばおう）…………………154
乾闥婆身（けんだつばしん）………………… 36
肩目（けんもく）……………………………… 84
香王菩薩（こうおうぼさつ）………………… 82
高髻（こうけい）……………………………… 77
降三世印（ごうざんぜいん）…………………101
降三世明王（ごうざんぜみょうおう） **100**, 114
光世音（こうぜおん）………………………… 33
香象菩薩（こうぞうぼさつ）………………… 82
皐諦（こうたい）……………………………… 72
黄童子（こうどうじ）…………………………120
降伏（ごうぶく）………………………………227
降伏金剛（ごうぶくこんごう）……………… 50
降魔坐（ごうまざ）………………………………7
光明王菩薩（こうみょうおうぼさつ）……… 80
光明山手（こうみょうせんしゅ）…………… 49
光網童子（こうもうどうじ）………………… 68
広目（こうもく）……………………………… 84
広目天（こうもくてん）……………………**158**
曠野鬼神大将（こうやきしんたいしょう）… 96

回向（えこう）……226
慧光童子（えこうどうじ）……218
柄香炉（えこうろ）……213
穢積金剛（えしゃくこんごう）……108
鉞斧（えっふ）……47, 191
恵比須（えびす）……220
翳囉嚩蹉（えらばさ）……84
縁起（えんぎ）……226
円光観音（えんこうかんのん）……58
円珍（えんちん）……42, 98
役小角（えんのおづぬ）……204
役行者（えんのぎょうじゃ）……204
焰髪（えんぱつ）……93
閻魔大王（えんまだいおう）……**208**
焰摩天（えんまてん）……**132**
閻魔天（えんまてん）……146
閻曼徳迦威怒王（えんまんとくかいぬおう）104
延命観音（えんめいかんのん）……58
延命地蔵菩薩（えんめいじぞうぼさつ）……**78**
厭離穢土（えんりえど）……76
応現身（おうげんしん）……36
往生（おうじょう）……226
大袖衣（おおそでえ）……155
帯喰（おびくい）……131
音楽天（おんがくてん）……170

か 行

揩鼓（かいこ）……170
開帳（かいちょう）……226
裲襠衣（がいとうえ）……67
開敷印（かいふいん）……35
開敷華王如来（かいふけおうにょらい）……**22**
開敷蓮華（かいふれんげ）……127
戒名（かいみょう）……226
火焰座（かえんざ）……109
餓鬼道（がきどう）……34
臥箜篌（がくご）……171
覚母般若（かくもはんにゃ）……88
加持（かじ）……226
呵責（かしゃく）……226
荷葉座（かしょうざ）……148, 187
火頭金剛（かずこんごう）……108
蔓掛の地蔵（かずらかけのじぞう）……76
迦旃延（かせんえん）……2
月輪（がちりん）……149
羯鼓（かつこ）……170
月光王菩薩（がっこうおうぼさつ）……80
月光菩薩（がっこうぼさつ）……82, **216**
合掌（がっしょう）……226
合掌印（がっしょういん）……165, 219
合掌観音（がっしょうかんのん）……58
兀僧頭髪（がっそうとうはつ）……165
甲冑（かっちゅう）……196
月天（がってん）……146, **148**
火天（かてん）……**134**, 146
劫比羅（かびら）……84
果報（かほう）……226
訶梨帝母（かりていも）……84, **166**
迦陵頻伽（かりょうびんが）……**186**
迦楼羅（かるら）……**188**
迦楼羅王（かるらおう）……158
迦楼羅身（かるらしん）……36
官位虚空蔵（かんいこくうぞう）……74
歓喜天（かんぎてん）……146, **192**
岩座（がんざ）……49
観自在（かんじざい）……33
観自在菩薩（かんじざいぼさつ）……34, 114
灌頂（かんじょう）……226
勧進（かんじん）……227
観世音（かんぜおん）……33
観世音菩薩（かんぜおんぼさつ）……34, 80
官帯童子（かんたいどうじ）……168
観音（かんのん）……33
観音三十三身（かんのんさんじゅうさんしん）……36
環珞（かんらく）……9
甘露軍荼利（かんろぐんだり）……102
帰依（きえ）……227
伎楽（ぎがく）……174
伎芸天女（ぎげいてんにょ）……**174**
喜見菩薩（きけんぼさつ）……82
鬼子母神（きしもじん）……**164**
鬼神（きしん）……164
鬼神王般闍迦（きしんおうはんじゃか）……164
鬼神形（きしんぎょう）……176
吉祥天（きちじょうてん）……**162**

索　引

あ　行

愛敬童子（あいきょうどうじ）……168
愛敬虚空蔵（あいけいこくうぞう）…… 74
愛金剛菩薩（あいこんごうぼさつ）…… 90
愛染明王（あいぜんみょうおう）……**112**
阿逸多弥勒（あいつたみろく）…… 64
阿吽（あうん）……226
閼伽（あか）……226
阿形（あぎょう）……151
阿字（あじ）……226
阿閦如来（あしゅくにょらい）…… **10**
阿修羅（あしゅら）…… 188, **194**
阿修羅王（あしゅらおう）……160
阿修羅身（あしゅらしん）…… 36
阿修羅道（あしゅらどう）…… 34
阿吒縛倶（あたばく）…… 84
阿那婆達多龍王（あなばたつたりゅうおう）138
阿那律（あなりつ）…… 2
阿難陀（あなんだ）…… 2
額儞羅大将（あにらたいしょう）……216
阿耨観音（あのくかんのん）…… 58
阿耨達童子（あのくたどうじ）……218
阿摩提観音（あまだいかんのん）…… 58, **60**
阿弥陀定印（あみだじょういん）……4, 5
阿弥陀如来（あみだにょらい）…… **4**
阿弥陀仏（あみだぶつ）…… 4
行脚（あんぎゃ）……226
安陀羅大将（あんだらたいしょう）……214
安底羅大将（あんてらたいしょう）……214
生仏（いきぼとけ）……226
伊舎那天（いしゃなてん）……**142**
伊舎那妃（いしゃなひ）……142
衣裳童子（いしょうどうじ）……168
韋駄天（いだてん）……**196**
一字金輪王（いちじきんりんおう）…… 16
一字金輪仏頂尊（いちじきんりんぶつちょうそん）…… 16
一字頂輪王（いちじちょうりんおう）…… 16
一如観音（いちにょかんのん）…… 58
一念（いちねん）……226
一葉観音（いちようかんのん）…… 58
一生補処（いっしょうふしょ）…… 63
威徳観音（いとくかんのん）…… 58
威徳金剛（いとくこんごう）…… 214, 216
稲籾童子（いなもみどうじ）……168
威怒甘露軍荼利金剛（いぬかんろぐんだりこんごう）…… 104, 108
威怒降三世金剛（いぬごうざんぜこんごう）…… 104, 108
威怒浄身金剛（いぬじょうしんこんごう）…… 104, 108
威怒不動金剛（いぬふどうこんごう） 104, 108
威怒六足金剛（いぬろくそくこんごう）…… 104, 108
位牌（いはい）……226
忌詞（いみことば）……226
岩戸観音（いわとかんのん）…… 58
因業（いんごう）……226
因陀羅大将（いんだらたいしょう）……216
因達羅大将（いんだらたいしょう）……216
印鑰童子（いんやくどうじ）……168
烏倶婆誐童子（うぐばがどうじ）……218
烏枢沙摩明王（うすさまみょうおう）……**108**
優塡王（うてんおう）…… 66
優婆夷身（うばいしん）…… 36
烏波髻設尼童子（うばけいしにどうじ）…… 68
優婆塞身（うばそくしん）…… 36
優鉢羅龍王（うばらりゅうおう）……138
優婆離（うばり）…… 2
有無（うむ）……226
吽迦羅金剛（うんからこんごう）……100
吽形（うんぎょう）……153
雲座（うんざ）……197
雲中供養菩薩（うんちゅうくようぼさつ）… 44
慧喜童子（えきどうじ）……218

香取良夫（かとり・よしお）
1943年東京都生まれ。
コピーライター・挿絵師として、教科書、図鑑、百科事典、国語辞典、古語辞典などの挿絵を手がけ、現在は有職故実や絵巻物、仏像や古墳の考古学的遺物などの模写に従事。
【著書】『古典画 十二支文様図典』（東京堂出版）、『イラストでみる日本史博物館』第1巻・第2巻・第3巻（柏書房）

白描画《はくびょうが》 仏像知識事典《ぶつぞうちしきじてん》
2012年9月20日 第1刷発行

著 者 香取良夫
発行者 遠藤 茂
発行所 株式会社 遊子館
107-0052 東京都港区赤坂7-2-17 赤坂中央マンション304
電話 03-3408-2286 FAX 03-3408-2180
印刷・製本 シナノ印刷株式会社
定 価 カバー表示

ISBN978-4-86361-024-8 C3615